会计专业教学法

罗映红　编著

广东高等教育出版社
Guangdong Higher Education Press
·广州·

图书在版编目（CIP）数据

会计专业教学法/罗映红编著. —广州：广东高等教育出版社，2022. 8
ISBN 978 - 7 - 5361 - 7238 - 8

Ⅰ. ①中… Ⅱ. ①罗… Ⅲ. ①会计学—教学法—中等专业学校 Ⅳ. ①F230 - 42

中国版本图书馆 CIP 数据核字（2022）第 067207 号

出版发行	广东高等教育出版社 地址：广州市天河区林和西横路 邮编：510500 电话：（020）87551597 网址：www. gdgjs. com. cn
印　　刷	广州市友盛彩印有限公司
开　　本	787 mm ×1 092 mm 1/16
印　　张	12. 5
字　　数	288 千
版　　次	2022 年 8 月第 1 版
印　　次	2022 年 8 月第 1 次印刷
定　　价	38. 00 元

前　言

2021年4月12—13日，全国职业教育大会在北京胜利召开，习近平总书记对职业教育工作作出重要指示，强调加快构建现代职业教育体系，坚持立德树人，培养更多高素质技术技能人才、能工巧匠、大国工匠，在全面建设社会主义现代化国家新征程中，职业教育前途广阔、大有可为。

2021年10月12日，中共中央办公厅、国务院办公厅印发了《关于推动现代职业教育高质量发展的意见》，为推动职业教育高质量发展提供了“说明书”和“操作手册”。其中，“深化教育教学改革”部分，明确要求创新教学模式与方法，普遍开展项目教学、情境教学、模块化教学，推动现代信息技术与教育教学深度融合，提高课堂教学质量。

2022年4月20日，第十三届全国人大常委会通过了新修订的《中华人民共和国职业教育法》，并于5月1日起正式实施。新修订的职业教育法明确职业教育是与普通教育具有同等重要地位的教育类型，着力提升职业教育认可度，建立健全职业教育体系，深化产教融合、校企合作，完善职业教育保障制度和措施，更好推动职业教育高质量发展。

教育是国之大计、党之大计，承担着立德树人的根本任务。职业教育是促进经济社会发展和提高国家竞争力的重要支撑，担负着培养输出大批高素质技术技能型人才，为高质量发展提供人力资源支撑的艰巨任务。由此，职业教育应坚持把立德树人作为中心环节，全面推进课程思政建设，发挥好每门课程的育人作用，将价值塑造、知识传授和能力培养三者融为一体，将思想政治教育与技术技能培养有机统一。

本书以人才需求为导向，分析大智移云时代财会职业能力需求变动，进而指引教学模式和方法的改革。首先，进行背景分析，一是分析现行社会经济发展以及会计行业发生大变革背景，以明确会计实务对会计从业人员提出的新要求；二是分析现行职业教育发展背景，明确当前国家对职业教育发展的新政策、新方向、新要求，尤其是关于职业教育教学改革方面的要求；三是以调研为基础分析中职学生的特点以及中职教师的教学特点，明确中职会计专业教学中存在的问题。其次，对大智移云时代中职会计专业职业岗位群及职业能力需求进行调研分析，明确人才培养目标，坚持立德树人，关注课程思政，将价值塑造、知识传授和能力培养三者有机结合，提出教学方法改革之方向——行动导向教学法，进而分章节详细介绍行动导向教学法的各种具体教学方法，包括项目教学法、案例教学法、角色扮演法、小组教学法、头脑风暴法、引导文教学法、探索法，介绍每种方法的概念、实施流程、注意事项，并通过会计专业相关课程的应用实例对相应教学法进行深度剖析，通过与传统教学方法做对比，凸显该教学方法的优势。另外，为适应时代发展，进一步介绍行动导向教学法与信息技术深度融合之翻转课堂和混合式教学及其应用。最后，论述推行行动导向教学法应具备的各方条件，希望学校、教师、学生和家长能共同助力于行动导向教学法的实施，从而推动中职会计专业教学的高质量发展，培养符合社会需求的财会人才。

本书具有以下特点：第一，以人才需求为导向，密切关注时代变革对会计人才的能力需求变化，了解现行职业教育的发展动态、政策支持以及发展要求，调研中职会计教育教学双方的特点，坚持立德树人，着力课程思政，致力于融合价值塑造、知识传授和能力培养，从而提出中职会计专业教学法的改革方向——行动导向教学法，具有较强的针对性和务实性。第二，以理论介绍为基础，案例式剖析各种教学方法。本书详细介绍各种具体教学方法的概念、实施流程、注意事项的同时，重点介绍其在会计专业课程中的应用，通过实例对相应教学法进行深度剖析，与传统教学方法作对比，明晰该教学方法的优势所在，同时也说明运用的局限性启发读者进行思考，对读者实际学习、改革和运用相应教学方法具有较强的借鉴意义和指导性。第三，现代信息技术与教学方法深度融合。与时俱进，在介绍行动导向教学法中各种具体的教学方法的基础上，进而介绍教学方法与信息技术的深入融合，深入阐析翻转课堂和混合式教学的理论与实践。第四，全面分析行动导向教学改革之条件。分析归纳了行动导向教学法实施的各种条件以及相互之间的关系，为方便政府、学校、教师、学生等各方的努力指明方向，从而推动行动导向教学法的顺利实施。第五，编著团队的特点决定内容兼具理论性和实践性。本书编写团队主要由长期从事职教教育教学理论与实践研究和职教师资培训培养工作的本科院校教师以及国家示范性中职学校财经专业的教学一线教师组成，教学方法的介绍既具有理论基础又具有源自一线的案例阐析。

本书以人才需求为导向，详细介绍适应现代职业教育发展、融合现代信息技术的行动导向教学理念和方法，采用案例式剖析，帮助读者内化理解应用各种教学方法。本书可供职业教育本科师范专业如财务会计教育专业的本科生以及职业技术教育专业的研究生学习，旨在培养他们的师范技能；本书也可供中高职以及应用型本科财经商贸类专业一线教师及其他教辅人员学习借鉴，旨在提升在职教师的教学技能，同时便于专业负责人及教学管理人员开展专业建设和相关管理工作。当然，也可供会计行业用人单位阅读，以了解会计人才的培养过程；也可供关心和支持职业教育发展的社会人士阅读，以了解当前职业教育的教育教学现状。

本书的总主编为广东技术师范大学罗映红副教授，参编人员有：广州市财经商贸职业学校梁颖怡、袁雪芬、邓莎球、陈杏老师，普宁职业技术学校陈纯老师。本书分工为：罗映红负责全书的统筹与总审，执笔第一、二、十、十二章，以及主要负责其他各章教学方法理论部分的编撰；参编人员主要负责相应教学方法的案例部分，其中第五、七章由梁颖怡负责，第四、九章由袁雪芬负责，第三、八章由邓莎球负责，第十一章由陈纯负责，第六章由陈杏负责。数字化资源中课件主要由罗映红制作，视频由罗映红和张凤娜共同录制完成。广东技术师范大学财经学院2018级职业技术教育研究生古金弘、2017级财务会计教育专业学生匡柳蓉等学生在资料收集、调研工作以及书稿校对中付出了大量时间和劳动，在此表示真诚的感谢。

由于水平有限，本书可能存在不足之处，恭请广大师生和读者批评指正。

罗映红

2022年3月

目　　录

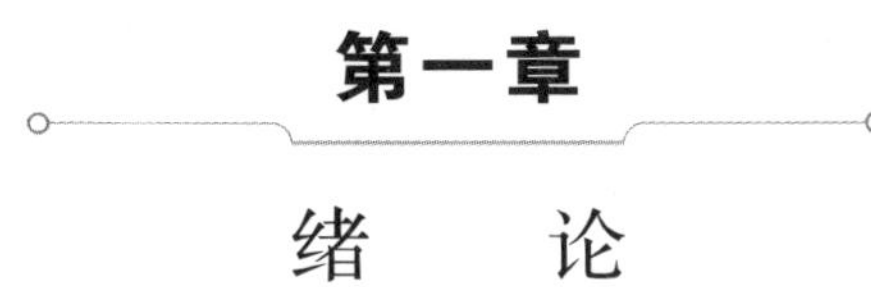

第一章

绪　　论

第一节　会计行业大背景

经济越发展，会计越重要！近年来，经济、互联网、大数据、人工智能和区块链发展迅猛，会计行业环境正在经历着巨大的变革，行业和技术的发展对会计行业的从业人员提出新的更高的能力要求。

一、业财融合趋势日益明显

企业内外部经营环境变化，特别是移动互联网、大数据、云计算等新技术革命引起的管理边界模糊，需要强化业务和财务（业财）协同以发挥更大的作用，业务和财务高度融合是必然趋势。2016 年 6 月 22 日，《财政部关于印发〈管理会计基本指引〉的通知》（财会〔2016〕10 号）进一步明确，单位应用管理会计，应遵循融合性原则。“管理会计应嵌入单位相关领域、层次、环节，以业务流程为基础，利用管理会计工具方法，将财务和业务等有机融合。”人们把业务与财务活动的有机融合简称为“业财融合”。具体而言，业财融合是指业务部门和财务部门通过信息化技术和手段实现业务流、资金流、信息流等数据源的及时共享，基于价值目标共同作出规划、决策、控制和评价等管理活动，以保证企业价值创造过程的实现。业财融合是新时代财务人员从传统的财务核算向致力于业务发展进而向价值创造转变的方向。传统财务工作重点主要放在对发生的经济业务的核算，一项业务发生之后，相关的数据才会形成，更多在于事后评价，是典型的事后监督，对决策和业务的支持力很弱，现在企业需要的是能融入业务中，由事后监督向事前预测、事中控制、事后监督的财务角色，不仅要参与业务发展，更要将公司的业务发展价值最大化。

因此，财务人员亟须转型，具备软实力。首先，财务人员应具备全局思维，一是转变工作思维，跳出财务去做财务，由仅关注财务工作转变为关注财务工作与业务经营的结合；二是具有系统视角，能够站在全局的角度，客观公正地看待一切经营问题，财务不能拘泥于报表数据，要做到眼观四方，结合经济发展、行业情况、政策环境、法律法规以及企业内部经营特点等进行分析决策，才能做到资源的合理配置。其次，应提升专业技能，提高数据挖掘和分析判断能力，能考虑现实经营中的各种因素，深入挖掘分析，通过多维度、多层次的思考分析，依据职业判断，应用专业知识解读数据背后的信息，发现问题、分析问题，进而转化为对企业经营有用的决策。再次，应提高学习能力，财务人员应时刻保持学习新知识新技能的热情，不断学习提高，除了学习不断更新变化的财务相关知识，还要学习其他业务，甚至其他行业知识，形成跨领域复合知识，才能在众多财务数据中提炼出有价值的信息，基于数据的分析与预测，转化为对商业决策有价值的建议，另外也方便更高效地与业务部门沟通对接。最后，应提升沟通能力，财务工作背后隐含着复杂的财务关系，努力提升沟通能力，才能更好地把会计语言转换为企业内部通用的商业语言，便于跟业务等部门沟通，从而提出被业务部门乐于接受的真正能解决实际问题的决策建议。

二、财务机器人开启会计人工智能时代

2017 年德勤、安永、毕马威和普华永道国际四大会计师事务所相继推出财务机器人以及财务机器人解决方案，意味着财务行业的人工智能化时代正式开启。

从实务界职业胜任的要求来看，财务人员应具备全面的会计职业能力。“个体职业能力的高低取决于专业能力、方法能力和社会能力三要素整合的状态。”① 其中，专业能力指胜任职业工作所需的专门知识及技能，是基本的生存能力，该能力强调技能和知识的掌握；方法能力指胜任职业工作所需的工作方法及学习方法，该能力强调学会学习、学会工作，以养成科学的职业思维习惯；社会能力指胜任职业工作所需的行为规范及价值观念，该能力强调学会共处、学会做人。而方法能力和社会能力又合称为关键能力，当职业岗位发生变更或者当劳动组织发生变动时，个人能积极寻求自变，善于在发展与变革中主动应对，获取新的知识和技能，是适应不断变换和飞速发展的科学技术所需要的一种综合能力。

再看当前财务机器人具备的功能。以德勤机器人为例，它具备了以下几大功能：①可替代财务流程中的高重复手工操作；②管理和监控各自动化财务流程；③录入信息，合并数据，汇总统计；④根据既定业务逻辑进行判断；⑤识别财务流程中的优化点；⑥部分合规和审计工作将有可能实现“全查”而非“抽查”；⑦机器人精准度高于人工，能 7 天 ×24 小时不间断工作；⑧机器人完成任务的每个步骤可被监控和记录，从而可作为审计证据以满足合规要求；⑨机器人流程自动化技术的投资回收期短，可在现有系统基础上进行低成本集成。可见，财务机器人以效率高、成本低、可监控的优势替代目前大部分财务人员日常的如传统的会计核算等基础财务工作。

对照全面的会计职业能力不难发现，财务机器人仅能在预设程序的基础上替代财务人员完成基础财务工作，而对于如职业判断等更深层次的专业技能要求以及方法能力和社会能力，财务机器人尚难以达到。显而易见，财务人员除了具有过硬的专业能力外还须具备以下几方面的核心能力。

（1）全局思维。具有全局和系统思维，能够站在全局的角度，客观公正地看待一切经营问题，财务不能拘泥于报表数据，要眼观四方，结合经济发展、行业情况，政策环境、法律法规以及企业内部经营特点等进行分析决策，才能做到资源的合理配置。

---

① 姜大源.当代德国职业教育主流教学思想研究：理论、实践与创新[M].北京：清华大学出版社，2010：24－26.

（2）分析能力。分析能力、问题解决能力和职业判断能力是职业能力的核心要素。财务人员应能根据财务机器人处理形成的数据，通过多维度、多层次的思考分析，依据职业判断，应用专业知识解读数据背后的信息，发现问题、分析问题，进而转化为对企业经营有用的决策。

（3）学习能力。随着智能化的开启，业财融合也是大势所趋，财务人员不仅要懂财务知识，更要懂业务知识，了解行业，只有成为优秀的业务伙伴，才能有的放矢帮助企业经营决策。因此财务人员应时刻保持学习新知识新技能的热情，不断学习提高，除了学习不断更新变化的财务相关知识外，还要学习其他业务，甚至其他行业知识，形成跨领域复合知识，才能在众多财务数据中提炼出有价值的信息，基于数据的分析与预测，转化为对商业决策有价值的建议。

（4）社交能力。财务工作背后隐含着复杂的财务关系，只有处理维系好各种关系，财务工作才能顺利进行。财务人员在坚守职业道德的基础上，明确工作责任感和社会责任感，具有积极的人生态度和良好的沟通表达能力，做好自己，与人和谐共处，才能轻松应对工作中出现的一切问题。

如若财务人员具备了以上核心能力，将能“转危为安”，甚至“化危为机”，不但不会被财务机器人取代，反而能充分利用财务机器人，化财务机器人的工作成果为己用。

三、会计从业资格证取消

为贯彻国务院简政放权、放管结合的精神，并满足会计行业自身发展的内在需求，2017 年 11 月 4 日，第十二届全国人大常委会第三十次会议表决通过了关于修改“会计法”的决定，正式将“从事会计工作的人员，必须取得会计从业资格证书”的规定，改为“会计人员应当具备从事会计工作所需要的专业能力”。自此，会计从业资格证正式被取消，并自 2017 年 11 月 5 日起正式实行。此次《会计法》修订对会计从业资格证的取消，终结了会计从业资格证与会计从业能力直接画等号的时代，强调从事会计工作所需要的专业能力并与法律意识、风险意识与会计职业道德相结合。同时，财政部引导各单位自主择优聘用具备专业能力的会计人员，引导会计人员依法从业、遵守职业道德和持续保持专业胜任能力。

毋庸置疑，会计从业资格证取消后会计人员的专业能力及其认定变得至关重要，意味着财务人员的软实力是人工智能时代业财融合趋势下企事业单位自主择优聘用会计人员的重要标准。

四、会计行业人才发展规划

为贯彻落实人才强国战略，2010 年财政部发布了《会计行业中长期人才发展规划（2010—2020 年）》（财会〔2010〕19 号），这是中华人民共和国成立以来的第一个中长期会计人才发展规划，其中明确提出会计人才队伍建设的主要任务之一：着力统筹开发其他各级各类会计人才。按照该规划确定的指导方针、发展目标、主要任务和政策措施等，财政部门不断健全会计人才发展体制机制，加大高端会计人才培养力度，统筹开发各级各类会计人才，深化会计职称制度改革，完善会计人员继续教育制度，加强会计人才培养基地建设，推动我国会计人才工作取得了重大进展。

大数据、人工智能、移动互联网、物联网、区块链等技术革新，催生新产业、新业态、新模式，将进一步推动会计工作与经济业务深度融合、推动会计智能化发展，迫切需要加快培养一批既精通专业又熟悉信息技术，既具备战略思维又富有创新能力的高素质会计人才，推动会计工作适应数字化转型和经济社会高质量发展。2021 年 9 月 30 日，财政部办公厅下发了《会计行业人才发展规划（2021—2025）（征求意见稿）》（财办会〔2021〕36 号），征求意见中除了重视培养高端的会计人才外，再次明确要求需要着力提升各级各类会计人才能力素质，以解决当前会计人才在不同行业、不同领域、不同区域发展不平衡，会计人才培养结构与社会需求契合度不够的问题。

业财融合日益深入、人工智能迅猛发展，会计行业人才能力要求逐渐提高，会计行业人才发展规划日益全面，作为会计技术技能人才培养的重要基地之一，中职会计专业需要密切关注会计行业人才变化动向，做好教育教学工作，为社会经济的高质量发展输送合格的会计人才。

第二节　职业教育大背景

伴随着“一带一路”倡议、“中国制造 2025”、“互联网 +”、“大众创业，万众创新”等重大战略的出台，新产业、新业态、新商业模式不断涌现，亟须大量适用的技术技能人才，而作为主要供给者的职业教育，战略地位更加突出。

在 2014 年的全国职业教育工作会议上，习近平总书记做出重要指示，要求各级党委和政府把加快发展现代职业教育摆在更加突出的位置。2014 年 5 月《国务院关于加快发展现代职业教育的决定》（国发〔2014〕19 号）（以下简称《决定》）的出台，全面部署加快发展现代职业教育，确定了职业教育在今后一个时期“高度重视、加快发展”的工作方针，“服务发展、促进就业”的办学方向，到 2020 年“建设中国特色世界水平现代职业教育体系”的发展目标。《决定》中重视提高人才培养质量，推进人才培养模式创新：坚持校企合作、工学结合，强化教学、学习、实训相融合的教育教学活动；推行项目教学、案例教学、工作过程导向教学等教学模式；加大实习实训在教学中的比重，创新顶岗实习形式，强化以育人为目标的实习实训考核评价。

2014 年 6 月，教育部、国家发展改革委、财政部、人力资源社会保障部、农业部、国务院扶贫办组织编制了《现代职业教育体系建设规划（2014—2020 年）》（教发〔2014〕6 号），规划中明确指出，我国职业教育仍然存在的行业企业参与不足、人才培养模式相对陈旧等一系列问题，提出了我国职业教育建设总目标：牢固确立职业教育在国家人才培养体系中的重要位置，到 2020 年，形成适应发展需求、产教深度融合、中职高职衔接、职业教育与普通教育相互沟通，体现终身教育理念，具有中国特色、世界水平的现代职业教育体系，建立人才培养立交桥，形成合理教育结构，推动现代教育体系基本建立、教育现代化基本实现。并就体系建设列出了十二项重点任务，其中强调推动教学方法改革，通过真实案例、真实项目激发学习者的学习兴趣、探究兴趣和职业兴趣。

于是全国各省市纷纷出台相应的现代职业教育体系建设规划，广东省于 2015 年 11

月出台《广东省现代职业教育体系建设规划（2015—2020年）》（粤教改办〔2015〕11号），把创新校企合作、工学结合的人才培养模式作为重点任务之一，强化教学、学习、实训相融合的教育教学活动，推行项目教学、案例教学、工作过程导向教学等教学模式。坚持能力为重、全面发展。加强学生职业技能、就业创业和继续学习能力的培养，探索中等和高等职业教育一体化培养模式，实行工学结合、校企合作、顶岗实习，开展委托培养、定向培养、订单培养，促进职业教育与产业、学校与企业、专业与职业、课程内容与职业标准、教学过程与生产服务过程对接。

2017年9月，教育部部长陈宝生提出“坚持内涵发展，掀起‘课堂革命’”的号召，开启了以课堂教学改革为核心的教育教学改革新思路。课堂革命的总的原则是以人为本，以生为本，以学为本，提出课堂教学改革的“一个中心，两个基本点”：“一个中心”是以学生为中心。“两个基本点”，一是坚持素质教育在课堂，把掌握知识与能力提高，品质的培养，健全人格的构建结合起来；二是坚持教为学服务，所有的教必须服从服务于学，构建一个以学生为中心的课堂行动模式。

2017年10月召开的党的十九大报告指出，完善职业教育和培训体系，深化产教融合、校企合作；建设知识型、技能型、创新型劳动者大军，弘扬劳模精神和工匠精神，营造劳动光荣的社会风尚和精益求精的敬业风气，为职业教育发展指明了方向，规划了前景。2017年12月发布的《国务院办公厅关于深化产教融合的若干意见》（国办发〔2017〕95号），是对职业教育未来发展的路径性指示。2018年2月教育部等六部门联合发布了《职业学校校企合作促进办法》（教职成〔2018〕1号），具体指明了职业教育校企合作的方向和路径，其中第八条规定“职业学校应当制定校企合作规划，建立适应开展校企合作的教育教学组织方式和管理制度，明确相关机构和人员，改革教学内容和方式方法、健全质量评价制度”。2018年3月政府工作报告再次将大力发展职业教育列入政府工作日程。

2019年1月，为了进一步推动我国职业教育的发展，国务院发布了《国务院关于印发国家职业教育改革实施方案的通知》（国发〔2019〕4号），提出随着我国产业升级和结构调整，各行各业对技术技能人才的需求越来越紧迫，职业教育发挥着越来越重要的作用。自《国家职业教育改革实施方案》颁布以来，我国职业教育改革发展走上提质培优、增值赋能的快车道，职业教育面貌发生了格局性变化。2019年6月，教育部发布了《教育部关于职业院校专业人才培养方案制订与实施工作的指导意见》（教职成〔2019〕13号）在实施要求中提出“深化教师、教材、教法改革”，鼓励推广项目教学、案例教学等教学方式，施行翻转课堂、混合式教学、理实一体教学等新型教学模式，推动课堂教学革命。

2021年4月12—13日，全国职业教育大会在北京召开。习近平总书记对职业教育工作作出重要指示，强调加快构建现代职业教育体系，培养更多高素质技术技能人才、能工巧匠、大国工匠，在全面建设社会主义现代化国家新征程中，职业教育前途广阔、大有可为。其中强调职业教育将更加注重培养实践能力，要求职业教育把产教融合、工学结合作为办学基本模式，改革教学教法，建好用好各类实训基地，让学生在实际劳动中增长才智、提升技能。

为进一步落实全国职业教育大会的精神，推动职业教育高质量发展，2021 年 10 月 12 日，中共中央办公厅、国务院办公厅印发了《关于推动现代职业教育高质量发展的意见》（以下简称《意见》)。《意见》中第五部分“深化教育教学改革”，明确要求创新教学模式与方法，普遍开展项目教学、情境教学、模块化教学，推动现代信息技术与教育教学深度融合，提高课堂教学质量。

2022 年4 月20 日，第十三届全国人大常委会通过了新修订的《中华人民共和国职业教育法》，并将于5 月1 日起正式实施。新修订的“职业教育法”强调职业教育是与普通教育具有同等重要地位的教育类型；建立健全职业教育体系；深化产教融合、校企合作；突出就业导向，坚持面向市场、服务发展、促进就业的办学方向；强调德技并修，对职业教育提出立德树人、德技并修的人才培养目标新要求；完善职业教育保障制度和措施，更好推动职业教育高质量发展。

可见，职业教育作用日益凸显，职业教育发展日益得到关注和重视，职业教育的高质量发展是当前的重要议题，创新人才培养模式，基于产教融合、校企合作深化课堂教学改革是助力打造高质量职业教育体系的重点任务之一。

第三节　中职教育教学特点

一、中职会计专业学生特点

通过深入中职会计专业的一线教学工作，以及访谈调查等方式，我们发现中职会计专业学生普遍存在以下特点。

（一）乐于接受新事物，见识更广博

目前中职学生以“00 后”青少年为主，而此类青少年是在信息技术日新月异、生活方式和消费方式发生根本改变的社会环境下成长起来的，他们有机会也有条件接触市场经济、信息爆炸、网络时代、个性偶像等各种层出不穷的新事物，于是他们习惯接受新事物、新观念；同时他们见识更开阔，接收信息的渠道方式更多元化，其知识面、早熟度远远超过父母辈。

（二）思维敏捷，动手能力强

中职生源知识基础比较薄弱，但智力素质并不低，他们思维敏捷，头脑灵活，面对事情想法多，且动手能力较强，好动好玩。中职生就如处于休眠的火山，一旦激活，活力无穷。

（三）女生居多，细心耐心

中职会计专业学生普遍女生居多，相对于其他专业而言，班级整体相对文静，会计专业课程均与数字相关，且对准确性要求高，女生较为细心耐心的特点恰好有利于会计课程的学习。

（四）课程定位清晰，学习目标明确

相较于其他专业的课程，会计课程安排结构清晰明了，与职业资格证书的获取密切相关，教学内容一般结合考证要求，容易让学生明确具体的学习方向和内容，激发学习热情。

（五）属于数字原住民，有利有弊

当代中职生生活在一个被电脑、视频游戏、数字音乐播放器、摄影机、手机等数字科技包围的互联网时代，并无时无刻不在使用信息技术进行信息交流和互动，喜欢进入网络世界探求知识，找寻自己感兴趣的知识，同时也存在利用网络主要并不是为了学习，而是为了娱乐和社交的问题。中职课堂教学势必进行改革，与信息技术深度融合，发挥学生喜欢和轻松驾驭网络的特点，但同时也需要思考如何引导学生正确使用手机和网络。

（六）自信不足，“厌学”现象普遍

绝大部分中职生均是中考的失利者，基础知识相对薄弱，且由于中考失败长期遭受各方否定，普遍缺乏自信，主要表现为敏感易怒、自制力差、受挫力弱。从心理学的角度来看，大多学习困难的学生并非由于缺乏应有的学习能力，往往是因为缺乏学习的自信心和毅力，于是在学习上表现为畏难、厌学，学习积极性不高，课堂参与度低，学习自觉性低，未养成良好的学习习惯，未形成科学的学习方法，同时怀疑自身的其他能力。

（七）责任心稍有欠缺，团队协作能力较差

目前中职学生以“00 后”青少年为主，他们大部分为独生子女，通常是全家的中心、迁就的对象，导致一方面责任心不强，做人做事缺乏责任意识，另一方面自我意识普遍较强，在融入集体生活、参与社会活动时，部分表现为缺乏对他人的理解，缺乏现实交往和沟通的技能等。

（八）对职业前景茫然，缺乏学习动机

由于一方面中职教育的社会认可度低，就读中职学校往往是学生的无奈之举；另一方面往往对进入中职就读的专业了解甚少，因此学生对于学成毕业后的去向和个人未来的谋划都比较迷茫，缺少对个人前途、职业生涯的规划，缺少明确的奋斗目标，自然学习缺乏动力。

（九）创造性欠缺，不善于思考

中职会计专业女生居多，据了解，大部分学生选择会计专业的原因是自身比较内向的性格，以及对所从事职业的设想，他们通常表现为喜欢被带领，喜欢被安排，因此缺乏创造性，懒于思考和总结提升。

中职会计专业学生的特点既给教学方法的改革提供了机遇，同时也给课堂教学的改革带来了挑战，因此在教学方法的改革中应尽可能发挥中职学生积极的一面，同时也需要针对存在的问题进行教学改革探索。

二、中职会计专业教师教学特点

围绕“教什么、怎么教、如何评价”三个教学基本问题，结合对珠三角地区中职会计专业119位教师的调研结果，以下将从教学目标、教学方法和学业评价等方面阐述目前中职教师的教学特点。

（一）教学目标定位过于片面

教学目标是整个课堂教学的核心，教学目标的定位科学与否直接影响教学模式及教学方法的选择，影响教学过程及学业评价体系的设计，进而影响学生职业能力的培养。综合职业能力的培养是目前职业教育的目标，综合职业能力包括专业能力、方法能力和社会能力，其中专业能力主要是掌握知识与技能，是学生的基本生存能力；方法能力主要是学生再学习和工作的能力；社会能力主要是学生学会共处和做人的能力。方法能力和社会能力是基本发展能力，也称为关键能力。根据调研结果，接受调查的全体会计教师均会注重学生专业能力的培养，57.28%的会计教师会注重培养学生的方法能力，能同时注重培养社会能力的教师仅有25.24%。很显然，教学目标的定位缺乏科学性，对学生关键能力培养的忽略必然影响学生就业能力的培养。

（二）教学方法过于传统

教学目标的定位直接影响教学方法的选择，目前传统的讲授法仍然是会计专业教师最热衷的教学方法，使用比例达98.06%。此法使用简捷、高效，能完整传授专业知识，但易产生“填鸭式”或“满堂灌”等不良的教学效果，容易磨灭学生的学习兴趣和积极性，不利于培养学生的专业能力、方法能力和社会能力。另外，在传统讲授教学过程中添加了案例教学和实训情境教学，使用比例达到80%以上，表明目前中职会计专业教师在运用讲授法的同时，也正为激发学生自主探索知识的能力培养作出努力。然而，能够通过任务驱动较好地培养学生关键能力的项目教学法和小组教学法的使用频率却偏低，均未达到30%，利用互联网进行翻转课堂教学的更是少之又少，仅为0.97%。

（三）学业评价方式单一

根据调研结果，中职会计专业课程的考核方式主要集中于“闭卷考试”“课后作业”和“实训材料与报告”，显而易见存在不足，一是学业评价方式上只注重终结性评价，而忽略过程性评价；二是评价主体单一，教师作为单一评价主体，缺乏学生的自评和互评相结合；三是评价标准不全面，仅仅专注于专业能力特别是专业知识的掌握情况。究其原因，一是与前述教学目标定位不科学有关，忽略了对学生关键能力的考核和评价；二是大部分教师习惯于传统闭卷考试和课后作业这种简捷易行、不费精力的学业评价方式。

（四）教师出现较为严重的职业倦怠，普遍存在“厌教”现象

由于长期面对中职生这一特殊群体，学生厌学，课堂积极性和参与度低，教师长期

唱独角戏，一定程度上打击了教师的教学积极性，从而陷入恶性循环，教师厌教，学生便厌学，学生厌学，教师更厌教。

（五）教师缺乏多元的知识结构

中职教师以专业教师为主，而专业教师一般较擅长本专业的知识，缺乏必要的教育教学的基本知识和相关专业的知识，难以针对学生的需求对教学方式进行有效的调整。

三、中职会计专业教学法改革方向——行动导向教学法

行动导向教学的核心理念是“以学生为中心，以行动为导向”，强调“学中做，做中学”，让学生在行动的过程中培养兴趣、增强自信、掌握知识、积累经验，旨在培养包含专业能力、方法能力和社会能力在内的全面职业能力，能满足会计行业大变革下对会计人才的能力新需求。

行动导向教学法的基本教学流程包括“任务布置、小组学习、展示评价、教学小结”四阶段，强调学生自主探索的学习方式，其中“小组学习”阶段又包含“确认工作任务、分析任务问题、寻找理论依据、设计可能的解决方案和经验运用”等环节，突出强调学生的自我负责，能极大地提高学生的学习参与度及积极性。

行动导向教学法的教学形式是引导式教学，“教学”变为“导学”，教师充当学生自主学习的促进者和催化师，教学过程中扮演着指导者、促进者、激励者等多重角色，很大程度可避免出现教师唱独角戏的现象。

行动导向教学法的课堂教学组织形式是小组合作学习，将社会工作方式引入课堂，发挥小组成员的各自优势，实现小组内甚至小组间共同学习共同进步，重点培养学生的团队协作、沟通协调等社会能力。

行动导向教学法的教学评价是能力本位的多元评价。首先，评价主体多元化，包括学生和教师，实现学生自评、学生互评和教师评价相结合，有必要时可引进企业评价，保证评价的公平性；其次，评价标准多元化，一是为了提高遵循度，评价标准的制定主体多元化，由学生和教师通过头脑风暴的方式共同制定；二是评价标准本身多元化，对应培养专业能力、方法能力和社会能力的教学目标，也应设计具体的、具有可操作性的评价标准；再次，评价方法多元化，比如可以采用找茬、找亮点、亮点加建议和综合评价等方法和手段，以达到学生共同学习、共同提高的目的。

行动导向教学法的具体教学方法基于教学媒介的不同分为小组教学法、项目教学法、角色扮演法、案例教学法、探索法、引导文教学法、头脑风暴法等，其中小组教学法属于微观方法，重在如何开展小组合作学习，其他五种属于宏观方法，在小组合作的基础上开展，譬如项目教学法以项目为任务载体，案例教学法以案例为任务载体，角色扮演法以剧本和表演为任务载体，其共同特点是任务驱动，基于实际工作过程来开展教学设计。

显而易见，为了满足会计行业大变革下对财会从业人员的能力需求，顺应国家职业教育发展的方向和要求，解决中职会计专业教师和学生存在的问题，在教学方法上，行动导向教学法是最佳的选择。值得关注的是，现代信息技术的迅猛发展为行动导向教学

法与信息技术的深度融合提供了契机，翻转课堂、线上线下混合式教学等更高质量的教学模式的开展成为可能。

第四节　编书思路

本书为以人才需求为导向，分析大智移云时代财会职业能力需求变动，进而指导教学模式和方法的改革。

首先，进行背景分析，一是分析现行社会经济发展以及会计行业发生大变革背景，以明确会计实务对会计从业人员提出的新的能力要求；二是分析现行职业教育发展背景以明确目前国家对职业教育发展提供的政策支持，提出的发展要求及方向，尤其是关于职业教育教学改革方面的要求；三是以调研为基础分析中职学生特点以及中职教师目前的教学特点，明确中职会计专业教学中教学双方现存的突出问题。

其次，对大智移云时代中职会计专业职业岗位群及职业能力需求进行调研分析，提出教学法的改革方向——行动导向教学法，进而分章节详细介绍行动导向教学法的各种具体教学方法，包括项目教学法、案例教学法、角色扮演法、小组教学法、头脑风暴法、引导文教学法、探索法，介绍每种方法的概念、实施流程、注意事项，并通过会计专业相关课程的应用实例对相应教学法进行深入剖析，通过与传统教学方法作对比凸显该教学方法的优势。另外，为适应时代发展，深度融合信息技术，进一步阐述翻转课堂和混合式教学及其应用。

最后，论述推行行动导向教学法应具备的各方条件，希望学校、教师、学生和家长能共同助力行动导向教学法的实施，从而提升中职会计专业的教学质量，培养符合社会需求的财会人才。

第五节　本书特点

本书具有以下五个方面的特点。

第一，以人才需求为导向，密切关注时代变革对会计人才的能力需求变化，了解现行职业教育的发展动态、政策支持以及发展要求，调研中职会计教育教学双方的特点，从而提出中职会计专业教学法的改革方向——行动导向教学法，具有较强的针对性和务实性。

第二，以理论介绍为基础，案例式剖析各种教学方法。本书详细介绍各种具体教学方法的概念、实施流程、注意事项的同时，重点介绍其在会计专业课程中的应用，通过实例对相应教学法进行深入剖析，与传统教学方法作对比，明晰该教学方法的优势所在，同时也说明运用的局限性启发读者进行思考，对读者实际学习、改革和运用相应教学方法具有较强的借鉴意义和指导性。

第三，现代信息技术与教学方法深度融合。与时俱进，在介绍行动导向教学法中各种具体的教学方法的基础上，进而介绍教学方法与信息技术的深入融合，深入阐析翻转课堂和混合式教学的理论和实践。

第四，全面分析教学方法改革之条件。分析归纳了行动导向教学法实施的各种条件以及相互之间的关系，为政府、学校、教师、学生等各方的努力指明方向，从而推动行动导向教学法的顺利实施。

第五，编著团队的特点决定内容兼具理论性和实践性。本书编写团队由长期从事职业教育教学理论与实践研究和职教师资培训培养工作的职业技术师范院校教师，以及国家示范中职学校财经专业的五位教学一线教师组成，教学方法的介绍既具有理论基础又具有源自一线的案例阐析。

第二章

中职会计专业职业岗位群及能力需求的调查分析

第一节 职业岗位群及能力需求调查概述

一、调查背景分析

(一) 职业教育进入提质培优新阶段

随着经济发展迅速、产业结构转型升级以及人口结构发生变化，转变职业教育发展模式，从而打造一支高素质劳动力队伍是中国经济实现高质量发展的关键之一。国家统计局数据显示，2019 年，全国有各级各类职业院校约 1. 15 万所，年招生约 1 084. 1 万人，在校生约 2 857. 6 万人。① 从国际比较上来看，我国也已形成了世界上规模最大的职业教育体系。我们的职业教育在规模上，已经基本上能够满足经济社会发展的实际需求。

然而，在快速发展的同时也存在一些问题，职业教育的教学体系有待进一步解决办学特色不鲜明、校企合作不紧密、课程设置不合理等问题。2019 年 2 月 13 日国务院印发的《国家职业教育改革实施方案》明确指出：经过 5 ~ 10 年时间，职业教育基本完成由追求规模扩张向提高质量转变，由参照普通教育办学模式向企业社会参与、专业特色鲜明的类型教育转变，大幅提升新时代职业教育现代化水平。2021 年 4 月第一次全国职业教育大会，习近平总书记作出指示，特别强调建设一批高水平职业院校和专业，培养更多高素质技术技能人才、能工巧匠、大国工匠。而这恰恰与我国经济发展追求高质量的发展相适应。为了促进就业，对接新科技浪潮的发展和前沿市场需求，职业院校面临着以信息技术改造传统职业教育的挑战，职业技能人才也面临着对其专业技能和个人素质新的要求。

(二) 信息化时代影响着会计行业发展方向

在信息化时代，新科技的推广和运用对会计行业产生了巨大的冲击。在财务共享中心出现的背景下，机器人即将替代一些重复性的会计岗位，会计人员的结构会发生巨大转变。例如，借助图像识别、逻辑程序等人工智能技术，财务共享服务可以将影像扫描系统、网络报销系统、财务核算系统和银企互联系统整合起来，从事仅靠知识或程序性

① 中华人民共和国国家统计局. 中国统计年鉴[M]. 北京：中国统计出版社，2020.

的会计工作的会计人员不得不面对失业的问题。例如中兴通讯公司，2011 年财务审核人数已由 87 人减少到 43 人，总人力成本由原来的 619 万元减少到 316 万元，共节约 303 万元，费用单据所耗用的人力成本由每单 15. 35 元降为每单 7. 83 元，每张费用单据节约人工成本 7. 52 元。① 在信息技术和错综复杂的商业环境下，会计人员的综合能力愈发重要，许多会计岗位已经消失，工作内容也发生了巨大变化，社会需要会计人员具有更强的沟通能力、数据处理和分析能力、处理复杂问题能力、文字能力等。

（三）中职会计专业学生对口就业率偏低

虽然会计行业发展方向受到了一定的影响，然而营利经济核算主体和非营利机构对会计人才始终保持着旺盛的需求，会计人才需求量也一直排在各地人才市场需求的前 10 位。在国家政策的支持和经济发展的推动下，中职会计专业迎来了很好的发展机会，目前会计专业已经成为中职院校中开设最为普遍的专业之一。截至 2019 年，财政部公布的数据显示，拥有初级会计师资格证书的会计人才已超 578. 34 万，总体供大于求，形成了底部庞大塔尖太小的金字塔，即低端人才过多，中高端人才稀少。② 因此，中职会计专业学生的就业问题必须引起重视，就业对口率有待进一步提高，即便是走在经济发展前端的广州。据统计，2019 学年，广州市中职学校毕业生 30 261 人，受新冠肺炎疫情影响，学生就业及对口就业面临巨大压力，对口就业率仅为 77. 85%③。当然，会计专业亦不能幸免，同样面临人才供需不能完全对接的问题，一部分学生只能从事文字处理、销售、保险等一些非对口的工作。毋庸置疑，中职会计专业出现人才供需错位与当前课程体系设置和教学模式科学与否有莫大关系。

二、调查意义

众所周知，在我国的教育体系之中，中等职业学校的教育是职业教育的基础阶段，其担负着学生过渡式就业以及升学的双重任务。为了满足各行各业的基础性用人需求，要求中职学校培养大量实用型一线技术人才，并且为高等院校提供优质生源。通过调查分析对应的职业岗位群，并对不同职业岗位群的能力需求进行分析，进而为教育决策者、管理者以及实施者修订专业培养方案、优化课程体系设置，为创新课程的教学模式提供依据显得尤为重要。

因此，为了提高中职会计专业学生的对口就业率，实现人才供需无缝对接，务必实施以需求为导向、以能力为本位的人才培养方案，调查分析当前中职会计专业职业岗位群及能力需求，优化人才培养模式及教学模式，改革教学之方法，方能培养满足智能财务时代之需的会计技能技术人才。

---

① 陈虎，李颖. 财务共享服务行业调查报告［M］. 北京：中国财政经济出版社，2011.

② 周丽. 会计人才“校企零距离”实训体系构建：基于行业发展的角度［J］. 财会通讯，2015（34）：55－58.

③ 广州市教育局. 2020年度广州市中等职业教育质量报告［R］. 2021.

第二节 职业岗位群分析

一、中职会计专业职业岗位群分类

通过对国内三大知名招聘网站——中华英才（www. chinahr. com）、前程无忧（www. 51job. com）和智联招聘（www. zhaopin. com）在2021年2—3月份的财会类招聘信息进行调查，初步收集了财务、审计和税务职能下的21个就业岗位。为准确了解市场对中职会计专业的需求岗位，设置“学历要求”条件为“中专”进行进一步筛选，剔除了侧重于综合财务处理、管理能力的管理层岗位，例如，CFO、财务总监、财务分析和资金管理，最终确定为13个财务类具体岗位。这与中职会计专业教学指导方案中的职业范围相吻合，体现了中职教育的基础性和技能性。

基于文献分析和招聘岗位工作的任务特点，将13个中职会计专业典型就业岗位分为会计核算类、财务管理类、财务专员类和会计拓展类四大岗位群。如表2－1所示：（1）会计核算类分为会计、会计助理、出纳员和财务助理4个具体岗位，主要工作任务包括负责日常经济业务审核和账务处理，款项及有价证券的收付与管理等。（2）财务管理类分为成本管理、财务经理、总账主管和会计主管4个具体岗位，主要工作任务包括组织公司的成本管理以及财务相关工作。（3）财务专员类分为审计专员和税务专员2个具体岗位，主要工作任务包括审计和税务的财务专项任务。（4）会计拓展类分为仓储专员、收银员和统计员3个具体岗位，主要工作包括仓库进销存情况和盘点，会识别真假钞，负责企业各项统计工作和及时整理等。

表2－1 中职会计专业职业岗位群分类表

岗位群	具体就业岗位	主要工作任务
会计核算类	会计	负责日常经济业务审核和账务处理，款项及有价证券的收付与管理等
	会计助理	
	出纳员	
	财务助理/财务文员	
财务管理类	会计经理/会计主管	组织公司的成本管理以及财务相关工作
	成本管理	
	财务经理	
	财务主管/总账主管	
财务专员类	审计专员/助理	审计和税务的财务专项任务
	税务专员/助理	
会计拓展类	仓储专员/仓管员	负责仓库进销存情况和盘点，会识别真假钞，负责企业各项统计工作和及时整理等
	收银员/收款员	
	统计员	

二、各类职业岗位群需求情况

中职学校毕业生大多数在中小微企业中从事基础性工作，更加侧重于实操。因此，对于中职学校毕业生，企业中不同岗位群的需求量存在差异。通过网络爬虫工具 Python，以 13 个中职会计专业典型就业岗位为检索词，爬取 2021 年 2—3 月中华英才、前程无忧和智联招聘的招聘信息。其中设定工作地点为“广东”，学历为“中职/中技”或无学历要求，工作经验为“无经验”或“1～3 年工作经验”，收集职位名称、公司名称以及与岗位能力要求相关的文字到 Excel 表格，例如“岗位职责”和“任职资格”。同时，为避免干扰，清洗爬取到的招聘信息内容数据，并针对非规范对象进行规范化转换，如去除文本中的空格和标点符号等。通过人工过滤信息不全的、重复的招聘信息，最终获得 577 家企业 1 683 条样本数据。

为了调查不同中职会计专业岗位群的需求，通过办公软件 Excel 的筛选功能，对 577 家企业提供的 1 683 个岗位进行进一步筛选，其中会计核算类岗位 1 424 个，占总样本量 84.6%；会计拓展类岗位 166 个，占总样本量 9.9%；财务管理类岗位 61 个，占总样本量 3.6%；而财务专员类 32 个，占总样本量 1.9%。如图 2－1 所示，会计核算类中会计岗位和财务助理/财务文员岗位占相当大的比重，分别为 34.3% 和 24.4%。

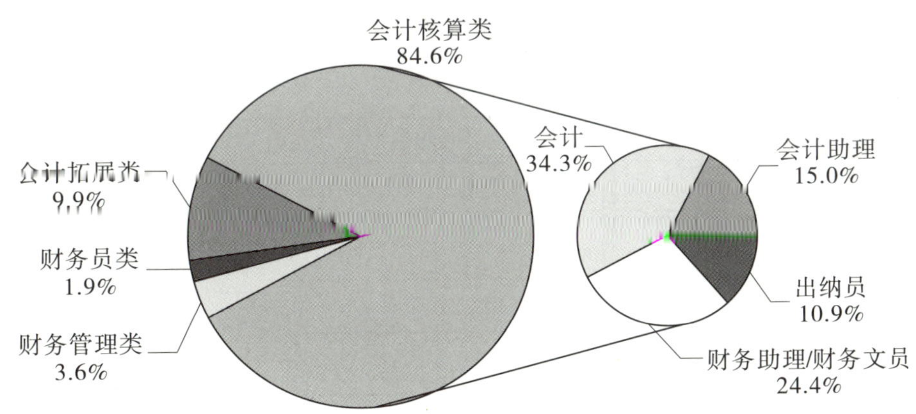

图 2－1　中职会计专业各类岗位群需求量分布图

由上述数据可见，企业对于中职会计专业学生的需求集中于会计和财务文员等会计核算类岗位，其次是收银员、仓储员和统计员等拓展岗位。这两类岗位的工作内容都是负责日常现金收支、费用的报销等，不要求过高的理论水平但要求实际动手操作能力强，甚至包括收银员和仓储员等对与会计知识要求不高的岗位。而财务管理类和财务专员类岗位群的岗位需求较小，财务管理类岗位群通常要求应聘者组织和监督财务部日常管理工作，进行费用分析，进行成本预算、控制、分析和考核。此类岗位对于应聘者有较高的理论水平要求和学历要求，并且重视应聘者的综合素质，企业通常不将中职学生列入此类岗位的考虑范围。

第三节 职业能力需求调查分析

一、调查分析方法

主要采用内容分析法和运用 ROST CM（ROST Content Mining）软件①对初步收集的数据进行深层分析和处理。内容分析法是一种通过系统、客观、量化的方式对符号性内容如文字、图像等内容做出分析，将非正式事物正式化并系统化的科学研究方法。ROST CM 软件能将文本内容转换为量化数据，是适用于人文社科类研究的内容分析软件。

通过网络爬虫数据工具进行数据采集，与岗位能力要求相关的文字。针对不同的岗位群，分别对其运用内容分析，使用 ROST CM 软件进行分词处理，统计和剔除文档中词及其词频数，从中截取高频关键词，并构建出高频词语义的关系，以期掌握中职会计专业职业能力的需求情况。总体技术路线如图 2－2 所示。

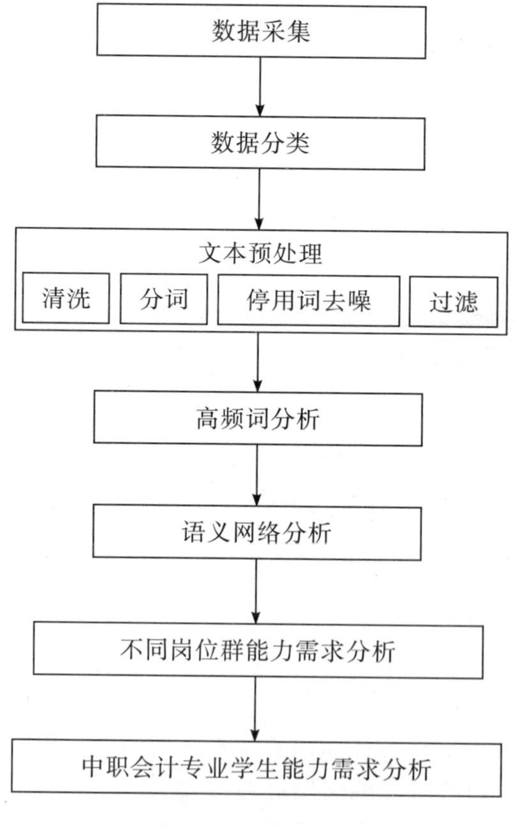

图 2－2 技术路线

① ROST Content Mining 软件由武汉大学 ROST 团队开发。

二、调查分析步骤

（一）基于 Python 的数据采集

通过网络爬虫工具，以 13 个中职会计专业典型就业岗位为检索词，爬取 2021 年 2—3 月中华英才、前程无忧和智联招聘的招聘信息。其中设定工作地点为“广东”，学历为“中职/中技”或“无学历要求”，工作经验为“无经验”或“1 ~3 年工作经验”，收集职位名称、公司名称以及与岗位能力要求相关的文字到 Excel 表格，例如“岗位职责”和“任职资格”。

（二）基于 Excel 的数据分类

根据前述职业岗位群的分类标准，通过办公软件 Excel 的筛选功能，按照筛选不同具体招聘岗位的方式，在 577 家企业提供的 1 683 条招聘信息中建立各种职业岗位群的 Excel数据库和 TXT 文本数据库，最终得到会计核算类岗位招聘信息文本 407 496 字，会计拓展类岗位招聘信息文本 40 740 字，财务管理类岗位招聘信息文本 23 984 字，财务专员类岗位招聘信息文本 11 110 字。

（三）基于 ROST CM6 的文本预处理

分词是数据预处理的关键步骤，将样本数据中文本的每一句话都分成有意义的词语和字。由于 ROST CM6 软件中自带的分词库中不包含某些会计专用词汇，系统无法将其识别出来，故人工查看分词结果并将经常出现的名词、动词、形容词等进行归纳，添加到系统词库中，例如“做账”“会计从业资格证”“原始凭证”“报税”“用友”“金蝶”“贴单”等词语。反复进行分词处理，发现有部分词汇意思相近，为了更好地突出核心词汇，对样本数据中意思相近词汇进行替换，如将“会计法规”和“财会法规”统一替换为“财经法规”；“会计软件”“财务系统”统一替换为“财务软件”，并剔除一些无实际意义和与研究无关的词汇，如“以上”“优先”等。

（四）基于 ROST CM6 的高频特征词分析

词频分析是根据系统默认以及自定义词表中的抽取核心词汇，并统计核心词频，按词频由高到低排序。基于此，根据不同职业岗位群，对 ROST CM6 预处理后的样本数据进行词频分析以挖掘企业公司对中职会计专业学生的能力需求。本章将利用 ROST CM6 提取各职业岗位群词频最高的 60 个特征词进行分析。

（五）基于 ROST CM6 的语义网络分析

语义网络分析可以直观地通过线条的疏密程度反映不同的高频特征词的关联程度，通过抽取文本中的高频特征词，利用共现矩阵形成网络结构图，对高频词对应的能力进行较为完整的归纳总结。基于此，本章根据不同职业岗位群，对样本数据进行社会网络分析功能构建词语网络关联视图以挖掘企业公司对中职会计专业学生的能力需求。各职业岗位群使用 ROST CM6 构建语义网络视图。

三、不同职业岗位群能力需求分析

企业通过招聘网站发布招聘信息，根据不同岗位的特征列出用人需求。在招聘信息高频词表中，词语出现越频繁代表着企业公司对该词语的认可度越大，且对词语背后的能力需求越大；在招聘信息语义网络图中，线条的疏密程度表示高频词之间共现程度，既反映了词与词之间内在联系的密切度，也反映了企业公司对不同能力的各自偏好要求。基于此，从四类职业岗位群出发，着重对与能力需求相关的前60个高频词进行词频分析和语义网络分析，以挖掘企业公司对中职会计专业不同岗位群的能力需求。

（一）会计核算类能力需求分析

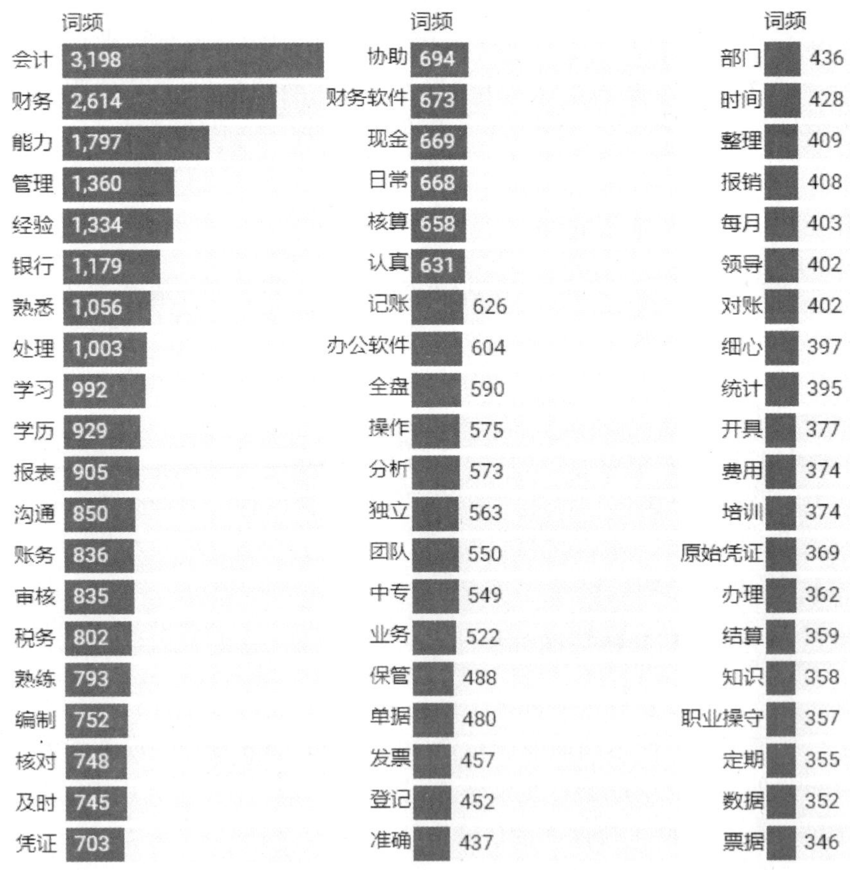

图2-3 会计核算类岗位群高频特征词词频图

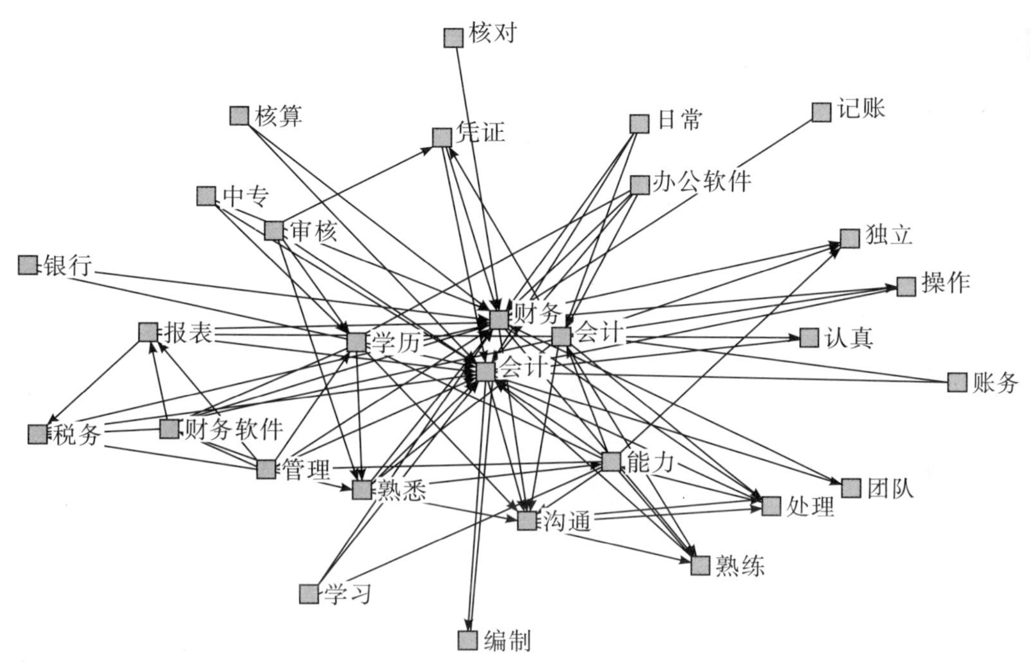

图 2－4　会计核算类岗位群语义网络图

在会计核算类的样本词频图中，“会计”“财务”和“能力”这三个研究核心主题词分别排在第一至第三位，这表明该样本数据与会计专业和岗位能力密切相关。从其他频率最高的前 30 个特征词来看，“经验”“熟悉”和“熟练”分别位于第 5 位、第 7 位和第 16 位，说明企业看重应聘者的经验和对工作的熟悉程度。

在其语义网络图中，经验相关词与“报表”“审核”“办公软件”“操作”“财务软件”等高频词联系密切，其中，“审核”“报表”等词汇涉及的是会计核算类岗位的工作内容，此类涉及工作内容的词汇在前 60 位占据 1/3；“办公软件”“财务软件”是高频词的前 30，属于招聘信息内提及较多的要求。会计核算类高频词表的第 4 位是“管理”，结合对招聘信息原文的观察，发现在该类岗位要求中“管理”多为对账目、日常收支和资产的管理，这正符合会计核算类岗位的主要工作任务。

除了与工作内容相关词外，值得注意的是排名第 9 位的“学习”，词频高达 992 次。企业多在招聘信息中提及“具有良好的学习能力”，这与会计行业的性质密不可分，随着企业经营环境日益复杂和日益增大，为了与国际会计惯例接轨到与国际会计准则趋同的变迁过程，会计准则不断修订，会计人必须不断完善和学习新的知识和形势，才能不被时代所抛弃。

“沟通”排在第 12 位，“较强的沟通能力”是因为会计岗位通常要与公司内部的各个部门有业务往来，好的沟通能力能够保证工作的顺利进行。“认真”位列高频词表的第 26 位，会计核算类往往需要与数据打交道，财务工作业务量广且杂乱，需要员工认真细致面对着账目和资产等核算类工作内容。

由此可见，企业公司非常注重会计核算类岗位群在专业实操能力、工作流程和计算机应用能力方面技能和知识的熟练程度，其次是学习能力和沟通能力。

（二）财务管理类能力需求分析

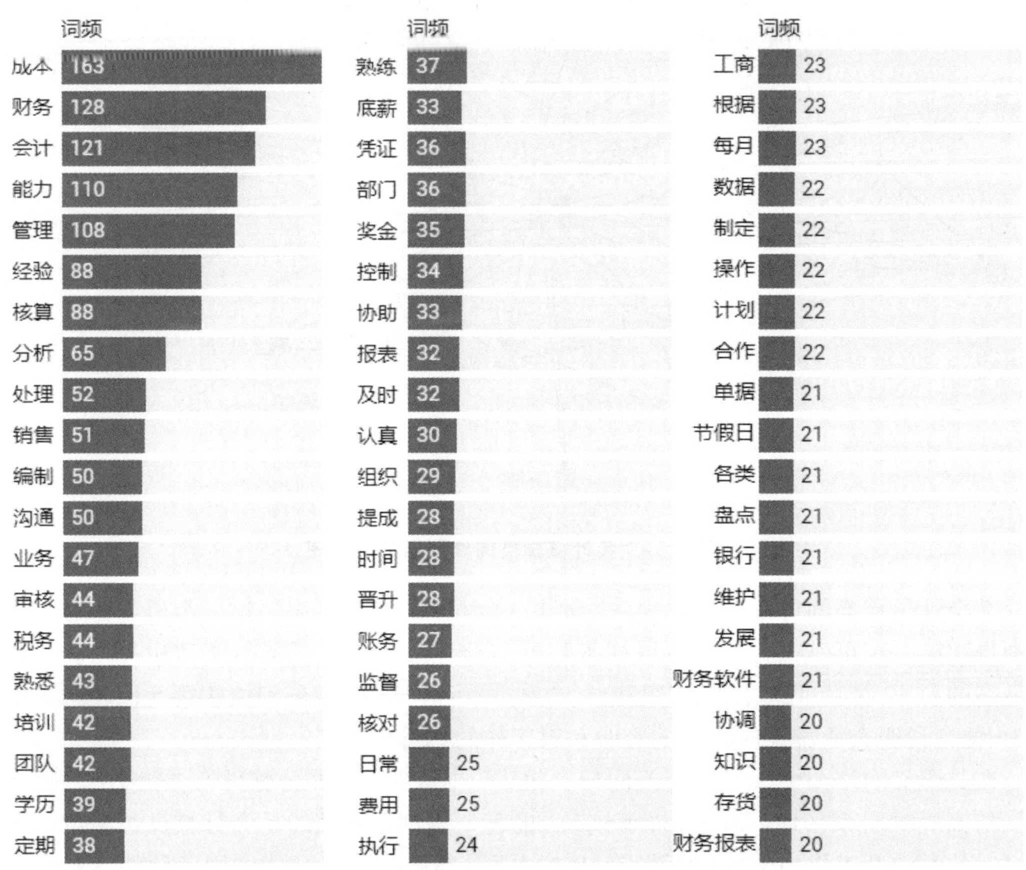

图 2－5　财务管理类岗位群高频特征词词频图

在财务管理类的样本词频图中，排在第一位的是“成本”，根据对样本数据库原文的观察，“进行成本预测、控制、核算、分析和考核”是企业对财务管理类岗位群的工作内容要求。由语义网络图显示的词语共现，可得知该词语与“分析”“编制”“控制”“分析”相关联。其中，“分析”排在第 8 位，财务基层岗位对财务分析能力要求不高，但在财务管理类岗位群中由于其工作内容的性质，分析能力占据重要地位。

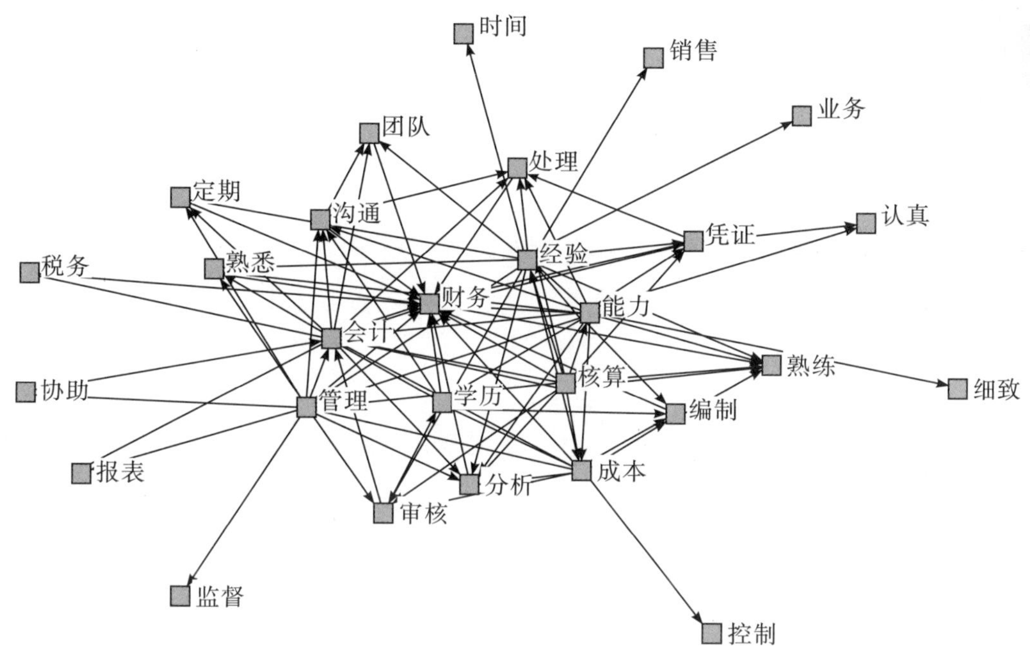

图 2-6 财务管理类岗位群语义网络图

与会计核算类相同的是，“经验”“熟悉”“熟练”等词语的词频较高，分别排在第6位、第16位和第21位。此外，“认真”与工作态度相关的词汇也排在了财务管理类的第30位。联系语义网络图可以看出，与“经验”相关联的词汇有“凭证”“处理”“团队”“沟通”“分析”等，“沟通”在第12位，“团队”排在第18位，这说明财务管理类岗位群对应聘者的团队协作能力和沟通能力有较高的要求。财务管理类岗位群通常是大部分是主管和经理的管理层，负责组织公司的成本管理以及财务部门的工作，这要求其协调团队之间的工作和引导团队之间的氛围。样本的语义网络图表明，与团队相关的还有“组织”“协调”“控制”，这三个词均排在财务管理类岗位群的前60位，这意味着企业对应聘者有组织协调的要求。随着财务人员职位的晋升，其组织管理技能就显得重要。经济快速发展以及行业环境变化，现阶段的财务工作需要财务部门与业务部门密切合作。这不仅要求管理层协调不同部门之间的财务相关工作事项，还要在部门内部联系上下级。

综上所述，财务管理类岗位群要求应聘者实践经验丰富，有良好的团队协作能力和沟通能力，有一定的组织协调能力，而与其他岗位不同的是，财务管理类岗位群将分析能力纳入能力要求。

（三）财务专员类能力需求分析

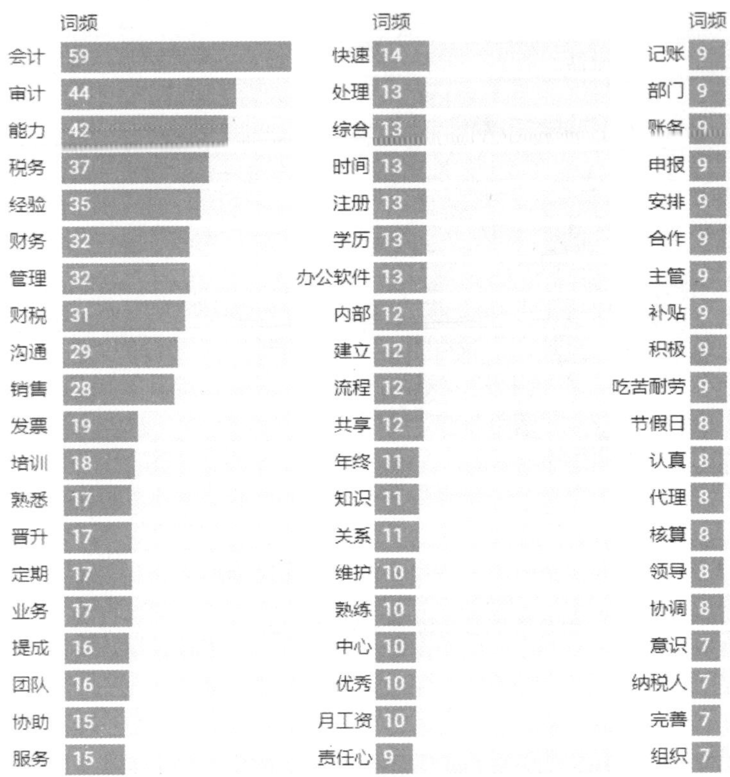

图 2－7　财务专员类岗位群高频特征词词频图

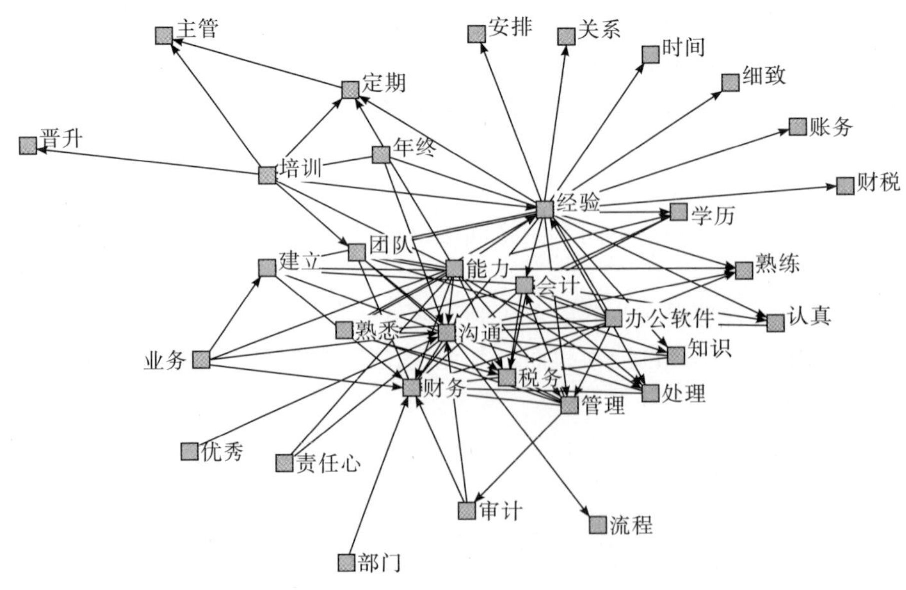

图 2－8　财务专员类岗位群语义网络图

在财务专员类的样本词频图中，“会计”“审计”“能力”和“税务”这四个研究核心主题词分别排在第1至第4位，这表明该样本数据与审计岗位以及税务岗位的能力密切相关。同样的，“经验”“熟悉”“熟练”出现在该岗位群的高频词表中，分别位于第5位、第13位和第36位。

在财务专员的语义网络图中，“经验”“熟悉”“熟练”关联较为密切的词有：“沟通”“办公软件”“团队”“税务”。其中，“沟通”排在第9位，“团队”排在第18位。事务所开展审计业务基本均采用团队的形式进行工作，无论是审计专员还是税务专员，他们的工作都需要与客户、税务、银行和审计等相关单位进行广泛的联系，如若沟通不当或信息不对称，工作将会出现较大的纰漏，因此这项能力的高低直接影响着工作成果，沟通表达能力和团队协作能力成为财务专员类岗位群看重的能力。“办公软件”排在第27位，财务专员同样对计算机能力有要求，随着云计算、大数据以及人工智能的发展，会计部门与行业也改变了传统的运作模式，更多地采用会计电算化。

在前30高频词中，“协助”体现了财务专员类岗位群的工作内容通常是辅助性质的，例如“协助完成各项专项、内控、离任等审计项目的具体审计程序”；“服务”体现了财务专员类岗位群的工作性质，与此类似的还有“维护”“关系”，财务专员需要与客户建立并维护友好的关系，为客户进行优质的服务。由此要求财务专员有过硬的专业知识及技能以及良好的服务意识。

因此，财务专员类员工应具备良好的沟通表达能力和团队协作能力，熟悉办公软件等计算机运用，熟悉审计和税务相关工作流程，且需具有服务意识以维护与客户间的关系

（四）会计拓展类能力需求分析

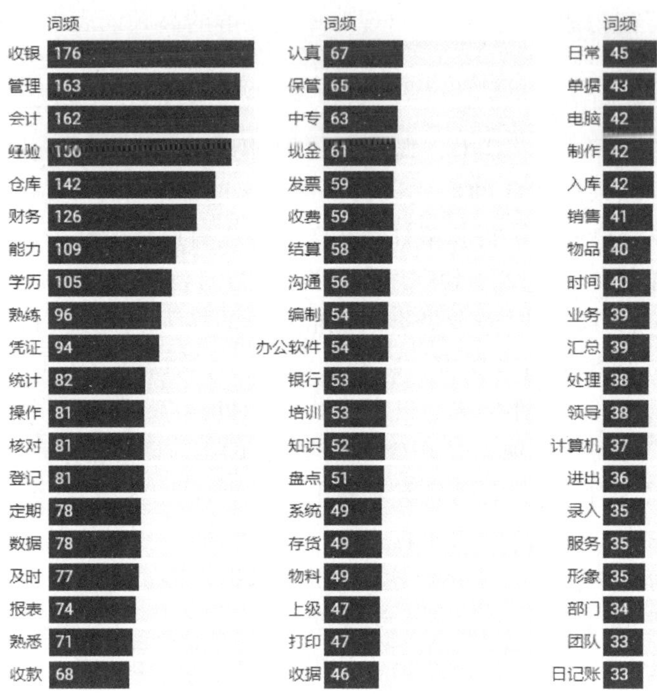

图 2－9　会计拓展类岗位群高频特征词词频图

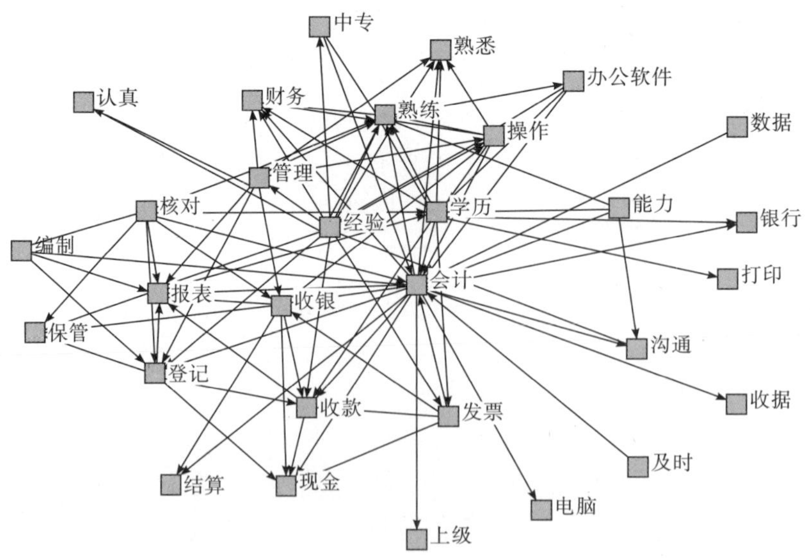

图 2－10　会计拓展类岗位群语义网络图

在会计拓展类的样本词频图中，除了“会计”“财务”“能力”这三个研究核心主题词外，“收银”“仓库”分别排在第 1 位和第 5 位，表明了会计拓展类岗位群的需求岗位大部分是收银员和仓管员。

在会计拓展类的语义网络图中，“经验”“熟悉”“熟练”与“收银”“保管”“管理”紧密相关，这要求应聘者熟悉货物信息、收银系统或仓库进销系统以及相应工作流程。剔除与工作内容相关的词汇外，“认真”位于第21位，收银员、仓管员和统计员日常处理细碎烦琐的业务，属于财务工作里不可或缺的一环，若在这基础环节出差错，会给后续的财务工作带来一系列麻烦，会计拓展类岗位群希望应聘者能够严谨细致认真。“沟通”位于第28位，与财务专员岗位群相同，会计拓展类不仅企业或财务部门内部交流沟通较多，而且时常需要与客户有良好的沟通。“办公软件”排在30位，此外“电脑”“计算机”也是出现的高频词。随着会计电算化的普及，会计拓展类岗位也有相应的电脑系统，例如收银管理系统、金蝶管理软件或其他仓库管理软件，因此企业越来越重视财务人员具备一定的计算机操作能力。

总的来说，会计拓展类岗位应该熟悉货物信息等工作内容，工作中严谨细致认真，有较好的沟通能力，并且熟练掌握工作相关的电脑软件，例如收银系统、金蝶系统等。

四、各项职业能力需求分析

依照与前文一致的研究步骤对总体样本数据进行研究，得到表2－2中职会计专业岗位群高频特征词表。

表2－2　中职会计专业岗位群高频特征词表

序号	词	词频	序号	词	词频	序号	词	词频
1	会计	3 511	21	及时	728	41	账务	443
2	财务	3 392	22	协助	708	42	准确	432
3	能力	1 935	23	日常	694	43	细心	419
4	经验	1 497	24	现金	667	44	整理	414
5	管理	1 400	25	核算	667	45	系统	413
6	银行	1 151	26	认真	665	46	成本	409
7	报表	1 121	27	办公软件	643	47	知识	403
8	熟悉	1 113	28	全盘	611	48	领导	401
9	学习	1 033	29	单据	603	49	定期	392
10	处理	1 025	30	团队	601	50	报销	388
11	学历	1 016	31	分析	589	51	结算	382
12	沟通	932	32	中专	586	52	数据	381
13	良好	916	33	独立	577	53	操守	379
14	熟练	886	34	精神	501	54	费用	367
15	税务	823	35	保管	498	55	细致	355
16	审核	804	36	发票	485	56	上级	339
17	软件	780	37	部门	453	57	服务	323
18	凭证	764	38	时间	447	58	法规	317
19	编制	753	39	记账	445	59	纳税人	295
20	核对	750	40	统计	444	60	安排	292

基于对各岗位群的需求量差异结果和不同岗位群能力需求侧重分析，结合对招聘原信息的观察，聚焦于人才市场对中职会计专业学生的关键能力需求，可将企业对中职会计专业学生的能力需求归为专业基础技能、职业通用能力和专业发展能力三个方面。针对该三个方面的能力需求，提取“会计”“财务”“能力”和“管理”作为研究主题共现词，并将中职会计专业岗位群词表的高频词归为与之对应的三类，见图 2－11 所示。由此，研究得出中职会计专业不同职业能力的需求偏好。

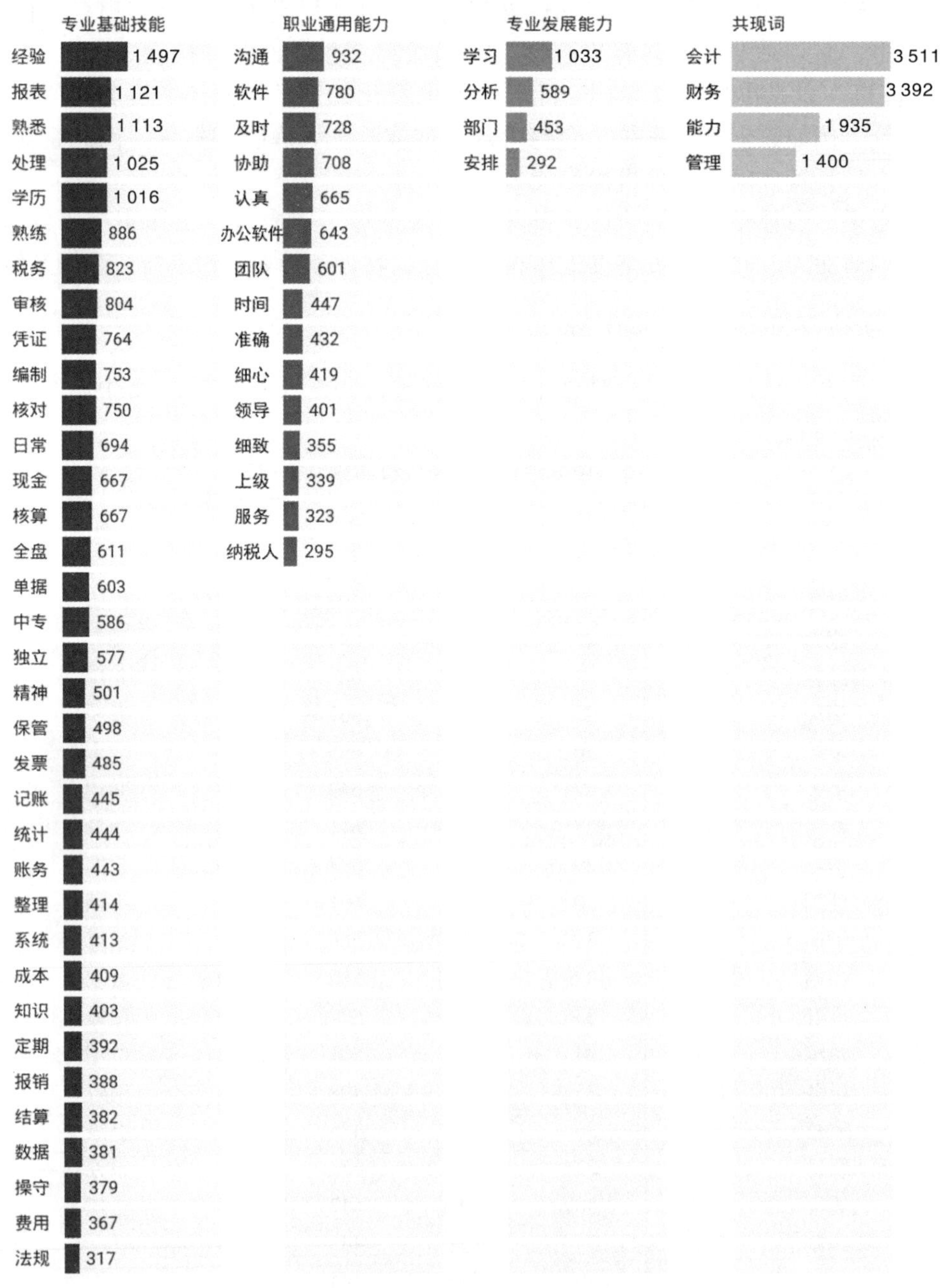

图 2－11　不同职业能力需求高频特征词表

（一）专业基础技能

专业基础技能，即会计人员专业知识结构和会计实践操作能力。会计专业岗位群专业基础技能要求财务人员不仅具备会计核算、经济法等会计知识和与企业运行相关的知识，而且要有专业技能，对所学的会计知识进行运用，对会计交易事项进行处理，对企业单位发生的经济活动能进行正确、职业的判断以及恰当处理。

企业尤其注重应聘者专业基础技能的熟练程度，并重视专业基础技能的工作流程和实务操作能力。在图 2－11 中，“经验”“熟悉”“熟练”分别位于专业基础技能的词频第 1 位、第 3 位和第 6 位，四大职业岗位群的高频词表中，“熟悉”“熟练”“经验”等词汇也是企业关注较多的高频词。不同岗位群有着不同的经验要求：会计核算类岗位群要求应聘者熟悉财务核算环节，从填制凭证到登记账簿再到编制报表是否能够独立完成；财务管理类岗位群要求应聘者熟悉成本分析、财务核算和现金管理的财务管理工作；财务专员类岗位群要求应聘者熟悉税务申报、账务处理流程和财税法规；会计拓展类岗位群要求应聘者熟悉货物信息、收银系统或仓库进销系统。财务相关工作是综合技术性和强实务性的，企业更为重视的是应聘者的实操能力和经验，企业希望应聘者对知识和技能的熟悉程度能直接适应和满足职位的所需，最好无须通过培训直接上岗工作。

（二）职业通用能力

职业通用能力，即从事任何事业都需要的通用能力，包括团队合作精神、人际交往能力、计算机应用能力和服务意识等。在中职会计专业岗位群中，三种典型职业通用能力是被企业招聘所看重的。

计算机应用能力已经成为财务工作人员的必备能力。在图 2－11 中，职业通用能力的第 2 位和第 6 位是“软件”“办公软件”，其中“办公软件”“计算机”“电脑”和“财务软件”频繁出现在岗位群高频词表，每个岗位群都对应聘者的计算机使用能力有要求。近年来，会计电算化席卷而来，财务人员的工作内容和工作流程被深刻影响着，越来越多的企业要求财务人员会用 Excel 和 Word 处理大型的数据和文件，也要求财务人员利用财务软件，如用友、金蝶等，进行账务处理和利用办公软件辅助数据处理等，科技时代给财务人员提出了新的要求。

团队协作能力是应聘者胜任工作的重要能力之一。在图 2－11 中可见，“协助”“团队”位于职业通用能力的第 4 位和第 7 位，业财融合日趋深入的当下，无论是财务部门内部还是与企业其他部门之间，都需充分发挥团队协作之精神，充分整合资源方能为企业创造更大的价值。

企业看重应聘者的沟通表达能力。“沟通”排在职业通用能力的第 1 位，“领导”“上级”“纳税人”等高频词体现了财务人员的工作往往是涉及整个企业的，甚至财务专员类岗位群还需要和客户、税务单位打交道，良好的沟通表达能力能促进工作高效展开。此外，会计目标是向财务报告使用者提供与企业相关的财务数据，为企业管理者提供可靠的财务信息，将企业的运营成果与经济业务体现。由此要求会计不仅在口头表达上清晰、有逻辑，并且在书面文字表达也要有一定的功底，能将自己的想法准确无误地传达给报告使用者。

（三）专业发展能力

专业发展能力，即满足不同岗位方向的能力、增强学生就业的竞争力或了解本职业岗位新技术、新工艺等方面的能力。如会计人员对财务部门的协调能力，对企业员工的管理组织能力，对财经前沿知识技能的自我学习能力，也包括心理调控能力的适应和分析能力，等等。从样本数据来看，专业发展能力在三种职业能力中的受关注程度最低，这主要是与中职学生的就业性质有关。中职学生的就业企业多为中小企业，就业岗位也多为基础技术岗位，基础岗对专业发展能力要求不高。即便如此，因为随着财务人员的晋升，专业发展能力可以提高员工的竞争力，专业发展能力对中职会计专业学生而言也是不可或缺的。

学习能力是新时代对人才提出的更高要求。“学习”在样本数据中词频为 1 033，排在专业发展能力的第 1 位，随着业财融合的深入、会计电算化的推广普及、会计准则的不断修订、财务共享时代的到来，对于财务人员来说，树立终身学习的理念至关重要，财务人必须完善自己的知识体系，避免不被替代或者淘汰。只有通过不断地自我学习新的形势和知识，不断提高专业能力，才能不被时代所抛弃，并在人才市场有较强的竞争力和竞争优势。

组织协调能力成为晋升需求核心能力之一。“组织”排在财务管理类岗位群的第 31 位，没有出现在其他三种岗位群的前 60 位，而在图 2－11 里“部门”“安排”排在第 3 位和第 4 位。经济进入新时期、企业经营环境日益复杂、商业模式不断更新，传统的会计模式已经不能满足企业发展的需要，这需要财务部门与业务部门密切合作，组织协调并实现业财融合，从而体现管理层能力。

综合分析能力是企业对应聘者专业领域的高要求能力。在图 2－11 中，专业发展能力的第 2 位是“分析”，综合分析能力要求学生有牢固的财务知识基础与专业敏感度，能够做到学以致用，融会贯通，根据报表分析企业经营管理环节的不足，提出合理化建议。

综上可见，现阶段中职会计专业典型就业岗位包含会计核算类、财务管理类、财务专员类以及会计拓展类四种类型，从需求量角度看，整体侧重于会计核算类岗位群人才。在职业能力需求层面，中职会计专业学生需要达成专业理论牢固、操作能力熟练、实践经验丰富、计算机应用能力强、沟通表达优秀、富有团队精神，优秀的学习能力、组织协调能力和强大的综合分析能力将有利于提升其职场竞争力。

第四节　人才培养的建议

通过调查分析明确了当前中职会计专业毕业生需具备的能力标准。当务之急是以需求为导向优化人才培养方案，调整人才培养目标，开发与之对应的课程体系，构建符合市场需求规律的教学模式，改革教学方法，提升学生的职业胜任能力，从根本上解决中职会计专业学生对口就业率偏低的问题，实现人才供需的无缝对接，推动中职教育的高质量发展。

一、制定以需求导向的人才培养目标

准确定位专业人才培养目标至关重要。随着国家现代职业教育体系的建立和逐步完善，同时考量智能财务时代对会计人才的能力之需，中职会计专业人才培养需要做出调整，需从仅着重就业向升学与就业并重转变，在符合教育发展规律又服务于社会经济发展的基础上，做到既为中职生升学夯实基础，又为学生直接就业储备职业胜任能力。因此，需始终贯穿教书育人，以培养综合能力为教学目标，不再仅仅局限于知识和技能的传授，而是注重综合能力的培养，以需求为导向，培养学生的专业基础技能、职业通用能力和专业发展能力，亦即为专业能力、方法能力和社会能力，其中专业能力主要是掌握会计方面的理论知识，熟练会计操作技能，是学生应具备的基本生存能力；方法能力旨在学会学习、学会工作，应具备自学和综合分析等能力；社会能力主要是学会共处和做人的能力，具备职业道德、沟通表达优秀且富有团队精神。方法能力和社会能力是基本发展能力，当职业或岗位发生变更或会计工作内容发生变化时，只要具备足够的方法能力和社会能力，必能快速获取新知识和新技能。

二、开发基于工作过程的课程体系

人才培养活动的核心是建立科学的会计课程体系。为实现人才培养目标，中职会计专业课程体系的开发思路应更重视课程调研阶段，从行业企业、学术团体、政府等不同角度对会计职业与工作进行调研，对典型工作任务进行提炼。由此才能更好对人才需求现状与趋势分析，并制定课程方案，实施和不断重新评估课程，重新审视传统的课程体系及教学内容来确保当前教育符合学生未来的职业需求。

通过对招聘市场就业岗位的调研发现，课程体系应该关注专业知识技能和工作流程的熟悉度。工作过程系统化课程的设计，将工作过程作为知识序化的参照系。其本质是将中职课程的职业化因素—工作、教育化因素与课程融为一体，是课程工作化与工作课程化的双向转化与整合。中职学校基于工作过程系统化构建课程体系，不仅能使学生做中学、培养学生所需职业能力，还能使学生感性认识工作岗位和流程。中职会计专业学生职业技能与职业素养的培养，应与其未来的就业岗位相对接，应该系统学习会计专业的基本理论，同时应具备人文科学的基础知识、计算机操作技能；掌握企业会计、审计、税收、统计、收银、库管等职业相关技能。

三、创新教学模式、改革教学方法

专业是人才培养的基本单元，课程是人才培养的核心要素，而课堂是落实课程育人的主阵地，专业人才培养目标能否达成取决于课堂落实情况和效果，为推动中职会计教育的高质量发展，必须进行课堂革命，创新教学模式，改革教学方法，彻底改变禁锢学生积极性、主动性以及创造性的教学模式，采用能够激发和培养学生思考能力、动手能力和创造能力的理实一体化的教学模式。中职会计专业应与时俱进，以建构主义理论为基础，坚持以学生为中心、以行动为导向，实施任务驱动式教学，采用小组合作自主探索学习的课堂组织形式，深度融合信息技术，适时采用翻转课堂，开展混合式教学。

第三章

小组教学法及其在会计专业教学中的应用

第一节　小组教学法概述

一、小组教学法的起源与定义

小组教学法源于美国在20世纪70年代小组学习方式的探索，我国学者对小组教学法的研究始于80年代。由于小组教学法的重要作用在于调动学生的课堂参与度，而传统的“秧田式”座位编排难以达到较好的教学效果，因此，我国的学者主要围绕着课堂座位的编排对小组教学法展开了一系列的研究。传统课堂的座位编排容易导致“优生靠前、差生靠后”的局面，而小组教学法针对的是全体学生，能使全体学生在一种公平公正的教学氛围下进行学习。

小组教学法是指课堂教学以小组学习为主要组织形式，教师通过指导小组成员展开合作，形成“组内成员合作，组间成员竞争”的教学方法，发挥群体的积极功能，提高个体的学习动力和能力，达到完成特定的教学任务的目的。小组教学法是行动导向教学的微观方法，是项目教学法、案例教学法、角色扮演法、探索法和引导文教学法实施的基础。

二、小组教学法的特点

（一）独立意识

小组教学法基于“以学生为中心，以行动为导向”的教学理念开展，有利于培养学生自主学习的意识和独立解决问题的能力。在传统的课堂中，学生更依赖于教师的讲授，根据教学内容的引导步步深入，缺乏自主学习的积极性，难以触类旁通、举一反三。通过小组教学法，使封闭的课堂教学更具有开放性和灵活性，让学生在轻松的课堂氛围与小组合作学习中，进行自主探索学习，激发学习的创新性和积极性，真正把学习当作自己的事，而非被动地接受知识的传授。

（二）参与意识

小组教学法通过采用适当的分组方式将学生分为不同的小组，充分调动学生的参与积极性。在传统的讲授法中，教师注重知识的传授，学生被动地接受知识，难以真正地参与到课中，而通过小组教学法，小组成员之间的互帮互助、相互监督等将促使学生积极完成小组任务，而非被动地进入课堂学习中。小组教学法通过提高学生的参与意识，提高了学生的学习积极性，有助于形成教与学的良性互动。

（三）交际意识

小组教学法需要小组成员的积极参与才能完成相应的任务，其过程能充分锻炼学生的人际交往能力。小组教学法对应的学习方法为小组合作学习，相较于传统的个体学习，更凸显交际的重要性。学生在团队合作的氛围中，合理分工，各司其职，并不断与他人沟通与交流，共同面对困难，解决问题，而传统的教学方式只能单独学习知识内容，难以提高综合素养。

第二节　小组教学法的应用分析

一、应用优势

（一）提高课堂的参与度

在整个教学过程中，不再是遵循传统教学的教师教、学生听。学生在小组中要积极开动脑筋，用眼睛观察，用耳朵倾听，用嘴巴表达，学生参与度提高了，课堂气氛自然活跃，能有效帮助学生走出厌学、怕学的困境。教师还可以设计开放性学习任务，因为开放性的学习任务，既有挑战性，还能激发学生的学习动机，让学生乐学、活学。小组学习能够激起学生的学习兴趣，充分调动学生学习的积极性，让每位学生都参与到课堂学习中来，有了更多向同学展示自我、发表己见的机会。

（二）培养学生的合作精神

学生也是社会人，避免不了要与社会中形形色色的人进行合作，在学生时代就需要在实践中慢慢锻炼。通过小组合作，学生首先要学会如何与身边的同学交流、沟通。全组成员要有明确的分工，还要注意与同伴之间的配合，出现矛盾时要学会如何化解，从而在不知不觉中提高了合作能力。一个人的思维总是有限的，学生在小组内各抒己见，大胆畅谈自己的见解，多角度进行分析，提高其思维能力。通过小组讨论，可以聚集大家的智慧，拓宽思路，进一步培养学生的创新能力。

（三）建立平等的师生关系

在小组教学法下，教师和学生之间体现出一种平等关系，教师不再是将现成的知识传授给学生的授业者，而是学生学习方向的引导者。在小组学习中，教师是学习的指引者，教师协调组间的关系，调动学生的学习、合作积极性。小组合作学习就是一种以教师为主导、以学生为主体，师生、生生之间紧密联系、相互依赖，互相帮助，从而愉悦、高效地完成教学目标的学习方法。

二、应用范围

小组教学法属于行动导向教学法的微观方法，是项目教学法、案例教学法、角色扮演法、探索法和引导文教学法实施的基础。因此，小组教学法应用范围较广，适合其他教学方法的课程和内容均可同步开展小组教学，旨在发挥同伴学习效应，提高学习参与度，培养学生展示自我、评价他人、团队合作等交际能力。

三、实施条件与要求

教师采用小组教学法时应布置轻松、灵活的教学环境，主要包括以下几点：第一，选用较为宽敞和明亮的教室，营造轻松的学习氛围；第二，放置可移动的桌椅，方便学生讨论交流；第三，布置空间让学生进行展示，选用的方式可为电子白板、黑板、成品展示台等。

在小组教学法中，教师在不同的教学阶段扮演的角色不同。在准备阶段，教师作为任务的发起人，应布置任务，并对学生详细讲解任务内容，帮助学生理解任务要求；在工作阶段，教师应以旁观者的角色，保持中立的立场，不干扰学生的任务实施过程，不替学生解决问题；在评估阶段，教师应主持学生的汇报演讲，针对学生的成果进行点评，引导学生正确互评，并进行总结性的评价。

四、小组教学法的实施流程

（一）实施流程图

小组教学法的实施流程见图 3－1。

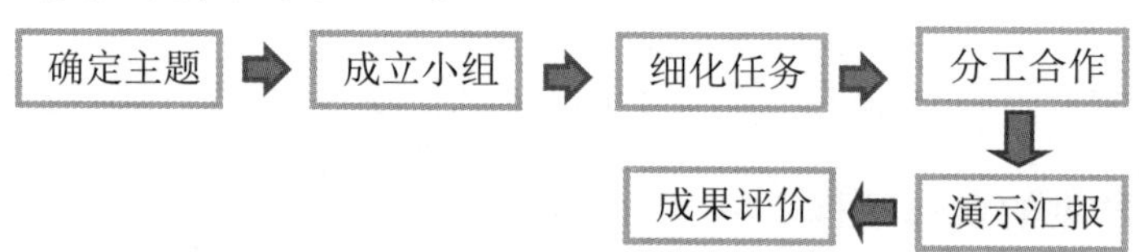

图 3－1　小组教学法的实施流程

（二）实施具体步骤

小组教学法的实施具体步骤见图 3－2。

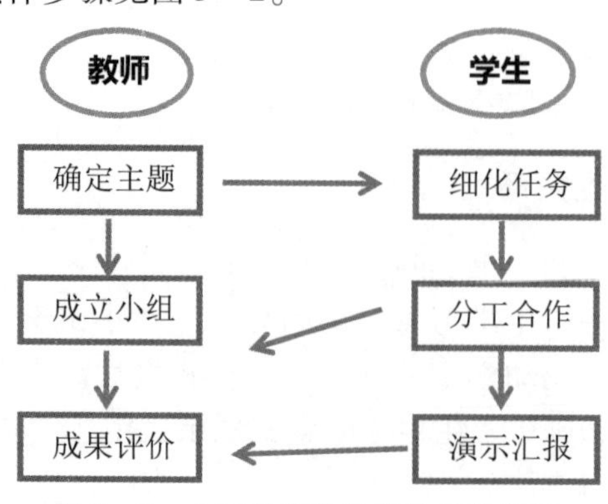

图 3－2　小组教学法的实施具体步骤

1. 确定主题（教师为主）

小组教学法的主题或任务的来源主要有：教材、教学大纲、职业岗位典型工作任务等，常用的方法有调研、头脑风暴、卡片记录等。教师备课时应精心选取小组学习的内容，把握问题的难度和梯度；各个环节设计不但要合理恰当，还要紧凑流畅；课前准备好上课所需的活动材料、评价表格；提前预估小组工作过程中可能出现的各种问题并做好应对方案。

2. 成立小组（教师为主）

小组的划分遵循“组中合作、组间竞争、竞争与合作相伴、彼此互助、取长补短”的原则。在具体实施过程中，要充分考虑以下几个因素：一是按照互补互助、协调、和谐的原则把学生编成小组，力求做到均衡。教师按照学生的知识基础、兴趣爱好、学习能力、个性特长等因素，将不同能力优势的学生进行合理搭配，以保证各小组之间的实力无明显的差距，势均力敌，能够形成平等竞争的态势。二是合理安排小组人数，通常以4～6人为宜。三是适时进行组间调整。小组合作的成员在一段时间内是相对稳定的，有利于学员间的相互了解、优势互补。可如果合作学习一段时间之后，各小组发展出现较大差异时，教师应根据测试成绩、学生个别差异及平时了解到的各组的合作状况，进行及时的人员调整，使之更好地发挥各自的优势，进一步提高合作能力。

3. 细化任务（学生为主）

学生在接受任务和确定分组后，需要结合任务要求和成员的具体情况细化任务、明确分工。充分理解任务内容和要求是细化任务的基础，因此，教师应对任务内容作出详细解释，保证学生熟悉任务内容的前提下，自主进行任务的细化。面对低年级或不具备知识基础的学生，容易出现学生对任务理解有困难，教师则应细化任务步骤，通过指令将这堂课需要达到的目标、小组活动的步骤和要求明确地传达给学生，让学生清楚地知道和决定自己在本次小组活动中要参与的任务内容和参与活动的范围和深度，个人在小组中的角色和应该起到的积极作用，以及自己要达到的学习要求。在交代指令时，应做到以下几点：一是注意新旧知识的连接；二是交代活动的方式；三是交代活动的目的；四是交代活动的操作步骤；五是交代反馈的要求；六是交代活动的时间；七是将如何监控学生活动；八是评价的标准。面对高年级或知识基础较好的学生，教师可以留给学生更多发挥的空间，任务布置后，给予学生适当的引导即可。

4. 分工合作（学生为主）

学生在细化任务后，每个小组还需合理分工，不同的角色在小组中承担不同的任务，同时还要形成通力合作的氛围。组内设一名组长，负责本组学习活动的组织分工和监督，以保证小组学习有序开展。采用组长轮换制，每位学员都有机会管理本组，从而促进组内团结合作，构建和谐学习的氛围。充分调动学生讨论交流的积极性，使每个组员在无戒备、轻松的气氛中听取和采纳他人的见解，自主表达自己的观点，形成民主、平等、和谐的学习氛围。

教师监控小组学习时必须观察各小组的学习活动和互动情况，掌握他们学习的程度和质量，并找出活动过程中出现的问题以帮助他们达成小组学习的目标。教师需要对教学活动进行精心安排和指导，同时及时为学生解答在小组合作学习讨论中发现的疑难问题，并记录每个小组和每位学生在合作学习中的现实表现以及任务完成的进展情况，及时给予适当的帮助，以便确保每个小组成员都能参与。

5. 演示汇报（学生为主）

通过演示交流，一方面为各小组提供自我展示的平台，使学生获得强烈的荣誉感、自豪感和成就感；另一方面它还提供相互交流学习的平台，有利于促进共同进步，生生之间、生师之间的经验交流，能够使学生把在自主探索过程中形成的初步认识和动作技能上升为有意义的知识建构和心智技能。这一阶段可让学生扮演“教师”角色讲解完成任务的心得体会，重点讲解业务构思以及完成任务中遇到的困难和解决办法，这不但有利于讲解者优化认知结构、提高会计水平，而且有利于听讲者快速地学到实用的间接经验。

6. 成果评价（师生共同）

首先，建立一套科学的标准，从三个方面进行综合评价：一是评价教师在课堂教学中实施合作学习的情况；二是评价学习小组在开展合作学习活动时的情况；三是评价学生个体在参与合作学习中的表现。其次，应结合多种评价方式进行综合评价。在具体实施过程中，教师应给予能力本位的多元评价方法，使得评价主体多元、评价形式多变、评价维度多样等。教师应选择正确的评估工具，教师评价和学生互评相结合，根据实际教学情况，确保公正的合作学习，激发学生的合作意识，以确保合作学习的效果。

五、实施小组教学法的注意事项

（一）合理分组

小组教学法应用效果的优劣取决于是否能合理分组，合理的分组有利于调动学生的参与度，不合理的分组则容易导致“搭便车”等现象。合理分组主要考虑以下三个方面：一是小组的规模，如果任务复杂但步骤清晰明确，则应采用划分较大的小组；如果任务简单易操作，则应采用划分较小的小组。二是小组的搭配，一般分组的原则为“组间同质、组内异质”，组间同质是指不同的小组间的实力相当，有利于营造良性的竞争环境。组内异质是指同一小组内进行强弱搭配，促使小组成员取长补短、互帮互助。三是小组的存续时间，如果任务具有连续性，小组存续时间一般为整个学期，保持小组的稳定有利于更好地完成任务；如果任务不具备连续性，小组存续时间较短，可根据任务的布置灵活安排，在实现教学目标的同时，让学生学会与不同的人进行交流与合作。

（二）适当引导

小组教学法虽然注重学生自主学习能力的培养，提高学生独立解决问题的能力，但并非完全让学生自由发展，而是教师结合教学目标进行适当的引导。教师在教学的不同阶段的引导主要有：①准备阶段，教师通过任务要求的指引，明确学习方向和学习目标；②实施阶段，教师通过观察学生的实施情况，引导学生逐渐完成学习目标；③评估阶段，教师根据评分标准，引导学生正确评价任务成果，对学生的表现进行综合性评价，使学生在评价中掌握重难点、知识框架等。值得注意的是，教师作为引导者，不宜直接参与到学生的活动中。

（三）合理评价

教学评价是反馈教学成果的重要手段，合理的评价对于改进教学方法和明确教学方向具有重要的意义。在小组教学法的教学评价中，教师应注重过程性评价而非结果性评价，并结合教学目标制定清晰、具体、可操作性强的评价标准。评价方式应采用多元评价方式，教师评价、学生自评和互评相结合。根据不同的教学目标，教师与学生评价的所占比重应有不同，专业能力方面的评价应侧重于教师评价，方法能力与社会能力的评价应根据学生的具体情况权衡比重。教师评价过程中应适当采用鼓励性用语，有利于维护学生的自尊心，增强学生的自信心。

第三节　小组教学法应用实例及解析

一、小组教学法在“企业会计岗位核算”课程中的应用

“企业会计岗位核算”课程是会计专业学生必须掌握的核心课程。根据教学大纲和课程标准，本课程主要是让学生掌握企业会计岗位的不同业务处理，由于完整的业务处理中需要多人的合作与交流，因此本课程采用小组教学法，让学生在仿真的工作情境中掌握相关的知识和技能，并深入地感知会计工作的职责。以下借助“企业会计岗位核算”中“应付工资的计算”为例展开。

（一）单元教学基本情况

教学单元：“企业会计岗位核算”第四章“应付工资的计算”。

教学课时：2 学时。

教学对象：中职会计专业二年级学生。

（二）教学目标

本课程主要培养学生三方面的能力。①专业能力：能根据提供的工资业务的原始凭证，计算应付工资，编制工资结算汇总表中应付工资的数据；②方法能力：能总结归纳所学的知识，学会知识迁移；③社会能力：培养学生的口头表达能力、团结协作能力。

（三）教学内容分析

1. 教学内容地位与作用

在会计业务处理中，应付工资的业务处理是企业的日常业务，是学生必须熟练掌握的账务处理程序之一，而应付工资的计算是正确进行应付工资的业务处理的基础，在完整的业务程序中具有承上启下的作用。

2. 教学组织形式

根据组间同质、组内异质的分组原则，教师结合学生的成绩（如上学期的期末成绩）进行强弱组合，并引导学生互帮互助。全班分成每组5~6人的若干小组，各小组确定一名小组长，由学生自主决定。该分组沿用至本学期末，小组长根据每次项目在组员间轮换。

3. 教学重、难点

本课程的教学重点和难点均为计件岗位的应付工资、计算政策性假期加班工资。

（四）学情分析

本单元教授的教学对象是会计专业二年级的学生，他们有两个学期的专业学习体验。学生对理论学习比较抵触，但他们活泼好动，更乐意在丰富多彩的活动中接受知识；学生已经完成了计时工资、计件工资、特殊情况下计时工资、加班工资计算学习，由于工资计算公式多，知识点多且分散，学生尚未能综合运用知识，完成一个公司的应付工资的计算。

（五）教学策略

本课以“行动导向”的教学理念为指导，重点采用小组教学法开展教学。根据小组成员组间同质、组内异质，以6人安排一组，设一位小组长，各小组之间的实力无明显的差距，势均力敌，能够形成平等竞争的态势。合作小组开展活动的过程中，学生之间信息交换，踊跃发言，小组表述计算思路，突出本课的重点——应付工资的组成内容。计算计件岗位、政策性假期加班工资比较复杂，是本节的难点，小组成员一定会有不同观点，经过思维的碰撞，可以产生智慧的火花，容易突破重点。

（六）教学环境及资源准备

多媒体会计实训课室、课件、任务书、考勤表、产量汇总表、工资结算表、工资结算汇总表、评价表、贴纸若干、两张卡、一支油性黑笔等。

（七）教学过程设计

表3－1　教学过程设计

教学环节	目标与要求	学生活动	教师活动	学习资源工具	教学时长
情境导入与知识回顾	要求： 1. 介绍本次课任务：学会应付工资的计算并编制工资结算汇总表中应付工资部分； 2. 抢答：回顾知识点	1. 观看课件，了解本次课目的； 2. 抢答：回顾计时工资、计件工资、奖金、加班工资情况下工资的计算	1. PPT 展示“工资结算汇总表”，介绍应付工资的组成内容； 2. PPT 展示抢答题目，回顾已有知识	PPT	5 分钟
布置任务	下发任务：根据广州市白云公司 2021 年 3 月份考勤、产量记录，完成该公司各部门的应付工资计算，并编制工资结算汇总表的应付工资	领取任务，做好分工	描述任务流程及各岗位的工作任务及职责	PPT	5 分钟
分工合作：计算应付工资	要求： 1. 计算生产车间管理人员的缺勤扣款、计时工资、加班工资； 2. 工资结算表传递。 目标： 1. 通过组内审核，学生可交流讨论各种情况下的工资计算； 2. 学习生产车间计时岗位的应付工资计算，涉及事假、病假、加班工资计算，相对复杂	生产车间管理人员工资计算岗： 1. 完成缺勤扣款、计时工资、加班工资的计算； 2. 填制工资结算表	一、引导学生按照任务要求操作，PPT 展示 1. 计时工资 = 该职工月标准工资 − 缺勤应扣工资； 2. 缺勤应扣工资 = 日工资 × 事假天数 + 上年度日工资 × 病假天数 × 扣款比例； 3. 加班工资 = 小时工资 × 加点时数 × 150% + 日工资 × 休息日加班天数 × 200% + 日工资 × 法定节假日加班天数 × 300%	考勤表、工资结算表	30 分钟

续表

教学环节	目标与要求	学生活动	教师活动	学习资源工具	教学时长
分工合作：计算应付工资	要求： 1. 计算生产车间生产工人的计件工资、计件岗位的计时工资； 2. 工资结算表传递。 目标：学习生产车间计件岗位的应付工资计算，涉及计件工资、计件岗位政策性假期工资计算，较复杂	生产车间工人工资计算岗： 1. 完成计件工资、计件岗位计时工资的计算； 2. 填制工资结算表	4. 计件工资 = Σ(产量) × 产品计件单价； 5. 计件岗位的计时工资 = 日工资 ×“公假”天数 + 上年度日工资 × 病假天数 × 计发比例 二、巡视课堂，记录学生存在问题，并给予适当的提醒 三、解答个别学生疑问，做到因材施教，分层兼顾	计件表、工资结算表	30 分钟
	要求： 1. 计算行政部门的计时工资； 2. 工资结算表传递。 目标：学习行政部门应付工资的计算，涉及事假、病假、政策性假期工资计算	行政部门工资计算岗： 1. 完成计时工资的计算； 2. 填制工资结算表		考勤表、工资结算表	
	要求： 1. 计算销售部门的绩效工资、计时工资； 2. 工资结算表传递。 目标：学习销售部门病假、事假、政策性假期工资计算，绩效奖金（拓展知识）的计算，较复杂	销售部门工资计算岗： 1. 完成绩效工资、计时工资的计算； 2. 填制工资结算表			
	要求： 1. 收集各部门的工资结算表并审核； 2. 汇总填制工资结算汇总表。 目标：学习工资结算汇总表的填制	1. 收集各部门传来的资料； 2. 审核； 3. 填制工资结算汇总表	巡视指导	工资结算汇总表	

续表

教学环节	目标与要求	学生活动	教师活动	学习资源工具	教学时长
展示评价	要求： 1. 展示； 2. 学生评价； 3. 点评； 4. 整理。 目标： 1. 打破传统的核对答案，将学生的作品交回学生自己来评价，更能激发学生思考，突破教学重点和难点；在学生评价的过程中，也可以锻炼学生的沟通表达能力； 2. 经过“评价”到“会做”工资结算汇总表	1. 各小组展示答案； 2. 小组表述计算思路； 3. 学生评价表述； 4. 聆听老师点评； 5. 完善工资结算汇总表应付工资的编制	1. 指导学生展示答案； 2. 聆听学生表述及学生评价； 3. 核对答案并点评； 4. 表扬表现优秀小组，鼓励其他小组； 5. 巡视指导	蓝墨云	25 分钟
总结	要求：写出这次课的收获和感受。 目标：梳理知识，学生总结这次课的收获和感受，体验学习的快乐	1. 总结知识要点； 2. 讨论这次课的收获和感受，并分享	1. 总结归纳本次课学生出现的疑难点及学生的表现； 2. 表扬优秀小组，鼓励其他小组	PPT、教材	10 分钟
布置作业	要求 1. 思考：绩效工资的意义、利弊； 2. 收集家人的工资条，并于下次课分享工资条中各项目的计算方法。 目标：巩固知识，培养学生沟通能力和运用所学知识解决实际问题的能力	认真倾听作业要求，完成作业	布置作业	蓝墨云、教材	5 分钟

（八）学业评价方法及评价材料

表 3－2　小组评价表

小组名称：　　　　　　　　　　　　小组成员：

评分内容	分值/分	得分/分
计算速度	10	
计算准确度	30	
问题解决	10	
归纳总结	20	
团队合作	30	
总分		

注：总分 90～100 分为优，75～89 分为良，60～74 分为中，60 分以下为差。

表 3－3　教师评价表

评分内容	计算速度/分	计算准确度/分	问题解决/分	归纳总结/分	团队合作/分	总分/分
分值	10	30	10	20	30	100
第一组						
第二组						
第三组						
第四组						
第五组						
第六组						

注：总分 90～100 分为优，75～89 分为良，60～74 分为中，60 分以下为差。

表 3－4　填写说明

评价内容	评价标准
计算速度	优：15 分钟内完成 良：20 分钟内完成 中：30 分钟内完成 差：该部分未完成
计算精确度	优：计算结果全部正确，表格填写正确 良：计算结果 3 个以上正确，表格填写正确 中：计算结果 1～2 个正确，表格填写不完整 差：该部分未完成
问题解决	优：流程表述清晰，问题具有代表性，措施可行 良：流程表述清晰，问题不具有代表性，措施可行 中：流程表述不清晰，问题不具有代表性，措施可行 差：流程表述不清晰，问题不具有代表性，措施不可行

续表

评价内容	评价标准
归纳总结	优：正确归纳知识要点，表达清晰 良：正确归纳知识要点，表达一般 中：未正确归纳要点 差：该部分未完成
团队合作	优：分工合理，职责明确，项目完成度高（完成 5 份表格） 良：分工合理，职责模糊，项目完成度一般（完成 3 ~ 4 份表格） 中：分工不合理，项目完成度较差（完成 2 ~ 3 份表格） 差：分工不合理，项目基本未完成（完成 1 份表格）

（九）教学预测

（1）学生知识基础较差，难以完成任务：将三个部门的表格分别安排给不同的小组完成，教师讲解汇总表。

（2）课堂教学时间不够：布置课前预习任务或将总结归纳部分移到课后完成。

（十）学习资料

2021 年 4 月广州市白云公司考勤记录如下：

表 3－5　2021 年 4 月广州市白云公司考勤记录（1）

车间管理人员：

姓名	月标准工资/元	上年度日工资/元	工龄/年	考勤				
				事假/天	病假/天	延长工作小时/时	休息日加班/天	法定假日加班/天
张　明	1 914	86	4	1		3	2	1
李一键	2 001	90	5		3	5	1	1
……								
合计								

表 3－6　2021 年 4 月广州市白云公司考勤记录（2）

车间生产工人：计件工作岗位

姓名	月标准工资/元	上年度日工资/元	工龄/年	考勤/天					饼干产量/箱			
				事假	病假	婚假	出差	丧假	合格品	料废品	工废品	停电产生废品
刘远波	1 957. 5	88	4		1		2		500	5	3	10
陈　恒	2 088	94	6	2		10			350		2	5
……												
合计												

注：饼干计件单价 4 元/箱。

表 3－7　2021 年 4 月广州市白云公司考勤记录（3）

行政部门

姓名	月标准工资/元	上年度日工资/元	工龄/年	考勤/天				
				事假	病假	出差	婚假	丧假
李　伟	3 915	160	9	1		2		
王　山	3 480	140	8		2			3
……								
合计								

表 3－8　2021 年 4 月广州市白云公司考勤记录（4）

产品展销部

姓名	月标准工资/元	上年度日工资/元	工龄/年	考勤/天				绩效等级
				事假	病假	婚假	看护假	
余　杰	3 045	130	6	1	2			A
陈小康	2 610	110	3	2			7	B
……								
合计								

注：该公司个人绩效奖金＝个人月标准工资×20%×个人绩效等级系数。

（A 级系数为 1.5，B 级系数为 1.2，C 级系数为 1.0，D 级系数为 0）

表 3－9　广州市白云公司工资结算表

部门：　　　　　　　　　　　　年　　月　　　　　　　　　　　　单位：元

姓名	计时工资	计件工资	加班工资	奖金津贴	应付工资	代扣款项					实发工资
						养老	医疗	失业	公积金	个税	
合计											

制表人：

表 3－10　广州市白云公司工资结算汇总表

年　　月　　　　　　　　　　　　单位：元

部门及车间		计时工资	计件工资	加班工资	奖金津贴	应付工资	代扣款项					实发工资
							养老	医疗	失业	公积金	个税	
生产车间	生产工人											
	管理人员											
行政部门												
产品展销部												
合计												

制表人：

二、应用实例解析

（一）课前准备

本阶段教师的主要工作包括三个方面。一是整合教材中关于工资业务的主题和任务。教师需要对工资业务的教学资源进行收集和整理，结合教学大纲中对应付工资知识点的掌控，因地制宜地整合教材和教学资源，是让小组教学得以有效开展的前提。二是合理组建小组。将教学班级学生分为 8 个学习小组，每组 6 人，保证在每次小组活动中每个同学能够全面参与。根据实际情况，在小组教学初期可开展小组学习活动培训，提高小组运作的技能与技巧，并促成学生自身的改变。首先，必须让小组的成员树立起团结协作、共同进步的互动理念。要让每一位同学充分深刻认识到离开其他同学的参与，自己将很难取得更大进步；学习小组的成员必须相互支持，进行持续有效的互动与参与，才能带来成员的共同进步，也才能使每位同学收获成长。其次，订立互助学习小组规则。就小组成员活动的参与次数、参与质量、成员之间的分工合作等订立规则。三是任务训练。如围绕某一训练主题开展一次小组活动，学生必须通过彼此合作才能完成学习任务。小组成员需要共同讨论任务主题，策划出具体流程，收集准备活动材料，分配训练任务并准备好自己的角色，编排好活动进程，这样才能保证最后有较好的整体展示效果，之后还要共同分享整个活动进程的得失，在感悟中促进自己的成长。这样经过反复多次的合作训练，小组成员齐心协力共同完成小组学习课题与任务。

（二）教学过程

科学地规划应付工资教学任务和合理划分学习小组只是前期准备工作，更重要的是要解决好教学活动的组织实施问题，才能保证教学效果。在学生明确了任务，并具备了相关操作技能和理论知识的前提下，教师在这个过程中担负着答疑和指导的任务，及时解答学生在完成任务的过程中所提出的各种问题，并记录各小组完成任务的情况，给予及时通报，以督促各组能够在规定的课时中完成任务。对于新的知识点，鼓励学生大胆探索，可以尝试用不同方法去完成任务，通过尝试来总结其作用。对于大多数学生遇到的典型问题可以进行整体辅导或示范演示。例如本教学案例中，计件岗位的应付工资、计算政策性假期加班工资，相对复杂，应由教师点拨精讲。对完成任务过程中遇到的知识点进行归纳、总结，然后留出足够的时间供学生再分析、讨论、巩固，进一步把零散的知识点联系到一起，形成一个完整的应付工资知识框架。

（三）课堂管理

小组教学法是“以学定教”，学生先要对相应的学习内容独立学习并发现问题，然后教师引导学生带着问题进行小组学习。学生自学能学会的内容，不要合作讨论；个人解决不了的，需要合作讨论的内容，则设计成合作探究的问题，由小组合作解决；小组合作仍解决不了的疑难问题，则由教师点拨精讲。教师在学生合作学习过程中要在各小组间不断巡视，进行系统的观察，对错误和不规范问题要及时纠正和正确引导；了解学生的学情，为下一步的点评和精讲工作做好准备。组织好小组间的点评与补充工作，要对小组的合作成果和表现给予肯定和鼓励，进行科学合理的评价，并提出更高的期望。

三、优缺点分析

（一）应用优点

1. 提高专业素养

小组教学法的宗旨是培养学生的综合职业能力，使其除了具备专业知识之外，还有较好的社会能力和个人发展能力，对于中职会计专业来说，这种教学法相对于传统的教学法来说有许多优势。例如本节应付工资计算的教学运用了小组教学法，要求学生独立思考、独立完成任务，这对于培养学生的自我控制、自我学习能力很有帮助，学生参与活动的积极性很高，小组式的学习也比较适合提高他们的团队合作和人际交往能力。传统的教学比较重视学生对于所学知识点的单纯记忆，而小组教学法的目标是培养学生的综合职业能力，包括人际交往、团队合作、自我学习等在内的多种能力。相比起来，这样的培养目标更能适应当前的社会背景下中职会计学生的能力培养。

2. 提高学习积极性

传统的教学方式以教师讲授理论知识为主。理论讲授意味着以间接知识为主，而小组学习强调学习小组独立地获取考勤表、计件表等信息，独立地完成应付工资计算的任务，学生在完成任务的过程中获取直接经验，直接经验与间接知识相结合，进一步加深了学生对于所学知识的理解与掌握。另外，传统课堂中教师是主角，忽视了学生的主观能动性。本节课强调以学生为主体，以教师为主导，通过任务驱动，积极发挥学生的主观能动性，培养其人际交往、团队合作、自我学习等多方面的能力，这对于中职会计专业学生的职业发展将有极大帮助。同时，实施强调学习过程的能力本位的多元评价机制，一定程度上促使学生积极参与学习过程，提高学习的积极性。

（二）应用缺点

任何事物均具有两面性，小组教学法在会计教学中具有众多优点，然而，也存在一些实施障碍。例如，第一，并非所有的教学内容都适合采用合作学习的方式进行，需要教师全面分析课程内容，筛选适合小组教学的内容并加以实施。第二，学生的学习方式尚未完全转变，大多数学生从小到大深受传统班级授课制影响，习惯了被动接受知识，社会、家庭很少能为他们提供小组合作的机会，导致部分学生表现出不愿与他人合作的现象，由此需要在课堂中逐步引导，并让学生感受到小组学习的优势所在。第三，中职生普遍缺乏自制力、不专心、易受干扰。小组教学法对学生的自我管理要求很高，学生自制力不强，注意力不集中，做小动作，趁机聊天，有的课堂过于喧闹影响课堂小组合作的学习效果，此时需要建立小组课堂公约等课程制度克服相关问题。第四，学生在分组后能否真正参与到小组活动中，并且真正学到东西，此时需要进一步完善课程考核机制促使学生投入学习。

小组教学法实录

第四章

头脑风暴法及其在会计专业教学中的应用

第一节　头脑风暴法概述

一、头脑风暴法的起源

头脑风暴一词最早起源于精神病学领域，用来形容精神病人头脑大量胡思乱想时的思维状态，1941年美国心理学家奥斯本提出一种方法帮助人们激发新的观点，并将其逐渐发展为“头脑风暴法”。奥斯本在其《创造性想象》一书中对头脑风暴法的定义为“一组会议人员为了解决一个特定的问题，把每个人的想法同时聚集在一起，试图找到问题解决的方法”。[①] 如今，头脑风暴法的应用不局限于会议的探讨，还广泛地应用于不同的领域中。在教育领域里，将头脑风暴法视为激发不同观点和思路的一种行之有效的教学方法，通过让学生在轻松的环境中提出一系列问题解决的方案，突破了“以教师为中心”的传统课堂理念，充分地调动了学生学习的积极性和创造性。

二、头脑风暴法的定义

头脑风暴法主要是让学生在轻松愉快的气氛中，自由地表达自己的想法和观点，以解决某一特定的问题，是一种在最短的时间内获得最多灵感的方法。这种方法运用在会计教学上可以让学生打破常规的思维，在集体中发挥自己的潜能，提出各种独特的、新颖的解决方案，培养学生的独立性与创造性。头脑风暴教学法作为一种教学方法，通过教师提出问题，鼓励学生发挥自己设想，被教师和学生所接受，能够很好地在中职会计教学中发挥作用。

根据头脑风暴法的不同作用，可以将其分为直接头脑风暴法和质疑头脑风暴法。直接头脑风暴法是指严格根据头脑风暴法的实施原则和步骤，创造性在专家或群体决策中尽可能地被激发，人们产生出尽可能多的设想的方法。质疑头脑风暴法则是对前者提出的设想、方案逐一提出质疑，进而分析出其现实可行性的方法。

---

① 奥斯本. 创造性想象[M]. 王明利，盖莲香，译：广州：广东人民出版社，1987：199.

三、头脑风暴法的特点

（一）自主思考

头脑风暴法注重培养学生独立思考的能力，鼓励学生在分析和解决问题时，能够最大限度地发挥主观能动性，能够用自己的思维和创造力，提供好的建议或意见，有效地解决问题。这种方法一方面能够鼓励学生积极地思考问题，另一方面能够很好地发挥学生独立探究的精神。需要注意的是，当学生知识基础欠佳、缺乏思考方向时，教师应及时予以引导，帮助学生掌握问题解决的思路和方法。

（二）知识扩展

在传统教学法下，仅仅以课本为依托进行学习，学生只能去获取一些基础层面的知识，头脑风暴法通过打开学生的思维，学生在别人的启发下激发思维，能够极大地拓宽与延伸学生的视野与知识面。教师应当让头脑风暴法更好地辅助会计课程的教学，借助这种方式更好地拓宽学生的知识面，并提高学生对知识的归纳和总结能力。

第二节　头脑风暴法的应用分析

一、应用优势

（ ）集思广益

在头脑风暴法中，学生集思广益，积极思考最佳的问题解决方案，不仅能够增加学生间的互动，还能深化学生对知识点的理解和掌握。由于头脑风暴法要求学生尽可能地想出多种答案，能较大地提升学生的思维速度和灵活性，进而有效地培养创造性思维。通过集体讨论中，学生需要学会如何准确清晰地表达自己的观点，在锻炼他们语言组织能力的同时，也锻炼了他们的逻辑思维能力，从而提升学生的学习认知能力。

（二）激活知识

头脑风暴法最主要的优点就在于它可以很好地激发学生已具备的专业基础知识，加强图式的激活功能，加深对问题的理解和思考。头脑风暴法要求学生在短时间内提出尽可能多的想法或思路，将头脑中的知识学以致用，解决现实问题，并通过参考他人的不同回答完善自己的思路，从而不断地激活知识和完善知识体系，更牢固地掌握所学知识。

（三）树立自信

头脑风暴法要求学生在已知条件下，回答提出的问题，一般情况下并无标准答案，能给予学生试错的机会，帮助树立学习自信心。根据阿特金森的成就动机理论，将人分为追求成功和避免失败两种类型，其中避免失败的心理动机在中职生的学习心理中更为常见。通过头脑风暴法，让学生明白答案的对错并无确切的评判标准，即不存在被批判的机会，能更好地帮助学生增强自信心，提高学习积极性。

二、应用范围

头脑风暴法要求学生在限定的时间内提出不同的解决方案，对场地、材料等要求不高，具有较强的灵活性，可以适应中职会计各类课程的不同需求，结合不同的课程内容进行教学方法的组合。在理论课教学中，头脑风暴法可用于新课导入、重难点突破等，吸引学生的注意力和学会总结归纳知识点，加深对知识点的理解，更牢固地掌握授课内容。在实操课教学中，头脑风暴法可用于操作要点总结、易错点更正等，让学生在实操的过程中学会总结操作中容易出现的错误并予以纠正，结合教学内容系统地掌握操作流程和操作规范。

三、实施条件与要求

（一）环境的选择和配置

如果条件允许的话，教师最好选择一个整洁、宽敞、安静没有外界打扰的大课室，如实训室等。教室课桌最好布置成圆形或者 U 形，这样不仅有利于每位学生都感到平等，而且当某一学生提出观点时，更容易使其他同学感觉到自己是在同一个小组当中。如果条件不允许，则让学生分组，围成一圈进行头脑风暴。讨论时应该像游戏活动那样，形成一种竞争的气氛，不允许私下交流。教师可以让每位学生自行准备一些纸和笔，便于写下自己的观点。除此之外，可以在桌子的正中间放置组牌，让学生在思考的时候有东西可以凝视，这样对比较文静和害羞的学生来讲，在一定程度上避免了与他人直视的必要性。

（二）创造自由畅谈的气氛

创造心理学家阿曼贝尔曾经说过，过多的规则会妨碍人们产生创造性的思维。所以，在进行头脑风暴教学法时要尽可能创造一个自由、平等的环境，让每个学生能不受任何约束地说出自己的想法，不管这个想法听起来是多么的可笑，或多么的不切实际。头脑风暴必须坚持当场不对任何设想做出评价的原则。

四、实施流程

图 4－1　头脑风暴法的实施流程

（一）准备阶段

对于头脑风暴法，特别是教师第一次组织学生开展头脑风暴，应充分做好各项准备工作。第一，教师先利用平时的课程介绍关于头脑风暴的相关知识，具体包括：头脑风暴法应遵循的原则、具体方法等。第二，可通过采用多媒体这一教具向学生播放企业头脑风暴法的具体案例，让学生对头脑风暴法产生一定的感性和理性认识。第三，教师提前一周把头脑风暴议题布置给学生，学生利用下课的时间查阅相关资料进行思考。教师也可以为学生提供相关资料学习。第四，教师可根据班里人数及场地大小，对学生进行分组。每组安排一名主持人、一名记录员。分组时需协调好组内学生的个性差异，尽量把学习积极和学习能力较弱的学生均匀安排在各组，同时做到动静搭配，把班级里的思维相对活跃的学生均衡地安排到各组中。

教师可用幻灯片先向学生解释头脑风暴法的运作流程以及纪律，并介绍课堂上要讨论的问题，引导学生进入议题、思考内容，鼓励他们发挥创造性的想象力，得出自己的观点和想法。介绍时须简洁、明确，不可过分周全，否则过多的信息会限制学生的思维，干扰思维创新的想象力。为使气氛轻松自然，让学生尽快适应规则，教师可提出一些极为简单的问题让大家尽快进入状态。

（二）自由发挥阶段

这是头脑风暴法的核心部分，教师鼓励和引导学生自由想象，自由发言，互相启发，相互补充，真正做到知无不言，言无不尽。在时间充足的情况下，可以让每位同学先就所需解决的问题独立思考 10 分钟左右。教师可以制定规则，让学生“一个接一个”轮流发表观点，如轮到的同学暂时想不出，可以跳到下一个。学生每讲出一个观点或方案，教师马上在黑板上简要记录且可以标注学号，使每个学生都能看见，以利于激发出新的设想。经过一段讨论后，学生对问题已经有了较深的理解。

（二）整理阶段

通过头脑风暴教学法的自由发挥阶段，学生往往能获得大量与议题有关的设想。学生把设计思想通过作品化、实物化的形式呈现，总结文字化，这样可以有效避免产生评价焦虑。要求学生展示前对设计的解释做好记录，形成文字材料，防止考虑不周或者上台紧张而阐释不清楚。教师帮助学生一起对已获得的设想进行分析、整理和归纳，以便筛选出与讨论议题相符合的、有价值的观点。

五、实施注意事项

（一）鼓励参与

为了让更多的学生参与到头脑风暴中，尤其是平时很少说话的同学。教师可以在头脑风暴开始前，明确地提醒学生在课堂上没有“愚蠢”的发言，确保在讨论进行之前分配给学生在讨论中具体的任务或者指定学生在这个过程中应扮演的角色。教师还可以提前询问了解学生是否已经为头脑风暴做好准备，设立一些激励的机制鼓励学生发言。若问题有一定难度，教师可采取询问的做法。教师应尽可能鼓励学生积极发言，因为发言量越大，观点就越丰富多彩，受到的启发就越大，学生对此的印象也会更深。

（二）发言简洁

每一位学生尝试用简洁、明确的语言说出自己的想法，在固定时间内，尽量更多地追求学生的数量和观点数量。学生在一定的时间内自由发挥，尽可能多地提出自己的观点和看法。此时只寻求观点的数量，再从量中寻找符合的观点。提出的想法和观点越多，产生高质量答案的可能性就越大。

（三）延迟评论

在头脑风暴法进行过程中，教师以主持人的身份出现，不对学生的发言进行评价或制止，认真地对待学生的任何一种想法，评价意见应该等到结束时才做出。既不肯定某个观点，又不否定某个观点，也不对某个观点发表评论性的意见。一切评价和判断都要等到自由发言结束以后才能进行。不管学生的想法是否恰当或可行，教师主要帮助他们把思想集中统一起来，最后形成解决问题的方案。这样做一方面是为了防止因为批评抑制创造性思维的产生，破坏头脑风暴的气氛。在整个头脑风暴过程中都要认真对待每一位学生的观点，不管其提出的观点正确与否、好与不好，教师决不加以评论，不暗示某个观点是否会产生消极的作用，也不允许学生对其他同学的意见发表评论。等到最后阶段，所有的想法被列出来并做出解释后，才进行评判。因为过早下结论，会束缚学生的聪明才智、想象力，破坏自由畅想的有利气氛，甚至熄灭创造性思维的火花。

（四）做好记录

在学生提出设想的阶段，必须同时做好记录。在头脑风暴进行中，每组组员按要求执行记录任务。可以配备 1 ~2 名记录员，每组配备一块小黑板，便于及时全组成员可以观看组员的观点。学生展示时，教师可通过列表、画图、归类等形式对学生的观点加以记录、展示，便于比较和讨论。

第三节　头脑风暴法应用实例及解析

一、头脑风暴法在“会计基础”课程中的应用

“会计基础”课程是会计专业学生必须掌握的基础专业课程。根据教学大纲和课程标准，本课程主要是让学生掌握错账更正的种类和方法，将头脑风暴法引入教学活动，让学生充分理解错账更正的内容，培养合作精神，体验会计工作的乐趣，增强学生的职业认同感。以下借助“基础会计”中“错账更正——划线更正法和补充登记法”为例展开分析。

（一）单元教学基本情况

教学单元：错账更正——划线更正法和补充登记法。
教学时数：1 学时。
教学对象：中职会计专业一年级学生。

（二）教学目标

本次课主要培养学生三方面的能力。其一，专业能力：明确错账更正的要求；掌握两种更正方法的适用范围及在实操中的更正步骤。其二，社会能力：培养合作精神，体验会计工作乐趣，感受职业要求。其三，方法能力：培养学生运用“头脑风暴法”寻求解决问题的方法；培养学生的自我分析能力。

（三）教学内容分析

登记账簿的过程：登账—对账—查错账—错账更正—结账—编制会计报表。从上述流程可以看出，错账更正的内容具有承上启下的作用，是登账的延续，是编制报表的前提。

本节的教学重点是划线更正法和补充登记法的适用范围和更正步骤的方法。教学难点是两种方法的实际操作能力。

（四）学情分析

学生已掌握了填制凭证和登记账簿的操作技能，能基本理解对账的内容，但对会计账务处理、记账凭证的填写以及账簿的登记还不够熟练规范，其专业思维能力以及解决实际问题的能力有待提高。大部分学生的学习较认真，一般都愿意动手操作，但是学生的课堂参与积极性不够，尤其不善于语言表达和小组讨论。

（五）课堂组织形式、教学方法与教学策略

1. 课堂组织形式

（1）把全班同学分成每 12 人一组，各小组成员在平等参与的情境下，教师选择一个能够引起学生关注和感兴趣的主题，针对这一主题，透过听、说及观察等方式，彼此发表意见。

（2）拟定好讨论的规则，一般应当包括：学生有积极参与讨论的义务；学生应当公平地分享发言的权利；发表意见应当客观和真诚，教师和学生不对其他同学的回答做评价。

（3）开始讨论时应鼓励学生踊跃发言，并以重复问题要点或发问的方式引导学生发表观点，教师与学生共同归纳，形成最终思考的结果而非教师指导的内容，从而突破教学的重点和难点。

2. 教学方法与教学策略

主要采用头脑风暴教学法、启发法、归纳法。通过“回顾—情境导入—提出问题—自由发言—交流评价—总结提高”的基本教学模式。教师在开展头脑风暴前准备足够的话题背景，让学生有话可说。同时，营造轻松、平等的气氛，鼓励每一位学生积极发言，在必要时可通过列表、画图、归类等形式对头脑风暴中的观点加以记录和展示，便于比较、讨论和总结。

（六）教学环境及资源准备

多媒体课室、白板、油笔、多媒体课件。

（七）教学过程设计

表 4－1 教学过程设计

教学环节	目标与要求	学生活动	教师活动	学习资源	教学时长
小测回顾	为头脑风暴学习做定向准备。 回顾头脑风暴议题，更好引入新课	思考并回答问题	教师对头脑风暴知识进行提问	多媒体课件	3 分钟
导入新课	通过展示学生自己的作业设问，进行引导、启发学生。 展示同学平时账务习题本中存在的普遍问题及错账修改的常用方法	思考内容，得出自己的观点和想法	向学生解释头脑风暴法的运作流程以及纪律，并介绍课堂上要讨论的问题	多媒体课件	5 分钟
头脑风暴：收集观点	学生根据自己的做账情况讨论错账原因，讨论正确的更正方法。 头脑风暴： 1. 发生错账时可以使用哪些错账更正方法？ 2. 各种方法分别应在什么情况下使用？ 3. 每种方法应如何操作	学生发挥主观能动性，积极思考	鼓励和引导学生自由想象，自由发言，互相启发。在黑板上简要记录，使每个学生都能看见	白板、油性笔、多媒体	17 分钟
头脑风暴：归纳整理	根据头脑风暴的观点，在教师的引导下，比较归纳两种方法的适用范围，并得出各种错账更正方法的处理要点。 1. 错账更正方法有：划线更正法、红字更正法、补充登记法等； 2. 划线更正法的适用范围及具体更正方法； 3. 补充登记法的适用范围和具体更正方法	各小组展示活动成果，在教师的引导下对已获得的设想进行整理、分析，选出有意义的观点	帮助学生一起对已获得的设想进行分析、整理和归纳。掌握划线更正法和补充登记法的适用范围和具体更正方法	A4 纸	15 分钟

（八）学业评价材料和情景资料

表 4－2　头脑风暴教学法任务考核表

考核内容	头脑风暴参与度	业务过程	归纳与总结	团队合作能力	总分
分值	30	20	30	20	100
第一组					
第二组					
第三组					
第四组					

注：总分 90～100 分为优，75～89 分为良，60～74 分为中，60 分以下为差。

教师：对每组作品的优点和不足之处点评，说明改进措施及在以后设计制作过程中应该注意的环节。

帮助学生一起对已获得的设想进行分析、整理和归纳，引导学生筛选出与讨论议题相符合的、有价值的内容观点，提高解决问题的能力。让学生掌握划线更正法和补充登记法的适用范围和具体更正方法。课后根据每组的展示情况，填写头脑风暴法综合评价表。

表 4－3　划线更正法和补充登记法的适用范围和具体操作

更正方法	适用范围	具体操作
1. 划线更正法	记账凭证正确，账簿记录错误	①在错误的全部数字和文字正中划一道红线表示注销 ②在其上面写上正确的数字和文字 ③由经办人在更正处签章
2. 补充登记法	凭证借贷方向、科目正确，金额少记而引发的错账	填制一张与原记账凭证的借贷方向和科目一致的记账凭证，金额为正确与错误金额的差额，并据以登记入账

表 4－4　头脑风暴法综合评价表

第（　）小组

评分内容	优秀 （90～100 分）	良 （75～89 分）	中 （60～74 分）	差 （60 分以下）
组织纪律				
业务过程				
团队合作				
归纳总结				

（九）教学预测

（1）学生难以提出想法或思路：教师针对学生的学习基础进行适当的引导；
（2）学生发言不活跃：教师给予有针对性的鼓励或适当的奖励；
（3）课堂纪律较差：规定小组发言时间，加强课堂巡查。

二、应用实例解析

（一）课前准备

1. 教师的准备

①利用平时的课程给学生介绍头脑风暴的相关知识，具体包括：头脑风暴法应遵循的原则（如自由畅想原则、综合改善原则、以量求质原则、延迟评判原则）、具体方法等；②通过采用多媒体教具或采用微课的方式向学生播放企业头脑风暴法的具体案例，让学生对头脑风暴法产生一定的感性和理性认识；③按照学生的个性差异，给学生进行分组；④提前一周把头脑风暴议题布置给学生，为学生提供头脑风暴的学习资料。

2. 学生的准备

①认真聆听教师讲解的头脑风暴知识；②通过观看案例或微课初步了解和感受头脑风暴的运用方法，并记录自己的疑惑；③按照教师的分组，安排一名主持人、一名记录员；④利用课余时间学习教师下发的资料并通过书籍、网络等方式搜集教师布置的议题的相关资料。

3. 工具的准备

除了用笔记录学生的发言外，还可以利用录音笔等设备来协助记录讨论会的全部过程，还可以准备 PPT 来播放讨论的主题和演示头脑风暴法的规则等。

4. 学习资料的准备（提供给学生）

资料 1：企业发生错账时可以采用的更正方法。
划线更正法、红字冲销法、补充登记法等。
资料 2：划线更正法的适用范围及具体操作方法。
适用范围：在结账前发现账簿记录有文字或数字错误，而记账凭证没有错误，采用划线更正法。

具体操作：先在错误的文字或数字上划一条红线，表示注销，划线时必须使原有字迹仍可辨认。然后将正确的文字或数字用蓝字写在划线处的上方，并由记账人员在更正处盖章，以明确责任。

对于文字的错误，可以只划去错误的部分，并更正错误的部分，对于错误的数字，应当全部划红线更正，不能只更正其中的个别错误数字。

资料 3：红字更正法的适用范围及具体操作方法。

适用范围：①记账以后，发现账簿记录的错误是因为记账凭证中的会计科目或记账方向有错误；②记账以后，发现记账凭证和账簿记录金额大于应计的正确金额，而会计科目没有错误。

具体操作：用红字填写一张与原记账凭证完全相同的记账凭证，在摘要栏内写明注销某月某日某号凭证，并据以用红字登记入账，以示注销原记账凭证，然后用蓝字填写正确的记账凭证，并据以用蓝字登记入账。

资料 4：补充登记法的适用范围及具体操作方法。

适用范围：记账凭证应借、应贷会计科目正确，但所列金额小于应记金额而引起的账簿记录错误。

具体操作：按少记的金额用蓝字填制一张应借、应贷会计科目与原错误记账凭证相同的会计凭证，在“摘要”栏中写明“补记少记金额”以及原错误记账凭证的号数和日期，并据以登记入账，以补充登记少记的金额。

（二）小测回顾

通过抢答的方式对头脑风暴的相关知识点进行回顾，引导学生回忆上周提及的头脑风暴法的相关知识，为头脑风暴学习做定向准备。

（三）导入新课

教师先向学生讲解头脑风暴法的运作流程以及纪律要求，然后通过投影方式展示学生平时作业中存在的普遍问题。让学生思考当出现这样的问题时，应该怎么操作。

（四）头脑风暴—小组讨论—学习新知

教师：（1）给出头脑风暴议题。①发生错账时可以使用哪些错账更正方法；②各种方法分别应在什么情况下使用；③分析案例的情况，应该采用什么更正方法，具体如何操作？

（2）教师鼓励和引导学生自由想象，自由发言，互相启发。

（3）对学生提出的观点或方案，教师马上在黑板上简要记录且可以标注学号，使每个学生都能看见。

案例 1：记账员成果在过账时，误将“100 000”写成“10 000”。

案例 2：记账员成果将“三个月”误写成了“四个月”。

案例 3：雅戈尔集团收到明湖集团的前欠货款 70 200 元，误记为 70 020 元

借：银行存款　　　　　　　　　　70 020

　　贷：应收账款—明湖集团　　　　　　70 020

学生：发挥主观能动性，积极思考，对教师布置的头脑风暴议题自由发表自己的观点，小组长做记录。

（五）归纳整理

学生：各小组展示案例 1 至案例 3 的活动成果并讲解思路和方法。可以通过语言、海报、实物和图像等方式进行展示。在教师的引导下，比较归纳两种方法的适用范围，并得出各种错账更正方法的处理要点。每小组填写好“表4－2　头脑风暴教学法任务考核表”。

三、优缺点分析

（一）应用优点

1. 激发学习潜能

按传统的做法，教师一般采用讲解例题的方式让学生理解错账更正，学生参与度不高。中职的生源多是在初中期间相对来说成绩中等或偏下的学生，存在学习目标不明确、自我控制能力较差等问题，但他们思维活跃，动手参与的积极性较高。于是，如何调动学生的学习积极性，如何激发学生的兴趣和潜能是教师必须认真思考和解决的问题。头脑风暴法要求学生独立思考、学会归纳和总结，这对于培养学生的自我控制能力和自我学习能力很有帮助。

同时，畅所欲言的环境具有促使学生发挥潜能的作用。学生只有在和睦的气氛下，在真诚、信任和理解的关系中，潜能才能很好地被激发出来。头脑风暴法能够活跃课堂气氛，增加学生间的交流，有助于激发学生的学习兴趣，培养学生独立思考的能力。另外，头脑风暴禁止批判，让学生在思考解决问题时产生思维共振、互补想法，达到学习的目的，从而提高学习知识的积极性。

2. 增强自我意识和自信心

头脑风暴法采用的是一种讨论会的形式，由教师提出问题，让学生之间的想法发生思维碰撞，寻找尽可能多的答案。其间，学生可以通过与教师和同学的交流，使自我认识的内容不断完善和深刻。同时，头脑风暴法是让学生的自由平等的原则下各抒己见，比起用传统的案例讲解教学，更有利于深化学生的自我体验，这都对学生自我意识的发展产生良好的作用。

另外，头脑风暴法要求教师和学生在发言过程中不对任何学生的观点做评价，一直到所有可能的设想都提出来了为止。因此，在课堂讨论中，学生可以毫无顾虑地发表自己的看法，哪怕这想法是不现实的。这种方法把真正的话语权交给学生，学生的参与度非常高，在教学活动中的主体地位尤其凸显，通过自主思考获得的知识内容也会更加丰富，掌握得更牢固。在这样的讨论多次进行后，学生的自信心自然而然会有一定的提高。

3. 掌握知识更牢固

传统的教学方法，教师采用例题讲解的方式让学生理解错账更正，学生通过听教师讲，然后用练习巩固的方法进行学习。通过教学实践效果对比，在两个平行班级的练习中发现，同样是“错账更正”，利用头脑风暴法的班级，由于学生在上课中更加积极主动，通过成果展示，对知识点更容易理解，印象更深刻。因此在练习中他们能通过自己独立思考，在一定时间内正确完成练习，知识掌握得比较牢固。而在另一个用传统例题直接讲授的班级，在练习过程中发现很多学生无从下手，只能通过翻书模仿的方式发现、完成作业，速度慢，有些甚至判断错误，知识掌握不牢固。

4. 减轻教师负担

运用头脑风暴法，让学生在自由和安全的环境中产生思维共振，同学之间可以相互启发。这样不仅能够活跃课堂气氛，增强同学之间的交流。同时学生参与度大大增加，课堂提供的信息量更大，接触更多的知识外延，使学生更容易理解知识的本身，对知识点的印象更加深刻。教师的主动活动主要是在头脑风暴前的准备工作、课堂秩序的维护以及最后设想的总结与归纳上，在教学过程中以主持人的身份出现，较之于完全由教师讲解，不仅提高了教学效率，还能大大地减轻教师的负担。

5. 教学相长

头脑风暴法是让学生在一种集体平等的、自由的氛围中，互相碰撞思维的火花。一个人所掌握的信息、知识和经验总是有限的，而且每个人都有着自己独特的思考模式，教师也不例外。如果把众多学生凑在一起，每个学生的信息和经验凑在一起就会碰撞出更多的火花。同时有些学生的想法、观点对教师来说也许正是新奇的，能够激发教师的思维，如果是相近的，也可以进行比较，看与自己的想法有哪些异同。这样，在学生进行头脑风暴时，也大大拓宽了教师的知识面，知识得到进一步的更新。

（二）应用缺点

在运用头脑风暴法时，教师应注重问题的选择，问题的数量和质量均会影响头脑风暴法的实施效果，选择的问题既要符合教学目标要求，也要具备一定的趣味性和挑战性。如在本次课中，选择的问题应引导学生对自己作业进行设问，教师根据教学内容进行引导，具有较强的目的性和针对性，能让学生在完成前置作业的过程中更深刻地感知错账更正中容易出现的问题，并积极调动所学的知识提出自己的想法，相较于传统的讲授法，能使学生更能体验到运用已学的知识积极解决问题的成就感，增强学习自信心。

第五章 角色扮演法及其在会计专业教学中的应用

第一节 角色扮演法概述

一、角色扮演法的起源

角色扮演（role - playing）源于西方的情景认知与学习理论，是一种情景模拟活动，即指根据被试者可能担任的职务，由教师或教导者来营造一个与该职务实际情况相似的情境，将被试者安排在模拟的、逼真的工作环境中，要求被试者处理可能出现的各种问题，用多种方法来测评其心理素质、潜在能力的一系列方法。其中角色扮演法是情景模拟活动应用得比较广泛的一种方法。

角色扮演法理论最早是由美国社会学家乔治·赫伯特·米德（George Herbert Mead）提出的，他认为："个人正是通过扮演他人角色即角色扮演，来获得运用和解释有意义的姿态的能力，从而来了解社会上的各种行为习惯和规范，最终实现自我的社会化。"[①] 而角色扮演法最早作为教学方法进行运用则是始于马克·切斯勒（Mark Chesler）和罗伯特·福克斯（Robert Fox），他们在《课堂中的角色扮演方法》一书中讲到，作为一种教学方法，角色扮演能够让学生体验社会人际关系和改善自身行为。[②] 而另一位学者班杜拉（Bandura）从社会学习理论出发，认为人们的社会行为是通过"观察学习"获得的，在这个"观察学习"的过程中，人们不用什么奖励或强化，甚至也不需参加社会实践，只要通过对榜样的观察，就可学到新的行为。可见，角色扮演法不仅能让受试者亲身扮演，获得相应技能，也可以让观察者从中观察学习。

二、角色扮演法的定义

《现代汉语词典》中对"角色"的定义为在戏剧、影视剧中，演员扮演的剧中人物；比喻生活中某种类型的人物。[③] 角色扮演教学法是由范宁·谢夫特（Fannin Shaftel）和乔治·谢夫特（George Shaftel）于1967年所建立，借由表演问题情境和讨论表演来探索感情、态度、价值、人际关系问题和问题解决策略。根据文献资料分析，对角色扮演教学

① 林丽. 教学诊断理论与实践[M]. 沈阳：辽宁大学出版社，2012：58.

② 俞敏.《政治生活》模块角色扮演教学研究[D]. 南京：南京师范大学，2012：3.

③ 中国社会科学院语言研究所词典编辑室. 现代汉语词典[M]. 北京：商务印书馆，2012：709.

方法的分类有很多，没有定性的依据，例如有按角色扮演人数分类、按教师控制程度分类、按有无剧本分类、按扮演时间分类等。

又如根据教学内容的需要、设计角色数目，可以分为双角色、三角色和多角色等。按角色进行分类，尽可能让学生在课堂中与同伴之间有更多互动的机会，并且通过多个角色在课堂教学中呈现，让学生有不同的岗位体验。

根据教学内容的需要，可以设置相互合作的角色，模拟相互合作的工作场景，而且可以增强学生对冲突情境的感受，设置相互对抗的角色、相互竞争的角色。

根据参演人数按单人和团队分类，可以分为单人扮演、双人扮演、小组扮演等。

三、角色扮演法的特点

（一）仿真情境

角色扮演法需要创设与实际情况相接近的教学情境，帮助学生在角色扮演中深入体验不同岗位的职责与要求，并从中培养综合职业素养。教师创设的教学情境不仅应与现实情况相接近，还应体现真实情境的复杂性和多变性，鼓励学生充分发挥想象力，结合实际情况演绎不同的工作情境，增强角色的丰富性和趣味性，深化学生对岗位角色的认知和理解。学生通过仿真情境进行角色扮演活动，感性地认识职业要求，有利于帮助学生理解岗位角色的定位和职责，从中培养职业的认同感和责任感，明确学习目标，激发学生的内在学习动机。

（二）关系理解

角色扮演法实施的重要部分为角色的设置，合适的角色有利于学生正确理解工作流程和岗位职责，厘清不同岗位角色的区别与联系。学生通过预设或自主设置的角色，依据任务要求完成对应的职业角色扮演，借助小组的团队合作的学习方式，加深对不同角色关系的理解，厘清角色之间的异同，从中明确不同的岗位角色的定位，为未来从事相关工作岗位奠定专业基础；教师在设置角色时，不仅要考虑真实工作情境中的具体情况，还应结合学生的认知水平和知识基础进行综合考虑，既要保证角色的真实性和实用性，又要增强角色的趣味性，提高学生的参与度和积极性。

（三）人际沟通

角色扮演法在实施过程中需要学生在小组合作学习的过程中学会与他人沟通，学会团结合作，保证任务的顺利完成。“角色扮演”是角色扮演法的核心内容，学生在扮演角色时需要与不同的角色进行交流和沟通，与其他的角色共同面对困境，解决遇到的难题，完成自身的职责，从而使任务不断地推进。由于角色和情境的设置在保证教学要求的前提下，可根据学生的实际需要进行适当调整，具有一定的灵活性，因此，学生在面对不同的情境时，基于角色属性做出适当的调整，需要不断结合变化的情境与他人进行协调和沟通，从而充分锻炼了学生的人际沟通能力，促使其更好地适应不同状况下的团队合作。

第二节　角色扮演法的应用分析

一、应用优势

（一）贴近现实工作情境

角色扮演法通过模拟现实的工作情境，让学生通过角色扮演，切身体验工作情境中的各种情况，理解不同岗位的职责；由于角色的真实性和灵活性，让角色的编排过程充满了不确定性，增加了角色扮演的娱乐性，从而充分调动学生的参与积极性；学生可按自己的意愿选择感兴趣或适合的角色，鼓励学生充分发挥自身的创造性，去演绎角色，并学会站在自身角色的角度处理工作情境中遇到的问题，提高灵活应对多变环境的能力。

（二）提高团队合作能力

角色扮演法相较于其他教学方法，更能提高学生的团队合作能力。角色扮演过程中，基于小组合作学习的方式，学生需要学会与不同角色配合、交流与沟通，提高沟通能力的同时，增加彼此间感情交流，增强团队意识和集体荣誉感；在角色扮演法的评价中，评价的标准较倾向于学生对角色理解的准确度和处理问题的合理性，而评价的内容主要取决于角色间的合作过程，且该过程通过角色扮演的方式得到直观的展现，促使学生正视团队合作中遇到的问题，积极寻找合适有效的方法加以应对。

二、应用范围

角色扮演法主要基于“角色”开展教学，因此该方法适用于各个行业的职业教育，只要该行业的工作满足以下条件：一是该工作需要人与人协作，二是该工作需要人与人交流。结合扮演角色的数量，角色扮演法主要适用于以下行业的课程。

表5－1　角色扮演法适用范围

类型	合作型	对立型
双角色	咨询、销售、护理、治疗	谈判、面试、正反辩论会
多角色	业务过程的分工完成，分工进行的生产、制造和装配过程	谈判、面试

在会计教学中，角色扮演法主要适用于以下两种情况：一是需要处理不同情况下实务性较强的课程，主要为合作型的课程，由于角色扮演法具有高度的灵活性，若结合仿真的工作情境，则容易培养学生在实际工作中的应对能力，如模拟出纳工作岗位流程；二是具有不同观点的理论课程，主要为对立型的课程，引导学生对不同观点展开思考，帮助学生形成正确的价值观和情感态度。

三、实施条件与要求

（一）符合实际情况

角色扮演需要置身于一定情境中，而情境设计与实际情况的相似度，对教学来说至关重要。中等职业教育强调“做学合一”“由实践中来，到实践中去”，因此情境设计应该以实际工作场景为范本，通过典型事例来反映岗位要求和职业特点。这样才能达到“上学如上班、上课如上岗”的教学效果。

（二）典型且有代表性

在教学中运用角色扮演法，不只是单纯为了表演，我们有具体的教学任务，因此具有很明确的目的性。教师运用这一教学办法，目的是要让学生更好地体验在实际岗位中会遇到的问题，提升学生的处理能力。这就要求设计的情境在对应岗位中是比较典型的，具有一定代表性的，比较常见的。

（三）教学情境具体、适中

由于教学有课堂时间限制，因此设计的情境除了要反映实际情况，还要把它浓缩在课堂教学时间内，情境内容不能过于简单，也不能过于复杂，任务难度不能过高，也不能过低，要利于激发学生的学习兴趣和课堂气氛。这些都需要从全局考虑情境内容的严谨性和具体程度。

四、实施流程

（一）实施流程图

在会计教学中开展角色扮演法通常需要经过如下步骤，如图 5 - 1 所示。

图 5 - 1 角色扮演法实施总体流程图

（二）实施具体步骤

角色扮演法的具体步骤中师生的角色和参与度不同，如图 5 - 2 所示。

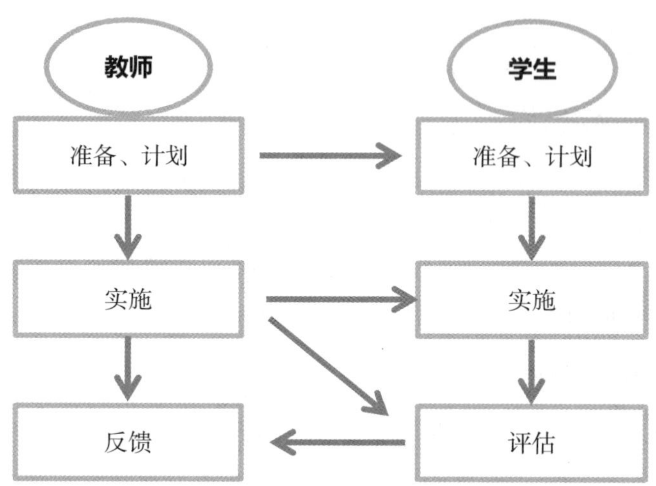

图 5－2　角色扮演法实施具体步骤

1．准备阶段（教师为主）

准备阶段首先需要确立教学情境，明确教学目标，设计游戏，确定主要角色，将角色扮演情境与教学内容相结合，建立与职业岗位实际情况相似的、具有代表性的教学情境。然后根据情境准备教学素材、教学工具。除了教师准备，学生也要准备相应的学习材料，认真了解课程内容，搜集信息，小组讨论如何完成角色任务，等等。在实施角色扮演法时应提前进行适当的知识测试，如果学生的知识基础较好，学习积极性较高，则应给予学生更多发挥的空间，例如让学生自主设计场景和设置角色；如果学生的知识基础较差，缺乏学习积极性，教师应确定不同的情境和角色供学生选择，避免学生进行角色扮演时缺乏目标和针对性。

2．计划阶段（学生为主）

教师需要设定角色，分派学生任务，编排剧本，进行演练。对于角色扮演教学方法来说，角色拟定尤为重要，更考验教师的业务水平。例如在会计实务操作课程中，对于现金业务操作内容，可以设置出纳角色；对于材料采购领用业务操作内容，可以设置成本会计角色，因此角色的拟定要适应教学内容的变化。另外，还要考虑学生的综合发展，让学生在角色扮演中得到锻炼。教师在拟定角色的同时，应深入了解真实的工作情境，结合教学目标，选择典型工作任务中的主要角色，同时给予学生自由发挥的空间。学生应独立完成任务的解读、剧本的编排等，如果学生在该阶段遇到了困难，教师应围绕教学目标对学生的计划进行引导，而不宜直接参与。

3．实施阶段（学生为主）

该阶段实际就是角色扮演活动的实施。角色执行可以由某个特定小组进行，也可以由每个小组都参与其中。而不论是哪种形式，教师在这个环节都是扮演着旁观者角色，可以适时指导，但更多是让学生自主解决情境环节中的问题，在学生角色扮演活动中观察记录游戏中发生的事件、采取的行动、做出的决策以及得到的结果。在学生演练的过程中，教师可根据课程要求和学生的实际情况进行系统的角色交换，并及时关注学生的动向，维护课堂秩序。

4. 评估阶段（师生共同完成）

评估的目的是为了让学生更好地掌握知识要点，同时增强学生的参与度。评估阶段包括教师评估和学生评估。教师的点评主要是围绕学生角色执行过程中存在问题，并结合教学内容进行，希望能进一步突破教学重难点。学生的点评可以是自我评价，也可以是小组互评，或是观察者对扮演者的评价，无论是观察还是评价都是很好的学习方法，能让学生对角色进一步理解和掌握。

5. 反馈阶段（教师为主）

这个阶段应该要依据评估结果进行，让学生学会反思，除了理解知识要点外，还要懂得为什么。教师应该引导学生进行更深层次的思维活动，教师可根据学生的学习状况安排不同的活动来帮助学生进行反馈活动，如果学生课堂学习成果反馈较差，则适合安排课后练习帮助学生复习巩固；如果学生反馈较好，则适合安排发散性的思考题以提高学生的知识迁移能力。

五、实施注意事项

（一）灵活设计任务情境

过往的会计教学中，通常以工业企业某一个月的十几笔业务来呈现会计业务基础内容，设计的经济背景比较单一，也令相应业务内容固化，因此要实施角色扮演教学法需要灵活设计任务情境，增强学生对不同会计主体、不同会计业务的认识。要灵活设计任务情境离不开多样化的情境活动空间和情境活动道具。单依靠普通课室是难以营造多样化的场景的，有限的课室空间也不利于学生进行角色扮演，因此要学生领悟会计业务灵活多变的魅力，需要在相应的模拟实训室进行，例如会计实训室、银行业务实训室、收银业务实训室等。情境活动道具主要是由专业内容决定，会计业务的活动道具主要是仿真单据、税务操作系统等，而收银业务的活动道具主要是收银机、验钞机等。另外可以鼓励学生自我创造，自制道具。例如自制会计人员的服饰或银行人员的服饰，还可以自制名片、卡片等，灵活运用道具可以令角色扮演更加丰富，同时也能成为调动课堂气氛的元素。

（二）紧密结合教学目标

任何教学活动都不能脱离教学目标。在实施角色扮演活动时，部分教师容易掉进“为了角色扮演而扮演”的圈套，单纯为了吸引学生兴趣，营造轻松的课堂气氛，却没办法完成相应教学任务，没有达到预期的教学目标。为了避免这种情况，教师务必要根据教学目标去选择合适的教学法，全局考虑使用角色扮演法是否有利于达成教学目标，这才是我们选用角色扮演法的根本目的。依据教学内容选择扮演主题，依据教学内容选择角色扮演的类型，甚至需要师生共同研读相关资料，设计相符合的情境。重视对教学内容的整合，让学生在角色扮演中掌握所涉及的专业内容和实践技能，真正实现让学生“在做中学”，教师“在做中教”。

（三）课堂秩序的掌控

运用角色扮演法容易出现闹哄哄的课堂，教学课堂秩序的掌控相当重要。在角色扮演过程中，遇到学生搞笑的表演时，他们会哄堂大笑；遇到学生注意力不集中时，他们会低头聊天。因此，建立考核评估机制，有助于课堂秩序的掌控。在课堂中除了要营造活跃的氛围，还要讲求纪律性，也可以利用小组团队规范各自的行为，达到自我管理、自我控制的目的。另外，角色扮演法关键在于学生的“扮演”，教师应该引导学生在特定情境环节中，融入角色，亲身体验角色扮演的具体任务要求。在此应多鼓励学生全身心投入角色，反复演练角色任务，对职业岗位要求有全面认识，从中掌握教学内容。

第三节　角色扮演法应用实例及解析

一、角色扮演法在“收银员岗位技能实训”课程中的应用

“收银员岗位技能实训”课程是会计专业学生必须掌握的技能实操类课程。根据教学大纲和课程标准，本课程主要是让学生掌握收银业务的操作技能，因此适合选用角色扮演法，给学生提供更多演练的机会。把角色扮演法教学方法引入到教学活动，设计收银业务操作情境，可以让学生扮演“收银员”角色，借助收银员岗位实训室，让学生有身临其境的感觉，真实掌握收银员的专业要求和岗位职责。以下借助“收银员岗位技能实训”中“受理现金业务实训”为例展开。

（一）单元教学基本情况

教学单元：“收银员岗位技能实训”第二单元“受理现金业务实训”。

教学课时：2 学时。

教学对象：中职会计专业二年级学生。

（二）教学目标

本次课主要培养学生以下三方面的能力。其一，专业能力：熟悉现金收银工作的具体内容；掌握收银结账业务的操作流程；能运用相关收银设备，熟练地办理现金收银业务；会正确处理现金收银过程中的常见问题。其二，方法能力：培养随机应变能力及解决问题能力；培养分析问题及自我规划能力。其三，社会能力：培养学生的团队精神，提高沟通能力。

（三）教学内容分析

1. 教学内容地位与作用

在零售业务中，虽然随着信息技术的发展，电子支付已成为主要的收款方式，然而收取现金仍然是一种最传统的收银业务，特别是满足老年人、儿童等人群的付款需要。它涵盖了验钞技术、数字键盘输入、POS 机使用等收银员必备的基本技能知识。

2. 教学组织形式

根据组间同质、组内异质的分组原则，教师结合学生的成绩（上学期的期末）进行强弱组合，并引导学生互帮互助。全班分成每组 5～6 人的若干小组，各小组确定一名小组长，由学生自主决定。该分组沿用至本学期末，小组长根据每次项目在组员间轮换。

3. 教学重难点

重点是让学生掌握现金收银业务的操作流程；难点分别是“现金收银业务主要环节的操作要点”和“正确处理现金收银过程中的常见问题”。

（四）学情分析

中职二年级会计专业学生已经完成收银员职业道德规范和收银工具使用方法的学习，会使用 POS 机、验钞机等工具，懂得残币的确认与兑换方法；初步掌握有关收银员的理论知识。学生表现欲强，喜欢模拟体验课，因此注重与职业岗位相链接，将更能激发学生学习兴趣。但学习自主性不强，大多数是跟随教师学习，基础知识不扎实。

（五）教学策略

本节课在创设现金收银业务情景下，以“学生实践活动和情感参与”为中心开展，使学生由被动接受转变为主动学习，同时让他们在情境体验中培养能力，升华情感。采用的“教法”主要是角色扮演法，同时结合自主探究法、讨论法等，将不同的教学方法巧妙融合，令课堂集知识性、趣味性、实践性于一体。具体做法如下：借助角色扮演的教学方法，让学生真实体验现金收银业务操作流程；通过教师启发诱导的教学方式，鼓励学生大胆发现，自行总结现金收银业务操作的要点；利用小组合作，为学生构建沟通平台，提高学生沟通及自我解决问题的能力。

（六）教学环境及资源准备

本次课程在收银员岗位模拟实训室进行，用到的材料有：多媒体设备、角色卡片、办公文具、模拟商品、POS 机前台收款系统、练功钞、条形码阅读器等。

（七）教学过程设计

表 5－2　教学过程设计

教学环节	目标与要求	学生活动	教师活动	学习资源	教学时长
课程导入	将学生引入课堂教学中	观看视频	播放视频、导入课程内容	视频	3 分钟
发布任务	明确任务要求	认真听讲，理解任务内容	详细讲解任务	教学 PPT	10 分钟
计划阶段	1. 目标：明确不同岗位角色，让学生从不同方面、不同形式去体验现金收银业务操作； 2. 要求：以小组为单位，每组 5 人	1. 各组落实岗位角色，一人一岗； 2. 学生岗位角色安排如下：(1) 收银员；(2) 顾客；(3) 监督员；(4) 策划员。 由教师担任经理、收银主管	1. 介绍参加本次体验营的各项要求，并且表现最优秀的小组会获得 × 超市收银实习机会； 2. 发放任务资料	派发情境资料（一）（见情境资料）	10 分钟
实施阶段	1. 目标：设置三种类型的任务，每两组的任务资料相同，可令相同问题出现不同的处理方法，从而形成组间对比； 2. 要求：每个学生根据任务角色进行扮演，教师从旁进行引导	顾客 A/B 到讲台模拟超市选购物品，然后排队结账	1. 随机发放三种类型的任务资料，其中每两组处理相同的任务资料； 2. 讲解任务要求，指引学生完成任务； 3. 巡视课堂，记录学生存在的问题； 4. 扮演收银主管和经理负责人的角色，为学生解决疑难问题	派发情境资料（二）（见情境资料）	40 分钟
		1. 收银员在收银柜台为顾客进行结算； 2. 顾客 A/B 结账时出现不同问题，收银员针对问题做出正确处理； 3. 策划员负责整个业务操作的策划，并总结该过程的要点； 4. 监督员依据考核评分表对其他组进行公正的监督考核	1. 随机发放三种类型的任务资料，其中每两组处理相同的任务资料； 2. 讲解任务要求，指引学生完成任务； 3. 巡视课堂，记录学生存在的问题，为后面（归纳总结）做准备。重点查看学生现金收银操作流程的规范性； 4. 扮演收银主管和经理负责人的角色，为学生解决疑难问题		

续表

教学环节	目标与要求	学生活动	教师活动	学习资源	教学时长
评估阶段	1. 目标：让学生在学习本组问题处理办法的同时，也能获悉其他组处理问题的办法； 2. 要求：根据三种任务资料存在的问题，用PPT展示常规的处理办法；总结现金收银业务的操作要点并在此基础上进行点评	1. 监督员讲述他在监督过程中发现的问题，并且该组是怎么样处理的； 2. 将归纳的要点写在纸板上； 3. 认真聆听其他组员的发言； 4. 小组监督员进行组外评分	1. 随机抽选学生发言； 2. 随机抽选学生上台总结现金收银业务的操作要点； 3. 点评学生在操作过程中服务礼仪、操作环节等存在的问题； 4. 点评学生本节课程学习情况进行打分	PPT、多媒体平台	25分钟
反馈阶段	1. 目标：巩固所学知识； 2. 要求：写一份有关现金收银业务的课后感想	1. 完成作业； 2. 收集现金收银业务相关资料，讨论现金收银业务中还有哪些常见问题，以及这些问题有什么解决办法	1. 布置作业； 2. 在网上交流讨论		2分钟

（八）学业评价材料和情境资料

表5－3　项目评价表

小组名称：　　　　　　　　　　　　　　小组成员：

教学内容：实际成本计价发出原材料

评价项目	评价内容	评价结果（优、良、中、差）			
		自评	组评	师评	评分占比
专业能力	业务内容				自评10%＋组评30%＋师评60%
	设备操作				
	工作流程				
方法能力	问题解决				自评20%＋组评40%＋师评40%

续表

评价项目	评价内容	评价结果（优、良、中、差）			
		自评	组评	师评	评分占比
社会能力	协调沟通				自评 30% +组评 40% +师评 30%
	语言表达				
总分合计					
评价结果对应分数：优（90～100 分）、良（75～89 分）、中（60～74 分）、差（60 分以下）					

注：组评分数为其他小组对本小组总评的平均分。

表 5－4　填写说明

评价内容	评价标准
业务内容	优：具体并准确说明现金收银业务的业务内容 良：准确说明受理现金收银业务的主要内容 中：现金收银业务内容不完整 差：该部分未完成
设备操作	优：准确识别设备功能，完成收银工作 良：准确识别设备功能，收银工作未完成 中：识别设备功能有误，收银工作未完成 差：该部分未完成
工作流程	优：运用自己的语言能准确详细地描述工作流程 良：运用自己的语言能基本描述工作流程 中：结合资料描述工作流程 差：无法描述工作流程
问题解决	优：问题清晰，具有普遍性，解决方案可行 良：问题清晰，解决方案可行 中：问题不清晰，解决方案一般 差：该部分未完成
协调沟通	优：小组成员协调性较好，角色完成度高（完成 4 个角色任务） 良：小组成员协调性一般，角色完成度一般（完成 2～3 个角色任务） 中：小组成员协调性较差，角色完成度较差（完成 1～2 个角色任务） 差：该部分未完成
语言表达	优：表达流畅、逻辑清晰、内容全面 良：表达流畅、内容完整 中：表达不流畅、内容基本完整 差：表达不流畅，内容残缺

（九）教学预测

（1）学生完成前置任务的积极性差：将学习平台反馈的作业完成情况数据计入平时成绩，对长期未完成的学生进行课后约谈，了解情况。

（2）课堂纪律较差：加强课堂巡视，提前交代组长的管理职责。

（3）角色分配不均：结合教学内容和学生情况对角色安排进行调整。

（十）其他说明及附件

以下为收银员角色扮演的情境资料。

1. 角色要求

模拟超市收银业务情境，根据角色特点完成现金收银操作，并对设置的问题提供解决办法。

（1）各组抽签选定收银台。

（2）策划员与该组成员共同确定各自的角色和整个收银过程的策划。

（3）监督员根据考核表对其他组（随机）的操作过程进行评分。

（4）对“问题”顾客的解决办法，要在收银操作过程中体现。

2. 情境流程指引

（1）收银员站在收银台等待顾客前来结账。

（2）顾客A和B到超市架选购物品（在教师讲台旁），然后回到各组收银台排队结账。

（3）收银员接过顾客物品，并利用POS收银操作系统进行收银操作。

（4）“问题”顾客A在结账时出现现金不足；顾客B正常结账。

（5）收银员对顾客A的问题进行正确处理，并继续完成收银操作。

（6）监督员去其他组进行考核评分。

（7）总策划员观察组员的操作，并归纳现金收银环节的要点。

3. 备注

在体验过程中，只要能完成任务要求即可。对于角色扮演，可充分挖掘组员的表演潜能，可以是本色演出，也可以是浮夸展示，以展现各组的特色。

二、应用实例解析

（一）情境设计

按照课程教学标准，现金收银业务是本课程的基础核心内容，因此本节课主要情境设计是模拟现金收银业务流程，同时融合收银员的职业素养，设计几个常见的收银业务问题，例如出现“问题”顾客刁难收银员等，以此提高学生处理问题的能力。另外，给予学生配置收银POS机、商品条形码等道具，让学生有“真枪实弹”的感觉。

（二）角色选择与扮演

模拟收银活动中的情境，收银操作主要由一到两人完成，但为了让更多同学参与活动，可增加设置顾客、监督员角色，学生在角色扮演中可以自由轮换。策划员相当于组长，负责角色内容策划，对收银员操作要点进行总结。监督员主要是以旁观者身份考察其他小组情况，也能在观察中掌握现金收银的要点。设置“问题”顾客，是与“收银员”对抗的角色，让学生明白除了学习基本的操作常识，还要提高服务素质。教师在整个过程中不扮演任何角色，而是整个课堂的设计者和调控者。课程如何开始、什么时候进行什么活动、具体的操作步骤有哪些等，都需要教师去引导，同时还要随时跟学生沟通，引导学生通过现象看本质，拓展知识面。

（三）考核评估

考核评估是让学生及时发现自身不足，提升团队合作能力，增强学习竞争性的有效渠道。完成课程角色演练后，由策划员进行总结发言，监督员进行小组互评，总结各自存在的问题。而角色扮演法的评估考核可以有不同选择，可以多角度评估，以小组为单位，结合小组成员表现进行评估；也可以全过程评估，关注最后结果，也强调过程评估；甚至可以把评估立体化，结合学生评估和教师评估。在本课程设计中，既重视过程评价也强调小组成员表现。监督员的评价是针对以小组为单位的收银操作过程，从礼仪规范、沟通技巧、业务操作、参与程度四方面进行考核。而教师是对每位成员的表现情况进行综合考核，评定等级有：优、良、中、差，同时将这些等级折算成具体分数。在小组成绩和教师对个人考评基础上，分别设定两者权重，进一步确定个人综合成绩，这样做既能考虑个体的独立性又能考虑小组团队精神，能客观反映学生的学习情况。有效的评价有助于提升学生学习动力，并为学生未来学习指明方向。

（四）课程反馈

当前课堂学习强调“课前、课中、课后”相结合，因此课后的反馈也是教学的一部分。利用课堂作用、网络交互平台进行课程反馈，进一步解决课堂中未解决的问题，教师也能及时掌握学生的学习动态。在本次课中，通过在网上发布作业，教师能了解学生对本次课内容的反思情况，并引导学生进行知识迁移，灵活应用所学知识。

三、优缺点分析

（一）应用优点

1. 教师角色的变换

传统教学中教师是主讲者，在课堂学习中教师讲、学生听，是常态现象。而该课程应用角色扮演教学方法，教师角色变换为引导者，需要设计每次活动，提出具体要求，给出具体建议，从而保证角色扮演活动的顺利进行。学生是学习主体，在教师的指导与支持下自主地进行探讨与合作，最终提高自己各方面的能力。因此学生除了听，还要演练，不再是单纯坐在教室被动学习。学生的角色扮演活动，可让教师加深对学生的了解，也可针对学生角色扮演时出现的问题提出自己的建议。相对传统讲授教学模式的教师一言堂，角色扮演法能充分调动学生的学习热情，让每位学生都参与进来，每个人都有自己的岗位职责，最大限度地发挥了学生的自主性和创造性。

2. 教学内容岗位化

传统教学中只是将知识从教师到学生单向传递，而本节课程主要教学内容是让学生能运用相关收银设备，熟练地办理现金收银业务，同时也包括了收银员操作必备的职场礼仪知识，这些单纯依靠传统教学难以完成课堂传授。而运用角色扮演法，使得教学内容岗位化。学生可以选择自己感兴趣的角色，更好地锻炼该方面专业能力，或者通过轮换岗位，提升专业综合能力。例如在情境设置中增设“问题”顾客，考查学生的应变能力及沟通能力，给予学生自我解决问题的机会。而在传统教学中无法具体呈现这种问题情境。

3. 考核评估更灵活

传统的课堂教学评价，大部分基于有教师对学生的学习做出评价，评价的形式大多是采用考试，主要判断是学生做题对不对、分数是多少。以分数高低进行评价，过分强调学习的结果而忽视对学习过程的评价，这实质上与评价的目的相违背了。评价不是为了评定学生的优差，而是为了给学生总结分析，从而获得进一步发展。因此，本节课教学采用了角色扮演法，对学生的评价更多关注操作过程、关注学生的情感态度价值观等方面。同时也让学生参与评价，让他们更专注于角色扮演的过程。另外小组评价与个人评价的结合能令小组成员间配合更紧密，相互讨论所遇到的问题、共同策划、集思广益，也提升学生的自主探索能力。教师通过观察学生角色扮演过程中的真实行为，并及时记录，准确给予归纳评价。此外，角色扮演法有利于建立新的师生关系，真正强调“以学生为中心”。

4. 学生参与度更高

在传统教学课堂中，学生们表达自己思想的机会并不是很多，课堂上教师是主角，台上教师讲，台下学生听，因而学生的语言表达能力还是比较欠缺，肢体表达能力更是薄弱。而角色扮演教学法是灵活性较强的方法，学生只要在遵循学习任务指导基础上，都可以结合自己的想法进行表现。尽管学生课堂中扮演的角色言行都是依据角色岗位设定好的，操作流程也有具体规定，但是学生表达的不仅仅是这些，还有他自己对该内容的理解。例如本节课内容中的“问题”顾客，学生可以自己设计动作，设计对白，善于辩论与表演的学生会在这个过程中获得很大的成就感，同时学生的潜能也可以被挖掘出来。所以在收银实务课堂教学中适当地使用角色扮演教学法，让学生充分地运用语言与动作表达自己的思想，有利于改善学生的表达能力，提升他们的竞争力，并能使原本沉闷的专业学习转变为有趣、生动的演练游戏。

角色扮演教学法的优势在实践教学中显而易见，但真正的有效应用，要培养出复合型会计专业人才，还需要教师和学生的共同努力，发挥角色扮演教学法的优势，尽量避免角色扮演教学法的不足，明确定位，相互合作，相互沟通。

（二）应用缺点

在设置具体角色时，首先数量不宜过多，3～5 个为宜。角色多了，难分主次，容易造成课堂混乱。如何设置角色更考验教师的实践经验。角色扮演法是众多教学方法中的一种，如何能让学生在不同角色中掌握相应的技能，突破教学难点，均是教师设置角色时需要考虑的问题。由于角色扮演法的实施要求学生具备一定的知识基础，能合理安排角色分工，需要较长的连续时间，才能完成角色扮演的整个流程，因此教师可将部分内容前置，如任务的分配、角色的分工等部分置于课前让学生完成，保证学生具有完整展示的时间。如在本次课将所有内容均在课堂教学中实施，需要占用较多的课时，保证角色扮演的完整性和流畅度。

第六章

项目教学法及其在会计专业教学中的应用

第一节 项目教学法概述

一、项目教学法的起源

项目教学法最早的雏形源于17、18世纪意大利罗马的建筑师学院，学生通过实践活动学习专业知识，掌握专业技能，形成设计作品，这便是“项目”的雏形。鉴于项目教学法取得的显著效果，世界各国开始纷纷采用项目教学法进行教学。18世纪欧洲的工读教育和19世纪美国的合作教育，后盛行于德国，21世纪初德国联邦职教所制定了以行动为导向的项目教学法。近几年，基于项目教学法“做中学”的理念适应职业技术教育的就业导向需求，我国许多职业技术院校开始推行项目课程改革，并开始对项目教学法在不同专业中的应用进行思考与探索，项目教学法逐渐在职业教育中占据了重要的地位，在不同学科专业中得到推广。在项目教学法的实际应用中，项目教学法主要通过完成一个完整的工作项目，融入教学内容，实行理论、实践一体化教学，去发掘学生的创造潜能，同时提高学生解决问题、团队协调的综合能力，能较好地适应中职会计的教学目标，项目教学法在中职会计教学中的应用日益得到重视。

二、项目教学法的定义

关于项目教学法的定义，不同的学者给出了不同的定义。美国学者基尔帕特里克（Kilpatrick）给出项目教学的定义是：“在社会环境中发生的、全身心的、有计划的行动。”学者弗瑞（Frey）的定义是：“在项目教学法中，学习者以小组为单位在某个内容范围内进行工作，实施一个项目。小组成员自己计划并执行他们的工作，通常在结束时有一个可见产品（如装置、仪器、文件、演出等）。在项目教学法中，关键不在于其最后的产品本身，而是这个产品的制造过程是以学员自主构建的方式进行的。”维基教育技术网页上关于项目教学的定义是：“项目教学使学习者参与某些能产生结果的项目中去，然而教学过程的主要目标是学习效果而不是项目产出的结果。”① 从上述定义中可以看出，项目教学法是一种基于行动导向理念，强调学生对学习过程独立组织和实施的有效

---

① Project－oriented learning[EB/OL].(2007－8－26)[2020－12－28].http://edutechwiki.unige.ch/en/Project－oriented_learning#Definition.

宏观教学方法。它是指学生在教师的引导下，通过完成典型工作任务，掌握专业知识和技能，培养综合职业能力，胜任相关工作。项目教学法通过项目将理论和实践紧密地联系起来，充分发掘学生的各方面潜能，提高学生解决实际问题的综合能力。在项目教学活动中，教师根据教学内容和教学目标，结合专业特点和行业的实际，设计适合的项目让学生完成。学生通常以小组合作的工作方式，自主查阅相关的资料，围绕项目要求制订工作计划并予以实施，综合运用所学知识讨论解决过程中遇到的问题，学生在完成任务的过程中达到预期的教学目标。

三、项目教学法的特点

（一）问题导向

问题导向是指应将源于实际的工作项目分解成具体的项目要求，学生通过解决任务中遇到的问题，达到对知识的熟练掌握。具体而言，项目教学法围绕着工作项目展开，并通过任务中的要求将知识点细化，学生通过不断地解决完成项目中遇到的问题，将所学的知识与工作实践紧密地结合起来，学生完成任务的过程便是掌握知识和技能、提高职业素养、学会与他人合作的过程。因此，教师在设置项目的具体任务时，应与教学目标相一致，通过任务中的问题进行引导，使学生在完成每一个具体任务后能达到相应的教学目标，最终使学生的综合能力得以提高。

（二）独立决定

独立决定是指学生应自主独立地完成项目，教师不宜过多地干预项目过程或帮助学生做出决策。在学生方面，学生是完成项目的主体，人员的分工、信息的搜集、方案的提出等都应由学生自主探索，学会独立解决问题及与他人合作；在教师方面，教师是学生完成任务的引导者，而非决策者，如果学生自主探究的能力较强，教师仅作为一名观察者即可，如果学生自主探究的能力较弱，或初次使用项目教学法，教师在观察的同时，应给予适当的帮助，比如点拨搜集信息的方式、解决问题的思路等，但不宜直接帮助学生完成任务。值得注意的是，多数教师由于长期的“填鸭式”教学，难以对学生的学习真正“放手”，因此教师应及时调整心态，明确教学目标，让学生在独立完成的过程中真正学有所成。

（三）运用已有经验

运用已有经验是指项目内容、项目要求的选择等需要在学生已有的知识基础或相关实践经验的基础上进行。根据认知主义学习理论认为，学生对知识的学习主要通过“同化”和“顺应”两种方式进行有意义的学习，而非被动地接受新的知识。在完成项目的过程中，一方面，学生通过已有的知识去理解任务的要求、搜集信息，将所学习的知识纳入已有的认知体系，即“顺应”；另一方面，学生通过解决问题的过程获得新的知识，从而丰富或构建新的认知体系，即“同化”。因此，学生完成项目的过程也是有意义学习的同化和顺应过程，使学生能真正吸收新的知识，不断地完善自己的知识体系。

（四）目标和生产导向

目标和生产导向是指工作项目与职业要求相适应，而非简单、机械地学习专业知识，要以培养学生的综合职业能力，使学生胜任工作岗位为目标。由于项目教学法的核心目标为培养学生的职业胜任能力与持续发展能力，因此项目的选择多为实际工作中经常性、典型性的工作任务。学生通过在仿真的工作情境中学习与未来岗位相匹配的工作技能，而不仅仅是机械地学习专业知识。因此，项目内容的选择和要求的设定对于能否培养学生的工作胜任能力至关重要，应充分考虑学生的知识水平、接受能力、工作要求等因素。

（五）时间是限定的

时间是限定的是指教师应限定学生完成任务的时间，培养学生的时间观念和工作责任感。在实际工作中，能否按时完成工作任务是衡量工作质量的重要标准。通过限定完成任务的时间，一方面可以培养学生的时间观念，避免养成拖延症等不良习惯，另一方面促使学生提高工作效率，保证完成任务的质量。值得注意的是，对于容易出现不良学习习惯的学生，在保证基本教学目标的前提下，应适当降低任务的难度，给予学生较充分的准备时间，让学生能逐步适应在限定的时间内完成任务的要求。

第二节　项目教学法的应用分析

一、应用优势

（一）提高学生的实操能力

项目教学法突出以行动为导向、以动手能力培养为主的教学理念。这种方法尤其适应就业导向的职业学校的教学需求。项目教学法将学习的内容整合设置成为工作项目作为课程内容的载体，而不是根据授课知识的相关性、连接性组织课堂教学内容，在教学活动中，教师将需要课堂解决的问题或需要完成的教学内容以工作项目的形式传递给学生。

（二）提高学生的团队协作能力

在教师引导下，学生以小组合作的形式自主探索完成项目任务，由学生按照实际工作程序，共同制订计划，共同或分工完成整个项目。项目教学法“以学生为主体，以教师为主导”，教师指导学生在实践中发现新知识，内化新内容，从而提高学生的学习兴趣、理论水平和实际动手技能，更重要的是通过团队协作，训练学生在实际工作中与不同企业、不同部门之间的同事协调、沟通和合作的综合能力。

（三）关注学习过程实施发展性评价

在项目教学法的授课过程中，学习过程成为一个学生要自主参与的创造实践活动，教学注重的不是最终的成绩，而是完成学习项目的过程。学生在项目实践过程中，要理解和把握好课堂要求的知识和技能，按照教师指引去体验创新的艰辛与乐趣，从而培养出分析问题和解决问题的思维与方法。

二、应用范围

项目教学法作为一种任务驱动的教学方法，通过项目的开展有利于将零散的知识点加以综合，并通过项目引导学生将知识应用于实践，具有较强的综合性，有利于达到多维的教学目标。然而，项目教学法也有其自身的局限性，并不能适应所有的课程，就中职会计专业的课程而言，项目教学法主要适用于综合性课程或阶段性课程。

项目教学法主要围绕典型工作任务开展，需要学生运用多方面的知识，并学会与他人沟通与合作，一般适用于完成某个阶段的学习后进行，不宜在学习初期运用项目教学法。项目教学法较于其他的教学方法，学生的学习贯穿于项目的始终，对学生的自主学习和探索的能力要求较高，因此需要在学生具备一定的知识基础的前提下进行，而通过阶段性的学习后，学生往往已拥有相应的能力应对任务中遇到的困难，避免任务难以开展。值得注意的是，教师在设置任务时应充分考虑学生在该阶段后的知识水平和技能水平，根据学生的最近发展区设计合理的项目，使每次的任务都能承上启下，最终贯穿整个教学内容。

三、实施条件与要求

（一）场景布置

由于项目教学法主要以小组合作的形式开展，因此，实施项目教学法时应使用方便移动的桌椅，方便学生进行讨论和交流。场景的布置应注意以下几点：第一，该场所应能使学生方便地查阅资料；第二，场所的座椅摆放应适合小组讨论的形式，方便学生之间的交流与合作；第三，应布置相应的场所让学生展现自己的学习成果，方便后期进行评价和总结。

（二）教师角色

项目教学法以学生为中心，以教师为主导，教师在项目教学法中承担多种角色。

一是任务设计者和发布者：该角色要求教师结合教学目标与学生的具体情况精心设计适合的项目，并让学生充分地理解任务内容和任务要求。合理的项目应符合以下标准：①与职业相关联；②与实践相联系；③与学生能力相符合；④与教学计划相融合；⑤与场地、技术、时间相匹配。二是观察者：该角色要求教师在过程中及时记录学生的表现，为引导学生更好地学习做准备。三是引导者：该角色要求教师能及时发现学生存在的问题，并给予适当的引导，帮助学生进行系统的学习。

（三）学生能力

项目教学法的综合性对学生的自身素质也提出了一定的要求，主要体现在：

第一，团队合作能力：项目教学法需要学生以小组合作的方式进行，提高学生与他人沟通、交往和合作的能力；第二，问题分析解决能力：学生在完成项目的过程中需要学会独立分析和解决遇到的问题，方能保证项目正常进行；第三，语言表达能力：学生需要运用恰当的方式展示项目成果；第四，时间规划能力：学生需要在规定的时间内进行合理的时间安排，按时完成相应的任务。

四、实施流程

（一）实施流程图

图 6－1　项目教学法实施流程图

（二）实施具体步骤

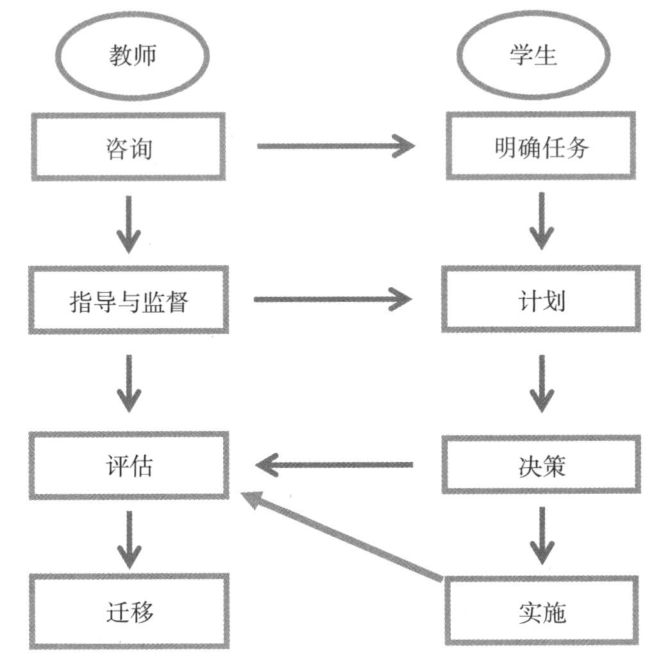

图 6－2　项目教学法实施具体步骤

1. 咨询（教师为主）

该阶段又称为主题选定阶段，由于项目教学法依据完整的工作项目开展，因此教师在课前应针对教学内容设计合适的任务，需要完成的工作包括：了解企业情况、了解学生能力、设定项目/任务、先行实验。其中，了解企业情况需要教师能充分了解实际工作中需要应用的知识、具体工作流程等，使学生在完成项目的过程中培养真正的职业素养；

了解学生能力，包括了解学生的知识基础、认知特征、性格特点等，使项目能适应学生的发展需要；设定项目/任务应对任务的内容做出详细的说明，以便学生能充分理解任务要求；先行实验是指教师应在正式实施项目教学前进行试验，以便对项目设计和具体应用进行检查和补充，以保证项目的顺利开展。在课中，教师应对项目要求进行详细的解释和说明，使学生能充分地理解任务信息；学生应认真倾听任务要求，并针对任务的不解之处进行提问，此时教师在回答问题时应注意维持课堂纪律，控制答疑时间。

2．计划（学生为主）

在计划阶段，学生在接收到任务后，对完成该任务进行规划，主要内容包括：各个工作步骤总览、合理分工、明确负责人、时间规划等。各个工作步骤总览要求学生根据任务要求对组内需要完成的工作进行规划，并明确每个具体的步骤，从而促使学生学会自行承担责任，提高工作的计划性；合理分工要求学生围绕完成任务对组员的职责进行分配，帮助组员明确自身的工作任务，提高学生的参与感和工作责任感；时间规划是指学生应规划好完成每个步骤所需要的时间，保证任务能按时完成，提高学生的时间规划能力。需要注意的是，虽然教师不宜过多地参与其中，但如果学生的计划能力相对较差，教师应给予适当的指导，并逐步引导学生独立完成任务的规划。

3．决策（学生为主）

在决策阶段，学生以计划为核心，收集大量的信息并进行调查、实验和研究，对任务执行做出决策。由于项目以小组为单位开展，因此决策应是组内成员的共同决策，而非个人的决策。决策阶段要求学生根据指定的计划，围绕任务为中心，同步对实施目标与即时中间结果持续地进行比对并做出相应的调整，逐步推进任务的开展。该阶段主要培养学生创造性地、独立地、自我负责地解决问题的能力，并提高学生团队合作能力和自我控制能力。需要注意的是，该阶段容易出现的问题的是学生间意见不合难以达成统一意见，教师应在不干扰学生的具体决策的前提下，进行适当的调节，给予适时的引导。

4．实施（学生为主）

在实施阶段，学生依据前期做好的任务计划，以完成任务为目标，逐步实现每一个任务要求，最终形成项目成果。该阶段要求学生以计划为核心，通过调查、实验及研究等行为，逐步解决项目中所存在的问题，并同步对实施目标与即时中间结果持续地进行比对及做出调整。该阶段主要培养学生的团队合作能力、工作能力及工作责任感。需要注意的是，该阶段容易出现两个方面的问题：一是学生难以调整计划，导致实施困难，教师应给予适当的启发，打开学生解决问题的思路；二是课堂秩序容易混乱，教师应在任务之前明确课堂纪律，并要求组长维护组内的纪律，避免高声喧哗等。

5．评估（师生共同）

在评估阶段，学生将完成的成果向全体成员展示，并对展示的成果进行评价，可将评估阶段分为成果展示和评估两部分进行。

成果展示（向全体人员）：成果展示可以由小组或一个或多个代表进行展示（演讲），展示范围可以有所不同，比如全体人员出席、在一次庆典上、在全体学员面前、在父母或者企业代表面前。教师应合理安排时间，不限定学生的展示形式，充分激发学生的想象力和创造性。在展示过程中，教师应做好相应的记录，同时注重把握成果展示的节奏，并维护课堂秩序。

评估：一是评价和讨论（组内评价、组间评价、教师评价），按照预先确定的评价标准，学生和教师共同对项目结果、学习过程、经历和经验进行讨论评估。二是讨论其他可能采取的行动、出现的错误和成果。教师评价时应注意：第一，掌握一定评价技巧（语言、手势等），维护学生的自尊心；第二，对项目结果的理论性深化，有意识地将理论和实践联系起来，明确今后教学内容的出发点。该阶段主要培养学生对结果、工作方式和经验的评价和自我评价的能力。

6. 迁移

在迁移阶段，教师应将项目结果运用到新的或类似的任务/项目中，是项目法教学的一个重要目标，可以作为一个额外的阶段或紧接评估（第五阶段）后的一个阶段来实施。迁移阶段要求学生能将所学的知识应用于实践，并能举一反三。教师对学生迁移能力的成果通常不直接评定，而是到执行新任务时才予以测定。

五、实施注意事项

（一）授课内容的模块化

授课内容模块化是指将知识内容细化，知识点最好能独立明确，模块化的知识之间能保持衔接或关联，把知识模块化是为了开展教学，有良好的师生互动，达到最佳教学效果。

（二）项目符合课程需要

项目符合课程需要是指将以教学内容为中心改为以项目工作为中心，项目是必须具有一定的应用价值，能有明确的成果展示，学生有通过项目独立或团队合作制定计划、开展项目和完成项目的机会，切不可牵强设定项目，因为并不是所有的教学知识点都合适使用项目教学法。

（三）项目素材的代表性

项目教学法实行理论、实践一体化教学，培养学生的综合能力，所以在设计教学项目时，要整合教学资源，广泛收集教学素材，构建教学项目环节要科学合理，所以设计教学项目收集素材要做细致调查，要选择有代表性的素材。

（四）理论与实际相结合

项目教学围绕动手技能展开的，技能是核心，但是也要结合理论知识，兼而合之，吸收理论知识的同时培养出扎实的技能。项目的设计应将学生的知识要求和技能要求结合起来，引导学生将所学的知识应用于实际的工作中。

（五）教师要转变课堂角色

项目教学法的课堂不是以传统课堂教学为中心，而是以学生小组交流为中心，学生必须在项目指引下开展工作，组内学生要主动交流、互相合作。项目开展的课堂，课堂的主角是学生，教师讲课时间不能过长，以学生动手为主。

第三节　项目教学法应用实例及解析

一、项目教学法在“会计基础”课程中的应用

任何企业要开展生产经营活动，都必须拥有一定的资金作为正常运转的保障，筹资业务是企业筹集资金的重要活动，对于开展日常的经营活动具有重要的意义。《会计基础（第 2 版）》为广东科技出版社出版的中职会计专业教材，本次课程选自该教材“模块 4　筹资业务核算——向银行借款的业务处理”，其主要内容包括短期借款和长期借款的核算。

（一）单元教学基本情况

教学单元：模块 4　筹资业务核算——向银行借款的业务处理。
教学时数：2 学时。
教学对象：中职会计专业一年级学生。

（二）教学目标

专业能力：掌握短期借款和长期借款的含义、会计分录；掌握短期借款和长期借款的记账凭证填制；掌握借入借款的一般业务程序、岗位职责。

方法能力：学会归纳和总结知识点间的区别和联系，构建单元知识体系；学会发现存在的问题并提出自己的解决措施。

社会能力：培养团队意识和工作责任感；培养语言表达能力和时间观念。

（三）教学内容分析

1．教学内容地位与作用

任何企业要开展生产经营活动，都必须拥有一定的资金作为正常运转的保障，筹资业务是企业筹集资金的重要活动，对于开展日常的经营活动具有重要的意义。该次课程的主要内容为短期借款和长期借款的核算。

2．教学重难点

教学重点：正确填写短期借款和长期借款的记账凭证。
教学难点：向银行借款的一般业务流程和岗位职责。

（四）学情分析

学生知识基础：基本掌握一定的会计基础知识，包括填写单据、原始凭证、借贷记账法等，可以根据原始凭证编制会计分录，能较准确地填写记账凭证。学生性格特征：活泼好动，动手能力强，但学习自信心不足，缺乏主动思考。

（五）课堂组织形式、教学方法与教学策略

1. 课堂组织形式

根据组间同质、组内异质的分组原则，教师结合学生的成绩（上学期的期末）进行强弱组合，并引导学生互帮互助。全班分成每组 5 ~6 人的若干小组，各小组确定一名小组长，由学生自主决定。该分组沿用至本学期末，小组长根据每次项目在组员间轮换。

2. 教学方法与教学策略

本次课采用的教学方法以项目教学法为主，以小组合作法为基础。通过学生自主探索学习如何根据原始凭证填制短期借款和长期借款的记账凭证，总结填制过程中的注意事项，做到准确无误地填制记账凭证；项目完成后学生须提交学习报告，明确报告的具体要求，帮助学生梳理所学知识，形成思维导图；要求学生在完成任务过程中，通过明确业务中涉及角色的职责，掌握向银行借款的基本业务流程。

（六）教学环境及资源准备

1. 教学资料

《会计基础（第 2 版）》、《会计基本职业活动（第 2 版）》、教学 PPT、微课视频、空白记账凭证、学习任务书、评价表、小奖品等。

2. 教学设备

教学多媒体设备。

（七）教学过程及教学设计

表 6 – 1　教学过程及教学设计

教学环节	目标与要求	学生活动	教师活动	学习资源	教学时长
知识检查	了解学生的知识基础	聆听并回答，做好记录	1. 检查任务完成情况； 2. 知识补充	《会计基础（第 2 版）》、蓝墨云、小奖品	3 分钟

续表

教学环节	目标与要求	学生活动	教师活动	学习资源	教学时长
课程导入	将学生引入课堂教学中	观看视频	播放视频、导入课程内容	教学 PPT、视频	2 分钟
发布任务	让学生了解任务并开展小组学习	1. 聆听并做好记录，接收任务所需材料； 2. 抽取不同的原始凭证； 3. 任务提问	1. 讲解任务； 2. 展示原始凭证（共 6 份）； 3. 发放任务书、空白记账凭证	《会计基础（第 2 版）》、教学 PPT	10 分钟
小组计划与决策	1. 学会搜集和分析资料； 2. 训练小组团结协作能力； 3. 了解不同角色的岗位职责	1. 搜集并分析资料，完成成果一； 2. 角色分工，完成成果二； 3. 填写不同角色的岗位职责，完成成果三	1. 巡视课堂，维持课堂秩序； 2. 对任务要求进行答疑； 3. 指导学生完成思维导图	《会计基础（第 2 版）》、学习任务书	10 分钟
小组项目实施	1. 掌握会计账务处理及业务流程； 2. 提高解决问题的能力	1. 填制记账凭证，完成成果四； 2. 记录问题及解决措施，完成成果五		《会计基础（第 2 版）》、空白记账凭证、学习任务书	20 分钟
成果展示与评价	1. 分析和总结业务处理的要点； 2. 提高语言表达能力	1. 每个小组结合任务书要求进行成果展示； 2. 每个小组结合项目评价表、记账凭证填制规范表进行自评和组评（除思维导图）	1. 发放评价表； 2. 抽签选取小组汇报成员，做好汇报记录； 3. 针对易错点进行总结与点拨； 4. 展示已填制的记账凭证	《会计基础（第 2 版）》、教学 PPT、项目评价表、记账凭证填制规范表	30 分钟
总结归纳	1. 帮助学生梳理教学内容； 2. 提高学生对知识的归纳和总结能力	1. 各组上传思维导图至蓝墨云； 2. 认真聆听，做好记录； 3. 进行小组自评与互评	PPT 展示和讲授本次课的主要内容和思维导图	教学 PPT、项目评价表、蓝墨云	10 分钟

续表

教学环节	目标与要求	学生活动	教师活动	学习资源	教学时长
布置作业	1. 巩固本次课学习的知识； 2. 学会进行课后复习与反思	1. 认真倾听作业要求，对不懂的地方及时提问； 2. 上交任务书与评价表	1. 发布作业：《会计基础（第2版）》P113～114训练区习题； 2. 收回任务书与评价表	《会计基础（第2版）》	5分钟

（八）学业评价方法及评价材料

表6－2 项目评价表

小组名称： 小组成员：

教学内容：向银行借款的业务处理

评价项目	评价内容	评价结果（优、良、中、差）				
		自评	组评	师评	评分合计	评分占比
专业能力（40%）	基础知识（30%）				①	自评10%＋组评30%＋师评60%
	记账凭证（40%）				②	
	工作流程（30%）				③	
方法能力（30%）	思维导图（50%）				④	自评20%＋组评40%＋师评40%
	问题解决（50%）				⑤	
社会能力（30%）	小组合作（50%）				⑥	自评30%＋组评40%＋师评30%
	口头表达（50%）				⑦	
总分合计	（①×30%＋②×40%＋③×30%）×40%＋（④×50%＋⑤×50%）×30%＋（⑥×50%＋⑦×50%）×30%					
评价结果对应分数：优（90～100分）、良（75～89分）、中（60～74分）、差（60分以下）						

注：组评分数为其他小组对本小组总评。

表6－3 填写说明

评价内容	评价标准
基础知识	优：具体并准确说明长期借款和短期借款的含义、账户设置，能结合原始凭证准确编制会计分录 良：准确说明长期借款和短期借款的含义、账户设置 中：基本了解长期借款和短期借款的含义，但对账户设置不了解 差：不能说明长期借款和短期借款的含义

续表

评价内容	评价标准
记账凭证 （填写规范评分表）	优：90～100分　良：75～89分 中：60～74分　差：60分以下
工作流程	优：能运用自己的语言准确详细地描述工作流程和角色职责 良：能运用自己的语言基本描述工作流程和角色职责 中：结合资料描述工作流程和角色职责 差：无法描述工作流程和角色职责
思维导图	优：知识点全面，画面清晰整洁，色彩丰富，图案多样 良：知识点全面，画面清晰整洁，色彩与图案单一 中：知识点不全面，画面模糊 差：未完成思维导图
问题解决	优：流程表述清晰，问题具有代表性，措施可行 良：流程表述清晰，问题不具有代表性，措施可行 中：流程表述不清晰，问题不具有代表性，措施可行 差：流程表述不清晰，问题不具有代表性，措施不可行
小组合作	优：分工合理，职责明确，项目完成度高（完成5项成果） 良：分工合理，职责模糊，项目完成度一般（完成3～4项成果） 中：分工不合理，项目完成度较差（完成2～3项成果） 差：分工不合理，项目基本未完成（完成1项成果）
口头表达	优：表达流畅，逻辑清晰，内容全面，时间准时 良：表达流畅，逻辑较清晰，内容完整，时间不准时 中：表达不流畅，逻辑基本清晰，内容基本完整，时间不准时 差：表达不流畅，逻辑不清晰，内容残缺

表6－4　记账凭证填制规范评分表

评价标准	第一组		第二组		第三组		第四组		第五组		第六组	
	符合	不符合	符合	不符合	符合	不符合	符合	不符合	符合	不符合	符合	不符合
日期												
摘要												
编号												
会计科目												
会计分录												
金额												
记账凭证附件张数												
签名或盖章												

续表

评价标准	第一组		第二组		第三组		第四组		第五组		第六组	
	符合	不符合	符合	不符合	符合	不符合	符合	不符合	符合	不符合	符合	不符合
空行												
用笔颜色												
总分												

填写说明：结合教师公布的记账凭证填写规范要求在“符合”与“不符合”处打钩，“符合”要求计10分，“不符合”要求不计分，并说明错误的原因，可单独加页说明。

（九）教学预测

（1）总结归纳时间不够：教师评价课后在评价表中填写。

（2）学生自学能力差：根据前置任务反馈情况对学生完成任务所需的知识进行必要的补充。

（3）课堂纪律较差：加强课堂巡视，提前交代组长履行管理职责。

（十）其他说明及附件

1. 课前任务

在蓝墨云上发布微课、作业（短期借款、长期借款与适用情境匹配）。

2. 学习任务书

表6－5　“向银行借款的业务处理”学习任务书

小组名称：　　　　　　　　　　　　　小组成员：

项目要求：

项目环节	具体要求	成果	上交时间
搜集资料	自主查找有关向银行借款业务的资料，并整理和分析找到的资料	基础知识展示表	成果展示阶段
明确分工	明确每位小组成员的职责	成员分工表	
项目实施	记录项目开展过程以及问题	填制完成的记账凭证、业务处理表、项目过程记录表	
成果展示	展示和说明上述环节的成果	展示时间3～4分钟	
总结归纳	完成思维导图	思维导图	下课后
评价反思	完成组间评价与自我评价	记账凭证填制评分表	

温馨提示：该任务书各小组下课后上交。

成果一：

表 6－6　基础知识展示表

1. 含义：概念、适用范围。 2. 会计科目：账户性质及用途、账户结构。 3. 账务处理：不同情况下的会计分录。

填写说明：分点作答，不同组的内容不能完全相同。

成果二：

表 6－7　成员分工表

姓名	任务

填写说明：写明每位成员在完成任务时负责的内容。

成果三：

表 6－8　业务处理表

角色	职责
会计员	
出纳员	
投资方	
银行信贷员	
观察员	
银行借款业务流程：	

填写说明：明确角色职责，并清晰描述工作流程。

成果四：

表 6-9　记账凭证

填写说明：粘贴填制好的记账凭证。

成果五：

表 6-10　项目过程记录表

实施流程	
实施问题	
解决方法	

填写说明：
1. 实施流程：记录项目过程的开展情况（建议安排组员专门负责）。
2. 实施问题：记录项目过程中遇到的障碍或困难（如沟通、填制失误等）。
3. 解决方法：记录解决上述问题的方法。

成果六：

表 6-11　思维导图

填写说明：依据思维导图的绘制要点，画出本次课学习内容的思维导图，可单独加页展示。

二、应用实例解析

（一）课前准备

本次课的课前准备包括工作项目的选择、微课的制作等。首先，工作项目的选择应将教学内容和实际工作内容结合起来，创设仿真教学情境，如在本次项目中，学生既可以掌握基本的专业知识，又能清晰地了解到工作流程，并在完成任务要求的同时，学会业务处理。其次，由于本次课基于“混合式教学”的教学理念，将通过学生课前学习微课视频将教学内容前置，微课中涉及的知识点为长期借款和短期借款的含义、会计科目等基础知识，帮助学生顺利地开展任务。最后，教师应布置相应的任务及时地了解学生的知识基础，并根据反馈做出灵活的调整。

（二）教学目标

本次课的教学设计目标依据的是职业技术教育课程需要达到的三维目标，包括专业能力、方法能力、社会能力。其中专业能力包括专业知识和专业技能，本次课中“掌握短期借款和长期借款的含义、会计分录”为专业知识，即掌握业务处理中必备的专业基础知识，“掌握短期借款和长期借款的记账凭证填制、掌握借入借款的一般业务程序、岗位职责”为专业技能，即掌握实际工作中的业务处理；方法能力是指学生学会学习的能力，本次课主要侧重于框架思维和问题解决能力的培养；社会能力是指学生学会与他人合作的能力，本次课主要侧重于团结合作能力和语言表达能力。需要说明的是，每次课程均能培养学生多方面的能力，教师应根据学生的具体情况，在教学目标的设定中帮助学生取长补短、有所侧重，并能保证教学目标予以实现。

（三）课堂组织形式

项目教学法多以小组的形式进行开展，为保证课堂的教学进度，建议教师应在课前完成小组分组。分组应以教师为主导，分组原则是“组间同质、组内异质”，组间同质是指不同小组的综合实力大体相当，保证组间能形成良性的竞争关系，提高学生的参与度；组内异质是指组内成员强弱组合，促进学生互帮互助，提高团队协作能力。由于该门课程将多次采用项目教学法，因此本次课主要沿用学期初已根据学生上学期的专业课成绩排名进行强弱组合。需要注意的是，小组人数应适中，本次课假设全班 30 人，每组 5 人，分成6 个小组，各小组确定一名小组长，由学生自主决定，教师应根据具体的情况做出调整。

（四）教学方法与教学策略

教学方法和教学策略应围绕教学内容进行选择，并在项目要求中“突出重点、突破难点”。本次课的教学重难点是“正确填写短期借款和长期借款的记账凭证，向银行借款的一般业务流程和岗位职责”。在具体的任务要求中，运用“基础知识”了解学生对短期借款和长期借款业务的基本专业知识的掌握程度，运用“记账凭证填制规范评分表”的评分情况，帮助学生明确填制记账凭证的要点，运用“业务处理表”帮助学生梳理业务的角色职责和处理流程。

（五）教学过程设计

1. 知识检查与课程导入

创设仿真工作情境，注重导入内容的趣味性和现实性，能真正地吸引学生的注意力，引起学生的求知欲。本次课程设置了前置任务，应对学生的完成情况进行检查，如果学生完成情况较好，则可以直接进行下一步；如果学生完成情况较差，则需要补充基础知识，帮助学生完善知识基础；注重课前做任务的检查，提高学生完成前置任务的积极性，可以给予适当的奖励；课程导入的时长一般不宜超过 5 分钟。

2. 发布任务

教师应对任务的内容、要求等做出具体、清晰的描述，尽可能地让学生明白自己要做什么，需要做到什么程度；若教学时间较为紧张，可以将学生对任务的感知安排在课前任务中，并通过完成前置任务了解学生的理解程度，并及时解答疑惑；教师在发放资料时应注意维持课堂秩序。

3. 小组计划与决策

教师应对学生的行为进行观察和记录，方便总结对学生的评价；基于培养学生自主探索学习的能力，教师不宜直接参与学生的任务中，如果学生完成任务过程中遇到难以解决的问题，教师应给予适当的指导，主要包括方法的指导、沟通的指导等；教师应注意掌控课堂纪律，保证基本的教学环境。

4. 成果展示与评价

学生可自主选择展示的方式，充分发挥学生的创造性和积极性；选择展示的小组可以是全部小组或部分小组，本次授课时间较充裕，给予每个小组 2 ~ 3 分钟的展示时间，避免耽误课堂教学进度；本次课在任务书中要求学生根据“记帐凭证填制规范评分表”和“项目评价表”对展示的成果进行评价，评价标准清晰、具体、可操作；教师评价时应注意语气和措辞，指出学生问题的同时，应维护学生的自尊心，应予以适当的鼓励。

5. 总结归纳

如果学生归纳能力欠缺，应以教师为主导，学生以教师的归纳为基准构建框架；如果学生已具备一定的归纳能力，应以学生为主导，教师予以适当补充；归纳能力的培养可借助一定的工具，本次课采用的是思维导图，并将思维导图贯穿于教学的全过程，最后作为成果之一进行展示。在此值得一提的是，思维导图可培养学生多方面的能力，如归纳能力、框架思维、创造性等，教师可以根据课程需要突出某个能力的培养；教师应进行多角度的评价，评价优劣有所侧重，本次课以归纳的准确性为主，以创造性等为辅。

（六）学业评价方法和评价材料

学业评价方法应围绕着本次课将要学生达到的专业能力、方法能力和社会能力，并能与之一一对应。在本次课中，专业能力主要通过学生完成“基础知识展示表”“记账凭证”“业务处理表”任务，评价学生对短期借款和长期借款的专业基础知识、业务处理的掌握情况；方法能力主要通过学生完成“思维导图”“项目过程记录表”任务，评价学生的归纳能力和解决问题的能力；社会能力主要通过学生完成任务的完整度和成果展示，评价学生团结协作能力和语言表达能力。值得注意的是，三维能力评价的量化应结合本次课的具体内容开展，应考虑以“量化评价 + 质性评价”结合的方式进行，本次课评价采用以量化评价为主，以质性评价为辅。

（七）学习任务书

任务内容应尽可能详细、具体，可操作性较强，并具有高仿真性，使学生在完成任务的过程中培养能胜任工作岗位的综合职业能力；任务要求应具体、明确、可操作，并预留一定的空间供学生自由发挥，如本例中对学生每个阶段做出了具体的要求，方便学生快速明确需要完成的目标；如果学生依赖性较强，可将成果的评价标准在学生完成任务时发放，帮助学生明确任务的方向。

三、优缺点分析

（一）应用优点

从上述案例中可以看出，虽然项目教学法比起传统会计教学在课前耗费较多准备时间，但从教学效果来看，学生能在实际操作中掌握向银行借款的相关知识，并在完成任务的过程中清晰地了解到不同岗位的职责和完整的业务流程，从中培养学生严谨的工作态度和服务意识，为提高学生的综合职业能力奠定良好基础。其应用优点主要体现在以下几个方面。

1. 提高专业素养

项目教学法要求学生按照工作项目内容完成分配的工作任务，在项目实施的过程中，既有利于加强学生的动手实践能力，又有利于提高学生的综合业务素质，引导学生全面发展。传统教学法以课堂为中心，以教师讲授为主导；项目教学法则以学生为中心，以学生完成项目工作为主导，教学课堂是呈现“做中教、做中学”的轻松学习环境。在本次课程中，如果采用传统的讲授法，教师将教学内容分解后直接授予学生，使学生掌握基本的理论知识，不仅容易让课堂教学显得枯燥乏味，而且难以培养学生的学习能力和专业素养；如果采用项目教学法，学生在任务要求的引导下，逐渐学习了有关“向银行借款业务处理”的相关知识，并能通过业务流程将了解到的知识加以应用，在完成任务的过程中掌握知识要点，让原本枯燥的会计知识得到更好的理解和内化，提高学生的综合素养。

2. 增强团结协作能力

从项目教学法的项目任务设置中可以看出，基于小组教学法，学生需要在完成任务的过程中学会如何与他人沟通交流，如何与他人更好地合作。在本次课中，如果采用传统的讲授法，先讲授向银行借款业务处理中将涉及的会计科目，再讲授对应的会计分录，学生在学习过程中更多的是被动的参与，而非主动地理解和运用所学的知识，不仅容易让学生机械地学习理论知识，而且容易产生厌学情绪；如果采用项目教学法，学生根据学习任务书中的各项要求，逐步完成每一阶段需要完成的任务，如通过完成“成员分工表”学会明确分工，通过填写“项目过程记录表”学会共同解决问题等，在完成任务的过程中培养、锻炼学生之间的合作能力、沟通能力和解决实际问题的能力等，对提高学生的职业素养、增强学生的团队意识具有重要作用。

3. 提高教学效能

运用项目教学法，让学生在团队环境中工作与学习，学生之间可以相互交流、沟通与启发。提高学生课堂参与度，使学生更容易理解项目包含的知识点，并加深对理论知识的印象。在本次课中，如果采用传统的讲授法，教师“填鸭式”地灌输知识，学生被动地接受教学内容，难以真正激发学生的学习积极性，“教”与“学”被割裂开来，教学效能较低；如果采用项目教学法，教师的主要活动则落在课前准备工作、课堂教学的巡视指导以及最后成果点评上，在教学过程中主要以引导者的角色出现，在学生自主完成任务过程中给予适当引导，而非直接帮助学生完成，引导学生高效地完成任务，相较于传统教学教师费尽精力地讲解会计分录，项目教学法能提高教学效率，同时也提高学生的学习效果。

4. 改善师生关系

在传统教学过程中，教师单向灌输把知识传授给学生。教师和学生之间互动交流过少，而中职生普遍缺乏学习积极性和主动性，由此容易造成不良的师生关系，而师生关系是影响教学质量的一个重要因素。在本次课中，如果采用传统的讲授法，教师沿用“先科目后分录”的讲法，内容上不与学生的生活实际相联系，方法上不让学生亲身体验去建构知识，全程缺乏有效互动，容易导致学生不愿学、教师不愿教的情况，使师生关系恶化；而采用项目教学法后，学生可以在组内学生、组间学生甚至与教师之间实现多重互动交流，在教师的引导下开展项目工作，帮助学生形成良好的学习习惯，并让学生感到学有所获，有助于拉近教师与学生之间的距离，从而达到改善师生关系的目的。

（二）应用缺点

传统的讲授法直接依据教材讲解即可，操作较简便，而项目教学法顺利实施的前提和关键是选择设计合理的项目，项目需要具备实用性和趣味性。由此，一方面，项目的实用性要求教师具备一定的实际工作经验，方能将教学目标和工作需求紧密结合在一起，然而当前大部分中职会计专业教师缺乏财务工作实战经验，使得项目的实用性大打折扣，就本次课而言，需要教师能深入企业，了解企业向银行借款的业务流程，才能根据学生的水平设计出合理的项目。另一方面，由于中职学生普遍存在厌学情绪，缺乏一定的学习技巧，因此项目的趣味性显得尤为重要，应贴近学生的生活实际，从而提高学生学习的积极性，然而，由于会计知识的特殊性，多为枯燥的理论知识，因此需要教师想方设法提高项目的趣味性，否则容易导致学生的参与度降低。

项目教学法实录

第七章

案例教学法及其在会计专业教学中的应用

第一节　案例教学法概述

一、案例教学法的起源

案例教学法的概念起源于西方国家。案例也称为个案（case）、个例、事例或实例，最早来源于医学领域，后来广泛运用于法学、军事学、教育学、管理学等学科。案例教学法是由美国哈佛大学法学院院长兰德尔（C. C. Langclell，1826—1906）首先提出的。他编著的《合同法案例》是世界上第一本案例教学法的教科书。而这种教学方法深受学生欢迎，因而被推广至其他学科，后来 19 世纪 70 年代的一场教学改革，引发众多学者对案例教学方法在教学应用中进行探讨。至 1891 年，美国哈佛等领头大学都推行案例教学法，1902—1907 年，美国 92 所法学院中接受案例教学法从 12 所发展到 30 所①，资料统计美国哈佛商学院有超过 80% 的课程都运用案例教学法。然而，案例教学法刚在我国推广初期未受到重视，并受传统应试教育的影响，案例教学法的应用并不多。但随着信息技术的变革，教育教学方法的发展，推行案例教学法成为主流。

二、案例教学法的定义

由于案例教学法应用于不同领域，不同学者对案例教学法的定义有不同理解。莱文（Levin）认为案例教学法可以是团体讨论、角色扮演，或是案例书写。②《教育大辞典》对案例教学法是这样定义的："高等学校社会科学某些学科类门类专业教学中的一种教学方法。即通过组织学生讨论一系列案例，提出解决问题的方案，使学生掌握有关的专业技能、知识和理论。"有学者认为所谓案例教学法是一种由教师控制、学生作为主体参与，围绕典型案例展开的特殊教学方法。即通过对典型事例的演示分析，以加深学生对理论知识的理解和运用。③ 也有学者认为案例教学法就是根据教学大纲所规定的教学内

① 刘金祥. 案例教学法的产生与发展及优劣辨析[J]. 化工高等教育,2004(4):86－89.

② LEVIN B B. Using the case method in teacher education: the role of discussion and experience in teachers'thinking about cases[J]. Teaching and teacher education,1995,11(1):63－79.

③ 王旭. 探讨案例教学法在会计教学中存在的问题及对策[J]. 现代经济(现代物业下半月刊),2008,7(3):106－107.

容、教学目的和教学要求，将企业经营管理活动中与课程相关的成功或失败的典型事例，加以收集、归纳、整理形成专门的案例资料。依托这些资料，教师深入浅出地讲解理论，形象地指导学生实施理论、联系实际，借用案例启发学生独立思考；同时，根据案例所提供的背景信息进行分析，针对案例所暴露的各种问题，依据相关的专业理论向学生表述教师的见解、判断和决策，为提高学生分析问题、解决问题的能力提供思维模式的参考，进而达到理论联系实际、启发式教学的目的。① 综上所述，案例教学法是依托一定的案例（情境），由学生在分析讨论案例过程中获得所需知识技能的一种教学方法。

根据案例教学法的起源和概念界定可见，案例教学法有较大的发展空间，而针对职业学校会计专业的学生应用案例教学法也十分必要。

三、案例教学法的特点

（一）案例真实性

案例资料来源于生活工作中真实的、而富有积极教育意义的事例实录，并结合理论知识对案例中呈现的知识进行剖析、总结和归纳，从中提高学生分析问题和解决的能力。教师通过向学生提供真实而典型的案例作为教学素材，能较好地实现“理论和实践相结合”的基本教学理念，促进学生能够运用所学知识解决实际问题的能力，达到知识迁移的目标。由于真实情境中容易出现各种不同的情况，因此案例资料应具有丰富的内涵，且案例中的解决方案应具有多样性，有利于启发学生逐渐认识领悟实际情况中的不确定性，进而帮助学生培养职业素养，提高学生独立思考的能力。

（二）目标多元性

案例教学法以培养学生综合职业能力为目标，着重提高学生分析问题、创造性地解决问题的能力。首先，案例教学法主要通过向学生展现现实生活中的真实情境，让学生不再被动地“灌入”知识，而是在解决问题的过程中学会主动探讨、分析遇到的问题，注重培养学生独立思考的能力。其次，案例教学法以案例为学材和教材，让学生在阅读、思考、分析、讨论的过程中逐渐形成相对严密的逻辑思维，提高学生思考的逻辑性。再者，相较于传统的讲授法，案例教学法改变了理论教学长期以来“填鸭式”的教学模式，在提高课堂教学的趣味性和实效性的基础上，更侧重培养学生灵活应对多变的实际情境的能力。最后，案例教学法多结合小组教学法展开，为学生提供了宽松的学习环境、较好的展示自我的机会，有利于学生提高思维的创造性和学习的积极性。

（三）双向参与性

案例教学法以学生探索为主，教师引导为辅，师生共同参与，能够有效地实现教学相长，因此，案例教学法更注重教师和学生的双向交流和参与。教师作为案例的实施者

---

① 俞福明，刘平荣．案例教学法在中职会计教学中的运用[J]．出国与就业，2011(8)：164.

和引导者，应保证案例教学的实施效果，确保其高效地开展；教师在熟知案例及其背景的基础上，必须具备系统的知识结构和完整的理论思维框架，并充分了解案例的行业背景；教师在对案例的整理加工和运用的过程中，亦进一步提高了自身在复杂的实际情境中分析和处理问题的能力。学生通过对教师精心准备的案例进行探讨、分析和总结，结合教师的适当引导，在小组合作的基础上得到了多方面能力的培养，提升了自身的职业素养。案例教学法推动了教师的教法和学生的学法的革新，提升课堂教学效果的同时，也有效地促进了教师教学水平的提高，从而实现教学相长。

第二节　案例教学法的应用分析

一、应用优势

（一）适合中职学生学习的特点

由于中职学生多为中考成绩不理想的学生，知识基础较薄弱，自主学习能力较差，而会计的学习需要学生在充分理解会计原理的基础上掌握会计账务处理，对学生的学习自觉性具有较高的要求，若教师仍只采用传统的讲授法，甚至“填鸭式”地让学生死记硬背会计分录，不仅不能使学生将会计知识融会贯通，而且容易使学生产生厌学情绪。案例教学法可运用生动的案例再现现实生活情境，让学生身临其境，尽快入门，提高教学效率，开发学生的智力潜能。

（二）适应中职会计专业的学科要求

职业教育中的课程大多是实践性很强的学科，不同于主流的基础学科教学，如果学生没有实际操作能力，则往往显得束手无策。因为知识技能不是单纯看书，教师口头传授就能获得，必须要学生主动学习，自主思考，反思内化而得，所以案例教学法对于促进学生的自主探索能力具有重要的作用。由此可见，教师根据课程的特点采用案例教学有利于提高学生的实际工作能力，帮助学生理解和吸收理论知识，真正提升学生综合素质能力，案例教学法将成为职业教育教学中的重要方法之一。

二、应用范围

案例教学法作为一种符合“以行动为导向”教学理念的教学方法，具有其突出的优势，但并非任何课程教学都能予以套用。从本质而言，案例教学法是一种符合人们从具体到抽象、个别到一般、微观到宏观的认知发展规律，贯穿着对知识的分析、归纳与演绎，从而推动学生整体认知的发展。然而，案例教学法亦有其自身的不足和适用的范围，就中职会计专业的课程而言，案例教学法主要适用于以下两种情况。

（一）案例教学法适用于培养实际操作技能的课程

案例教学法中最突出的特点就是案例的真实性，让学生在高度仿真的工作情境中学会解决实际问题。因此，案例教学法更适合对实际操作技能要求较高的课程。从认知主义学习理论的角度而言，案例教学法相较于传统的讲授法，能更好地将抽象的理论知识和具体的生活实践结合起来，让学生积极调动原有的认知充分地解决实际中遇到的问题，在解决问题的过程中不断地完善自己的认知体系，最终形成完整且系统的认知结构。据此，教师在选择案例时一定要充分考虑学生现有的知识基础和未来在工作岗位中容易出现的问题，通过案例将两者紧密相连，使学生能真正学有所成，将知识融会贯通地应用于真实的工作情境中。由于中职会计专业的多数课程具有较强的实践性，案例教学法对于培养学生的专业能力有较好的效果。

（二）案例教学法适用于具有综合性专业知识的课程

案例教学法主要围绕着某个主题开展，学生在教师的引导下通过自主地解决案例问题，掌握处理该类事项的具体方法，最终将所学的知识应用于实践。学生在解决问题的过程中，需要调动各方面的能力，比如信息搜集和处理的能力、知识迁移的能力等，提升这些能力也是实施案例教学法的初衷。中职会计专业选择的案例应能体现某个知识体系，如报表的编制、凭证的填制等，而不仅仅是某个知识点，如会计科目、会计要素等，应具有一定的综合性，使教师在设计案例的时候有更多的弹性，学生学习案例的时候能综合运用所学的专业知识。

三、实施条件与要求

（一）场景布置

由于案例教学法多为以小组合作的形式进行开展，因此，实施案例教学法前应将学习的场所布置得尽可能地灵活，方便学生进行讨论和交流。场景的布置应注意以下几点：

（1）该场所应能使学生方便地查阅资料；

（2）场所的座椅摆放应适合小组讨论的形式，方便学生之间的交流与合作；

（3）应布置相应的场所让学生展现自己的学习成果，方便后期进行评价和总结。

（二）教师角色

案例教学法的实施过程中，教师的角色并非一成不变，应根据教学过程中的不同阶段进行灵活地转换，教师在案例教学法中主要承担的角色有以下三种。

（1）行业专家：该角色要求教师能充分理解案例中所包含的知识内容，并能准确地评价学生展示的学习成果，帮助学生梳理知识框架，建立知识体系；

（2）主持人：该角色要求教师能流畅地将整个案例教学法的实施贯穿起来，保证教学过程的有序进行；

（3）学习的陪伴者：该角色要求教师能及时帮助学生理解案例的要求，总结归纳案例中的知识点等，促进学生对知识的消化和吸收。

（三）学生能力

案例教学法因其自身的复杂性和综合性，对学生的自身素质也提出了一定的要求，主要体现在以下四个方面。

（1）小组工作能力：案例教学法需要学生以小组合作的方式进行，这对学生的团队合作、交流沟通等小组工作能力提出了要求；

（2）信息搜集能力：学生解决案例提出的问题时，应学会自主地搜集和整理与案例相关的信息，为做出相应的决策打下基础；

（3）结果展示能力：学生最终将展示其学习成果，需要学生认真地思考和学习如何准确、生动地展现自己的成果；

（4）规划能力：学生需要在规定的时间内进行合理的时间安排，按时完成相应的任务。

四、实施流程

（一）实施流程图

在会计教学中开展案例教学法通常需要经过如下步骤，如图 7－1 所示。

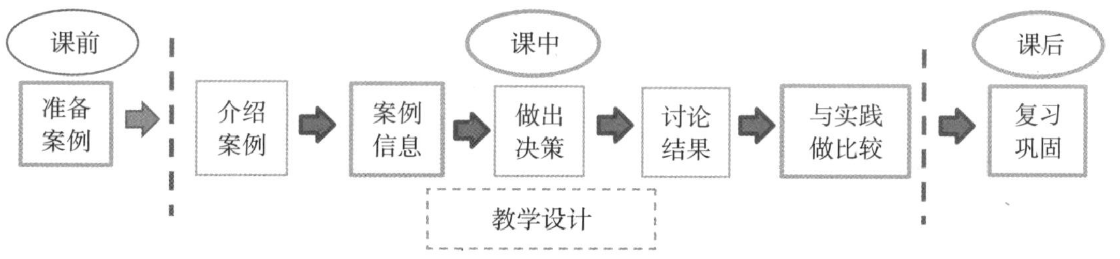

图 7－1　案例教学法实施流程图

（二）实施具体步骤

案例教学法的具体步骤中师生的角色和参与度不同，如图 7－2 所示。

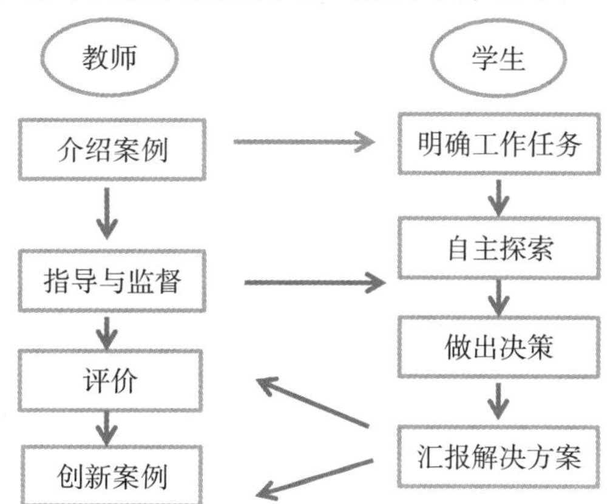

图 7－2　案例教学法师生参与情况图

1. 准备案例（教师为主）

首先，教师应分析教学内容，根据教学内容准备相应的会计案例材料，并选择案例教学的实施形式。案例可从教师企业实践中收集而来，也可从校企合作企业调查所得。收集资料后还需加工整理为符合课堂教学内容要求的案例。案例材料可以根据需要，选择课前或课后把案例相关材料发给学生，如果是案例材料较多，并需要学生深入讨论分析的，可以课前发放；如果是案例材料适合课中讨论使用的，可以课中发放。然后学生可以自主进行案例学习或讨论。另外，教师让学生提前查阅指定的资料和读物，为课堂案例学习打好知识基础，以加深分析和提高对会计案例的理解，并为课堂讨论环节做好准备。

2. 介绍案例（教师为主）

教师在介绍案例时，展现的方式可以多样化，如文本、视频等。首先，教师需要向学生详细地讲解完成案例任务的具体要求，明确学生应完成的具体工作任务。这些要求可以包括完成的时间、展示的成果、每个阶段的要求。其次，教师还应及时地对学生提出关于完成任务的问题。这里需要注意的是，教师应回答的是关于案例要求的问题，并对学生完成任务进行具体指导，而对于学生自主完成任务的部分，如查阅资料、知识点答疑等，应由学生进行探索性的学习加以解决；如果学生的知识基础较为薄弱，则可在介绍案例时对学生进行适当的引导，但不宜为学生做出决策。

3. 案例信息（学生为主）

首先，学生以任务小组为单位，根据案例的要求，通过不同的方式搜集完成任务所需要的信息或工具。学生获取信息的渠道主要包括网络、书籍、请教专家等，学生在搜集信息的过程中，教师可以给予适当的指导，特别是对于一些学习能力欠佳的学生，帮助其明确搜集资料的方向。其次，学生在搜集信息的过程中，若运用网络方式搜集信息容易导致部分学生并未使用网络资源进行学习，而是用于与学习无关的内容，因此，教师应加强对课堂的巡视，督促学生合理利用网络资源，并可以要求学生将自己搜集到的信息整理出来（标上自己的名字），提高学生的学习积极性和团队责任感。

4. 做出决策（学生为主）

学生应在充分理解案例和查阅相关资料的基础上，做出自己的决策，即选择解决问题的最优方案。首先，学生在搜集整理完信息后，应根据信息制定不同的解决方案，不同方案间应具有显著的差异性，这些差异主要体现为角度、方法不同等。其次，学生应在组内共同讨论各种方案的优缺点并予以记录，结合优缺点做出相应的决策。若组内成员出现意见不合，组内成员无法调节的情况，教师应及时予以协调。最后，学生根据讨论结果得出结论，选择合适的方法进行成果展示。

5. 讨论结果（学生为主）

在讨论结果阶段，教师应作为主持人引导各小组从不同角度来剖析会计案例，阐述自己的观点，提出处理意见。在学生的讨论过程中，教师可以给出适当的引导性问题或提示，促进学生讨论的开展。同时也可设计一些问答环节，增强学生对案例的理解，也可以采用各组之间相互辩论的形式增强学生的竞争意识。在这个过程，教师的引导作用十分重要，一方面要设计多种案例形式让所有学生都要参与其中，避免旁观者，另一方面还要注意掌握学生的讨论方向，引导学生围绕主题、重点进行，不要偏离教学目标。这里需要注意的是，教师选择学生的展示的方式应尽可能地多元化，提高学生的创造力和想象力。教师对学生的讨论进行归纳、总结，做出恰如其分的评判，并指出学生分析处理结论中的优缺点。当然，在这过程中，教师对学生进行的评价应以鼓励为主，正面引导，增强学生继续学习和探索的积极性。

6. 与实践做比较（师生共同完成）

教师在此阶段展示本次案例真实的解决方案，与学生展现的方案进行对比分析。这个阶段的主要目标为帮助学生了解自己的解决方案与现实的解决方案的差异，并以此总结出对应的知识点和注意事项。如果学生的知识基础较好，则可以让学生自主地进行归纳和总结，最终呈现于案例报告书上，教师予以评价；如果学生的知识基础较差，则应以教师总结归纳为主，学生做好相应的记录，并采用课堂练习的方式予以巩固和提高。

7. 复习巩固（学生为主）

此阶段教师应根据教学目标安排课后作业或任务，进一步巩固学生的课堂学习成果，可以采用学习报告和课后习题相结合的方式。学习报告可以帮助学生梳理完成整个案例的思路，对所学知识进行书面总结，锻炼学生语言文字表达能力和归纳总结能力。学生在经过广泛、充分的讨论后，根据自己的观点写出案例分析报告，并对教师的点评和小组的讨论进行综合性的分析与总结，这也可以有效避免部分学生在小组活动中不主动参与的情况。教师需提醒学生注意的是撰写分析报告不是讨论记录，应该是学生对讨论案例的思考分析结果，而不是对讨论过程的记录，更不是照搬教师或权威结论。这是要求学生自行总结归纳，真正形成自己的观点思想，促进学生整理自己的知识框架。课后习题可以检验学生掌握知识的情况，帮助学生查漏补缺，促进知识的应用。

五、实施注意事项

（一）选用适当的案例

教学方法应根据教学目标、内容及学生情况选用，因此案例本身应以教学改革及教学模式创新为基点，在整体框架上遵循课程体系特点及课堂教学规律，其内容及授课顺序应与课堂教学同步，不应为了案例教学法而任意套用案例。因此案例的设计与选用应遵循下列原则。

1．综合性

当前会计职业教育的培养目标是培养学生的综合素养，而综合素养包括沟通能力、信息能力和人际能力等。所以需要以案例教学法为突破口，选择具有综合特性的案例，允许学生对案例进行多角度分析与探讨，达到灵活运用专业知识、提高综合职业能力的目的。

2．实践性

在会计职业教育的课堂中，学生更希望进行操作实践，希望教学活动具有应用性和实践性，因此选用案例时，应与教学实务内容相关，尽可能选用当前实际工作中常见案例，同时还要概括整理，便于学生进行模仿操作或讨论分析。例如，在讲解所得税纳税调整时，可以引入案例讨论如果不进行纳税调整会有什么后果，从而引导学生发现税法规定与会计业务规定的不同之处，提高学生的实际分析能力。

3．新颖性

在案例选用中尽可能贴切学生日常生活，并且具有新颖的特点，这样较容易引发话题，吸引学生兴趣。案例的选用除了要符合教学实际需要，还要避免千篇一律。例如在讲解企业筹资形式时，可以把摩拜单车的融资案例作为话题引发学生讨论。摩拜单车是当前的热点话题，借此引入自然激发学生的好奇心。

（二）重视案例教学方法的具体实施

在实践教学中，案例教学法有多种实施形式，可以是小组讨论、也可以是小组分析共同探索出结果，而分析典型案例和讨论典型案例是常见的案例组织形式。如果是小组讨论形式实施的案例，重在培养学生的发散式思维，讨论结果具有多样性。例如企业接收外单位的投资有哪些形式，学生的思维方向有：①以现金进行投资；②以实物资产进行投资；③以专业技术进行投资，从而归纳不同投资业务处理的特点。如果是小组分析共同探索的案例，重在培养学生的探索能力，运用所学知识得出比较明确的、肯定性的结果。例如根据案例分析单据是否存在填写错误；在讨论差旅费用报销问题中，有存在现金退回和现金补给的情形。教师可根据不同的教学内容灵活设置案例实施形式，培养学生在不同情况下解决问题的能力，学会分析问题的技巧。

（三）丰富教学案例的载体

案例除了用文字呈现，还可以借助不同教学媒体，让案例更生动形象，甚至能把具体的声像用多媒体技术呈现，化静为动，变抽象为具体，让案例信息更全面、逼真地呈现，营造出身临其境的氛围。例如可以录制视频、制作 Flash 动画、PPT 课件等。同时也考验教师的现代教学技术水平，作为教师除了提高专业知识水平，还要不断学习新的教学技术，让这些技术为教学服务。

（四）重视案例教学法与其他教学方法的融合

在课程教学中，教师往往会综合运用不同的教学方法以利于教学活动开展。根据调查了解，学生比较接受案例教学法的教学方式，但也希望结合教师讲授、模拟演练等形式。案例的作用在于启发学生，而不是盲目灌输，但也需要教师的引导和讲授。案例呈现形式多样，也可以结合角色扮演法进行。例如提供一个企业业务案例，让学生扮演对应角色进行模拟演练。每一个教学环节、教学内容有不同的需求，案例教学法固然重要，但不可能全部代替，所以教师要重视案例教学法与其他教学方法的融合。

第三节　案例教学法应用实例及解析

一、案例教学法在“财产物资业务处理”课程中的应用

本课程选用高等教育出版社的会计类专业项目教材《财产物资业务处理》，关于财产物资的经济业务在日常经济业中比较常见，把案例教学方法引入到教学活动，营造出真实职业情境，可以直观呈现财产物资业务处理，让学生充分了解财产物资收发业务流程并熟悉业务操作，以下借助“财产物资业务处理”中“任务 1　按实际成本计价发出原材料”为例展开。

（一）单元教学基本情况

教学单元：“财产物资业务处理”中任务 1　按实际成本计价发出原材料。

教学课时：2 学时。

教学对象：中职会计专业二年级学生。

（二）教学目标

本次课主要培养学生三方面的能力。其一，专业能力：理解和运用加权平均法计算发出材料的成本；学会填制相关单证、登记原材料明细账；了解材料发出的基本流程。其二，方法能力：学会搜集和整理信息；学会梳理和归纳知识，形成知识框架。其三，社会能力：培养学生严谨细心的工作态度；提高学生的协调沟通能力。

（三）教学内容分析

1. 教学内容地位与作用

本次课是学生学习存货核算业务的基础。材料按实际成本计价时，由于每批材料的单价因取得方式、采购时间、采购地点等不同，因此，掌握了材料的计价方法，才能确定发出材料的实际成本，进行发出材料的账务处理，并登记原材料明细账，而加权平均法是会计人员必须掌握的一种计价方法。

2．教学重难点

教学重点：运用加权平均法计算发出材料的成本。
教学难点：原材料记账凭证、明细账的登记。

（四）学情分析

通过前面章节的学习，学生已懂得填写简单的单据、记账凭证和账页；初步掌握有关存货计价方法的理论知识；能基本绘制简单的思维导图。从学生的个性特征而言，中职生的表现欲强，喜欢模拟实操课，因此注重与职业岗位案例相链接，将更能激发学生学习兴趣。但学习自主性不强，大多数是跟随教师学习，基础知识不扎实。

（五）课堂组织形式、教学方法和教学策略

1．课堂组织形式

根据组间同质、组内异质的分组原则，教师根据学生的知识掌握水平进行强弱组合，并引导学生互帮互助。该分组可沿用至本学期末，小组长根据每次项目在组员间轮换。

2．教学方法与教学策略

本次课以案例教学法为主，小组合作法为基础开展课堂教学。通过学生自主探索学习如何进行材料发出的会计处理，总结填制单据过程中的填写规范及注意事项；任务完成后学生须提交学习报告，明确报告的具体要求，帮助学生梳理所学知识，形成思维导图。本次课以有效教学为核心，围绕“做中学，做中教，教做学合一”的教学理念开展。学生采用的学法包括小组合作法、角色体验法、自主探究法等。

基本流程如下：课前，学生通过蓝墨云教学平台进行基础知识的补充。课中，教师以企业材料发出案例业务为主线，以案例任务引领教学活动；展示业务情境，发布任务，明确任务目标；在任务实施过程中，学生自主探索学习，教师启发引导；学生在完成任务后，进行成果展示，进行组间互评、自评和师评。教师与学生共同归纳总结，形成知识框架。课后，学生通过完成学习报告书和课后作业，进一步巩固所学知识。

（六）教学环境及资源准备

多媒体设备、PPT 课件、黑板、单据资料（记账凭证、领料单、账页）、任务引领书、小奖品等。

（七）教学过程设计

表7－1　教学过程设计

教学环节	目标与要求	学生活动	教师活动	学习资源	教学时长
课程导入	1. 引出课题，激发学生的学习兴趣； 2. 了解学生的知识基础并予以补充	认真听讲，回答教师的问题	1. 结合课前任务完成情况向学生提问； 2. 对学生的易错点进行知识补充	教学PPT、教材、小奖品	5分钟
介绍案例	1. 学生清晰明确地了解任务的要求； 2. 小组根据要求开展任务	1. 认真聆听任务要求，接收任务资料； 2. 及时向教师提问任务要求不明白的地方	1. 详细讲解任务的具体要求并上传学习任务书至蓝墨云； 2. 发放任务材料； 3. 回答学生提出的问题	教学PPT、学习任务书、蓝墨云	10分钟
案例信息	1. 了解加权平均法及业务流程； 2. 提高学生搜集和处理信息的能力	1. 各组小组成员分工； 2. 采用多种方式或途径搜集解决案例所需要的信息； 3. 整理信息并记录	1. 课堂巡视与观察、维持课堂秩序； 2. 指导学生完善思维导图	任务资料、信息搜集工具（手机、教材等）	20分钟
做出决策	1. 将所学知识应用于解决实际的问题； 2. 提高学生的沟通协调能力	1. 组员共同讨论如何运用加权平均法计算发出材料成本、材料收发业务的流程； 2. 选择最优的方案展示	1. 提供解决问题的思路，指引学生完成任务的途径； 2. 重点观察学生能否准确运用加权平均法计算材料发出成本和能否规范登记原材料明细账，做好记录	任务资料	10分钟

续表

教学环节	目标与要求	学生活动	教师活动	学习资源	教学时长
讨论展示	1. 针对结果进行重难点突破； 2. 提高学生语言表达能力	1. 小组代表进行成果展示（将成果上传至蓝墨云）； 2. 认真聆听并做好记录； 3. 对展示的小组成果进行评价	1. 随机抽选两个小组代表分别展示加权平均单价和材料发出成本的计算； 2. 随机抽选两个小组展示原材料明细账的登记； 3. 做好记录并进行评价	蓝墨云、评价表	10 分钟
与实践作比较	1. 引导学生结合实际的方案措施正确总结和归纳知识要点； 2. 培养学生的批判性思维	1. 小组对比本组的解决方案与实际的解决方案的差异，做好记录； 2. 评价实际解决方案的优劣并说明理由； 3. 对不理解的部分及时提问	1. 对实际的解决方案结合知识点进行深入剖析； 2. 回答学生提出的疑问	教学 PPT	10 分钟
总结归纳	1. 帮助学生形成知识框架； 2. 提高学生的创造力和想象力	1. 各小组将思维导图上传至蓝墨云； 2. 结合教师的思维导图和评价标准对各组的思维导图进行组间互评	1. 将教师版的思维导图上传至蓝墨云； 2. 随机抽取三个小组进行思维导图的点评； 3. 强调本次任务中出现的易错点	蓝墨云、评价表	10 分钟
布置作业	1. 巩固所学知识，实现举一反三，拓展提高； 2. 总结反思本次任务的经验教训	认真听讲，对作业不理解的地方进行提问	1. 将作业发布到蓝墨云； 2. 明确作业的相关要求（小组作业、个人作业）	蓝墨云、教材	5 分钟

（八）学业评价方法及评价材料

表 7－2　任务评价表

小组名称：　　　　　　　　　　　　　　　　小组成员：

教学内容：实际成本计价发出原材料

评价项目	评价内容	评价结果（优、良、中、差）				
		自评	组评	师评	评分合计	评分占比
专业能力（40%）	基础知识（30%）				①	自评 10%＋组评 30%＋师评 60%
	单据填制（40%）				②	
	工作流程（30%）				③	
方法能力（30%）	信息能力（50%）				④	自评 20%＋组评 40%＋师评 40%
	思维导图（50%）				⑤	
社会能力（30%）	协调沟通（50%）				⑥	自评 30%＋组评 40%＋师评 30%
	语言表达（50%）				⑦	
总分合计	（①×30%＋②×40%＋③×30%）×40%＋（④×50%＋⑤×50%）×30%＋（⑥×50%＋⑦×50%）×30%					
评价结果对应分数：优（90～100 分）、良（75～89 分）、中（60～74 分）、差（60 分以下）						

注：组评分数为其他小组对本小组总评的平均分。

表 7－3　填写说明

评价内容	评价标准
基础知识	优：具体并准确说明发出原材料账务处理的账户设置，能结合原始凭证准确编制会计分录 良：准确说明发出原材料账务处理的账户设置 中：对发出原材料账务处理的账户设置理解错误 差：该部分未完成
记账凭证、明细账（填写规范评分表）	优：90～100 分　良：75～89 分 中：60～74 分　差：60 分以下
工作流程	优：运用自己的语言能准确详细地描述工作流程 良：运用自己的语言能基本描述工作流程 中：结合资料描述工作流程 差：无法描述工作流程
信息能力	优：资料全面，信息整理有条理 良：资料全面，未进行信息整理 中：资料不全面 差：该部分未完成

续表

评价内容	评价标准
思维导图	优：知识点全面，画面清晰整洁，色彩丰富，图案多样 良：知识点全面，画面清晰整洁，色彩与图案单一 中：知识点不全面，画面模糊 差：该部分未完成
协调沟通	优：小组成员协调性较好，项目完成度高（完成5项成果） 良：小组成员协调性一般，项目完成度一般（完成3～4项成果） 中：小组成员协调度较差，项目完成度较差（完成2～3项成果） 差：该部分未完成
语言表达	优：表达流畅，逻辑清晰，内容全面 良：表达流畅，内容完整 中：表达不流畅，内容基本完整 差：表达不流畅，内容残缺

注：未能上台展示的小组以提交的任务书为评价对象，评价时应说明理由。

（九）教学预测

（1）学生完成前置任务的积极性差：将学习平台反馈的作业完成情况数据计入平时成绩，对长期未完成的学生进行课后约谈，了解情况。

（2）课堂纪律较差：加强课堂巡视，提前交代组长履行管理职责。

（3）学生不满无展示的机会：下次任务随机抽取小组时可轮空本次已展示小组。

（十）其他说明及附件

表7－4　《按实际成本计价发出原材料》学习任务书

【经济业务】

电容器期初库存、购入情况表

时间	摘要	数量/件	单价/元	金额/元
5月1日	期初库存	400	1.50	600.00
5月11日	采购入库	300	1.30	390.00
5月18日	采购入库	250	1.80	450.00

5月电容器领用情况表

时间	用途	数量/件
5月6日	生产电扇	250
5月15日	生产吊扇	200
5月20日	生产落地扇	280

完成任务要求

<table>
<tr><th>项目阶段</th><th>具体要求</th><th>成果</th><th>成果上交时间</th></tr>
<tr><td>搜集资料</td><td>自主查找、整理并分析有关发出原材料的资料</td><td>资料汇总表</td><td rowspan="3">成果展示阶段</td></tr>
<tr><td>做出决策</td><td>明确每位小组成员的职责、提出不同的解决方案</td><td>组员分工表、最佳解决方案</td></tr>
<tr><td>成果展示</td><td>展示和说明上述环节的成果</td><td>—</td></tr>
<tr><td>总结归纳</td><td>完成思维导图</td><td>思维导图</td><td rowspan="2">下课后</td></tr>
<tr><td>评价反思</td><td>完成组间评价与自我评价</td><td>记账凭证填制评分表、明细账评分表</td></tr>
</table>

二、应用实例解析

（一）教学目标

本次课的教学设计目标依据的是职业技术教育课程需要达到的三维目标，包括专业能力、方法能力、社会能力。其中专业能力包括专业知识和专业技能，本次课中“理解和运用加权平均法计算发出材料的成本”为专业知识，即完成该业务需要具备的基础知识，“学会填制相关单证、登记原材料明细账、了解材料发出的基本流程”为专业技能，即实际工作中的业务流程；方法能力是指学生学会学习的能力，本次课主要侧重于信息能力和归纳能力的培养；社会能力是指学生学会与他人合作的能力，本次课主要侧重于语言表达能力和协调沟通的能力。值得注意的是，对学生能力的培养并不仅限于此，在“教学过程设计”中提到的创新能力、想象力等亦可予以提高，但考虑到中职生整体的知识基础较为薄弱，因此不作为本次课的教学目标。

（二）课堂组织形式

由于案例教学法主要依托小组教学法进行开展，因此，应对班里的学生进行分组。分组应以教师为主导，分组原则是“组间同质、组内异质”，组间同质是指不同小组的综合实力大体相当，保证组间能形成良性的竞争关系，提高学生的参与度；组内异质是指组内成员强弱组合，促进学生互帮互助，提高团队协作能力。本次课主要采用根据学生的专业课成绩进行强弱组合。小组的人数应根据上课内容的多少、难易度以及学生的接受能力等综合考虑。

（三）教学方法与教学策略

教学方法和教学策略应围绕教学内容“突出重点、突破难点”进行选择，在任务安排中应予以考虑。本次课的教学重点是“运用加权平均法计算发出材料的成本”，难点是“原材料记账凭证、明细账的登记”，主要运用任务中的“基础知识”部分考查学生掌握加权平均法的情况，“工作流程”部分考查学生对发出成本业务的业务流程的掌握程度，“思维导图”部分帮助学生学会归纳所学知识，学会举一反三。

（四）教学过程设计

1. 课程导入

课程导入为创设学习情境，应注重导入内容的趣味性，能真正做到把学生的吸引力集中到课堂；本次课程设置了前置任务，应对学生的完成情况进行检查，若学生完成情况较好，则可以直接进行下一步；若学生完成情况较差，则需要补充基础知识，帮助学生完善知识基础；课程导入的时间不宜过长，一般不超过 5 分钟。

2. 介绍案例

教师应对案例的具体情况以及任务要求做出清晰、准确的描述，尽可能地让学生明白自己要做什么，需要做到什么程度；发放资料时，教师应注意维持课堂秩序；教师应及时回答学生对任务要求的疑问，帮助学生更好地理解任务。

3. 案例信息、做出决策

教师在学生完成任务时，应对学生的行为进行观察和记录，方便总结对学生的整体评价；教师应进行适当的指导，主要包括方法的指导、沟通的指导等，但不宜直接参与学生的任务中，有悖于自主探索学习的初衷；教师应注意掌控课堂纪律，保证基本的教学环境。

4. 讨论结果

学生可自主选择展示的方式，充分发挥学生的创造性和积极性；选择展示的小组可以是全部小组或部分小组，注重对学生自评和互评的引导，应围绕教学内容进行引导，并提醒学生做好相应的记录；教师评价是应注意语气和措辞，指出学生问题的同时，应维护学生的自尊心，应予以适当的鼓励。

5. 与实践做比较

学生通过将自己的方案与实践做比较，可以更具体详细地了解实际的解决方案，从中学习实务中的标准做法，并引导学生总结和反思与自己的方案的差异。

教师应注重对批判性思维的培养，比如指出实际的解决方案中存在的不足，并提出相应的建议，做到有理有据；教师结合实际情况进行评价时，既要肯定学生做得好的部分，也要指出不足之处。

6. 总结归纳

教师在帮助学生进行归纳时，如果学生归纳能力较差，应以教师为主导，学生以教师的归纳为基准构建框架；如果学生已具备一定的归纳能力，应以学生为主导，教师予以适当补充；归纳能力的培养可借助一定的工具，本次课采用的是思维导图，并将思维导图贯穿于教学的全过程，最后作为成果之一进行展示。这里值得注意的是，思维导图可培养学生多方面的能力，如归纳能力、框架思维、创造性等，教师可以根据课程需要突出某个能力的培养；教师应进行多角度的评价，评价优劣有所侧重，本次课以归纳的准确性为主，创造性等为辅。

（五）学业评价方法和评价材料

学业评价方法应围绕着该次课将要学生达到的专业能力、方法能力和社会能力，并能与之一一对应。在本次课中，专业能力主要通过考查学生的基础知识，了解学生对业务知识的水平，通过单据填制、工作流程评价学生对业务流程的水平；方法能力主要通过学生搜集的信息质量评价其信息能力，通过思维导图评价学生归纳能力等；社会能力主要通过学生语言（语言或文字）的准确与逻辑评价其语言能力，通过任务的完成度评价小组的团结合作水平。值得注意的是，三维能力评价的量化应结合该次课的具体内容开展，应考虑以“量化评价＋质性评价”结合的方式进行。

（六）学习任务书

案例信息应详细、具体，与学生的生活息息相关，便于学生理解案例，提高任务的参与度；对于基础较为薄弱的学生可以设置引导性语言，帮助他们完成任务；任务的要求应具体、明确、可操作，并预留一定的空间供学生自由发挥，如本例中对学生每个阶段做出了具体的要求，方便学生快速明确需要完成的目标。

若学生依赖性较强，可将成果的评价标准在学生完成任务时发放，帮助学生明确任务的方向。

三、优缺点分析

（一）应用优点

由于案例教学法基于“以行动为导向、以任务为中心”的教学理念，相较于传统的教学法更有利于激发学生的学习积极性；培养学生的综合职业素养，其优点主要体现在以下几个方面。

1. 形象直观

案例教学是以案例为导入，借日常经济业务中的案例引发学生思考，让学生从抽象的知识感知上升至直观、形象的认知，生动形象的案例教学，除了让教学知识更通俗易懂，更重要的是让学生对实际业务操作有直观认识，实现从“实践中来，到实践中去”理论联系实际的效果。在本次课中，“按实际成本计价发出原材料”的业务处理是会计实务中必须要掌握的基本内容，与实际的会计工作息息相关，通过案例教学法，能让学生在完成任务的过程中主动地参与到业务处理的过程中来，从中学习相关的知识和处理流程，相较于传统的讲授法更能激发学生的学习积极性，并提高将知识应用于实际的能力。

2. 形式多样

案例教学方法不拘泥于单一的实施形式，教师可以根据教学内容灵活设计。可以独立思考，可以小组内讨论，也可以小组间辩论等，最重要就是让学生主动参与其中，通过自己探索研究，分析讨论案例，并通过不同形式的呈现充分调动学生的学习兴趣，培养其独立思考能力和语言沟通能力。本次课主要采用了小组学习的方式，通过小组成员间相互讨论、相互学习，共同完成任务，从中既可以培养学生互帮互助的良好品格，也可以提高学生团结合作的能力，并将这些能力的培养作为教学目标之一，帮助学生更好地促进综合素养的提高。

3. 个性化学习

案例教学法鼓励学生自我思考，给予学生空间表达自己的思想，教师不会简单地以对错去评判学生，相反会对学生敢于表达、善于挖掘新思路的行为进行肯定，充分培养学生自我探索的能力，引导学生依据所学知识给出自己的观点和看法。在案例教学法的课堂里，学生是课堂的主角，可以畅所欲言、各抒己见，教师只适时对教学重点和难点问题进行引导，这正是我们当前教育要提倡的培养学习自主学习的能力，重视学生个性化学习的培养。以本次课为例，在成果展示阶段，不限制学生的展现形式，从而使学生充分地发挥自身的想象力，激发创造性；在结果评价阶段，不仅让学生了解基本的业务处理规则，还注重引导学生思考对规范做法的思考，鼓励学生发表自己的见解，从中培养学生的批判性思维。

（二）应用缺点

案例教学法在实施的过程中，虽然学生能通过解决案例中的问题掌握相应的知识，但因每个案例都有其特殊性和适用性，所含的知识内容往往难以形成系统性知识。在本次课中，虽然学生通过解决案例中的问题掌握了发出材料成本按实际成本计价的相关知识，但发出材料成本计价方式包含多种不同的方法，如先进先出法、加权平均法等。如果运用案例教学法单独学习某种方法，难以总结彼此的区别和联系，使完整的知识系统割裂为独立的知识点，由于学生较难构建发出材料成本计价相关的知识框架，从而影响学生建立完整的会计知识体系，导致学生在学习的过程中更难以举一反三、触类旁通。因此，教师采用案例教学法的同时，应注重引导学生逐渐完善知识体系，学会总结和归纳不同知识点的异同，促使学生能整体掌握会计知识，真正形成会计专业思维能力，促进学生专业能力的可持续性发展。

案例教学法实录

第八章

探索法及其在会计专业教学中的应用

第一节 探索法概述

一、探索法的起源

探索法最早起源于德国大学的早期，到20世纪时发展为西方发达国家的主要教学方法之一。其中，杜威最早将探索法应用于教学中，提出“做中学”的教育理念和五步教学法（创设教学主题→激发学生兴趣→查找资料→提出质疑→问题研究），并进行方法的试验和改进。与探索法对应的是探究性学习，教育家施瓦布指出：“如果要学生学习科学的方法，那么有什么学习比通过积极地投入到探究的过程中去更好呢?”施瓦布认为教师应该用探究的方式展现科学知识，学生应该用探究的方式学习科学内容。美国著名的认知心理学家和教育学家布鲁纳在50年代末创立了发现法，并把它在美国施行，取得了突出的成就。与前人相比，布鲁纳更注意探究法的理论依据，使之具有科学的基础。施瓦布、杜威等人的研究，包括布鲁纳和皮亚杰在50年代和60年代的研究，影响了从50年代直至70年代早期的课程教材。这些教学材料的一个共同点是让学生在做中学，而不仅仅是被动地听讲或只是阅读有关学科的材料，对学习的过程比掌握知识给予了更多的重视，这也使探索法成为提高学生自主探究学习能力的重要教学方法。

二、探索法的定义

探索法是指教师不直接把现成的知识传授给学生，而是创造一种探索的情境，激发学生探索的欲望和兴趣，引导学生充分利用教材的内容和教师提供的资源，调动学生已有的知识储备，独立思考，主动探索，自行发现并掌握相应的原理和结论的一种教学方法。简而言之，探索学习就是在教师的指导下，强调由学生自己发现问题、探究问题，从而解决问题的一种学习方法。

德国著名教育学家克拉夫基（Klafki）认为探索（调研）适用于如下情况：有一些特定的课题，在有计划的情况下，在特定的现实环境中获取信息，最终是为了在所获取信息的帮助下回答出课堂上提出的问题，将知识结合起来进一步发展能力。

探索法根据手段和方式可以分为以下五类方法：一是直观探索法，对所学的新知识通过学生观察、分析进行探索发现。二是归纳探索法，是指通过对特殊的观察和综合去发现一般规律。三是实验探索法，是让学生亲自动手操作，自己进行分析、抽象，从中总结出规律性的结论。四是问题讨论探索法，教师将所学的新知识编拟成能用旧知识解答的问题，引导学生在解决问题的过程中层层深入，步步逼近，从而自己得出结论。五是类比探索法，通过对两个相似的会计对象的异同点的观察与比较，从一个对象所具有的性质，猜想另一个对象也具有类似的性质的方法。

三、探索法的特点

（一）真实性

探索法强调学生探索情境的真实性，即面对生活的现实或现场学习，而非仿真教学情境。探索法以综合活动为主，让学生亲身经历探索过程、体验探索过程、在实践中创新。学生需要带着问题在真实情境中进行实地考察或调研，了解该情境下的主体、过程和相关经验，并对现场情况进行深度反思，而探索的对象均为现实的情境。探索法的真实性相较于其他教学方法的仿真性，更能让学生真切地感受到真实的环境和问题，更能培养学生的工作适应能力，提高学生解决问题的灵活性。

（二）开放性

探索法在围绕教学主题展开的前提下，相较于其他的教学法，教学的整体要求具有较强的开放性，主要体现在学习目标、学习内容、学习方式等方面。首先，学生的学习目标设定比较灵活，可以因地因人而异；其次，学习内容相对开放，可以取材于学科知识，如会计的专业知识、概念等，也可以取材于与社会的、自然的、生活的综合知识，如学习方法、思维方式等；最后，学生学习的方式和途径也是多样化的，可以利用多方面的信息来源和学习方式，如网络资源、实地调研等。

（三）自主性

探索法的自主性不仅体现为学生分析问题和解决问题能力的提升，更体现为发现问题能力的培养。在探索法下，教师主要的任务为确定探索的主题，并把握学生探索的方向，学生需要自己发现现实中的问题并加以解决，其过程既涉及学生信息搜集、整理、分析、利用等能力，又培养了学生发现问题的能力，从中激发学生的问题意识和创造性，帮助学生在复杂灵活的实际情境中将知识融会贯通、举一反三。值得注意的是，探索法的自主性应始终围绕着教学目标开展，教师应对学生发现问题的思路和方向提供必要的引导。

第二节　探索法的应用分析

一、应用优势

（一）增强好奇心

探索法提倡研究性的学习，在真实情境进行学习，相较于传统的课堂教学，更能激发学生的好奇心和求知欲。在传统的课堂教学中，学生主要围绕着书本知识进行学习，被动地接受现有的知识，难以调动学习的积极性；而在探索法下，学生走出教室，带着问题在现实情境中寻找问题的答案，从发现问题到解决问题，增强学生的好奇心以及对会计结论寻根究底的精神，激发学生的求知欲，为维持较高的学习积极性水平提供了助力。

（二）提高问题意识

培养学生的问题意识是探索法的重要教学目标，而问题的提出主要来源于对真实情境的观察和反思。在传统课堂教学中，学生通过回答教师提出的问题，消化和吸收所学内容，难以激发学生思维的活跃性，学习效率较低；而在探索法下，问题是通过学生在真实情境中的细致观察后提出的，在寻找问题的过程中能充分培养学生的观察能力和反思能力，敢于对现存的状况提出自己的疑问，将学习真正当作自己的事，化被动为主动。

（三）增强学习独立性

在探索法中，教师的主要职责为选定主题、确定任务要求、评价反馈，学生需要完成的任务涵盖了问题解决的始终，包括问题的提出、计划的制订与实施等，从中可以看出，学生在教学活动中占据了更多的主体地位，拥有高度的学习自由，教师只作为学生的引导者，不过多地干涉学生的活动。因此，探索法对于学生学习的独立性提出了更高的要求，减少其对教材和教师的依赖，学会“不唯书、不唯上、只唯实”，从实践中掌握和扩展教学内容。

二、应用范围

探索法作为一种开放性、灵活性较强的教学方法，主要通过学生自主探索发现问题和解决问题将所学的知识融会贯通，有利于提高学生的问题意识和创新能力，有利于培养学生的学习自主性和探究精神，化被动学习为主动学习。根据探索法的特点，结合中职会计专业的专业特色，它主要适用于能进入真实工作场所或情境，含有较多不确定性问题的课程知识，具有较强的不确定性，如财务公司调研等。因此，在真正进入工作场所时，应准备一些特定的提问，并在有计划的情况下，根据现实环境中获取信息，并运用所获取信息回答出课堂上提出的问题，在课堂上将知识结合起来进一步发展专业综合能力，不能简单地将调研变成企业参观。

三、实施条件与要求

（一）场所布置

在课外探索中，教师需要准备真实的工作场所提供给学生调研，场所的选择主要考虑以下几点：一是安全性，由于实地调研中会出现较多的不确定性，且学生的活动范围较广，教师应时刻注意学生的安全；二是计划性，教师应围绕着教学目标，对学生的调研活动做出整体的安排，并给予适当的指导，保证学生的调研不偏离主题；三是启发性，在保证基本调研目标实现的前提下，鼓励学生提出新的问题和解决方案，启发学生将所学的知识举一反三地应用于实际工作中。

（二）学生能力

突出问题导向是探索法的重要特点，也是与参观的主要区别。学生展开调研时应带着问题而不是空着脑袋进入实际场所，使探索能真正地围绕主题展开，这里对学生的能力提出了以下要求：一是具备专业知识基础，善于发现问题，二是具备独立解决简单问题的能力，能够面对探索过程中的各种突发情况；三是学生可以在准备及后续阶段中尽可能主动独立地参与共同选择对象、角度、主题，组织安排调研，具备在写作、提问、计划、组织、分类方面的行为能力。

四、实施流程

（一）实施流程图

探索法实施流程图如图 8－1 所示。

图 8－1　探索法实施流程

（二）实施具体步骤

1．制订计划阶段和定位阶段（教师为主）

教师根据课程教学计划和进度安排，结合教学内容和教学目标，划分时间，基于校企合作单位等资源挑选合适的调研地点，选择有意义的观察点，确定可能使用的各种探索方法。

2．实施准备阶段（师生各自完成）

教师在实施准备阶段首先需提前与前往调研的地点建立联系，确定调研目标，以及明确时间框架；其次收集整理前期信息资料，准备教学资源，可以提供一些参考书、电子课件和教案、微课视频、相关的专题学习网站等类型的素材。一般将资源分为两个等级，即基础资源和扩展资源，为不同基础的学习者准备。教师要将课前探索内容明确地告知学生，并在学生自学完毕后，统计问题，及时了解学生的自学情况。

学生首先要充分了解教师安排的探索任务，学习教师准备好的资源，学有余力的同学可以浏览学习扩展资源。随后学生要总结自己学到的知识以及存在的问题，并将问题反馈给小组长，由小组长将问题汇总后反馈给教师。此方式很好地突破了时间和空间限制，实现了个性化学习，学生可以根据自己的情况选择资源和自定学习时间。其次要分配工作任务和明确角色及职责，共同制订探索计划。

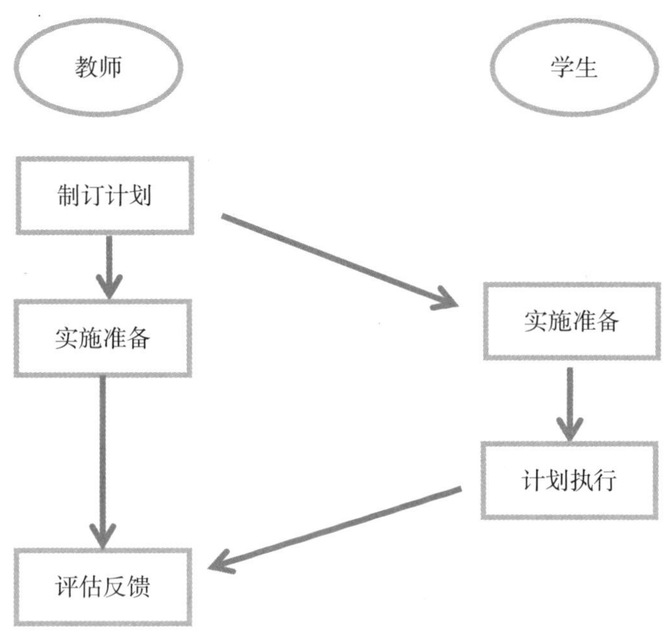

图 8－2　探索法实施具体步骤

3．计划执行阶段——合作探索（学生为主）

在合作探索阶段，按计划行事，学生前往探索地点，通过观察、访谈等方式与学习伙伴共同记录、分析、讨论探索事实以及存在的问题，并就发现的问题结合准备阶段所学知识初步提出解决方案，并制作相关的工作文档如探索报告和 PPT。此阶段鼓励小组各成员各抒己见，积极发表自己的观点。

4．计划执行阶段——个性化指导（教师为主）

在学生探索过程中，教师可为各个小组解答疑惑，每一个小组在合作探究阶段都会遇到不同的问题，所以教师根据学生不同的问题进行个性化指导，为每个小组解答疑惑，实施因材施教。值得注意的是，教师应作为指导者的角色而不是知识的传授者，不宜直接告诉学生解决问题的方法，而应加强引导和启发。

5．分享讨论评价阶段（学生为主，教师引导）

每个小组完成探索报告和 PPT 后，以多样化的形式进行交流展示，就探索过程遇到的问题和解决方案、探索成果以及完成任务的收获进行详细讲解，其他小组认真倾听，出于共同学习、共同进步的目的，从“当局者迷，旁观者清”的视角提出质疑，进行自评和互评。此过程要求学生把自己的探索结果介绍给全体同学，由集体讨论、辩论，使不准确的地方得到完善。教师在此过程中要适时给予矫正，肯定长处，指出不足，注意营造融洽的交流氛围，体现出课堂的民主精神。当然，评价以鼓励性评价为主，评价以能力为本位，应注重多元性和公平性。

6. 总结反馈阶段（教师为主）

首先，教师在课堂上比较目标和结果，结合各小组展示的内容以及组间交流讨论中所提质疑，指出各个小组的亮点以及问题，对各组用过的方法、结论、错误、不足加以反思。

其次，汇总学生在探索及汇报中呈现的学习障碍，进而对该次课所涉知识进行系统化梳理，让学生对知识有一个完整和准确的认识。如果学生具备较好的知识基础，学习积极性较高，教师则可引导学生自主梳理和总结所学的知识。

五、实施注意事项

需要指出的是，虽然自主探究学习有诸多优势，但并非意味着在中职教学中所有内容都适合探究，在使用“探索法”教学的过程中需要注意以下的事项。

（一）探索内容

课前准备阶段，教师要熟悉教材，选取合适的内容进行探索教学；充分了解把握学生已有的知识结构，寻找“探索点”；问题的设置和导入要有针对性，难易适中，要有趣味性、实践性和可操作性。

（二）探索技能

组织实施阶段实现主动探索，学生应掌握5个方面的探索技能，主要包括收集、组织、创造、操作以及交流等。

表8－1　探索技能

收集的技能	组织的技能	创造的技能	操作的技能	交流的技能
倾听	记录	展望	演示	讨论
观察	比较类似点	设计新问题	实验	说明
发问	比较相异点	发现综合	制作	报告
探究	概括		观测	记录
明确问题	评论			批判
收集资料	分类			
调查研究	评价			
	分析			

（三）探索活动

探究活动指的是在教学过程中学生的思维活动和操作活动。这种探究活动以个体的独立活动或者团队合作活动开展，让学生尽可能通过亲身体验来进行探索并帮助其思考。

及时点拨学生遇到的困难。学生的知识储备量有限，查阅资料的能力也有限。学生的心理特点是对问题的关注持续时间不长。当他们发现了问题，但不能运用自己的能力独自去完成时，若没有得到教师及时的点拨，就会失去发现和学习的积极性。因此，教师在发现学习中必须得注意及时点拨学生遇到的困难。

有意义的探索教学是教师引导和学生探索二者的有机统一。教师的引导能够保证学生在有意义的思考路线上进行有意义的探索，从而避免学生盲目的猜想和无效的活动。引导要依据教学内容和学生的认知条件而定，可逐步加大难度。探索不仅指的是学生发现某些规律或结论，也可以是发现或提出新的问题，实际上发现问题比发现结论的思维训练的价值更大。教师给学生留下自我选择、判断、联想、开拓、发现、创造的思维空间。

（四）实施要点

1. 设问质疑

探索式教学的载体与核心是问题，学习活动是围绕问题展开的。探索式教学的出发点是设定需要解答的问题，这是进一步探索的起点。

2. 实验探索

这是教学的关键步骤，教师要帮助学生拟订合理的研究计划，选择恰当的方法。

3. 思考作答

经过探索过程，学生要把自己的实验过程或者查阅的资料进行总结梳理，得出自己的结论和解释。

4. 分享矫正

这个过程要求学生把自己的探索结果介绍给全体同学。由集体讨论、辩论，使不准确的地方得到完善。教师在这个过程中要适时给予矫正，肯定长处，指出不足，注意营造融洽的交流氛围，体现出课堂的民主精神。

第三节　探索法应用实例及解析

一、探索法在“初级会计电算化”课程中的应用

（一）单元教学基本情况

教学单元：第三章采购管理系统，第一节采购业务流程。
教学学时：3 学时。
教学对象：中职会计电算化专业二年级学生。

（二）教学目标

1. 专业能力

了解采购业务所涉及的部门、岗位及其职能、职责；了解采购与付款的相关制度；熟悉采购类型、结算方式；掌握采购的业务流程。

2. 方法能力

能运用各种观察、访谈等调研方法，培养发现问题、分析问题、解决问题的能力。

3. 社会能力

通过校外企业调研，培养学生口头表达、沟通协调、团结协作的能力。

（三）教学内容分析

本次课的教学内容为采购业务流程，是整个采购管理系统的基础，全面理解和掌握实际工作中采购业务流程对于后续的上机操作具有重要作用。内容重点是企业采购过程所涉及的部门、岗位和单据以及具体采购流程，难点是采购业务流程。

（四）学情分析

本单元教授的教学对象是会计电算化专业二年级的学生，他们有两个学期的专业学习体验。学生已经初步掌握了 T3 软件中总账、固定资产、工资管理几个系统模块的原理与操作。该班的学生喜欢现代化教学，不喜欢枯燥的文字说教。

（五）课堂组织形式

本节课主要采用探索法开展教学。要求学生分成 6 个小组到 3 个与学校签订合作协议的企业进行探索与调研，每 2 个小组前往一个企业。主要围绕以下几个方面进行探索：①了解采购与付款所涉及的部门、岗位及其职能、职责；②了解采购与付款的相关制度；③熟悉采购类型、结算方式以及相关单据；④绘制并描述采购业务流程图。

（六）教学环境及资源准备

本次课需要一间综合实训课室、希沃教学平台、学生一人一机；学生要准备 PPT 课件、探索报告、调查报告评价表等。

（七）教学过程设计

表 8－2　教学过程设计

教学环节	目标与要求	学生活动	教师活动	学习资源	教学时长	备注
明确任务准备实施	1. 明确探索任务及要求； 2. 提供相应学习资源； 3. 培养学生信息查询处理能力	1. 理解接受探索任务； 2. 制订计划，合理分工； 3. 制作调研所需材料	说明探索任务要求，包括探索地点、时间以及需要提交任务成果	微课、视频等学习资源		课前
合作探索	1. 学生亲临现场完成探索任务； 2. 培养学生的沟通交流、团队合作能力、自主探索能力； 3. 培养学生发现问题、分析解决问题的能力	1. 小组合作，按照计划采用一定的方式进行探索； 2. 发现分析问题提出解决方案，撰写探索报告及汇报 PPT	现场指导，解答疑惑	电脑		
分享讨论评价	1. 各小组汇报探索过程及结果； 2. 实施自评、互评和师评； 3. 培养学生的展示能力、评价能力	1. 各小组按抽签顺序进行汇报（每组 15 分钟）； 2. 认真听取各组汇报，提出质疑，给予评价	1. 主持汇报； 2. 听取并记录各组汇报； 3. 综合评价各组汇报情况	PPT、希沃教学平台	80 分钟	课中
总结反馈	1. 总结归纳采购业务流程； 2. 培养学生的总结归纳能力	1. 绘制采购业务流程图； 2. 简要分享	1. 组织各组展示采购业务流程图； 2. 引导各组对流程图进行点评	彩笔、卡纸	25 分钟	
	1. 总结探索任务的整体完成情况； 2. 系统梳理知识	1. 认真听讲，做好笔记； 2. 对比分析自身不足	1. 教师做出综合评价； 2. 对各组使用的方法、结论、错误、不足加以反思； 3. 带领学生梳理总结本次课的知识点	希沃教学平台	12 分钟	
作业布置	延伸学习	做好记录	布置课后作业以及安排下次上机操作的课程任务		3 分钟	

（八）学业评价方法及评价材料

表 8－3　综合评价表

教学内容：采购业务流程

小组名称：　　　　　　　　　　　　　小组成员：

评分内容	优 （90～100 分）	良 （75～89 分）	中 （60～74 分）	差 （60 分以下）
①报告主题（20%）				
②报告表现力（30%）				
③采购业务流程图（30%）				
④小组合作情况（20%）				
总分	①×20%＋②×30%＋③×30%＋④×20%			

注：评价结果对应分数：优（90～100 分）、良（75～89 分）、中（60～74 分）、差（60 分以下）。

表 8－4　填写说明

评价内容	评价标准
报告主题	优：紧扣采购业务流程内容，过程完整，业务流程清晰明了 良：紧扣采购业务流程内容，过程不完整 中：与主题有较大偏离 差：该部分未完成
报告表现力	优：表达流畅，逻辑清晰，内容全面 良：表达流畅，内容完整 中：表达不流畅，内容基本完整 差：表达不流畅，内容残缺
采购业务流程图	优：流程图美观，完整清晰 良：流程图完整 中：流程图不完整 差：该部分未完成
小组合作情况	优：小组成员协调性较好，调研项目完成度高 良：小组成员协调性一般，调研项目完成度一般 中：小组成员协调度较差，调研项目完成度较差 差：该部分未完成

（九）教学预测

（1）学生缺乏探索的主动性：当学生遇到困难时，教师应给予适当的帮助；当学生完成较好时，教师应给予鼓励。

（2）学生探索偏离主题：探索前明确主题，探索中及时了解进度及情况，如有偏离及时做出调整。

二、应用实例解析

本次课教师根据教学内容的重难点及学生的情况提前设计探索主题并选择探索方式、准备探究资源，主题为到校企合作企业对采购业务进行探索与调研，强调学生自主探究、分析、讨论和解决问题，学生亲临企业现场，问询技巧、记录和演示技能得以培养锻炼。

（一）课前准备及合作探索

课前教师积极联系校企合作单位，为学生提供平台；及时了解学生校外探索与调查情况，为学生创造条件；将探索与调查的主题明确告知学生。学生学习相关资料，围绕探索主题梳理探索提纲，制订探索计划，分小组到 3 个与学校签订合作协议的企业进行调查。调查结束，小组共同完成探索报告，制作简要的 PPT 在课堂上向全班展示探索成果。

本次教学组织学生进行校外探索与调查活动，一方面是开辟体验式的教学模式，可以使学生在参与、体验中完成从知识到技能的转化；另一方面有助于学生职业定位与职业生涯规划；本次活动需要小组协助完成，应鼓励学生组成小团队，一起进行调查，在活动中互帮互助，合理分工。比如学生 A 负责问卷打印工作，B 负责群众调查采访工作，C 负责整理调查数据，D 负责在课堂上向教师汇报调查成果。这样一来，学生们各尽其责，共同完成活动，效率会得到相应的提高。通过合作的方式进行调查活动，可以增强学生的团队合作意识，学生在活动中能够很好地体会分享的快乐。

（二）适当引导

本次课中由于学生分组后需要到 3 个校企合作单位进行现场调研，因此需要与每个合作单位负责此次探索任务的接待人员做好充分沟通，对于学生在探索过程遇到的困难和问题，一方面由合作单位相关人员给予解答和帮助，另一方面可以通过手机连线、微信联系等方式由学校授课教师给予解答和帮助，避免学生迫于问题无法解决而消极怠工，或者调研主题出现偏差，保证调研的顺利开展。

（三）分享讨论

为保证公平，各小组抽签决定汇报顺序，每组汇报加评价时间为 15 分钟，同时指定计时员进行计时并提醒，培养学生的时间观念。各组认真听取汇报，提出质疑，给予评价，教师引导学生进行鼓励性评价。相较于传统的教学法，通过分享交流，一方面使学生能从多个角度认识采购业务流程以及应注意的细节和事项，另一方面也培养学生的展示能力、评价能力以及取长补短、求同存异的良好心态。

三、优缺点分析

（一）应用优点

1. 形成正确学习方法

探索法重视知识的探索过程，有利于形成正确学习方法。从现代科学教育的观点来看，掌握知识获得的过程比知识的获得更重要。在探索学习采购业务的过程中，学生必须到企业现场通过观察、问询、分析、讨论从而初步获知企业采购业务流程以及所涉及的岗位和单据，回到课堂进一步通过分享讨论以及教师的梳理总结全面掌握采购业务流程。在此过程中，学生实现从感性认识到理性认知，感受亲自探索学习所带来的困难、快乐和成就，同时也可以很好地感受到理论与实践并不遥远，明白理论源于实践又反过来指导实践。而传统的教学法无法让学生有此种体验，无法感知自主探索学习的魅力。

2. 提高学习自主性

探索法最核心的特点是问题完全由学生自主探索、合作交流去解决，教师只是适时引导和补充完善。其与传统课堂不同的是，学生是主动内化知识的自主学习者，教师扮演引导者、资源提供者、课堂活动组织者和答疑者的角色。在此次课中，学生普遍都存在对“采购结算”问题的不理解，向教师提问，此时教师要注意不能急于作答，而是引导学生联系一年级“会计基础”所学的知识，如购买原材料运费分配的知识点。这样将新旧知识逐渐地融为一体，学生自然可以构建比较完整的知识系统。教学最后的阶段，教师对整节课的知识进行系统化梳理时，又运用了“归纳探索法”让学生对所学知识有更充分的理解。

（二）应用缺点

为了达到良好的教学效果，探索法对学生的综合能力要求较高。首先，学生应具备一定的知识基础，方能找到学习的方向，并提出有针对性的问题；其次，探究法需要学生具备较强的信息处理能力，主要包括信息的搜集、处理和分析能力，方能设计可行的调研方案；最后，学生应当具备较强的独立思考和问题解决能力，方能应对调研过程中出现的各种问题，保证调研的顺利进行。

第九章

引导文教学法及其在会计专业教学中的应用

第一节 引导文教学法概述

一、引导文教学法的起源

引导文教学法最早源于20世纪70年代德国戴姆勒-奔驰、福特、西门子等一些大型工业公司的企业实践，该方法要求学员通过文本阅读独立了解和掌握所学的知识，并测试其掌握程度，以便后期工作的改进。该方法在企业实践中不断得到完善和发展，随着德国职业教育“双元制”的建立和推广，引导文教学法逐渐被应用于职业教育中，并在德国职业教育领域占据重要地位。在我国，引导文教学法虽于20世纪80年代开始引进，但当时并未受到重视，直到2009年，引导文教学法才被逐渐推广应用于各个学科的教学中。

二、引导文教学法的定义

引导文教学法属于行动导向教学法的一种具体教学方法和手段，是一种具有实践操作性和全面整体性的教学方法。教师提供一个书面的以提问形式出现的任务，并精心设计引导文，引导问题和引导句包含了为解决任务的所需信息，能引导学生独立获取所需信息，并对整个工作过程的执行提供帮助。学生在引导文的引导下主动查阅资料，获取有价值的信息，解答引导问题，从而对一个复杂的工作流程进行策划和操作，学生独自制订计划，执行工作并对成果进行检查。此方法能有效避免传统教学方法理论与实践脱节、难以激发学生学习兴趣的弊端。

根据引导文教学法的应用方式可以分为独立完成和小组合作。

在独立完成形式中，学生按照引导文独立确定计划，实施计划以及评估计划。这种形式一般适用于所学习的知识点相对独立，内容相对简单的情况。

在小组合作形式中，教师根据学习任务的实际情况，把学生按一定人数分为两人一组或多人一组，学生以小组为单位完成教学任务。教师在分组时，需兼顾学生的性格特点以及学习基础，遵循“组间同质，组内异质”的原则，把学习能力不同的学生组合在一起，以便相互帮助，共同学习、共同进步，进而提高课堂教学效果。其中，根据任务难易程度以及工作量的大小，小组工作具体又可采用两种方式。一是由小组成员一起探讨引导文，一起制定学习计划，由每个学生独立完成相同的学习任务。这种合作方式多用于简单的教学项目。二是由小组成员一起探讨引导文，一起制定较为复杂的学习工作项目，然后按照具体的任务分工，每个学生独立完成自己的工作任务。这种方式学生既要一起合作探讨，又要分工完成各自的任务，要求小组成员必须具有集体合作的意识，只有每个学生完成好各自的任务，才能把整体任务完成好，每一位学生及其承担的任务都缺一不可。这种合作方式适合教学知识点难度较高或任务的操作量相对较大的情况。

三、引导文教学法的特点

（一）制作要求高

引导文教学法实施成功的关键在于引导文的制作，引导文既要考虑将教学内容和工作过程相结合，又要考虑学生自身的知识基础和能力。首先，教师不仅要厘清知识点之间的联系，使引导文能够循序渐进地引导学生思考和学习；其次，教师应充分了解实际的工作过程，根据工作要点和注意事项设置问题，让学生在引导文制的指引下真正学习和掌握专业知识，并能够养成良好的思维习惯。

（二）可试错性

引导文教学法允许学生针对引导问题具有不同的思路和见解，有些能与预期的教学目标相吻合，但也有可能与教学目标的偏差较大，具有较强的可试错性。在引导文教学法下，学生通过不断地尝试和纠正错误，从中提高自身的综合能力。值得注意的是，“可试错”不代表完全放任学生自己探索学习，当学生出现严重偏离目标的情况时，教师应及时给予帮助和指导，即可保证学生的探究方向的正确，也可降低教学成本。

第二节　引导文教学法的应用分析

一、应用优势

（一）循序渐进

引导文教学法是教师根据学生原有的知识理论和实践能力，由浅至深、由易到难、由简单到复杂、由具体到抽象、由低级到高级地安排教学活动。在教学课程结束时，教师与学生必须进行认真详细地分析，总结经验和教训，找出教学过程中教师与学生存在的不足。教师有责任指出学生存在的问题以及今后需要改进的地方，介绍自己的经验和体会，启发学生思考；学生也有义务对引导文内容和教师的工作提出意见和建议，争取更好地完成各项教学内容。在引导文教学法的具体实施过程中，教师可以根据不同的教学内容设计切合实际的、有趣的、具体的教学情境，引导和启发学生独立学习，让学生在模拟实践中学习，这样能够唤起学生的学习兴趣，大大调动了学生学习的主动性和积极性。

（二）独立意识

在引导文教学法中，教师不是直接讲授知识点和答案，也不是告诉学生应该干什么、怎么干，而是通过引导文促进学生思考问题，激发学生思维，使学生能够自主地获取知识本身。学生在整个过程中必须积极动脑筋，亲自制订计划，实施计划，评估计划，想办法解决所面临的种种问题。通过不断地参与讨论，提问同学和教师，积极评价所完成的成果，在这整个过程中既动脑又动手，能够更深刻更牢固地掌握知识内容和技能，获得举一反三的效果，较好地完成教学目标，学习成绩自然也会慢慢提高。同时，学生在这过程中，从查阅知识点、记笔记、提问题、展示成果到检测评估，自始至终地积极参与到课堂上，可以大大减少上课时趴在桌子上睡觉等情况发生，提高学习效率。

（三）综合提升

引导文教学法，一方面，能够引导学生根据实际情况有选择地掌握基础知识和实践技能，大大拓宽学生的视野；另一方面，学生通过引导文学习，能充分调动他们学习的主观能动性，进一步发展学生的智力水平，使学生可以不再是通过原有死记硬背方式记忆，更好地掌握有效的学习方法和学习内容，为以后独立自主学习打下坚实的基础。

学生通过亲自动手实践，自己总结和归纳，以及根据问题找出解决的方法，提高了他们独立地获取信息、分析问题、解决问题的能力，使学生在今后进入社会工作后，能够更快地胜任工作岗位。

二、应用范围

引导文教学法相较于其他教学方法，具有较强的可试错性，允许学生在不断纠正错误的过程中得到锻炼和提升，但其花费的成本较高，因此应针对教师可承受的成本高低选择应用的课程。如果教师对成本的承受性较高或具有完备的教学资源支持，则可应用于实操类课程，使学生在不断试错的过程中纠正自己的操作；如果教师对成本的承受性较低或学生专业基础较薄弱，则可选择理论类课程，使学生通过引导文帮助自己检验理论学习的正确性，并纠正对知识的错误理解。

三、实施条件与要求

（一）教师要求

在课前，教师应对引导文所对应的教学内容和教学目标有充分的了解和认识，提前准备工作任务；在课中，教师应详细解释说明工作任务，让学生充分理解引导文的内容和需要完成的任务；在小组实施过程中，教师应关注各个工作小组的实施情况，及时调解冲突，并针对问题提供适当的意见，如果遇到较难的问题，教师应及时提供帮助。

（二）学生要求

在引导文教学法下，教师应要求学生独立工作。为了独立完成任务，学生应具备针对具体问题的专业基础知识，从而能够借助教材等的信息处理任务。学生应具备信息搜集和处理能力，能充分地理解引导文的内容和要求，必须能够依据引导问题完成自学。

四、实施流程

（一）实施流程图

引导文教学法实施流程图如图9-1所示。

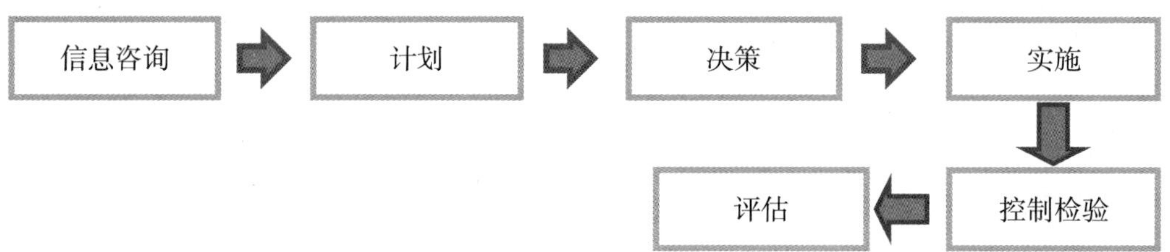

图9-1　引导文教学法实施流程图

（二）实施具体步骤

引导文教学法实施具体步骤如图9-2所示。

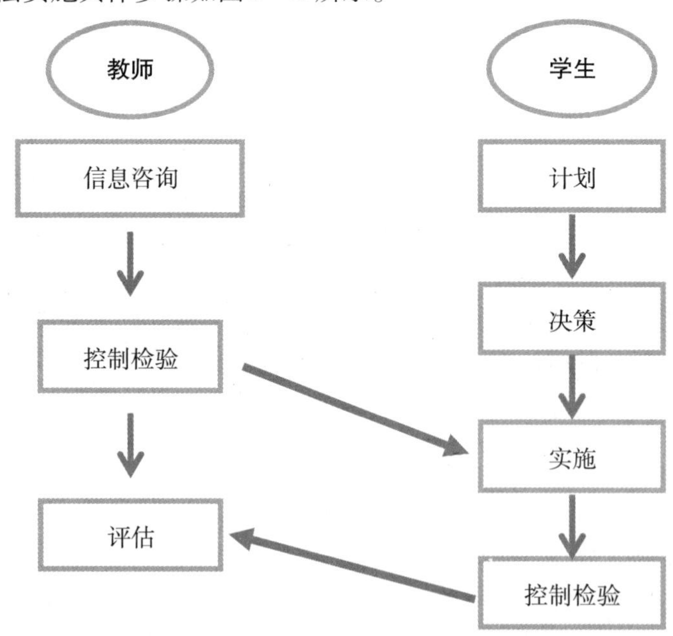

图9-2　引导文教学法具体实施步骤

1. 引导文制作（课前）

引导文是实施引导文教学法的关键和核心，其制作有5个环节（见图9-3）。

图 9－3　引导文制作流程

（1）选定任务。基于引导文教学法的适用范围，结合教学计划、教学目标、教学内容和学生情况选定任务，进而制定具有针对性和可行性的引导文。引导文教学法并不适用于所有的教学内容，教师在选择教学内容时，要充分考虑该部分内容能否与实践有效地结合，能否激发学生的学习热情，能否让学生在一定的时间内独立完成或以小组形式完成，能否对完成的内容做评价等因素。

（2）规划作业。选定任务后，教师应根据教学目标梳理任务总体要求，并将任务总要求划分为具有可操作性的多个作业（步骤），学生通过完成这些作业逐渐靠近教学目标。教师在规划作业时，应注意以下几点：一是充分考虑学生的知识水平和理解能力，对作业内容和要求做出详细说明，让作业具有可理解性和可完成性；二是结合教学资源做出合理的安排，充分利用好现有的资源；三是可设置备选的作业，进行因材施教，充分调动学生的积极性。

（3）知识归类。在设计引导文时，不仅要让学生明确任务完成的要求，还需要理解在完成任务的过程中所运用到的知识，进行知识归纳。教师完成作业规划后，针对学生完成每一个作业需要运用的知识进行归纳整理和分类，设置帮助学生知识归类的引导文，如“从中运用到的知识有哪些”“操作过程中的注意事项”等，促使学生思考在完成任务的过程中需要用到的知识，并引导学生进行归类，如“运用所涉及的知识生成思维导图”“比较不同方法的优缺点”等。

（4）生成信息源。为了让学生能获取所需知识完成每一个工作步骤，教师应针对每一个工作步骤所涉及的知识点，向学生提供信息查找的渠道、教材等，生成信息源，帮助学生在一定的范围内选择适用的学材。例如，教师应向学生提供完成任务应查找的网站、书籍、场所等，并根据学生获取难度的大小给予适当的指导。在设置引导文时，应注重学生对渠道的获取，而不是简单地将对应的材料直接发放给学生。但是，如果学生的学习能力欠佳或知识基础薄弱，应设置尽可能详细的资源获取的方式方法，或者直接给予相应的材料，后期再逐渐引导学生自主搜索资源。

（5）完成问题设计。为了让学生顺利完成工作任务，达成教学目标，教师需遵循循序渐进的原则创建引导性问题。创建引导问题的总体要求是：引导问题应涉及所需的职业活动，提示难点，激发学生思考，培养学生解决问题的思维，必须满足学习小组的可能性；必须是明确、具体的，而且是可以理解的；必须是可以被独立处理解决的，应当考虑到安全和环境保护问题；等等。具体而言，在设计引导问题的时候，应该把握好以下三点。

首先，设计的引导问题必须是明确的、具体的，不要过于泛面或者容易产生歧义，而且用词和造句都要符合学生的知识理解水平，避免出现陌生的专业词汇，应使用明确在教学资料里面出现的，并且跟信息资料源的知识对应的词汇。学生能够通过信息资源的方式寻找答案，在学生的能力范围内能够完成。

其次，引导问题的设计不宜过于简单，不能是简单的是非问题，即回答为“是”或者“不是”的问题。设计的问题学生必须借助于给出的资料信息源的知识才能解答，能够激发学生进行思考，激励学生获得新知识。当然，也不要设计过于复杂或综合性太强的问题，否则学生将无法完成。

最后，设计的引导问题应该与完成的工作任务相关，紧扣任务主题，有针对性地对相应的工作步骤进行设计，设计的问题要包含学生所学知识，并在这个基础上进行加深，而且是可以被独立处理解决的。

2. 咨询阶段（师生共同）

教师对工作任务做详细介绍，让学生清楚地知道本次课的教学目的是什么，要掌握什么内容，达到什么程度。学生根据教师布置的任务，在引导文的指引下，分析需要做什么，在正式学习开始之前独立获取要完成任务所具备的知识点。在咨询阶段，教师不需要直接给学生提供信息源，而是引导学生如何去搜集，如通过查阅书籍，网站等。

3. 计划阶段（学生为主）

在计划阶段，学生制订自己的工作计划，包括分工、规划工作步骤、时间安排等，教师的作用是引导制订计划并及时予以适当的点拨，若发现学生有出现方向性的错误则应及时纠正，引导他们制定“如何解决问题”的方法。学生对需要的信息和工具列好清单，做出相应的操作计划。

4. 决策阶段（学生为主）

在决策阶段，学生进一步讨论计划，教师听取讨论结果，指导学生选择方案，学生根据教师的指导意见选定最后的实施方案。对于基础较薄弱的学生，教师应多加鼓励，对他们提出特别的要求，多引导他们主动去探索实施方案，避免他们抄袭其他同学的方案。

5. 实施阶段（学生为主）

这一阶段由学生根据引导文的提示独立完成。学生根据自己制订的计划，按照引导文内容逐步完成任务，整个过程学生独立完成，教师在整个过程只做监控者。如果遇到新的技能问题，教师可以另外提供帮助，也可以由学生共同探讨正确的答案。

学生以小组为单位按照决策后制订的工作计划实施，在同学的相互配合下，以团队形式完成工作任务。这个过程是行动导向教学中知识建构过程和经验获取积累过程，即学生通过独立处理现实工作岗位中的问题之后所获得的经验，这些经验对于其今后的职业生涯将会是一笔宝贵的财富。

6. 检验阶段（学生为主）

学生对自己完成的成果做自我检查和评估，对照任务标准和要求，找出不足和错误的地方。在此阶段，教师可以引导学生如何进行必要的检测。当发现成果与要求有偏差时，学生应及时给予调整与纠正；若出现较大的偏差时，教师应进行适当的指导，帮助学生脱离困境。

7. 评估阶段（师生共同）

教师与学生一起对整个任务和结果进行评价。评价的目的不是为了判断计划完成得好不好，而是让学生通过这一环节一起交流学习的心得，分享经验，进一步解决在执行过程中所出现的问题。通过不断地总结问题，探讨在下一次哪些方面可以做得更好，从而使本次工作的经验更好地应用到未来的工作中去，实现迁移。

五、实施注意事项

（一）教师任务

教师应该根据教学任务，设计出语言精练、紧扣要点、内容能够激发学生学习兴趣的引导文。这是引导文教学法实施中的最重要的环节。

课程的设计应采用结构化的方法，自上而下，步骤详细、清晰。课程实施，则采用自下而上，由简单到难，并不断完善。教师还应准备大量的素材，比如各式各样的卡片、磁铁或图钉、笔、白纸、白板或黑板、投影等多种教具。在进行分组活动时，分组要合理。教师根据学生的性格、学习能力进行分组，以保证每个学生都能参与到课堂上。教师的工作重点集中在开发引导文、教学准备阶段和收尾阶段。在整个过程中只起激励、组织、协调和引导作用，是课堂的组织者和指导者。在教学过程中，学生不管是采用独立完成的方式还是分组合作的方式，课堂都与传统教学法相比要热闹得多。教师应该控制好教学的过程，忌让学生放任自流。同时，收放要自如，在哪些环节应该收，哪些环节应该放要提前充分考虑好，这样才能恰到好处地控制好整个教学的过程。

（二）学生任务

学生在整个教学过程中的行为是主动的，在引导文的帮助下，独立思考、解决问题。通过自我研究和开发式的学习，更好地理解和掌握解决实际问题所具备的知识技能，构建知识体系，真正实现理论认识与实践学习相结合。教师在整个过程不做示范，而是让学生自己去摸索。学生完成任务的步骤与教师制作引导文的步骤刚好相反，包括：通过引导问题引入，了解需要解决的问题，以及应领会掌握的知识点；使用信息资料源，通过查阅教师提供的信息源自主探索学习获得相关知识；为完成作业制订工作计划；执行计划以完成任务（如图 9 –4 所示）。

图 9 –4　学生完成作业/任务的步骤

第三节　引导文教学法应用实例及解析

一、引导文教学法在“会计基础”课程中的应用

（一）单元教学基本情况

教学单元：原材料按实际成本计价的核算。
教学时数：2 学时。
教学对象：中职会计专业一年级学生。

（二）教学目标

本次课主要培养学生三方面的能力。其一，专业能力：提高学生对外购原材料入账价值的计算和判断分析能力；掌握采用按实际成本来核算原材料的收入和发出的基本技能。其二，方法能力：培养学生用“引导文”寻求解决问题的方法和自我分析能力。其三，社会能力：培养学生认真的学习态度，严谨、细致、规范的职业习惯。

（三）教学内容分析

按实际成本计价的原材料购进业务是存货核算中重点的内容之一，企业每月采购业务繁多，购入原材料入账价值的确定和核算有实际成本法和计划成本法，由于付款和结转入库在时间上不一定同步，以及支付方式的不同，购进原材料业务的账务处理有四种情况。不同部门领用原材料的应计入不同的账户。

采用校编《企业会计岗位核算》教材，原材料的核算是第五章第三节的内容，在本节中，侧重于在理解原材料按实际成本计价的基础上，掌握原材料的收入和发出按实际成本计价及其相应的账务处理，也为学生在后面学习原材料按计划成本计价核算打下坚实的基础。因此它是会计实际操作中必须掌握的知识。

本节的教学重点是让学生了解购入原材料入账价值的确定、账户的设置、购进原材料业务三种情况的不同账务处理。教学难点是根据付款和材料入库在时间上之间存在时间差异的情况，购进原材料业务的不同账务处理以及不同部门领用原材料的不同账户处理。

（四）学情分析

学生已经了解存货的概念、确认条件和分类，掌握了存货的计价内容。对原材料的概念、分类、相关核算账户结构和内容有一定了解。学生已学过基础会计专业课，对会计核算过程已有了一定的认识，但部分学生会计基础较薄弱，对相关账户的核算和运用还不够熟悉。学生主动学习能力差。因此，教学过程中要通过引导文教学，激发学生的学习兴趣。

（五）课堂组织形式、教学方法与教学策略

1. 课堂组织形式

教师按照教学目标设置引导文；把全班同学分成每 5 ~ 6 人一组的若干小组，以小组的形式开展教学活动，让学生在规定的时间内进行小组讨论和沟通；学生在规定的时间内讨论出结果，由每组派一名代表上台讲。由于分的组数多，如若每组上去发言时间仓促，可以随机选取 2 ~ 3 组，没有轮到的小组下次课继续抽选，以保证公平性。演讲完后，由各小组和教师分别对学生完成的作品和任务打分。

2. 教学方法与教学策略

主要采用引导文教学法、启发法、归纳法。通过“回顾—情境导入—提出问题—引导文学习—交流评价—总结提高”的基本教学模式，设置“丽达服装厂向某企业购买毛料一批，增值税专用发票上注明的材料价款为 50 000 元，增值税 8 000 元，运输费 3 000 元。（附增值税专用发票及收料单）会计员如何根据这笔业务情况入账?”的学习情境，任务驱动做中学。学生通过引导性问题，逐步思考逐步解决，从而突出重点，突破难点。

（六）教学环境及资源准备

多媒体设备、PPT 课件、黑板、单据资料（记账凭证、领料单、账页）、引导文。

（七）教学过程设计

表 9－1　教学过程设计

教学环节	目标与要求	学生活动	教师活动	学习资源	教学时长
导入新课	教师出问题导出主题，学生参与激发学习热情	学生对需要的信息和工具列好清单，做出相应的操作计划	引导学生如何制订自己的工作计划，及时予以适当的点拨	多媒体课件	2 分钟
复习	引导学生回忆上次布置的任务，为下一步的学习做定向准备	学生根据教师布置的任务，在引导文的指引下，分析需要做什么，在正式学习开始之前独立获取要完成任务所具备的知识点	教师对任务进行提问	多媒体课件	3 分钟
咨询	让学生明确任务要求	1. 认真阅读引导文； 2. 对引导文不理解的地方提出疑问； 3. 接收任务材料	1. 回答学生提出的问题，并进行指导； 2. 发放任务材料	多媒体课件	5 分钟

续表

<table>
<tr><th>教学环节</th><th>目标与要求</th><th>学生活动</th><th>教师活动</th><th>学习资源</th><th>教学时长</th></tr>
<tr><td>计划与实施</td><td>结合引导文完成任务</td><td>1. 明确小组成员分工和任务完成计划；
2. 根据任务计划完成项目、形成项目成果</td><td rowspan="2">1. 观察学生的完成情况并做好记录；
2. 给予适当的指导</td><td>学习材料</td><td>10 分钟</td></tr>
<tr><td>控制监督</td><td>保证任务完成的方向不偏离既定目标</td><td>1. 发现任务完成过程中的问题；
2. 解决问题并做好记录</td><td>学习材料</td><td>30 分钟</td></tr>
<tr><td>评估总结</td><td>学生在引导文的帮助下，独立思考、解决问题</td><td>学生对自己完成的成果作自我检查和评估，对照检查表，找出不足和错误的地方</td><td>教师与学生一起对整个任务和结果进行评价</td><td>多媒体课件，单据资料、引导文</td><td>20 分钟</td></tr>
<tr><td>知识拓展</td><td colspan="4">分别启发思考单到货未到、货到单未到、单货同到、预付款购货不同情形的业务应该如何做账</td><td>8 分钟</td></tr>
<tr><td>布置作业</td><td colspan="4">完成教材的习题</td><td>2 分钟</td></tr>
</table>

（八）学业评价方法及评价材料

表 9－2　引导文教学法综合评价表（教师版）

第（　）小组

评分内容	优（90～100 分）	良（75～89 分）	中（60～74 分）	差（60 分以下）
①问题解决（30%）				
②业务技能（30%）				
③团队协作（20%）				
④归纳总结（20%）				
总分	①×30%＋②×30%＋③×20%＋④×20%			

注：评价结果对应分数：优（90～100 分），良（75～89 分），中（60～74 分），差（60 分以下）。

表 9－3　引导文教学法任务考核表（学生版）

第（　）小组

标准及分值	解决问题	业务过程	归纳与总结	团队合作	总分
	20	40	20	20	100
1					
2					
3					
4					

表 9－4　填写说明

评价内容	评价标准
问题解决	优：问题清晰具有普遍性，解决方案可行 良：问题清晰但不具有普遍性，解决方案可行 中：问题描述不清，解决方案不可行 差：该部分未完成
业务过程	优：业务操作流程流畅，操作内容准确无误 良：业务操作流程流畅，操作内容基本正确 中：业务操作流程不流畅 差：该部分未完成
归纳总结	优：表达流畅，逻辑清晰，内容全面 良：表达流畅，内容完整 中：表达不流畅，内容基本完整 差：表达不流畅，内容残缺
团队合作	优：小组成员协调性较好，项目完成度高 良：小组成员协调性一般，项目完成度一般 中：小组成员协调度较差，项目完成度较差 差：该部分未完成

（九）教学预测

（1）学生对引导文的理解有偏差；教师及时跟进学生的任务完成情况，如发现偏差应及时纠正。

（2）学生难以总结归纳任务中包含的知识点；教师明确知识归纳的方向和具体要求，必要时可以提供相应的资料。

（十）其他说明及附件

1．学习资料卡

（1）科目设置。

原材料：资产类科目。核算库存原材料的增加、减少和结存。借方记录入库材料的实际成本，贷方记录发出材料的实际成本。

在途物资：已取得购货凭据，但尚未验收入库的在途材料。

应交税费：反映各种税费的缴纳情况，并按照应交税费项目进行明细核算。该科目的借方登记已交纳的各种税费，贷方登记应交纳的各种税费，期末贷方余额反映尚未交纳的税费；期末如为借方余额反映多交或尚未抵扣的税费。

应付账款：本科目核算企业因购买材料、商品和接受劳务供应等经营活动应支付的款项。本科目的贷方，反映企业尚未支付的应付账款、本科目的借方、记录预付的款项。

生产成本：是指生产活动的成本，即企业为生产产品而发生的成本。生产成本是生产单位为生产产品或提供劳务而发生的各项生产费用，包括各项直接支出和制造费用。直接支出包括直接材料（原材料、辅助材料、备品备件、燃料及动力等）、直接工资（生产人员的工资、补贴等）、其他直接支出（福利费等）；制造费用是指企业内的分厂、车间为组织和管理生产所发生的各项费用，包括分厂、车间管理人员工资、折旧费、维修费、修理费及其他制造费用（办公费、差旅费、劳保费等）。

为了核算生产成本，可设置生产成本账户进行核算，并可以分设基本生产成本和辅助生产成本账户核算。制造费用在未计入各产品成本计算对象之前，应先在制造费用账户中进行归集核算，然后再按一定标准分配计入各产品成本之中。

管理费用：管理费用是指企业行政管理部门为组织和管理生产经营活动而发生的各种费用。包括的具体项目有：应当由企业统一负担的公司经费、工会经费、待业保险费、劳动保险费、董事会费、聘请中介机构费、咨询费、诉讼费、业务招待费、办公费、差旅费、邮电费、绿化费、管理人员工资及福利费等。管理费用属于期间费用，在发生的当期就计入当期的损失或是利益。该科目借方登记企业发生的各项管理费用，贷方登记期末转入“本年利润”科目的管理费用，结转后该科目应无余额。

（2）原材料采购成本的组成内容。

购买价款：企业购入材料的发票上列明的价款，但不包括按照税法规定可以抵扣的增值税额。

相关税费：企业在交易过程中按照有关规定应负担的各种税款、行政事业性收费以及手续费、佣金等。具体体现为企业购买材料发生的进口关税、消费税、资源税和不能抵扣的增值税进项税额等应计入材料采购成本的税费。

在采购过程中发生的其他直接费用：包括运输费、装卸费、保险费、运输途中的合理损耗、入库前的挑选整理费用等。

（3）购入原材料的会计处理。

1）对于货款已经支付（或已开出商业承兑汇票），发票账单和材料同时到达的采购业务，材料入库后根据凭证、发票账单确定材料成本。

借：原材料

应交税费——应交增值税（进项税额）

贷：银行存款

2）对于货款已经支付（或已开出商业承兑汇票），但材料尚未到达或未验收入库的业务。

借：在途物资

应交税费——应交增值税（进项税额）

贷：银行存款/应付票据

3）对于材料已经验收入库，货款未付的采购业务。

①发票账单未到。

借：原材料

贷：应付账款

②发票账单已到。

借：原材料

应交税费——应交增值税（进项税额）

贷：应付账款

4）对于采用预付方式采购材料的采购业务。

付款时：

借：预付账款（按实际预付金额）

贷：银行存款

材料验收入库时：

借：原材料（根据发票账单等结算凭证）

应交税费——应交增值税（进项税额）

贷：预付账款

预付款项不足时：

借：预付账款（按补付金额）

贷：银行存款

预付款有余时：

借：银行存款

贷：预付账款

（4）在实际成本法下发出材料会计分录。

借：生产成本

制造费用

管理费用

贷：原材料

2. 引导文

（1）工作任务书。丽达服装厂向某企业购买毛料一批，增值税专用发票上注明的材料价款为 50 000 元，增值税 8 000 元，运输费 3 000 元。（附增值税专用发票及收料单）会计员如何根据这笔业务情况入账？

（2）引导问题。

①受采购地点和采购结算方式等因素的影响，经常会出现材料入库和付款时间不一样的情况，具体可能出现哪几种情形？

②企业的材料是否已经验收入库？依据何在？

③已经验收入库的材料应该使用哪个会计科目？

④企业外购的原材料的采购成本由什么组成？

⑤增值税属于企业的价外税还是价内税？是否计入材料的成本中？

⑥企业发生的运输费应该计入哪个账户？

⑦如何根据单据判断企业是否已经支付了货款？

⑧对已付货款或者未付货款分别使用什么会计科目？

⑨每个账户的借贷分别记录什么？

⑩采购业务情境中的情况属于哪一种？

⑪企业如何进行账务处理？

二、应用实例解析

（一）课前准备

教师：制作引导文，详细介绍工作任务。让学生明确本节次课的教学目标、教学内容以及需完成的工作任务。引导学生通过书籍、网络等去搜集资料。

学生：理解接受教师布置的工作任务，在正式学习开始之前独立获取完成任务需要具备的知识点。

（二）复习

教师：通过抢答加分的方式提问需要完成的任务分别是什么。

学生：根据教师布置的任务，在引导文的指引下，通过小组合作的方式，分析需要做什么，整理和分析所获取的相关信息。

（三）咨询

教师：提供采购业务情境，听取学生的想法，引导学生制订自己组的工作计划，及时予以适当的点拨，若发现学生有出现方向性的错误则应及时纠正，引导他们制订解决问题的方法。

采购情境：丽达服装厂向某企业购买毛料一批，增值税专用发票上注明的材料价款为 50 000 元，增值税 8 000 元，运输费 3 000 元。

学生：根据引导文的内容，对需要的信息和工具列好清单，商量相应的操作计划并根据教师的指导意见制定最后的实施方案。

（四）计划与实施

教师：组织、协调、引导学生看单据辨别经济业务并根据单据进行账务处理，在这过程中教师主要起监控作用。如学生遇到新的技能问题，教师可以另外提供帮助，也可以由学生共同探讨正确的答案。

学生：以小组为单位按照决策后制订的工作计划实施，按照引导文的提示逐步完成任务。整个过程学生独立完成，如果遇到新的问题，可以共同探讨正确的答案，也可以向教师咨询寻求帮助。

（五）控制监督

教师：认真观察学生的完成情况，指导学生对照着引导文的内容完成任务。明确按实际成本计价的计算方式、适用范围等，引导学生学会归纳总结。

学生：严格按照任务计划完成，发现问题时应及时记录并提出对应的解决措施，遇到困难问题实在难以解决时可请教师帮忙解决，总结经验。

（六）评价总结

教师：引导学生进行必要的检测，并与学生一起对整个任务和结果进行评价。课后填写引导文教学法综合评价表。

学生：对自己完成的成果做自我检查和评估，对照检查表，找出不足和错误的地方。各小组展示活动成果，分享经验，进一步解决在执行过程中所出现的问题。探讨在下一次哪些方面可以做得更好。同时进行小组互评，填写引导文教学法综合评价表。

（七）知识拓展

（1）丽达服装厂向某企业购买毛料一批，增值税专用发票上注明的材料价款为50 000元，增值税 8 000 元，运输费 3 000 元。款项已用支票支付，材料已经验收入库。会计员如何根据这笔业务情况入账？

（2）丽达服装厂向某企业购买毛料一批，增值税专用发票上注明的材料价款为50 000元，增值税 8 000 元，运输费 3 000 元。款项已用支票支付，材料尚未收到。会计员如何根据这笔业务情况入账？

（3）丽达服装厂向某企业购买毛料一批，增值税专用发票上注明的材料价款为50 000元，增值税 8 000 元，运输费 3 000 元。材料验收入库，货款尚未支付，发票账单和银行结算凭证未到。会计员如何根据这笔业务情况入账？

（4）丽达服装厂向某企业购买毛料一批，5 月 11 日按合同规定预付款项为 40 000 元，5 月 25 日收到材料和专用发票等单据，材料价款为 50 000 元，增值税专用发票上注明的材料价款为 50 000 元，增值税 8 000 元，运输费 3 000 元，同时用银行存款补货款 21 000 元。会计员如何根据这笔业务情况入账？

三、优缺点分析

（一）应用优点

1．明确学习方向

引导文教学法突出“引导”二字，帮助学生明确教学内容的学习方向。在本次课中，为了降低学生自主查找资料的难度，帮助学生顺利完成任务，教师首先通过发放学习资料卡，让学生明确完成任务所需要的知识；其次，通过引导文引导学生如何应用现有的资源进行探究学习；最后，按照既定的教学目标，掌握发出成本按实际成本计价的知识和技能。从中可以看出，在引导文教学法下，教师结合学习资料卡和引导文，引导学生按照教学计划进行探索性学习，避免了学习过程的盲目性，提高了学习的效率。

2．增强师生互动

引导文教学方法能够很好地发挥学生的主体性。传统的教学方法会让学生的厌学情绪慢慢滋长蔓延，极大地挫伤了教师的工作积极性和责任心，严重影响教学质量和办学效益的提高。引导文教学法充分发挥学生的主体性，使“教”与“学”有机结合，圆满完成教学活动。在本次课中，在咨询阶段教师为了保证任务的顺利完成，运用学习资料卡让学生先自行学习按实际成本计价的基础知识点，并给出相应的会计分录，让学生容易获得学习成就感。采用引导文教学法进行原材料按实际成本计价的核算，教师发动和组织学生进行实际操作，熟悉各种情况的具体账务处理。

3．培养良好思维习惯

引导文教学法通过“引导文”帮助学生养成良好的思维习惯，相较于传统教学法的“填鸭式”教学方法更能培养学生的方法能力。在本次课中，针对发出材料按实际成本计价的知识和任务要点，包括计价方法、业务流程、会计分录等都进行了有逻辑的排列，让学生能够循序渐进地思考，逐渐养成正确的专业思维，为未来专业知识的学习打下基础。

（二）应用缺点

引导文教学法以“引导文的制作”为核心，因此，高质量引导文的制作对教师提出了较高的要求。首先，教师应能充分将教学内容与实践经验结合起来，保证引导文的教育性和实用性；其次，教师还应认真雕琢引导文的用语，充分考虑学生的认知水平，避免用语不规范而导致学生的理解偏差；最后，教师参与的过程中需要进行耐心、仔细的讲解和答疑，咨询阶段需要回答学生对问题的困惑，实施阶段需要引导学生完成任务，等等。

第十章

混合式教学及其在会计专业教学中的应用

第一节 混合式教学概述

一、混合式教学的起源与定义

“混合式教学”的理念最初来自20世纪50年代国外学者提出的“Blended Learning”的说法。“Blended”是混合的意思，“Blended Learning”则是混合式教学的意思。教学的组成要素包括了教学方式、教学方法、教学手段、教学时间等。在我国，最早由北京师范大学何克抗教授提出了与混合式教学相对应的混合式学习，他认为：所谓混合式学习就是要把传统学习方式的优势和网络学习的优势结合起来，只有将二者结合起来，做到二者的优势互补，才能获得最佳的学习效果。也就是说，混合式教学既强调教师引导、启发、监控教学过程的主导作用，又注重学生作为学习过程主体的主动性、积极性和创造性。①

之后随着信息技术的快速发展，教育信息化的深入推进，特别MOOC和SPOC等线上课程资源的兴起，赋予了混合式学习更加丰富的内涵：线上学习和面授学习的混合，知识学习与知识应用的混合，以实现翻转课堂，达成线上新知学习和线下知识内化的完美结合，拓展学生的学习广度和深度，提高学习效果，提升人才培养质量。由此可见，混合式教学的开展离不开现代信息技术与教育教学的深度融合，何克抗教授认为“深度融合”的确切内涵是：“通过将信息技术有效地融合于各学科的教学过程来营造一种信息化教学环境，实现一种既能充分发挥教师主导作用又能突出体现学生主体地位的，以‘自主、探究、合作’为特征的新型教与学方式，从而把学生的主动性、积极性、创造性较充分地发挥出来，使传统的课堂教学结构发生根本性变革——由‘以教师为中心’的教学结构转变为‘主导—主体相结合’的教学结构。”② 观其内涵，信息技术融入教育教学，以促成信息化教学环境的建设，进而改变教与学的方式，最后变革课堂教学结构。毋庸置疑，现代信息技术与教育教学两者不是简单相加，而是相互融合在教学理念、教学环境、教学资源、教学内容、课堂组织形式、教学方法和学习方式等方面产生根本性变革。

---

① 何克抗. 从Blending Learning看教育技术理论的新发展(上)[J]. 电化教育研究,2004(3):1-6.

② 何克抗. 信息技术与学科教学“深度融合”的路径与实现方法[J]. 中小学数字化教学,2018(2):17-20.

因此，混合式教学可定义为运用现代教育技术将各种各样的教学方法融入教学的全过程，即“线上＋线下”的教学过程。开展混合式教学的目标既不是建立数字化资源，教会学生如何使用教学平台，也不是多种教学方式的“大杂烩”，而是提高教学效能，促进学生的深度学习。混合式教学通过选择合适的教学方式，辅之必要的信息技术，帮助学生搭建知识系统，让学生能主动参与到教学活动中来，养成良好的学习习惯。

二、混合式教学的特点

（一）“线上＋线下”

“混合式教学”可概括性地分为两个方面的混合：一方面是传统的讲授法与新型教学法——行动导向法的混合；另一方面是线上教学与线下教学的混合。在实际教学过程中，两方面灵活地进行混合，以求能够更好地发挥教师的引导作用并激发学生的主体意识，让学生在学习过程中能够提高课堂参与度，发挥创造性，变被动地吸收知识为主动地学习运用知识，达到教学目的。混合式教学贯穿在整个教学流程，串联课前中后的教学内容，让学生形成“课前预习—动手实践—理论总结—课后复习”的学习循环，有效地将理论知识与实践经验结合，不仅加强学生的学习效果，也促使学生形成良好的预习和复习的学习习惯，同时提高学生信息化学习的意识，让学生不再局限于“手机＝娱乐”的狭隘思想，更重要的是比起单一的课堂讲授模式，混合式教学模式所提供的“打卡式预习”“实践性的学习”更能够激发学生的学习热情。

（二）组合灵活

混合式教学融合了多种教学方法，并结合信息技术，能够灵活适应各种课程的教学需求。随着使用的具体的教学方法不同，混合式教学模式可以灵活调整。其中较为广泛的模式为：课前学生利用手机对教师发布在线上平台的教学视频进行预习并打卡，课中教师先向学生介绍课本中涉及的工作情境并设定任务，通过任务驱动教学法引导学生进行小组任务。在这个过程中，学生基于预习的基础进行小组讨论并开展任务，任务结束后，教师运用多元的评价方法引导学生进行多角度的评价，帮助学生客观看待学习结果，最后进行理论讲授引导学生总结课堂内容，课后学生通过完成教师发布在线上平台的习题进行复习并在线上平台向教师进行提问。

有了课前线上平台的打卡式预习，学生对于课堂内容已经有大体了解，在进行课堂任务的时候能够“有据可依”，学以致用，加强学生的学习信心。而学生如果希望在课堂上更好地完成小组任务，又会促使学生更加认真地进行课前预习，用以促学，加强学生的学习动力。课后学生如果对于课堂内容仍有疑惑，也能够在线上平台“随时可学”“随处可问”，加强学生的学习效果，跟上教师的教学进度。

三、混合式教学设计的原则

混合式教学设计应遵循双主体性、融合性和协作性三个原则。

（一）双主体性原则

传统教学下教师在全过程中具有主导地位，忽视了学生的主观能动性，在线课程又过于关注学生的主体作用，忽视了教师的主导作用。建构主义下的混合式教学着眼于教师与学生共建的双主体作用，强调教师主导性和学生主体性的有机统一，贯穿在整个教与学的活动中，构建一种新型的"主导—主体相结合"的教学模式。

（二）融合性原则

混合式教学是学科课程与现代信息技术深度融合的产物。混合式教学模式达成了网络学习与传统课堂面授的融合，打破了线上与线下的界限，二者融合为一，优势互补，不可分割。传统课堂教学与网络在线教学的融合并非机械性的相加，而是融合了教学理论，融合到教与学的各个环节，变革了教学环境、教学资源、教与学方式、教学内容、教学模式，等等。

（三）协作性原则

基于建构主义中教学发生环境的因素之一——"协作"，混合式教学模式遵循着协作性原则。协作主要分为两个方面，一个是从教师的"教"出发，教师的协作为学习者的协作提供了保障，为学生建设有利于自主学习的环境，提供充分的发现式学习资源，促进建构式的有意义学习，充当学生的引领者、指导者与促进者；另一个是从学生的"学"出发，学生之间的协作学习，不仅强化了学生之间的沟通与互动，提升学生的社会适应性，还促进学生学习更积极、自主，并激发了创新思维，学生们共同成长，共同进步，提升学习效果，促进全面发展。

第二节　"二维三位一体"混合式教学模式的构建

基于"混合式学习"及"深度融合"的内涵，围绕美国教育学家拉尔夫·泰勒（Ralph W. Tyler）提出的教学的三个基本问题："想让学生学什么？（目的）、怎样教他们学会？（过程）、如何知道他们学会了？（评价）"，融入先进的教学理念，融合现代的信息技术，构建如图 10－1 所示"二维三位一体"的混合式教学模式。

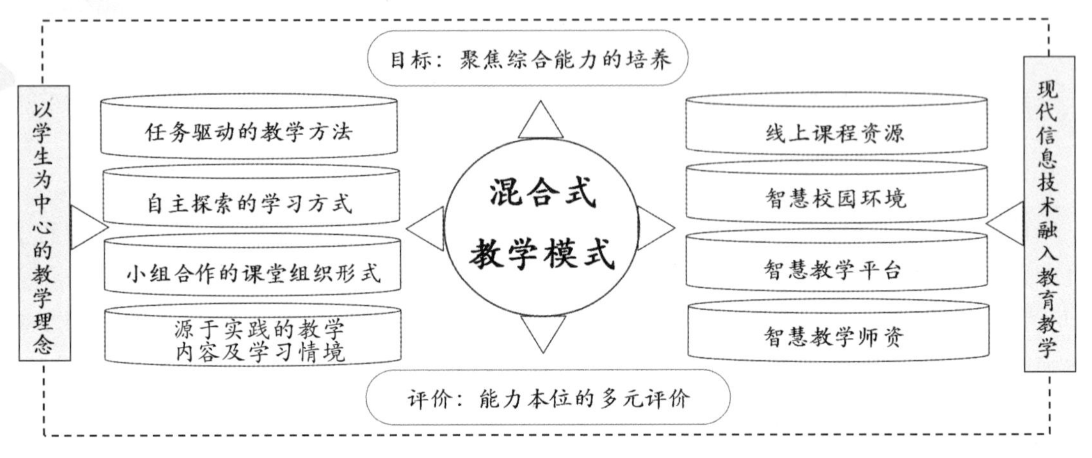

图 10－1 “二维三位一体”的混合式教学模式

一、理念与技术“二维”并驾齐驱

若要确保混合式教学模式行之有效，现代教学理念与现代信息技术二者缺一不可，共同为混合式教学的设计及实施提供理念指导与技术保障。

（一）以学生为中心的教学理念

教学理念是混合式教学模式的指导思想。混合式教学首先应改变原来以教师为中心的做法，贯彻以学生为中心的教学理念，以学生发展为中心，以学生学习为中心，以学习成效为中心：洞悉外在信息技术和资源环境变化，把握学生当前在学习习惯、学习态度和学习方式方面的改变，充分了解学生的知识和经验基础，考虑学生的学习需求和爱好，充分利用各种资源或活动激励学生积极参与学习过程，鼓励学生自主探索学习并内化知识，提高知识的利用效能，利用信息化手段通过多方评价重视学习过程的表现，培养学生的核心就业和发展能力。以学习效果为导向，强调学生学得好，而不是强调教师讲得好，课堂离开学生的参与将无法进行，由此，课堂中师生关系得以重构，以学生为主体，教师为主导，教师充当学习的组织者、引导者和促进者，而不是知识的呈现者。以学生为中心，课堂主体回归学生，指向高质量人才的培养，混合式教学模式以此展开设计。

（二）现代信息技术融入教育教学

现代信息技术是混合式教学模式的技术保障。随着信息技术的飞速发展，大数据、人工智能、移动互联网、云数据等技术得以普及应用，教育信息化继续推进，教育环境发生巨大变化，教育与互联网、移动互联网紧密结合。首先，优质教育资源普及化，随着国内外各类慕课平台的推出，精品开放课程、慕课 MOOC、SPOC 等在线开放课程逐步建设和上线，线上优质教育资源实现普及化，为线上学习提供丰富的优质教学资源；其次，智慧教学助力课堂教学革命，借助于信息技术，智慧校园环境得以建设、智慧教学平台得以开发、智慧教学工具得以应用，为混合式教学的开展带来诸多便利：一是实现学生跨越时空按需学习，二是实现学习行为的量化评估，三是实现课前课中课后的连贯学习，课堂翻转成为可能。总之，信息技术融入为课程资源建设、学习行为监测、学习成效评估、学时高效利用提供强有力的支持。

二、目标、过程和评价“三位”融为一体

以学生为中心的教学理念贯穿始终，现代信息技术深度融入教育教学，混合式教学的目标、过程和评价应随之变革创新。

（一）目标：聚焦学生综合能力的培养

教学目标是混合式教学模式的核心，对过程和评价起着制约作用。高等教育是人才培养的主阵地，应培养适应新时代发展要求的人才。

首先，新时代信息技术飞速发展，并极大改变着社会经济环境，对劳动力市场产生深刻影响。根据麦肯锡全球研究院（Mckinsey Global Institute）2017 年年底发布的《失业与就业：自动化时代的劳动力转型》研究报告，到2030 年全球高达50% 的工作可能被机器人取代，60% 的职业中有 1/3 的工作事项可以由机器代劳；届时全球将有多达 8 亿人的工作岗位可能被自动化的机器人取代，其中中国就有多达 2. 36 亿人可能会因自动化需寻找新的工作；同时也催生了部分新就业岗位，到 2030 年全球将有多达 3. 75 亿的从业者会因自动化转行学习新的技能，其中中国将有 1. 02 亿劳动力面临转型①，未来工作者将要把更多的时间花在管理工作、应用专业技术、与他人沟通交流等机器能力较低的活动上，此时需要更多的社会和情感技能以及更高级的逻辑推理和创造力等认知能力。

其次，新时代知识更新周期缩短。回归教育之本质，教育应贯穿明暗两条主线，明线是培养显性能力，教予知识和技能，形成专业能力；暗线是培养隐性能力，育其态度和习惯，形成通用能力。目前职业教育的现实是侧重于显性能力的培养，然而在自动化的新时代，社会经济快速发展，知识面临快速更新，意味着学生在校所学知识到毕业时甚至未毕业时部分或大部分面临着过时。英国著名的教育理论家阿弗烈·诺夫·怀海特（Alfred North Whitehead）认为“把学校学到的知识忘掉，剩下的那一部分才是教育”。当时代飞速发展，“知识”面临快速更迭“被忘掉”，如若高等教育仍然忽略“剩下的那一部分”隐性能力的培养，学生缺乏应有的态度和责任心、缺乏自主探索的学习能力、缺乏创新创造力、缺乏分析问题和解决问题的能力、缺乏沟通交流和团队合作等交际能力，将难以与时俱进获取新知识新技能，难以胜任未来善变的工作。

因此，为实现人才培养质量的“变轨超车”，职业教育应顺应时代潮流，以学生发展为中心，以知识为依托，以能力为主线，聚焦学生综合能力的培养，在教学资源、环境、方法和活动上不断进行创新。

---

① 麦肯锡全球研究院. 失业与就业：自动化时代的劳动力转型[R]. 2017 - 11 - 28.

（二）过程：目标导向的资源、环境、方法与活动

1. 线上课程资源

线上课程资源是混合式教学模式的资源保障，为学生自主探索提供丰富多彩的学习资源。课程教学资源主要包括微课群、课件库、学习任务库、拓展资源库、习题库、案例库等。其中，微课群由一系列短小精悍的教学视频组成，可以引进优秀师资的教学视频，也可从个性化和实用性出发自行录制，结合课件库为学生课前线上学习新知提供学习资源；学习任务库对应学习情境，汇总课中驱动知识内化的学习活动，明确课中知识内化的任务要求；拓展资源库目的是拓展学生学习广度和深度，具体包含对应知识点的实务界新闻事件以及学术界最新研究动态等，联合习题库和案例库为学生课后知识巩固、拓展和迁移提供资源支持。

2. 智慧教学环境

智慧教学环境是混合式教学模式的环境保障。为了保证混合式教学的顺利开展，首先需要具备智慧校园环境，一是具备全天候、全覆盖、全应用的无线校园网，突破时空限制，满足学生个性化的学习需求和碎片化的学习方式；二是集移动桌椅、电脑终端、智能终端、智能触控交互大屏、实物展台、即时反馈系统、实时课堂录播系统于一体的智慧教室，便于小组学习活动的开展，便于课中生生及师生之间的多重互动。其次充分利用智慧教学平台和教学工具，例如超星公司推出的“一平三端”智慧教学系统，以泛雅云平台为基础，连通教室端（智慧课堂）、移动端（超星学习通）和管理端（智慧教务）三个终端去实现智慧环境下教学新生态的构建，涵盖教师的教学管理与教学评价、学生的自主学习、动态跟踪与学习评价功能，满足师生之间互动、课程资源即时分享和课程及时反馈评价等需求，为线上学习和面授学习的紧密结合和自由切换提供强大的技术支持。

3. 智慧教学师资

智慧教学师资是混合式教学模式的师资保障。依据美国学者科勒（Koehler）和米什拉（Mishra）提出的整合技术的学科教学知识（Technological Pedagogical Content Knowledge，TPCK）理论，有效的教学是学科内容知识、教学法知识和技术知识三个核心要素之间整合的结果。身处教育信息化飞速发展的新时代，开展信息技术深度融合的混合式教学，教师除了具备扎实的学科知识和教学法知识外，还需具备一定的信息技术能力，并能整合技术、内容和教学法三个因素应用于混合式教学，才能在线上与线下教学之间自由切换，达到预期教学效果。

4. 小组合作学习的课堂组织形式

小组合作学习是混合式教学模式的组织保障。以学生为中心，以学习效果为导向，小组合作学习是混合式教学面授学习的首选。首先，小组合作学习是社会工作方式在课堂中的引入，能开发和引导学生提前接触社会；其次，小组合作学习将学习行为从个体

行为转向群体行为，充分利用微环境克服学生不善思考、不善表达的惯性，强化互动交流，极大提高学生的课堂参与度和积极性；再次，通过建立小组合作学习机制，保证小组学习活动有效组织与开展，实现小组共同学习共同进步，保证学习效果；最后，通过完成小组学习任务及组间交流评价，能培养学生的自主探索学习能力、独立意识和责任感以及展示自我、评价他人、团队合作等交际能力。

5. 源于实践的教学内容与学习情境

源于实践的教学内容与学习情境是混合式教学知识内化的基础。知识内化通过任务驱动完成，学习任务对应学习情境，而学习情境的创设又基于教学内容。

学习情境是与知识内容相联系的一个事件或场景，该事件或场景能呈现知识发现的过程，蕴含知识应用的条件，阐明知识的意义和价值。学习情境的创设旨在让学生融入情境，经过富有挑战的探索过程，设身处地去分析、解释和处理事件内含的问题，从而真正理解知识的内涵，促进知识转化为技能，并获得相应的情感体验。可见，学习情境的核心是与知识对接的问题，因此创设学习情境关键在于设计学生感兴趣的真实问题。该问题应适合知识教学，能激发学生探索的兴趣，能吸引学生的注意力，能激起学生的情感共鸣，指向知识的掌握，指向分析解决问题能力的提高，更指向综合能力的提升。为此，需要了解学生的生活世界并从中评估并选择与知识相联系的最典型的事件作为学习情境。

显而易见，合理学习情境的创设离不开源于实践的教学内容。由此，务必改变当前惯用的按学科体系排序、理论知识和实践知识相分离的教学内容安排，在调研基础上遵循以下原则对课程教学内容进行整合：第一，以学生发展为中心，考虑学生终身职业发展需要，系统设计教学内容；第二，以工作过程为主线，按照实际工作需要有机整合知识；第三，以工作任务为中心，整合理论点与实践点，重在培养知识应用，而非仅仅知识记忆；第四，以工作实践为起点，融合知识与技能的学习，激发学生的学习热情。由此最后形成行动体系排序的、对接实践的教学内容，便于学习情境的创设。

6. 任务驱动的教学方法与自主探索的学习方式

任务驱动和自主探索是混合式教学收获成效的保障。混合式教学设计最终须落地于课堂，而教学方法及学习方式是课堂教学最直接的呈现，其选择将直接决定知识内化程度以及学生综合能力的高低，倘若仍旧延续当前以讲授为主的教学方法，学生被动灌输学习，混合式教学的初衷必将渐行渐远。因此，教学方法和学习方式务必创新。贯彻以学生为中心的理念，任务驱动的教学方法及自主探索的学习方式将极大提高学生的参与度，提高知识的利用效能，提升学生的综合能力。

正如意大利著名教育家玛利娅·蒙特梭利（Maria Montessori）所言：我看到了，我忘记了；我听到了，我记住了；我做过了，我理解了。任务驱动的教学方法，强调“做中学，学中做”，让学生在自主探索完成任务过程中学习知识、内化知识、提升能力。其具体教学手段主要包含项目教学、案例教学、角色扮演、探索教学、引导文教学和小组教学六种，其中小组教学是组织形式的切入点，包括分组、头脑风暴、演示汇报等技巧；

而其他五种是教学内容设计的切入点，均以源于实践的教学内容为基础，只是任务载体有所不同。项目教学以项目为载体，案例教学以案例为载体、角色扮演以场景表演为载体，探索教学以探索活动为载体，引导文教学则以引导性问题为载体开展教学。其教学不再是传统的“教师授课、练习深化、任务运用”的灌输形式，而是“布置任务、小组学习、展示评价、教学小结”的引导教学形式。其中学生作为主体，学习方式由被动转为主动，小组积极探索、合作交流并解决问题，从而理解知识的深刻内涵，同时获得相应的情感体验。

7. 创新的八阶段混合式教学过程

基于以上创新的资源、环境、方法及活动，设计如图 10－2 所示线上线下结合、课前课中课后连贯、生生师生多重交互的八阶段混合式教学过程。第一阶段在课前，教师在线上推送新知资源，学生个体完成线上学习。第二至七阶段在课中线下进行：第二阶段教师布置工作任务，学习小组进入学习情境；第三阶段学习小组分析解释问题；第四阶段学习小组依据各种学习资源寻找理论依据；第五阶段学习小组设计并选择解决方案；第六阶段学生展示并评价解决方案；第七阶段教师结合完成的任务情况进行经验总结和知识梳理，实现知识迁移；第八阶段在课后，教师线上发布学习任务，学生个体完成学习任务进一步巩固和应用知识。很显然，八阶段混合式教学过程尤其是课中小组合作完成任务阶段非常强调学生自主探索学习，强调自我组织、自我负责，教师在其中起引导和促进作用。

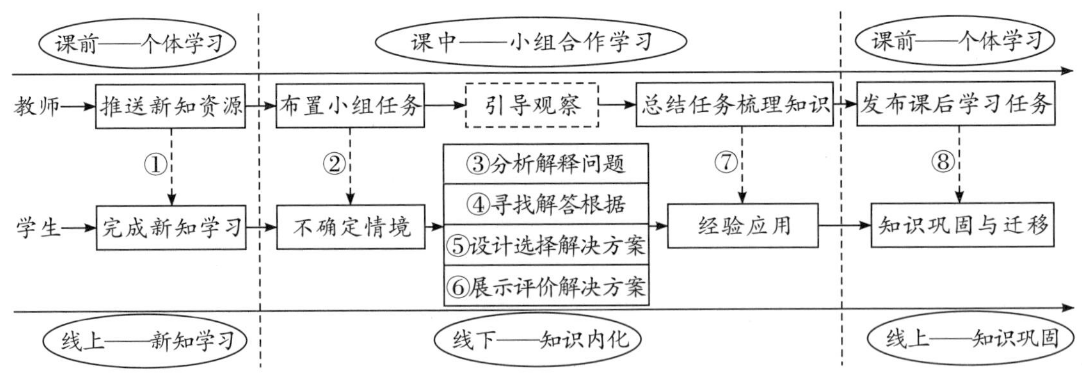

图 10－2 八阶段混合式教学过程

（三）评价：能力本位的多元评价

教学评价与教学目标具有对应性。混合式教学以知识为依托，以能力为主线，旨在培养学生的综合能力。因此，首先，教学评价标准应是多元的。既要对学生所获知识和技能等显性能力进行评价，更要对态度、习惯、方法和交际能力等隐性能力做出评估。其次，教学评价形式应是多元的。其一，线上评价和线下评价相结合，线上基于智慧教学平台的技术支持通过在线测验及时评价学生知识掌握程度，通过云数据对学习行为的统计分析评价学生的学习态度、学习习惯及学习投入度，线下通过观察小组学习任务的完成评价学生的知识应用能力、方法能力和交际能力；其二，过程性评价与结果性评价相结合，在多元的评价标准中，知识和技能可以通过测验等结果性评价方式实现评价，而态度、习惯、方法和交际能力是在学习过程中通过各种小组学习活动逐步培养形成，其评价难以通过一次或多次测验完成，而需要关注学习过程、关注学生在其中的收获与发展，即实施过程性评价。最后，教学评价主体应是多元的，应包含自评、互评和师评。评价主体除了教师，还应加入学生，开展自我评价和他人评价，以便让学生对自身的学习方式和学习效果有一个清楚的认识并及时做出调整。同时通过评价他人实现交流学习并提升评价能力，甚至还可引入实务界专业人士，对学生的知识应用及职业能力具备度做出评价，增强职业代入感，激发学习兴趣。

综上可见，“二维三位一体”的混合式教学模式，基于先进教学理念与现代信息技术的融合，依托与实践对接的教学内容与学习情境，组织线上个性化学习与线下小组合作学习，引导学生自主探索通过线上教学资源学习新知与线下任务驱动内化知识，达到知识学习与知识应用的混合，加以能力本位的多元教学评价，促成学生综合能力的培养，将为人才培养质量的“变轨超车”提供充足的动力。

第三节　混合式教学的应用分析

一、应用优势

（一）顺应信息化教学要求

混合式教学模式最明显的特征就是现代教育技术的运用，将信息技术融合教学的全过程。一方面，随着信息技术的快速发展，学生获取知识的渠道不仅局限于课堂教学，还包括网络教育、网络咨询等，知识来源渠道丰富，混合式教学能选择合适的教学方法与信息技术相结合，顺应信息化的普及。另一方面，基于多元的文化氛围和较好的教育环境，提出了培养学生综合能力的需求，而非简单的知识传统，传统的“填鸭式”课堂已逐渐不能满足学生的成长需求，混合式教学能灵活运用“线上 + 线下”的教学模式，调动学生的学习积极性，实现多元的教学目标。

（二）教学方法组合灵活

混合式教学主要运用线上与线下相结合的教学模式，可根据不同类型的教学内容进行不同教学方法的组合。在理论课教学中，教师可以运用线上教学帮助学生补充和巩固知识基础，并通过线上教学平台的反馈实时了解学生的知识掌握情况，运用线下任务驱动式教学突破重点难点，任务驱动式教学又可在小组教学法的基础上进一步选择行动导向的项目教学法、案例教学法、探索法、角色扮演法、引导文教学法，帮助构建学生的知识体系；在实操课教学中，教师可以运用线上教学平台让学生感知操作的整体步骤与流程，运用线下实操指导纠正学生在实操过程的不足，帮助学生掌握正确的操作流程和方法。

（三）方便教学资源管理

混合式教学下形成的教学资源，能够灵活应用于不同的教学内容中，实现不同的教学目标，方便教学资源的管理，节省后期制作的时间。在教学资源建立的初期，应注重线上资源的代表性和实用性，以便学生能够反复地进行学习。在线上教学资源的应用过程中，应根据具体的教学内容进行适当的调整和更新，提高资源与教学目标的契合度。

二、应用范围

混合式教学因其高度的灵活性和适用性，适用的范围较广。在中职会计教学中，既可应用于传统理论课的教学，也可应用于实操实训课的教学。传统理论课主要包括基础会计、职业道德与财经法规、财务管理等课程，运用混合式教学能提高学生的学习积极性和参与度，加深学生对知识内容的理解程度。实操实训课主要包括财务会计实务、会计电算化等课程，运用混合式教学能帮助学生了解和掌握操作要点、注意事项，帮助学生学会正确的操作。

三、实施注意事项

（一）循序渐进

在混合式教学下，教师应遵循学生的认知规律，合理设计“线上＋线下”的教学组合方式。课前，“线上”布置的任务和相应的要求应充分考虑学生的知识基础，任务内容尽可能简单直接，让学生感知教学内容。课中，教师结合“线上＋线下”的教学，围绕教学目标，运用合适的教学方法帮助学生突破难点，进一步深化和掌握所学知识，学会归纳总结，形成系统的知识体系。课后，教师采用“线上＋线下”的作业，既有利于学生巩固所学的知识，也有利于教师进行下一次的教学设计。

（二）系统连贯

在混合式教学下，“线上＋线下”的教学模式并非现代教育技术的简单应用，而是需要将各种教学资源与教学方法相连接起来，最终达到最优的教学效果。“线上”的教学主要依托现代教育技术的运用，帮助学生认知、巩固和反思所学内容；“线下”的教学主要通过学生的课堂参与，及时了解学生的学习情况，及时调整教学方式，更有针对性地因材施教。

第四节 混合式教学应用实例及解析

一、混合式教学在“财务管理”课程中的应用

“财务管理”为中职会计专业三年级开设的课程，旨在帮助学生建立现代财务管理理念，熟知现代财务管理方法，掌握财务管理技能，培养财务管理能力。所选教材为中国人民大学出版社出版的《中等职业教育会计专业规划教材：财务管理》，以社会对中等职业教育人才的需求变化为着眼点，以培养学生掌握财务管理方面的实用理论、实用技能为目标，以岗位为基础，能力为本位，采用任务驱动教学法。

（一）单元教学基本情况

教学单元：利润分配管理。

教学学时：课中线下 3 学时，课前与课后线上时间学生自主安排。

教学对象：中职会计专业三年级学生。

（二）教学目标分析

坚持思政与课程同向同行，本教学单元聚焦于学生三维综合能力的培养。

（1）专业能力：知识层面，掌握股利分配的条件、相关法律法规、程序、相关日期，股利种类，股息红利税；技能层面，能够运用相关理论知识全面解读上市公司的利润分配公告及财经新闻。

（2）方法能力：培养自主探索学习能力，分析和解决问题能力，归纳总结能力，评价能力，时间管理能力。

（3）社会能力：培养学生态度和责任心，沟通与表达能力，团队合作能力；培养感恩图报之精神，增强遵纪守法之意识，树立正确的利益观，体现思政育人。

（三）教学内容分析

1. 本教学单元的地位与作用

利润分配管理是实务中财务管理工作的最后一个环节，也是“财务管理”课程教学内容的最后一个模块。本教学单元“利润分配管理”涉及股利分配的条件、相关法律法规、程序、相关日期，股利种类，股息红利税等基础理论知识。

2. 本教学单元的重点和难点

（1）重点：股利种类及其区别，股利分配相关日期的含义。

（2）难点：股利种类的选择，股息红利税的征收。

3. 本教学单元的学习情境与分组任务

为突出重点、突破难点，以真实上市公司贵州茅台（600519）和当前财经新闻为基础，创设“解读‘贵州茅台2020年年度权益分派实施公告’及‘2020年年度中国整体上市公司分红情况’财经新闻”的学习情境和任务。

4. 本教学单元教学资源的利用

本教学单元在教材的基础上，充分利用本课程线上课程学习资源，课前学生利用线上章节课件及教学视频预习相关理论知识，课中利用线上案例库和学习任务库实施任务驱动做中学，实现知识内化，课后完成线上习题库中的对应习题巩固知识，阅读拓展资源库中的财经新闻、案例或期刊文章实现知识迁移。

（四）学情分析

1. 知识基础

已经学习过“会计基础”“初级会计实务”等专业课程，掌握了会计的确认、计量、记录和报告，能初步解读分析公司的财务报告，同时已经完成本课程前6个模块教学内容的学习，明确了财务管理的基本工作流程，并具备了一定的财务管理知识和方法。

2. 能力基础

通过前面6个模块任务驱动做中学的锻炼，学生已经具备了一定的自主探索学习能力、团队合作能力、分析和解决问题能力等方法能力和社会能力，当然，仍有待进一步提升。

3. 学习动机与风格

基于对本课程学习目标的认识以及本课程前面模块的学习，已经激发了学生的学习兴趣和积极性，在一定程度上已由被动学习变为主动学习，同时已经适应了本课程线上线下相结合的混合式教学模式，习惯了小组合作任务驱动自主探索的学习方式。

学生已具备的知识和能力基础，以及对本课程教学模式的适应，为本教学单元进一步采用线上线下混合的任务驱动教学的开展奠定了良好的基础。

（五）课堂组织形式、教学方法与教学策略

本教学单元开展线上线下混合式教学，具体组织实施安排如下。

1. 课堂组织形式

本教学单元将沿用本课程的固定分组（全班通过“分组宝”小程序，遵循“组间同质，组内异质”的原则分为若干小组），实施项目负责制，课前与课后在线上主要采用以个人为单位的学习方式，课中在线下采用小组合作学习的课堂组织形式。

2. 教法学法

本教学单元采用任务驱动案例教学法与小组教学法相结合的教学方法，通过“布置任务、小组学习、展示评价、教学小结”四大环节开展教学，引导学生通过小组合作学习法、自主探究学习法开展学习，完成相应的学习任务，实现学习目标。

3. 教学策略

实施线上线下结合、课前课中课后连贯、生生师生多重交互的策略，实现课堂翻转，达到从知识预习到知识内化再到知识巩固迁移的理想效果。

（1）课前—线上：线上推送学习资源，学生预习新知，通过答疑解决学习疑惑，通过课堂小测检查新知预习效果，发现学习障碍。

（2）课中—线下线上：线下主场，小组合作任务驱动做中学，内化知识；线上辅助，超星智慧教学工具及在线课程资源助力任务完成。基于本单元所涵盖的知识点，对接财务管理的实际工作流程，创设学习任务——“解读‘贵州茅台 2020 年年度权益分派实施公告’及‘2020 年年度中国整体上市公司分红情况’财经新闻”，分析整体分红形势及贵州茅台是否符合股利分配的条件，是否符合程序要求、选用的股利分配及原因，相关日期的具体确定，股息红利税如何征收。学习任务布置后，各小组自主合作探索学习，分析解释问题，寻找理论解答依据，形成小组解读结论，并进行展示评价，最后教师结合学生的知识内化情况梳理总结相关知识体系。

通过课中小组合作任务驱动的教学模式，突出了本教学单元重点也突破了难点，学生既可以掌握股利分配的条件、相关法律法规、程序、相关日期，股利种类，股息红利税等相关知识，同时也能够应用理论知识全面解读上市公司的利润分配公告及财经新闻，实现知识内化。另外，培养了学生自主探索学习、分析和解决问题、归纳总结、评价和时间管理能力，也培养了学生的态度和责任心，沟通与表达能力，团队合作能力，增强法律意识，培养感恩图报精神，树立正确的利益观，实现本教学单元的教学目标。

（3）课后—线上：线上发布习题、案例学习及财经新闻阅读等学习任务，实现知识的巩固和迁移。

（六）教学环境及资源准备

1. 硬件准备

师生具备已经下载并安装超星学习通 APP 的手机或平板电脑，需要具有多媒体设备的教室以及顺畅的网络环境。

2. 软件准备

一是具有智慧教学系统，如超星公司以泛雅云平台为基础，连通教室端（智慧课堂）、移动端（超星学习通）和管理端（智慧教务）的“一平三端”智慧教学系统。二是课程资源方面，需要具备包括课件库、教学视频库、案例库、习题库、思维导图库、拓展资源库等线上课程学习资源。

（七）教学过程设计

表 10－1　教学过程设计

教学环节	目标与要求	学生活动	教师活动	学习资源、工具	教学时长	线上线下
预习新知（课前）	1. 预习新知； 2. 阅读案例材料	自行安排学习线上章节课件及教学视频	1. 推送学习资源； 2. 在线答疑	1. 手机或平板电脑； 2. 线上课件库及教学视频库		线上
回顾流程温故引新	回顾财务管理工作流程，引出新课内容	跟随回顾与思考	讲授引导	1. 教学课件——财务管理工作流程； 2. 多媒体设备	5 分钟	线下
新闻图片导入新课	看新闻图片，关注财经热点，激发学生学习兴趣和积极性	学生认真思考、发言	讲解图片反映的社会热点问题，引导学生思考	1. 财经新闻及图片； 2. 多媒体设备	5 分钟	线下
随堂小测	检验新知预习效果，发现学习障碍	登录学习通完成小测	1. 发布小测； 2. 投屏分析讲解小测情况	1. 活动库——随堂小测； 2. 手机、多媒体设备	10 分钟	线上

续表

教学环节	目标与要求	学生活动	教师活动	学习资源、工具	教学时长	线上线下
布置任务	1. 任务驱动做中学； 2. 明确任务要求	1. 明确任务要求； 2. 接受学习任务	1. 发布分组任务——解读分配公告及财经新闻； 2. 推送相关材料； 3. 讲解任务要求	1. 学习任务库之任务十二； 2. 贵州茅台 2020 年年度权益分派实施公告； 3. “2020 年年度中国整体上市公司分红情况”财经新闻； 4. 手机、多媒体设备	10 分钟	借助线上工具及资源，线下完成教学活动
小组自主探索学习	1. 小组合作完成学习任务； 2. 实现知识内化； 3. 培养自主学习、团队合作、分析解决问题能力	1. 分工安排时间； 2. 收集完善资料； 3. 分析解释问题； 4. 寻找解答依据； 5. 形成小组结论	1. 观察协调； 2. 解惑答疑	1. 手机或平板电脑； 2. 线上课件库及教学视频库； 3. 案例材料	50 分钟	
交流评价	1. 每组展示完毕进行自评、互评及师评，实现共同学习； 2. 培养沟通能力和评价能力	1. 自评：团队合作情况及任务完成过程中遇到的问题； 2. 互评：找出亮点，提出建议	1. 每组展示完毕，交流点评； 2. 全部展示完毕，综合点评，点出亮点，归纳问题	1. 多媒体设备； 2. 评价材料	20 分钟	

续表

教学环节	目标与要求	学生活动	教师活动	学习资源、工具	教学时长	线上线下
梳理总结	1. 结合案例材料和学生知识内化情况，梳理股利及其分配的知识体系； 2. 查漏补缺	1. 做好笔记； 2. 对比思考； 3. 归纳总结	1. 知识梳理：结合案例材料和学生知识内化情况，基于思维导图，讲解梳理股利及其分配的知识体系； 2. 思政引领：引导学生具备感恩图报之精神，增强遵纪守法之意识，树立正确的利益观	1. 多媒体设备； 2. 思维导图	20 分钟	借助线上工具及资源，线下完成教学活动
作业布置（课后）	1. 完成线上课后任务； 2. 巩固知识； 3. 实现知识迁移	1. 线上完成习题库相应的习题，巩固知识； 2. 学习案例库中的相关案例，关注股利分配相关财经新闻，实现知识迁移	1. 发布学习任务； 2. 批阅习题； 3. 在线答疑	1. 手机或平板电脑； 2. 线上习题库、拓展资源库、案例库		线上

3. 评价表

表 10－2　评价表

评价项目	评价标准	第一组			第二组			第三组			第四组			第五组			第六组			第七组		
		自评	互评	师评	自评	互评	师评	自评	互评	师评	自评	互评	师评	自评	互评	师评	自评	互评	师评	自评	互评	师评
专业能力（自评 20% ＋互评 20% ＋师评 60%）	理解股利分配条件、法律法规、程序（5 分）																					
	掌握股利种类、相关日期、股息红利税（10 分）																					
	准确解读公告及新闻（15 分）																					
	合计																					
方法能力（自评 20% ＋互评 20% ＋师评 60%）	自主探索学习能力（10 分）																					
	分析问题的准确性（10 分）																					
	鼓励性评价实施（10 分）																					
	按时完成任务（10 分）																					
	合计																					
社会能力	小组讨论、交流的积极性（10 分）（自评 50% ＋师评 50%）																					
	完成任务的态度及责任心（10 分）（自评 50% ＋师评 50%）																					
	成果展示时的语言表达（10 分）（自评 30% ＋互评 40% ＋师评 30%）																					
	合计																					
总得分																						

（八）教学预测

表 10－3　教学预测

可能存在问题	解决预案
1．随堂小测部分学生准确率较低	1．进一步加强导学、促学、督学与助学
2．部分小组对公告和新闻的解读不全面	2．制作并发布引导性问题启发学生完成任务
3．小组内部部分学生存在“搭便车”现象	3．明确并启动小组项目负责制
4．部分学生课堂发言不积极	4．实施主动发言与被动发言区分积分的课堂发言积分制

二、应用实例解析

利润分配管理模块旨在让学生掌握股利分配理论、利润分配法律法规、分配政策、分配顺序、分配形式及日期等理论知识，进而能结合法律法规，考虑公司实况，确定一个公司利润分配比例，选择分配方式，确定分配日期，最后形成利润分配方案；同时培养学生的态度和责任心，自主探索学习能力，分析和解决问题能力，归纳总结能力，沟通与表达、展示自我、评价他人和团队合作等交际能力。

结合教学目标和教学内容，创设“解读‘贵州茅台 2020 年年度权益分派实施公告’及‘2020 年年度中国整体上市公司分红情况’财经新闻”的学习情境，形成学习任务，选用案例教学法，课堂学时 3 学时。该教学单元八阶段混合式教学过程设计如下。

（一）课前——线上个体学习新知

教学第一阶段：课前教师通过智慧教学平台推送利润分配管理模块的微课视频及 PPT 课件，并设置任务点及截止时间，学生在规定时间段内线上完成利润分配相关理论知识学习，并讨论提出学习疑问，亦可通过线上小测检验学生线上学习新知的效果，教师查看线上学习记录并归纳整理学生的学习问题。同时布置任务让学生收集“贵州茅台 2020 年年度权益分派实施公告”及“2020 年年度中国整体上市公司分红情况”财经新闻，为课中开展任务准备学习材料。

（二）课中——线下小组内化知识

教学第二阶段：布置小组任务。教师分组并布置工作任务，明确任务要求：一是“解读‘贵州茅台 2020 年年度权益分派实施公告’及‘2020 年年度中国整体上市公司分红情况’财经新闻”，分析整体分红形势及贵州茅台是否符合股利分配的条件，是否符合程序要求、选用的股利分配及原因，相关日期的具体确定，股息红利税如何征收；二是撰写学习任务报告，归纳总结任务完成的工作流程、遇到的问题及解决方法、学习收获。学生理解学习情境，明确学习任务要求，并接受项目工作任务。

教学第三阶段：分析解释问题。学生进入自主探索的学习过程，教师重在引导和观察。学习小组首先制订工作计划、明确分工及职责，讨论如何解读“贵州茅台 2020 年年度权益分派实施公告”及“2020 年年度中国整体上市公司分红情况”财经新闻。比如结合公告和新闻，需要明确几个问题：股利分配的条件；权益分派实施公告中“各种日期”的实际意义；股利分配的方式：现金分红、送股、转股？股息红利税如何征收；如何认识和区分派息率和股息率？股利分配的影响因素有哪些？等等。

教学第四阶段：寻找解答依据。为解决任务的具体问题，以线上学习的理论知识为基础，学生继续通过教材、前期准备资料、网络资源等搜索信息寻找解答依据。

教学第五阶段：设计选择解决方案。依据寻找的解答依据，鼓励小组成员各抒己见，保证每位成员针对每个问题均提出自己的见解，最后经过组内充分讨论后选择最优的解答方案，形成小组的见解。

教学第六阶段：展示讨论解决方案。公平起见，每个小组随机抽签确定顺序展示解读结果，具体说明如何解读“贵州茅台 2020 年年度权益分派实施公告”及“2020 年年度中国整体上市公司分红情况”财经新闻。展示完毕，小组首先进行自评，总结任务完成流程、遇到的问题及解决方法、学习收获及团队合作情况；其次，小组间进行交叉评价，对其他组解读结果提出质疑并交流观点；最后，教师对各组解读公告和新闻的思路和方法以及解答依据进行点评，对各小组在任务完成过程中的表现如态度和责任心，自学能力，沟通与表达能力、展示评价能力做出评价。

教学第七阶段总结梳理知识：教师结合学生课前线上学习及各组完成任务的情况尤其是容易出现的问题，梳理总结利润分配管理的相关理论知识及其应用的条件，归纳实务中制定利润分配方案的思路和方法以及需要考虑的现实因素，实现知识的迁移。

（三）课后——线上个体巩固知识

教学第八阶段：教师在线上发布课后学习任务，学生在习题库完成配套习题，勾画该模块的思维导图，以巩固知识；在拓展资源库阅读与股利分配相关的其他财经新闻，了解最新的学术观点，以拓展学习广度；在案例库深入学习其他公司的利润分配决策，以拓展学习深度，从而促进知识的进一步迁移和应用。教师借助于智慧教学平台对学生学习行为的记录和分析，检查课后任务的完成情况，总结学习障碍，为下一次教学的开展做好准备。

综上可见，八阶段的混合式教学过程很好地呈现了线上学习与面授学习的混合、知识学习与知识应用的混合，实现了课前个体、课中小组和课后个体的连贯学习，学生掌握了利润分配相关理论知识，并利用理论知识解读真实公司的利润分配决策，其他能力同步得到提升。

六、优缺点分析

（一）应用优点

1. 培养学生良好的学习习惯

在本次课中，混合式教学中利用学习通平台的学习行为记录功能，帮助教师监督学生的预习复习情况，有利于学生形成预习复习的学习习惯，而学生为了能够在课堂上更好地完成任务，也会更认真对待课前的预习。相比之下，传统的教学模式下教师与学生的联系主要集中在课堂上，教师无法监督到学生课前课后的学习，课堂中也没有实践机会供学生运用预习的知识内容，没有足够动力，学生难以形成一个课前预习课后复习的良好学习习惯。

2. 提高学生的信息化水平

混合式教学给学生提供网络学习的机会，并在教师的正确引导下，帮助学生养成正确的网络学习习惯，提高学生的信息化意识和信息化水平。信息化时代对会计人才的信息化水平要求越来越高，中职会计专业的学生如果不能够利用网络资源进行学习和工作，完成自我更新，将难以跟上会计政策的变更，更会降低自身的竞争力。传统的教学模式教学地点主要在课堂，并没有提供更多的网络学习机会，不利于学生利用网络学习能力的提高。

（二）应用缺点

混合式教学在中职会计专业的应用中存在学生自主性和教师工作量等问题，然而这些问题并非不可解决，相反，可以利用混合式教学本身的特点加以规避和解决。

1. 学生自主性问题

在传统的教学模式下，学生课前预习和课后复习主要依靠学生的自觉性，然而当前中职生普遍存在学习自主性不够的问题。混合式教学模式的三个特点可提高学习自主性，以督促学生养成预习和复习的习惯。一是线上平台对学生的学习行为进行记录，例如打卡式预习和打卡式复习，将督促学生自主自觉进行预习复习；二是会计学习需要大量实践，而混合式教学课中运用任务驱动型教学方法，正好给学生提供动手实践的机会，让学生能够“以用促学”，增强学生课前预习的动力；三是混合式教学多元的评价机制，注重过程性评价，注重学习过程的积累，将平时的学习行为转为平时成绩，将极大提高学生的学习自主性。

2. 教师工作量问题

混合式教学结合了线上资源和传统课堂讲授两者的优势，意味着开课前需要教师花费更多时间和精力建设线上课程资源，加大了教师的工作量。然而，正因为线上资源的准备，例如教师可以通过制作微课视频，让学生课前观看视频进行预习，减少课堂上教师知识点讲授量，仅需在梳理总结阶段进行查漏补缺，同时微课视频又可以作为学生课后遗忘知识时的补充手段，有利于教学目标的高效实现，也减轻了教师的教学压力。

混合式教学法实录

第十一章

翻转课堂及其在会计专业教学中的应用

第一节　翻转课堂概述

一、翻转课堂的起源

关于翻转课堂的起源，学者存在不同的观点。多数学者认为翻转课堂源于2007年美国科罗拉多州“林地公园高中”（Woodland Park High School）两位化学老师乔纳森·伯尔曼（Jon Bergmann）和亚伦·萨姆斯（Aaron Sams）的创新授课方式，经过广泛传播后引发北美乃至全世界课堂教学模式的变革。然而，也有国外教育研究学者认为虽然“翻转”这个术语是全新的，但带有“翻转”色彩的教学方法及相关应用探索早已存在。20世纪80年代开始，英美等发达国家已开始改革单一的教师讲解学生认真听讲的教学方法，相比于传统的“填鸭式”灌输教学，新教学方法在教育理念和教学模式上都有了实质性进展。新教学方法中如任务驱动学习、及时教学法、案例教学法、同伴学习法等本质上都保证了教学中学生的主体地位，强调教师在问题或案例中启发引导学生，组织学生之间相互合作学习，收到了可观的教学成效，逐渐发展为教育界人士钻研与运用的焦点，尽管没有学者把采用新教学方法的教学模式称为“翻转课堂”，但从教育学的本质意义来说，新教学方法实现了让学生积极主动学习，习惯于在课上课下互相讨论、合作解决问题实现知识的内化，全面提升了课堂的互动。从这层含义中完成了教育学实际意义上的翻转，亦可称为第一代翻转课堂。

随着互联网与现代教育技术的飞速发展，丰富的信息化教育手段助推了上述教学方法的应用。国外信息化的翻转课堂逐渐取代传统的课堂讲学，采用任务驱动学习、案例小组学习等以学生为中心的翻转课堂迎来发展的春天，进入了越来越多教育者的视野，并开始得到国内学者的引进、试验和推广，逐渐在国内的教育热土上生根发芽。这一阶段的翻转课堂的主要形式是教师把原来需要在课上讲解的主要知识点浓缩制作为教学视频，学生课前自主安排时间和进度观看视频，并在课上参与知识相关实际活动中通过完成真实的任务来构建知识。课堂中学生有更多的时间和同学、教师互动沟通，对所学的知识进行消化理解从而实现知识的内化。翻转课堂中的教学视频不是这一教学模式的核心内容，实现成功的翻转课堂在于通过教学视频或其他手段节省课堂上知识讲解的时间，从而保障学生在课堂中有更多的时间用于自主探索与合作学习以达到深层次的学习状态，深入理解所学习的理论知识，牢牢掌握原理，提高了综合职业能力，实现学习过程效益的大飞跃。

二、翻转课堂的定义

翻转课堂译自英文“Flipped Classroom”或“Inverted Classroom”，也可译为“颠倒课堂”。在乔纳森·伯尔曼和亚伦·萨姆斯看来，翻转课堂是一种手段，能增加学生和教师之间的互动和个性化的接触时间；是让学生对自己学习负责的环境；教师是学生身边的“教练”，不是在讲台上的“圣人”；是混合了直接讲解与建构主义学习；是学生课堂缺席，但不被甩在后面；是课堂的内容得到永久存档，可用于复习或补课；是所有的学生都积极学习的课堂；是让所有学生都能得到个性化教育。翻转课堂不是在线视频的代名词，翻转课堂除了教学视频外，还有面对面的互动时间，与同学和教师一起发生有意义的学习活动，不是视频取代教师，不是在线课程，不是学生无序学习，不是让整个班的学生都盯着电脑屏幕，不是学生在孤立地学习。

在我国，上海师范大学黎加厚教授等知名教育专家致力于研究、宣传和推广翻转课堂。例如 2012 年陕西师范大学的张宝辉教授认为翻转课堂有广义和狭义之分。广义上，翻转课堂是将学习过程的两个阶段——知识传输和知识内化进行了颠倒，知识的传输发生在课外，知识的内化发生在课堂上。狭义上，翻转课堂是借助信息技术的手段将原本发生在课堂内的知识传输环节转移到课外发生，并且学生在课外的学习效果等于甚至优于传统课堂中教师的讲授效果，而课堂中，教师和学生在面对面的交流、协作中通过多种活动完成了知识的内化，在整个过程中，信息技术为其提供支持。

随着研究的深入，2013 年林地公园高中提出了“Flipped Learning”即“翻转学习”的概念：把直接教学（讲授基本事实、知识和技能）从群体学习空间转移到个人学习空间，以便有更多的课堂面对面时间用于师生面对面的互动交流，且更进一步用以发展学生更高层次的能力。

2014 年，美国新媒体联盟（New Media Consortium）在《2014 年高等教育地平线报告》（*Horizon Report: 2014 Higher Education Edition*）中对翻转课堂做了一个描述性定义：是指重新调整课堂内外的时间，将学习的决定权从教师转移给学生。在这种教学模式下，课堂内的宝贵时间，学生能够更专注于主动的基于项目的学习，共同研究解决本地化或全球化的挑战以及其他现实世界面临的问题，从而获得更深层次的理解。教师不再占用课堂的时间来讲授信息，这些信息需要学生在课前完成自主学习，他们可以看视频讲座、听播客、阅读功能增强的电子书，还能在网络上与别的同学讨论，能在任何时候去查阅需要的材料，教师也能有更多的时间与每个学生交流。在课后，学生自主规划学习内容、学习节奏、风格和呈现知识的方式，教师则采用讲授法和协作法来满足学生的需要和促成他们的个性化学习。翻转课堂模式是大教育运动的一部分，它与混合式学习、探究性学习、其他教学方法和工具交织在一起，目的是让学生更加灵活、主动参与学习，目标是为了让学生通过实践获得更真实的学习。

三、翻转课堂的特点

（一）教学环节的翻转

先知识传输、后知识内化是传统教学过程的两个重要环节，知识传输环节是在课堂中依靠教师传授知识来完成，知识内化环节是在课堂外依靠学生通过作业、操作或者实践来完成，而翻转课堂调换了这两个环节：知识传授环节在课外完成，学生在上课前自行完成对课程内容的学习，而知识内化环节是在课堂内进行，学生的作业答疑、小组协作探索以及师生之间的深入交流，由教师的帮助与同学的协作完成。

（二）师生角色的转变

在传统课堂中，教师是知识的传授者，学生是知识的被动接受者，而在翻转课堂中教师和学生的角色发生了根本的转变，以学生为主体，以教师为主导，课前教师在安排好整体教学进度以及准备好各种教学资源的前提下，学生根据自己的实际情况充分利用碎片化时间安排学习进度，真正实现个性化学习。课堂主体回归学生，通过小组协作完成学习任务实现知识内化，教师是学习的引导者、促进者和催化师。

（三）教学资源的优化

翻转课堂的教学资源主要是短小精悍的教学视频，即微课程，通常结合学生特点进行科学合理的开发和制作，教学视频是为特定的知识点制作，视频的长度控制在学生注意力能比较集中的时间范围内，符合学生身心发展特征，一般为 10 分钟左右，通过网络发布的视频，具有暂停、回放等多种功能，可以自我控制，有利于学生的自主学习。

（四）教学环境的延伸

教学环境由课堂空间延伸至课堂外的网络空间，借助信息技术的发展，利用智慧教学平台，实现学习资源共享，动态跟踪记录学生的学习进度和状态，突破学习空间的限制，实现学习自由和个性化学习。

（五）学习反馈的及时

学生观看了教学视频之后，可以通过小测及时进行检测，并对自己的学习情况做出判断。如果对知识掌握不牢固，学生可以反复观看视频琢磨知识点；学生回答问题的情况，能够及时通过智慧教学平台进行汇总处理，教师从而可以及时了解学生的学习状况。教学视频另外一个优点，就是便于学生一段时间学习之后的复习和巩固。评价技术的跟进，使得学生学习的相关环节能够得到实证性的资料，有利于教师真正了解学生。

第二节　翻转课堂在会计专业教学中的实施分析

一、会计专业实施翻转课堂的必要性和有效性

（一）翻转课堂在会计专业实施的必要性分析

相关调查显示，目前中职会计课堂教师仍以讲解书本知识与练习评价为主，较少以小组形式组织学生进行知识的自主探究。大部分中职学生年龄较小，受限于认知水平和社会经验，难以全面理解教师课上讲解知识时创设的职业情境，不能深入结合实际理解教师所讲的会计相关理论，这为综合培养学生的会计职业能力提出了严峻的挑战。在此教学模式下，学生在课堂上认真听讲，在职业情境中一定程度理解了相关会计理论，但在课后作业或复习过程中还是极大可能遇到不能完全自主或讨论解决的问题。即使课上知识接受度较高，也难以保证课后知识内化过程中大部分问题得到解决。作业上交后教师课上讲评作业也只能讲评多数学生的问题，主动学习和个性化教学得不到体现和保障。课后作业中的问题得不到及时解决，长此以往，问题的累积将消磨学习信心，部分学生将陷入厌学的恶性循环中。

另外，在传统教学模式下，学生课前预习的意识、自觉性与深度不足，存在教师会在课堂上详细讲述知识、不必预习的想法，如有预习，其范围也相对局限于简单阅读教材内容。据调查，学生偶尔进行课前预习与课后复习，多数人课前预习与课后复习的时长低于20分钟，而会计课程内容繁杂，每天低于20分钟的课前预习与课后复习时间可以真正达到内化的知识较少，知识内化的深度不足。

翻转课堂这一教学模式是突破中职会计专业传统课堂教学中授课压力和学习时长低、学习深度不足的有效方法。翻转课堂使学生获取知识的方式发生了改变，由课上教师统一讲授的模式转变为教学视频的可控可重复的自主化输入，时间与内容机动，学习环境可选，课前的知识接收阶段得以无限延伸，学习效率一定的情况下能较好地提升学习效果，也降低了教师有限课时下知识完全透彻讲解和讲评作业难而不全的压力，而将学生学习中最困难最疑惑的知识内化阶段放到了课堂之上，保证了学生不能由课上知识讲解完全替代的自主学习时间和师生交流讨论时间，宝贵的课堂时间中教师的价值得以完全发挥。成功的翻转课堂下学生的个人世界与外界的学习社会达到深度的融合，能满足各水平学生的实际学习需要，从而具有极佳的教学效果，为实现现代职业教育的差异化教学做出有益贡献。

（二）有效的翻转课堂应具备的四个条件

1. 转变教学理念，深刻理解教学本质上的关系

成功开展翻转课堂必须更新教育理念，强调以教师为中心的教育理念是目前在中职院校和各学科推广应用翻转课堂的瓶颈。部分多年从教的教师会陷入自己是教育专家的

主观认知中，然而经验丰富有可能都是在重复落后的教学方法，长此以往，经验不是教学质量的提分项，而是难以转变的束缚。部分教师从教后会及时更新自己的已学知识，但主要局限于学科或专业前沿，不愿打破传统课堂中教师讲与学生听之间的平衡。

传统教师与家长认为教师在班上统一授课，学生的学习效果优劣在于学生是否聪明或勤劳刻苦。在这一观点下，教师的无差异教学被错误地看作教师对所有学生都付出了同等的关切与帮助，而把学习效果不理想的责任推向了学生个体。但部分学生学得好不意味着教师教得好，教师讲得好不意味着教得好，教得好的关键是绝大多数的学生学得好。学者布鲁姆（B. S. Bloom）的掌握学习理论明确指出，学生掌握知识的重要因素是足够的学习时间、坚持不懈的精神和教学质量。只要教师提高教学质量和给予学生足够多的学习时间，绝大部分的学生都可以基本把握目标知识与技能。

真正意义上的翻转课堂中的教学关系是对传统课堂教学关系的推翻与重构，这也意味着一线教师需要彻底转变职教教学理念，用新时代下的新教育理念武装思想，以学生为中心，建设民主平等的师生关系，关注不同学生的学习诉求和学习效果。

2. 精心设计课堂活动，有效地促进互动和合作探究

现代化的教育理念是基础，成功开展翻转课堂的方式与方法才是关键。有效的互动是一种情感的交流，思维的碰撞和智慧的启迪，是课堂教学活动的最高境界。课堂教学活动中的有效互动，很大部分取决于教师对活动的巧妙设计。教师在设计活动时要考虑学生的年龄、知识和时代特点，使活动具备趣味性、多样性，以激发学生的学习兴趣，调动学生参与活动的积极性。

新教学方法中如任务驱动学习、及时教学法、案例教学法、同伴学习法等都是实施有效的翻转课堂的可行策略。教师需要根据中职会计专业课程的内容特征，注重会计知识的理论性与实践性，设计情境化、角色化的活动形式，使学生真切、自然、轻松地实践会计职业活动，根据目标章节的核心知识，合理选择组合使用新教学方法与策略，利用小组教学或同伴教学等组织结构方法的优势关注学生的学习情况，给予学生更高的课堂主体地位和更多表达观点的机会，有效地促进互动和合作探究，更好地引导学生在课堂中开展深入的自主合作学习任务，让学生在教师的指导下学会利用已有知识去获取新知识解决任务中的问题，乃至在解决问题过程中发现新问题新方法，从而得到知识的内化和技能的高层次提升。会计课堂的设计是一个不断变化着的过程，同一知识技能内容也应根据学生情况、学期等变化而变化，也不应仅使用固定不变的若干种教学策略组合，需要结合实际情况制定多套备选方案，灵活实施具有创新色彩的翻转课堂。

3. 改变学习方式，学会自主学习与合作学习

目前大多数中职会计专业的学生，适应于小学和初中阶段的教师讲授的传统课堂。学习方式以听讲练习为主，自主学习并不主动，学习习惯上自控力不强、容易走神，学习和探索的意识不足。课堂以外的学习主要以完成教师布置的课内作业为主，此时多数学生尚未具备课堂活动所需的独立思考能力、讨论与分析能力、团队合作及解决问题的能力。

翻转课堂的实施于教师而言是一种全新的改变，对学生来说从只在课上听讲做笔记到需要开动脑筋自主解决问题，开始也是一个需要痛苦适应的过程。翻转课堂实施之初，学生可能遇到课前学习时间变长、教学视频无聊、学习难度加大、更严格的自我监督、小组讨论质量不高等情况，导致参与翻转课堂的积极性不高，翻转课堂对教学质量的提升效果不突出。

教师应该加强翻转课堂的渗透宣传，利用成功的案例简单明了地介绍翻转课堂及其优势，让学生明确其在当中扮演的角色，理解并逐渐接受翻转课堂。根据学生实际情况建立常见问题与对应方案库，给予学生一些自主学习的方法指导；鼓励学生敢于参与，适当降低任务难度，增强会计教学视频或学习材料的趣味性，拓展课后知识，采取有效支持帮助学生克服畏难情绪，减少挫败感与无力感，在成功的体验中提高参与翻转课堂的积极性；分享讨论合作的技巧，鼓励客观表达自己的观点，通过设置时间限制让学生在紧张中认真完成课堂讨论任务，避免课堂讨论过度随意，提高课堂讨论的质量。

4. 使用多角度多元评价模式，及时反馈调整

教学评价是教学活动中重要的一环，是教学目标的反馈，直接影响教学效果优劣的认定，具有十分突出的辅助与导向作用。传统课堂多以一卷定成败，考试成绩成为学生学习效果最主要的评价指标。翻转课堂的教学评价要求能反映学生真实的学习效果，又能让学生得到评价反馈，验证自己得出的知识信息和结果是否准确，激励学生投入真实有效的学习。在实施翻转课堂中，教师应该引入过程性评价，学生的努力程度成为衡量学习效果的尺度之一，监督学生课前自主学习知识的标准可以是学生是否对新知识提出问题、所提出问题的质量与深度等，学生在学习过程的有效记录也是学生认真学习的表现。学生的自我评价、组员评价、组间评价等也具有参考意义。教师采用多角度多元评价模式，才能了解到学生更真实的学习情况与效果，从评价的角度激励学生，让学生注重学习过程的积累，不因学习成绩而过度担忧，反而能让学生更专心努力学习，收获更佳的学习效果。

二、翻转课堂在会计专业教学中的实施路径

翻转课堂的实施中需要在师生关系中引入教育平台方便学生和教师或同学的交流，虽然采用蓝墨云、学习通等专业教学平台，能深入细致地跟踪监督学生的学习情况，但专业的教学平台不是成功实施翻转课堂的必需。

经调查发现，目前中职院校中专业教学平台普及率不高，如何让学生理解平台的操作和意义需要花费大量的时间和精力。据现状而言，用于存储推送资源和师生交互的平台应尽可能实用简单，一来是方便操作，降低本实施路径的即时应用难度，二来避免太追求形式化带来的道德许可效应，学生可能认为使用某不具备监督功能的专业教学平台就是在努力地学习，因此下意识放纵自己，导致学习低效，其实只是形式上的“虚假努力”。

结合目前接受调查的中职学生群体熟练使用的软件，如：微信群用以讨论与交流、签到转发课后补充阅读；微信公众号用以记录学习过程、发布评价、学生自主获取问题

方案库；QQ 群用以存储教学视频，传送的文件可以分文件夹长期存储；问卷调查用以进行小测试。利用学生熟悉的软件和工具，既能降低翻转课堂的实施难度，也能满足实施翻转课堂时传输资源、师生沟通的需要。但专业教学平台的确可以更好地客观跟踪学生的学习情况，如观看视频的次数和频率等，提高个性化教学效果。在条件允许的情况下可以大胆使用，更能发挥信息技术和数据资源对教学效果的优化作用。

基于以上分析，现对翻转课堂在中职会计专业教学的实施路径做出以下设计，如图 11－1 所示。

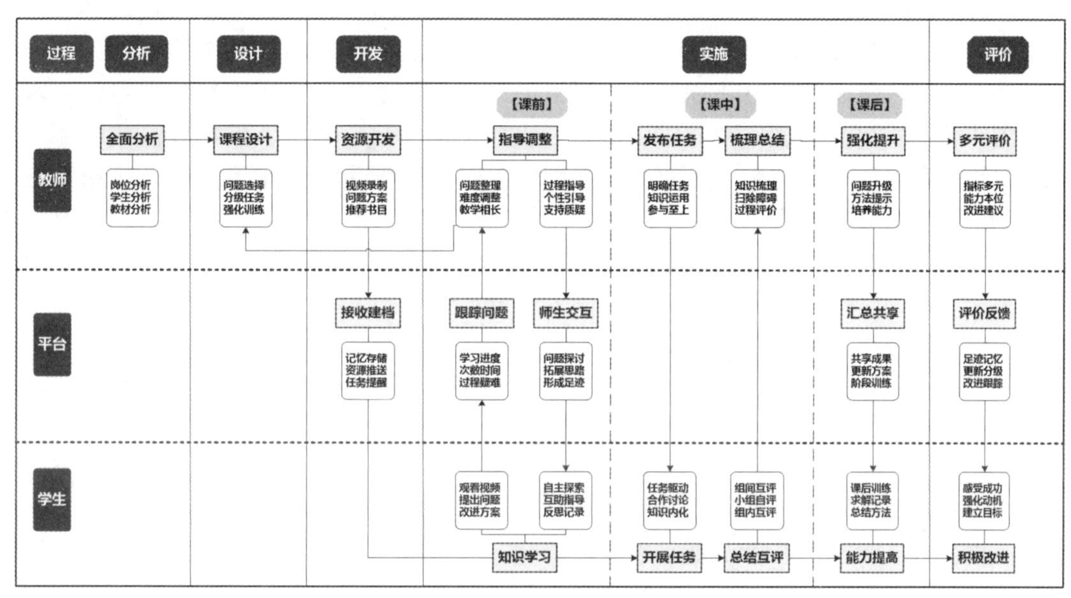

图 11－1　翻转课堂在会计专业教学的实施路径

基于 ADDIE（Analysis/Design/Develop/Implement/Evaluate）教学模型，从分析、设计、开发、实施和评价五大要素出发，设计翻转课堂从准备到成功实施的路径，包括全面分析、课程设计、资源开发、具体实施和成果评价五个阶段。其中分析、设计、开发是翻转课堂实施的基础阶段，决定翻转课堂能否顺利开展；实施为翻转课堂实施的核心阶段，细分为课前、课中与课后；评价是翻转课堂实施的改进与升华，为翻转课堂的更新与改进提供保障。

（一）全面分析

分析阶段包括学年或学期初的分析和课前分析，分析的主体依次是岗位要求、学生、教材、目标与方法。

1. 岗位要求分析

专业教师成立小组进行具体深入的会计人才社会需求调研，利用校企等资源分析中职会计专业面向的职业岗位群，清楚岗位性质、职责、工作环境和岗位资格和能力要求等。了解不断发展中的经济社会对会计人才提出的新要求，配合毕业学生去向调查等不断更新中职会计专业人才培养方案和目标。工作岗位要求本质上是学生的真实学习需求，分析会计工作岗位的要求使得校内会计课程内容与实际会计工作要求的高度结合成为可能，才能有方向地教授学生全面实用的会计职业技能，也有助于做出科学规范的教学评价。

2. 学生分析

学期初教师通过班内日常活动、与教师同事访谈交流、调查问卷、家校联系、摸底测验等方法方式深入了解学生的学习基础、风格、性格等相对稳定的个体特征，同时应特别关注学生对会计专业的学习兴趣与动机，以往相关课程的学习成绩、学习行为习惯等，这对于后续有意识地开展个性化指导、选择合适的教学方法、确定分组或同伴有较好的参考价值。教师需要主动帮助学习基础较为落后的学生找到学习障碍，找到学习的痛点，给予该生足够的教学指导和鼓励；教师在指导学习基础较好的学生时，需要抛出更深层次的思辨性问题。在开展小组学习或同伴学习中，教师可以针对性地组织不同学习基础、风格、性格的学生互相学习。在了解分析学生过程中，教师需要着重分析学生的学习初始能力和思维方式。

（1）学习初始能力分析。分析学习初始能力分为学习新知识技能的必备起点和不同学生的不同现实起点。必备起点对学习同一知识技能的学生来说都是一致的，现实起点是学生已经掌握的与学习新知识相关的知识技能或能力与方法。现实起点的差距直接与学习效果的差距挂钩，必备起点与现实起点的差距影响新知识技能的学习。在关注大多数学生的学习成效中，教师需要通过延长课时、回顾或补充知识等方式拉近学习新知识的必备起点与大多数学生现实起点的客观差距；对部分现实起点较低的学生在课前以微课、MOOC 等形式提供知识技能的补充，在课堂任务中也需给予更多关注与个性化的指导，帮助学生找到学习障碍。

（2）思维方式分析。分析学生的思维方式是成功实施翻转课堂必不可少的一步。教育的主要任务，不是积累知识，而是发展思维。学生是独立的个体，有着与教师不完全相同的思维方式。教师在实施翻转课堂的任何环节，都需要考虑学生思维方式的影响。教师否认学生的独立性，忽略对学生独特的思维方式的基本判断是造成教学设计与实际教学过程差异的主要原因。教师需要承认并关注学生的个体想法，引导学生分享自己思考问题的方式，在了解学生思维方式的基础上，多设身处地采用学生的思维方式理解新知识，才能更好地解决教学中的障碍。

3. 教材分析

教师分析当前任教教材在整个中职会计专业中的地位，如“会计基础”是学好会计的基本前提，“中级财务会计”是会计核算的核心课程，每一门会计专业课都有其独特的培养意义。会计专业涉及的课程多，课程的先后顺序对学生理解知识的程度有所影响，分析先导课程可以了解学生的背景知识与技能，必要时需要做出适当的补充，从而降低教学难度。分析后续课程可以为当前课程教学提供目标指导。教师只有熟悉专业教材，对不同学生掌握的不同程度的背景知识与技能心中有数，才能做出有针对性的教学设计。在设计某一课堂中，教师需要分析目标章节中的知识点与任务点，寻找适合知识点的任务，目标知识与技能在应用中的实际要求，为学生锤炼出核心的知识与技能。

（二）课程设计

设计的主题是教学活动。教师通过采用合适的教学方法，设计合适的教学活动，搭建知识的桥梁。

传统的教师讲解或讲练结合比较枯燥无味，抑制了学生学习知识的兴趣。合适的教学方法是教师激发调动学生学习兴趣的手段。传统的以教师为中心的课堂教学存在一定的视野盲区和注意疏漏，难以全面关注学生个体。在翻转课堂教学模式下，分组教学和同伴教学能较好地缓解教师的注意压力，利用组织方式的力量帮助教师更好地关注学生。分组教学中一般每组不超过 6 个学生，全班不超过 7 个小组，可以与案例教学、项目教学、角色扮演等方法一起使用，适合中小班教学。此外，同伴合作学习与及时教学法配合成熟的教学平台亦可以适应大班教学，同桌两两搭档在课前完成自主学习，教师在教学平台上检查学生的学习效果并及时反馈。

翻转课堂的核心活动是与知识相关的任务。中职会计专业课程学习适合开展案例教学或情境教学，会计教学也离不开职业环境的熏陶。教师选取贴近岗位工作的任务，才能让学生置身于模拟现实的职业情境，在情境中利用所学会计知识解决相关问题。所以任务需同时具备知识相关性、实用性、思考性。知识相关性要求任务能针对核心知识开展内化活动，避免课堂活动浮于形式，无法实现内化知识的目的。实用性要求任务是能被预测的学生将面对的工作任务，保证课堂活动的意义与吸引力。思考性要求任务略高于学生已有的认知水平，使任务更具有挑战性，更好激发学生的积极性。所设计的任务结果应是一个活动方案，明确学生需要完成什么样的任务，采用什么方式开展，使用什么教具、各阶段任务的时间节点等，指令应简练、清晰，让学生在活动中多次接受提出问题、分析问题、解决问题的实践训练。

（三）资源开发

开发阶段的主题是教学视频、问题与方案库、推荐书目等。

教学视频的制作是翻转课堂重要的一部分，对教师的信息化能力有一定的要求。在提取知识点之后，教师可以筛选剪辑使用网易课程、MOOC 等丰富多彩的互联网课程教学资源，也可以利用录播软件录制微课，制作简单动画配合简要知识点的电子课件。教学视频的要求是短小精悍，需要囊括目标重要知识点，单个视频应该短于 10 分钟，符合人眼视觉驻留规律，避免学生产生视觉疲劳而降低学习效率。

翻转课堂强调有引导性地指导学生，学生在自主学习或任务中会遇到一些问题，但学生通过思考或模仿可以解决多数问题。提高学生解决问题的方法能力的重要一步是打造课程学习的问题与方案库。教师采用学生的思维看待知识与任务，考虑学生在学习中可能遇到的问题，并给予有参考性的指导方案。问题与方案库可随着课程推进，教师不断收集学生的问题分类归纳而丰富，师生共同打造完善问题与方案库是一个教学相长的过程。

教材上的知识相对局限，教师应主动搜集课外知识补充教学。教师可以利用微信群、微信公众号等转发与知识相关的新闻简讯、讲座视频等，拓展学生的知识面，有利于学生全方位、多视角考虑问题。

（四）具体实施

1. 课前指导调整

课前学生自主学习目标知识，自由把控观看教学视频的时间和进度，有问题时先利用问题与方案库尝试自己思考或与小组同伴沟通解决问题，当遇到不能解决的问题时在学习群提出并列示先前的思考过程；学有余力的学生可以帮助教师解决其他同学提出的问题。课前教师应安排时间及时理解学生的思考思路，引导式有差别地解决学生在群上的问题，同时更新问题与方案库，方便以后学生遇到类似的问题时能自主解决。学生通过教学视频、同学互助、教师及时反馈指导完成课前知识学习的环节，理解记忆知识的同时锻炼了发现与解决问题、表达沟通等能力。在这个环节中，教师要着重搭建有纪律地讨论答疑的学习环境，组织学生开放而严肃地讨论知识问题，避免过于散漫的无效聊天。讨论学习结束后，教师可以利用调查问卷等方式发布少量习题或回收学生在学习时产生的问题与解决过程的记录，题目设置上可多为主观题，以便更好地掌握学生的知识学习情况，为后续指导调整做准备。

教师在参与积极的课前讨论后，还应对学生提出有共性、启发性的问题进行总结归纳，根据学生反馈的结果调整教学内容的难度，进行课堂活动的再次设计。这是根据学生学习实际情况做出的有意义的调整，使得课堂活动更有可行性和目标明确性。

2. 课上任务与梳理

教师统计学生知识学习情况后，课堂前约 10 分钟可视学生的学习情况而定，选择是否解答学生课前学习的问题。如果考虑不对后续需要开展的合作任务造成影响，教师可以选择让学生在活动中检验对课前知识的吸收程度，并在合作任务中有方向性地引导，鼓励学生修正知识学习中的错误，让学生掌握学习知识的主动权，更能激发学生的探索欲和学习兴趣，帮助学生在成功解决问题过程中增强学习的自信心。

课堂活动是翻转课堂的中心。教师发布任务时，需让学生明确任务要求，如需要完成什么样的任务、采用什么方式开展、各阶段任务的时间节点、完成任务需应用的课本知识等。课上教师除了引导深思、辅助协作学生完成探讨性学习任务、指导答疑外，还应利用适当的激励性奖惩措施督促学生有纪律有目标地投入学习中，营造开放可批判的讨论空间，促进学生全方位多视角考虑问题，也有利于增强知识理解记忆与技能提升的效果。学生在任务驱动中合作讨论，完成任务也是知识内化的过程，任务完成后的总结互评环节不可或缺。此环节需要与合作任务同等批判且包容的讨论环境，学生在比较评价中反思任务过程。

梳理总结是课堂活动的升华。教师进行知识梳理，分析交流学生在知识学习和任务中的学习障碍，并及时对学生的课堂表现做出评价。总结过程中要注意以疑引新和以难引新，从学生的疑惑和知识难点出发，不但要关注学生学习的结果，更要关注学习的过程与方法。梳理学习和解决问题的思路与方法，给予更多方法性指导，也可进一步提出有思辨性的问题。教师的及时口头反馈是学生完成任务积极性的影响因素之一。教师应对学生的合作任务做出鼓励为主的客观性评价，适当指出学生的不足。

3. 课后强化提升

课后是教师引导学生强化提升的环节。与传统课堂不同的是，翻转课堂的课后作业不再只是对课堂知识的简单复习。教师可准备少许知识复习的试题，但重要的是学生的自我反思与总结。只有让学生在课后反思自己从发现到解决问题的心路历程，得到的收获才更有实用意义。学生成功解决了问题，但解决的方法未必是便捷有逻辑的，此阶段需要教师做出个性化辅导，使学生感知自己的疑问得到教师的重视。在此阶段对学生进行合理有序方法指导，引导其使用新逻辑新方法解决问题，获得方法能力的培养。

翻转课堂的主体不仅是教师更是学生，学生对知识与技能的理解带有学生群体的特色，学生群体中的互相理解与指导比教师的传授更为有效。学生之间由于成长环境、社会环境、年龄等的相近，思维方式的跨度也相对较小。换言之，学生找到的解决问题的方法比教师的方法更适合学生。课后教师可以组织学生汇总分享自己解决问题的过程与收获，也需根据实际情况及时更新问题方案库，组织适当的阶段训练。

（五）成果评价

多元多角度评价体系是教学效果的有力保障。教师设计课堂活动，明确活动的重点和最低完成标准后，就应着手设计考核评价体系。评价体系在经过课堂活动的检验后可做出调整，在不同类型的课堂活动中也应有变化，不应用始终如一的指标或方案评价变化着的学生和课堂，才能更好地检测学生的创造性及主动性。多元是指融入教师、组员、其他小组成员、学生自身的评价，多角度是指教师评价从过程记录和完成结果不同角度进行评价，采用定性与定量评价结合、综合性评价和过程性评价混合。每个学生的起点不同，对特定课程的评价应更多关注学生的努力程度，强化学习重在平时的学习与积累的认知。学生提出问题的质量和次数、学生回答问题的质量和次数、学生的学习过程记录等都应成为分数的一部分。除了根据评价主体和角度确定考核点，还需要确定考核点的分值与比重，客观合理地评价学生的学习活动和结果。除了给出评价分数，教师还需要提出客观可行的改进建议或针对训练，并运用教学平台记录学生学习的足迹，跟踪学生是否为改进已完成的任务中出现的问题做出努力，督促学生更加有意识有方向地努力。

第三节　翻转课堂应用实例及解析

一、“会计基础”课程翻转课堂教学设计

中职会计翻转课堂的教学设计既要体现完整的课程设计流程与规律，也要突出“教与学”的翻转，更要体现学生主体性与综合会计职业能力的培养，以灵活的教学模式培养符合现代社会需求的高素质会计职业人才。以下以“会计基础”课程为例，进行翻转课堂教学设计，展示翻转课堂在中职会计专业教学的具体应用。

（一）教学目标的制定

“会计基础”课程的总体目标是使学生掌握会计核算的基本理论、基本知识和基本操作技能，为学生进一步学习会计类及经济管理类课程打下坚实的基础，为学生就业和从事相关会计核算工作做准备。其具体的课程教学目标如下。

1. 专业能力

了解会计工作职责与要求，熟悉会计核算工作程序；领会会计核算对象、会计核算方法体系和会计基础工作规范要求；会填制与审核原始凭证；会运用借贷记账法填制企业主要经济业务记账凭证；会登记主要会计账簿；会编制简单资产负债表和利润表。

2. 方法能力

提升自主探索的学习能力，归纳总结能力、信息查询能力和时间管理能力以及自我计划和控制能力，分析问题和解决问题的能力。

3. 社会能力

培养对会计职业的认同以及“会计工匠”精神的职业态度，培养严谨细致、诚实守信、不做假账的职业操守；培养人际交往与沟通合作能力，提升责任意识。

（二）学习者的分析

1. 学生对会计的了解程度

大部分学生是基于家长的建议选择就读会计专业，对会计专业和会计职业并不了解，因此在“会计基础”课程设计中，要注意简化教学，根据学生的年龄和认知特点设计适合他们的翻转课堂。

2. 学习动机

“会计基础”是中职会计专业学生最先接触的会计核心课程，完成会计的从零到熟悉的入门阶段。在当前中职会计专业学生中，出于个人爱好主动选择会计专业的学生比

例并不高，仍有多数学生是因为家长的意愿等原因被动甚至盲目地选择会计专业。就学生学习“会计基础”课程的动力而言，大部分学生的动力是专业需要，是为了更好地学习会计专业技能，满足日后升学、就业或专业深造的需要。此类动机属于较稳定的学习动机；小部分学生是兴趣使然，而兴趣是激发学生自主学习和探索的本源。因此，在课程教学设计过程中应采用趣味性强的教学视频和贴近学生生活和爱好的教学活动，注重培养学生对会计专业的学习兴趣与积极性，激发学生学习会计专业的内驱力，逐渐了解、熟悉会计专业课程，为学好中职会计专业奠定基础，同时也需明确“会计基础”在会计专业中的重要性，减少学生因学习困难而兴趣减弱导致学习动力不足，让学生获得更稳定的学习动机。

3. 学习能力与方法

据调查，中职会计专业大部分学生自主学习能力欠缺，学生习惯于通过教师讲授获取知识，对开展自主学习的信心不足。通过观察学生在课堂或课外学习遇到问题的主要解决方法发现，当课堂中遇到问题时，部分学生请同学讲解，部分学生自学解决问题；在课外学习中遇到问题时，部分学生采用网络搜索解决问题，部分学生寻求同学帮助。可见，大部分学生在问题解决中习惯通过网络搜索、同学互助和自学解决，并不完全依赖教师。因此，教师需要在翻转课堂实施之初多加鼓励，表示课堂和课后解决问题的过程也是自主学习的过程，学生自身已经部分具备翻转课堂所需的自主学习能力，可以尽快适应翻转课堂的教学，增强学生自主学习的信心。

（三）教学内容的选择与架构

表 11－1　“会计基础”知识点分解

序号	大知识点	小知识点
1	认识会计	了解企业、了解会计工作、学写规范字、学用台式计算器
2	填写企业业务单据	业务员、出纳员、仓管员、生产人员填写单据；认识原始凭证
3	理解借贷记账法	分清会计要素、掌握借贷记账法、账户的平行登记
4	填制记账凭证	认识记账凭证；筹资、材料采购、生产、销售、经营成果与其他业务核算；审核记账凭证；编制科目汇总表
5	登记账簿	认识账簿、建账、出纳员登记日记账、仓管员登记存货账、会计员登记账簿、错账更正、对账
6	编制财务报表	编制利润表、资产负债表；认识财务报表
7	整理保管会计资料	会计资料的整理和装订、保管会计资料

（四）教学策略的选择

1. 合作学习

合作学习是通过组织结构的优势特点将教师有限的注意力辐射到全班的学习方式。在小组学习中，班内同学的疑问在各自小组内集中，小组成员形成合力共同解决问题，不能解决的问题再请教教师，这样既可以减轻教师解决学生问题的工作量，又使学生的问题得到解决。在此翻转课堂教学中，拟将全班分为若干小组，每组5~6人，为了保障学生的积极性和足够的锻炼空间，小组组长采用轮换制，每周或每两周更换一次，组长任命一名组员为书记员，记录小组任务中的过程问题与解决途径，并任命另一名组员为计时员，提醒教师规定的时间节点与对应任务。为了保证小组合作的整体学习效果，教师对同一学习小组内成员给出的合作任务环节的基础分应一致，担任组长、书记员、计时员或其他有突出表现的同学可酌情加分，但不超过5分。

在具体实施过程，合作学习的核心是任务，以贴近工作环境的任务驱动学生完成知识点的内化，还可以将项目教学、角色扮演等元素融入小组合作学习。在如何填制记账凭证的案例中，一种方案是设置三笔不同业务对应的原始凭证，由小组内部分工完成记账凭证的填制任务；另一种方案是将财务主管、业务员、生产人员、出纳、会计等常见的角色分配到各小组成员上，在小组成员自学如何填制记账凭证后，一人模拟财务主管向新入职的会计人员讲解记账凭证的方法和要求，其他组员提问并接受解答。

2. 讨论互动

讨论互动是翻转课堂必不可少的课堂活动要素，只有通过讨论互动才有可能真正做到把课堂还给学生。讨论互动既可以是线上提问答疑，也可以是线下学习伙伴的互助。学生发言提问或提出解决方法是在知识内化整理的过程，师生在交流中碰撞出新的火花，加快了学生知识内化的进程，更促进了教学相长。但在实际教学中，在营造和谐民主的交流互动氛围后，教师应加强对讨论秩序的监督，扮演组织者和协调者的角色，不能让课堂教学流于交流沟通的形式。

3. 课堂讲授

课堂讲授是学生课前自主学习和课堂讨论必不可少的辅助手段，通过有逻辑地梳理所学知识，对学生有改进空间的学习方法提出建议，让学生快速有效地补充遗漏的知识点，收获方便快捷的方法启发，达到教学效果的升华。

（五）学业评价的设计

通过对学生学习“会计基础”课程全过程的持续观察、记录、反思，对出勤率、自主学习、讨论互动、课堂研讨与作业等方面进行评价和记录，做出最终的发展性评价。

表 11－2　学业评价的设计

<table>
<tr><th rowspan="2">姓名</th><th colspan="4">平时成绩（60%）过程性评价</th><th rowspan="2">期末成绩（40%）</th><th rowspan="2">总成绩</th></tr>
<tr><th>出勤率（10%）</th><th>自主学习（20%）</th><th>讨论互动（10%）</th><th>课堂研讨与作业（20%）</th></tr>
<tr><td></td><td></td><td></td><td></td><td></td><td></td><td></td></tr>
<tr><td></td><td></td><td></td><td></td><td></td><td></td><td></td></tr>
<tr><td></td><td></td><td></td><td></td><td></td><td></td><td></td></tr>
</table>

二、翻转课堂在“会计基础”课程中的具体实施

以下将以中职会计专业一年级开设的“会计基础”课程中的“填制记账凭证”教学单元为例，展示翻转课堂的具体实施。

（一）单元教学基本情况

教学单元：“会计基础”模块 4　“填制记账凭证”。

教学课时：课堂时间为 2 学时共 80 分钟，课前时间与课后时间由学生自主安排。

教学对象：中职会计专业一年级学生。

（二）教学内容分析

“记账凭证的填制”是中职会计专业“会计基础”课程的重要知识点，会计实践技能教学的重要环节。在知识结构上既是基础会计中的科目与账户、借贷记账法、记账规则及原始凭证等记账基础知识的延续，也是学习会计电算化、中级财务会计等后续课程的基础。“填制记账凭证”这一模块的知识具有理实一体化的特征，内容相对枯燥，教学难度偏高。

本单元的教学重点是记账凭证的填制要求及其具体填制方法；教学难点是根据原始凭证判断经济业务的类型，正确完整熟练地填制记账凭证。

（三）教学目标

根据对教材内容与结构、会计学科特点及综合职业能力的要求的分析，制定了以下的教学目标。

1. 专业能力

（1）知识目标：掌握记账凭证的种类、要素及填制要求。
（2）技能目标：能根据经济业务正确选择并填制记账凭证。

2. 方法能力

（1）提高时间管理能力。
（2）提高分析问题、解决问题的能力。
（3）提高自主学习、活学活用的能力。

3. 社会能力

（1）培养认真细致、严谨规范的操作技能。
（2）培养诚实守信、不做假账的职业操守。
（3）培养沟通交流、团结协作的能力。

（三）学情分析

本次课的教学对象为中职会计专业一年级的学生，据其共性和个性特点做出以下学情分析。

1. 学习基础与学习能力

（1）学习基础。学生在前面内容中已经学习了会计科目、借贷记账法、原始凭证等知识，学习了如何辨别原始凭证对应的经济业务并编制会计分录；但不是所有的学生都完全掌握这些知识与技能，教师应回顾补充知识，关注有待进步的学生并提供个性化的指导。

（2）学习能力。多数学生能通过网络搜索、互助解决问题，动手能力较强，具备合作探究的能力；但由于年龄和经验限制，不能深入结合实际理解新知，自主学习能力较薄弱；在教学中应鼓励学生发挥他们的优点，增强自信，引导学生在情境中合作分析、解决问题，另外在学习方法上加以指导，利用实际生活中的案例帮助学生理解。

2. 学习动机

部分学生是被动甚至盲目地选择会计专业，学习动机不足；兴趣是激发学生自主学习和探索的本源，应多采用趣味性强的教学视频和活动让学生更积极、更轻松地学习会计知识，同时也应多强调填制记账凭证这一内容的重要性，鞭策学生努力克服学习困难，让学生获得强烈而稳定的、高层次的学习动机。

3. 性格特征

中职学生在学习过程中表现为学习情绪不稳定、注意力容易分散、自信缺乏，但同时又充满好奇心、热情、表现欲强等心理特点，有个性的思维方式，因此要尊重学生个性，换位思考，多鼓励，利用探索性的任务抓住学生的注意力，给予其充分的展现机会。

（四）教学组织形式

全班分为每组5~6人的若干小组，开展小组合作学习时，学生可根据自我意愿寻找组员，教师再根据“组间同质，组内异质”的原则加以调整，使得分组兼具层次性与公平性。学习小组成员轮流担任组长，组长负责组内分工与协调，引导学生提前接触社会，共同发现与解决问题，获得职业能力的提升。

（五）教学方法及教学策略

本教学单元将实施翻转课堂以项目教学法为主，以角色扮演法为辅，保证学生的课堂主体地位，学生在扮演的角色中完成任务，可提高学生的课堂参与度和积极性。

课前，教师上传视频（三个共5分9秒）到课程QQ群，分发本次课的自习学习任务书，设置任务点及截止时间，学生在规定时间内完成填制记账凭证的知识学习，并讨论提出学习疑问，在任务书记录问题与解决过程，完成批改记账凭证的课前小测。教师及时解答、记录并归纳整理学生的学习问题，提供方法指导。课前视频让学生直观形象地掌握填制记账凭证的要求和方法，不同学生接受知识的效率不同，课前学生根据自身情况可暂停、重复观看视频，有时间查漏补缺、理解消化新知识；减少课上详细讲解的时间，课上有充足的时间用于师生互动、合作探究与交流、解决疑惑、内化知识，把教师和课堂的价值发挥得更充分。

课中，教师布置单数组与双数组不同的小组任务：①以企业财务人员的身份，根据经济业务与原始凭证填制记账凭证并粘贴整理；②相邻小组两两搭档（第一组与第二组，第三组与第四组，第五组与第六组），交换记账凭证，以企业财务主管的身份审核其他组的记账凭证。小组合作完成任务：各小组根据任务各抒己见、畅所欲言，分工协作，完成收、付、转共三张记账凭证的填制，并将原始凭证粘贴整理妥当；组间交换完成审核：与搭档小组交换凭证，以企业财务主管的身份审核其他组的凭证；教师巡视课堂、观察全场，多以反问形式回答小组提出的问题，发现学生的优点和学习弱势，形成课堂记录留以评价。学生完成后进行展示交流，并进行多元评价。案例贴近生活，激发学习兴趣；学生在任务驱动下“做中学”，学以致用，在职业情境的熏陶中通过实际操作训练来更好地理解理论知识，变学生被动学习为主动探究，达到深度学习状态，提高学习效率，提升会计职业能力，为学生以后的企业实践打下坚实的基础。小组展示成果并分享过程与思路，促进小组积极完成任务，有利于组间对比和相互学习，既锻炼了学生的逻辑思维，又提高了学生的表达水平。让学生会说，也是教师了解与帮助学生的重要窗口；多元评价能了解学生更真实的学习情况与效果，激励学生注重学习过程的积累。

课后，发布课后作业，学生通过完成作业巩固知识。

（六）教学环境及资源准备

（1）准备视频学习资料。《如何填写会计凭证》视频（简明版时长 58 秒、详细版 2 分 45 秒，来源于秒懂百科知识视频），《原始凭证与各种类记账凭证》视频（时长 1 分 26 秒，来源于腾讯网某教学机构发布的工作情境教学动画）。

（2）《记账凭证的填制》学习单、《记账凭证的填制》小组任务书。

（3）原始凭证、空白记账凭证。

原始凭证对应的业务：

①单数组：假如你是后街饮品店的会计，请根据以下原始凭证，填制记账凭证。

原始凭证 A：6 月 6 日，购进一批水果原材料，货款为 2 000 元（暂不考虑增值税），全部款项已用银行存款支付，材料已验收入库。（付款凭证）

原始凭证 B：6 月 8 日，接受隔壁水果店的投资 10 000 元，存入银行。（收款凭证）

原始凭证 C：6 月 30 日，本月销售饮品共领用水果原材料 1 700 元。（转账凭证）

②双数组：假如你是后街水果店的会计，请根据以下原始凭证，填制记账凭证。

原始凭证 A：6 月 8 日，向隔壁饮品店投资 10 000 元，已用银行存款支付款项。（付款凭证）

原始凭证 B：6 月 20 日，向后街茶博士销售一批水果，售价 800 元（暂不考虑增值税），收到支票一张，已存入银行。（收款凭证）

原始凭证 C：6 月 21 日，从 A 公司购收银机一台，价款为 2 500 元（暂不考虑增值税），款项未付。（转账凭证）

《记账凭证的填制》学习单

一、学习目标

1. 熟记记账凭证的基本内容；
2. 练习掌握记账凭证的日期、编号、摘要、会计科目、金额、签章和附件张数等的填写。
3. 掌握如何注销记账凭证中空行。

二、问题与解答

问题【列点】	思路梳理	解决办法与过程

三、课前小测

检查以下收付转凭证是否有误，如有误在右侧指出并改正。

收 款 凭 证

借方科目：银行存款　　2019 年1月20日　　字 第　　号

摘要	贷方总账科目	明细科目	√	金额									
				千	百	十	万	千	百	十	元	角	分
将现金送存银行	库存现金							3	0	0	0	0	0
合计							¥	3	0	0	0	0	0

附单据 1 张

财务主管　　记账　　出纳　　审核　　制单

付 款 凭 证

贷方科目：银行存款　　2019年1月20日　　银付 字 第 56 号

摘要	借方总账科目	明细科目	√	金额									
				千	百	十	万	千	百	十	元	角	分
支付滨海公司货款	应付账款					1	2	0	0	0	0	0	0
合计						1	2	0	0	0	0	0	0

附单据　张

财务主管　　记账　　出纳　　审核　　制单 王謇亚

转 账 凭 证

2019年1月20日　　转字第 46 号

摘要	总账科目	明细科目	√	借方金额										√	贷方金额									
				千	百	十	万	千	百	十	元	角	分		千	百	十	万	千	百	十	元	角	分
面粉验收入库	原材料	一级面粉				¥	1	0	1	0	0	0	0											
	在途物资	向阳面粉厂															¥	1	0	1	0	0	0	0
合计																								

附单据 1 张

财务主管　　记账　　出纳　　审核　　制单

图 11－2　《记账凭证的填制》学习单

<table>
<tr><td>

《记账凭证的填制》小组任务书

组别：　　　　　　　　小组成员：
组长：　　　　　　　　书记员：　　　　　　　　计时员：

</td></tr>
<tr><td>一、学习任务与目标：分析原始凭证代表的经济业务，以小组为单位完成收、付、转三张记账凭证的填制，并做展示准备</td></tr>
<tr><td>二、任务开展
1. 自主思考

2. 意思整合

3. 展示</td></tr>
<tr><td>三、自主评价
1. 组内互评

2. 组间互评</td></tr>
<tr><td>四、困惑与建议</td></tr>
</table>

图 11－3　《记账凭证的填制》小组任务书

（七）任务评价方式

评价过程由学生个人、教师、小组共同参与，小组成绩由小组内部做出自评和教师根据巡视记录和任务结果等情况进行评价，其中小组自评和教师评价各占60%与40%，学生个人课堂表现由学生个人和组长做出评价，其中自我评价和组长评价各占60%与40%。考核工具有小组任务评价表与个人课堂表现评价表。

表11－1　小组任务评价表

组别：＿＿＿＿＿＿＿＿＿＿　　　　评分序列号：＿＿＿＿＿＿

评价指标	优秀（5分）	良好（4分）	有进步（3分）	需努力（2分）
小组任务完成程度				
小组成员的参与度				
填写凭证的准确性				
凭证内容的完整性				
完成凭证整体的美观性				
展示形式的独特性				
展示时语言的表达能力				
总分				

备注：评分序列号教师标记为A、本组组长标记为B。小组成绩＝小组自评×60%＋师评×40%。

表11－2　个人课堂表现评价表

	参与小组学习活动的表现	评价等级				自评	组长评
		优	良	中	差		
姓名： 主要任务：	1．与其他同学交流与合作	5	4	3	2		
	2．认真听取其他同学的意见	5	4	3	2		
	3．准确表达自己的观点与意见	5	4	3	2		
	4．与其他同学共同制订计划	5	4	3	2		
	5．与其他同学共同完成任务	5	4	3	2		
	6．完成自己的任务	5	4	3	2		
	7．帮助其他同学	5	4	3	2		
	8．协调小组成员	5	4	3	2		
	9．促进小组学习活动	5	4	3	2		
	10．与其他同学分享学习成果	5	4	3	2		

备注：学生在小组学习活动的成绩＝自我评价×60%＋组长评价×40%。

（八）教学过程

表 11－3　教学过程设计

教学环节		目标与要求	学生活动	教师活动	学习资源	时长
课前	发布任务	明确课前自习任务与要求； 理解课前任务，做好准备和时间规划	1. 资源接收，自主安排 ①进入“会计基础”课程 QQ 群，找到教师上传的命名为“模块四任务一＋二、记账凭证的填制”文件夹，查看 QQ 群上的三个教学视频。 ②简单查看视频的时间和任务量，做好课前预习的时间与任务规划	1. 资源发布，呈现知识 ①课前把记账凭证填制的教学视频《如何填写会计凭证》简明版与详细版、《原始凭证与各种类记账凭证》，以及文档《常见学习问题与参考方法》打包上传到 QQ 群，呈现记账凭证填制的核心知识。 ②设置任务点及截止时间，安排小组组长督促组员及时利用晚自习时间观看视频	课程、QQ 群、教学视频、教学 PPT	2 分钟
	新知学习	掌握填制记账凭证的要求和方法； 能理解如何填制记账凭证并独立完成课前小测	2. 自主建构，发问探索 ①利用 5～10 分钟的时间观看三个教学视频、10 分钟左右阅读课本内容，接收记账凭证的填制相关知识，并从教学视频和课本内容中发现问题，记录在学习单中。 ②重点梳理不能理解的问题的思路，从问题方案库中寻找解决的灵感。 ③有纪律地与组员或同伴讨论问题，并完成过程问题与解决路径的记录。 ④在学习群发布尚未成功解决或想同教师探讨的问题，及时在线上给教师留言	2. 过程指导，内容调整 ①分发本次自学任务书，使学生明确自学的学习目标与内容；主要有熟记记账凭证的基本内容，熟练掌握记账凭证的日期、编号、摘要、会计科目、金额、签章和附件张数等的填写内容，掌握如何注销记账凭证中的空行。 ②了解督促学生讨论问题的秩序，营造严肃正式的学习讨论环境，及时回复学生自学时提出的问题并做记录	课程、QQ 群、自学任务书	30 分钟

续表

教学环节		目标与要求	学生活动	教师活动	学习资源	时长
课前	答疑调整	在回顾反思中提升自我认知； 能发现并尝试解决问题	3．反思记录，自学反馈 ①学生完成检查与批改任务书上收、付、转共三张记账凭证的课前小测，自主思考后可与同学讨论。 ②利用任务书上的过程问题与解决记录回顾反思本次自学过程，完成后上交给组长	3．收集反馈，内容调整 ①准备收、付、转各一张记账凭证，要求学生自习后做出批改，并将填写完毕的任务书拍照上传，委托组长收齐后上交给教师。 ②总结学生自学任务中的知识层面与方法层面等的问题，对准备的课堂活动进行再设计，更好解决学生反馈的问题	自学任务书	10 分钟
课中	导入新课	在情境中练习已有知识的提取和运用，将新旧知识点串联起来； 能根据所学的会计知识完成编制会计分录的任务	1．进入新课 ①进入情境：熟悉情境，回顾所学的会计知识，思考如何做出会计分录。 ②角色互动：小组派一个代表扮演会计人员，未提问到的学生和老师扮演会计实习生，会计人员做出会计分录后进行简单的讲解。 ③在课前学习的基础上自然回答出“记账凭证”	1．导入新课 ①展示情境：××公司的会计收到了一张原始凭证，请问他应该如何写出会计分录？运用了哪些会计知识？请你扮演会计人员，做出会计分录后向旁边的会计实习生讲解过程。 ②抽签提问：小组派代表完成情境中的任务，重在说明所运用的会计知识和过程。 ③总结引入：总结补充学生发言，引入本课内容“我们可以看懂原始凭证，确定借贷方科目和金额，做出正确的会计分录，但在实际工作中我们应该把会计分录记在哪里呢？”	教学 PPT、抽签软件、原始凭证	7 分钟

续表

教学环节		目标与要求	学生活动	教师活动	学习资源	时长
课中	知识梳理	将理论知识条理化，为小组任务做好准备； 梳理整合新旧知识	2. 知识整合 认真听讲，在回顾的会计分录、借贷记账法、原始凭证等会计知识的基础上，梳理课前接收完毕的填制记账凭证的知识，做好课堂笔记	2. 知识梳理 利用思维导图讲解记账凭证的基本内容：日期、编号、摘要、会计科目、金额、签章和附件张数等的填写内容以及如何注销记账凭证中的空行	《填制记账凭证》思维导图、空白记账凭证	10 分钟
	发布任务	明确任务要求； 做好开展任务的准备	3. 接收任务 组长领取任务材料，进行组内分工，一名组员负责过程记录，一名组员担任计时员	3. 发布任务 ①发放小组学习任务书、原始凭证（题目）、空白记账凭证，各小组派代表领取。 ②明确任务要求：以企业财务人员的身份，根据经济业务与原始凭证填制记账凭证并粘贴整理；相邻小组两两搭档（第一组与第二组，第三组与第四组，第五组与第六组），交换记账凭证，以企业财务主管的身份审核其他组的记账凭证	小组学习任务书、原始凭证（题目）、空白记账凭证	5 分钟
	完成任务	合作完成任务，内化知识； 能根据原始凭证填制和审核记账凭证	4. 完成任务 ①小组合作完成填制：各小组根据任务各抒己见、畅所欲言，分工协作，完成收、付、转共三张记账凭证的填制，并将原始凭证粘贴整理妥当。 ②组间交换完成审核：与搭档小组交换凭证，以企业财务主管的身份审核其他组的凭证	4. 指导任务 巡视课堂，多以反问的方式回答小组提出的问题，发现学生的优点和学习弱势，形成课堂记录留以评价	小组学习任务书、原始凭证（题目）、空白记账凭证	20 分钟

续表

教学环节		目标与要求	学生活动	教师活动	学习资源	时长
课中	成果展示与评价	组间对比和相互学习，了解更真实的学习情况与效果； 在组间对比中有反思和收获	5. 展示评价 ①上台发言：小组合作准备成果展示，推选代表上台发言，展示本组的记账凭证并简要说明过程与思路，并由该小组的审核组对其进行评价并给出可行建议。 ②认真观察其他小组的任务过程与结果，听取教师的评价，有异议或疑问可以举手发言。 ③思考任务中本组和其他组的错误与不足，在改善或吸收其他同学的思路中获得不同思考问题的视角。 ④分别利用 2 分钟、3 分钟、5 分钟进行小组自评、组内互评与组间互评	5. 纠错建议 ①发现学生填写过程的错误与不足，鼓励学生小组代表发言总结思路，由其他小组或教师指出得出错误结果的思路中的问题和可供参考的求解思路。 ②组织学生自评，形成学生评价记录：利用本小组书记员的过程记录回顾反思小组任务过程；各小组对任务中组员表现情况相互评价；利用其他组的过程记录进行组间互评	小组任务评价表、学生个人课堂表现评价表	30 分钟
	总结归纳	使知识要点化、系统化； 对填制记账凭证及基础知识融会贯通	6. 检查发问 认真听讲，检查已建构知识和任务过程中存在的问题并改正或提问	6. 梳理总结 ①梳理记账凭证的填制中的要求与方法，形成课堂板书。 ②总结课前学生提出的有代表性的问题，快速校对课前小测，强调养成认真细致的习惯。 ③展示填写工整、符合要求的优秀小组成果作为示范，表扬学生认真负责的工作态度和严谨的工作作风；对任务中出现分工不合理、沟通不畅等问题给出针对性建议	教学 PPT、黑板、投影仪	8 分钟

续表

教学环节	目标与要求	学生活动	教师活动	学习资源	时长
课后	查漏补缺，提升能力； 明确不足和努力的方向，积极改进	创新思考，能力提升 ①思考教师提出的升级问题，归纳总结三种凭证结构和填制依据上的差别。 ②接受教师建议，与教师探讨自己的思路与问题，并在学习同学的优秀与创意作品的过程中获得启发。 ③了解记账凭证的课后知识，丰富专业前沿的知识	强化提升、鼓励创新 ①提出升级问题：用自己的语言总结收款凭证、付款凭证、转账凭证的结构和填制依据上的差别，可以参考教材内容，但需要体现自己思考的过程，完成后由组长收齐上交。 ② 批改学生作业，总结学生课前课上学习时的知识或思维障碍并给出针对性建议，帮助学生明确努力的目标，在QQ群上发布优秀与创意作品以供参考学习，与学生交流互动，实现课堂延伸，完善问题与方案库，为下一次教学的开展做好准备。 ③寻找并发布记账凭证相关优质资源	微信公众号、课程QQ群	30分钟

第四节 翻转课堂的实施障碍与对策

一、实施障碍

（一）有趣好玩，本末倒置

翻转课堂相较于传统的讲学课的一大特点是让学生在做中学，学习更有趣味性。但中职学生年龄较小，自控力不足，在趣味性强的专业课堂中时而会忘记课堂的本质是学习专业知识。学生在教师精心准备的丰富有趣的课堂资源与活动中感受到学习的乐趣，但把宝贵的课堂时间浪费在欢笑与闲谈中，小组讨论的焦点虚化，好玩之余注意力没有集中在知识接收与内化进程中，不能高效掌握会计专业知识与技能，导致课堂活动进度慢、教学效果不理想。

（二）经验有限，资源欠缺

目前一线中职会计教师已有的教学经验中以传统的讲授课堂为主，即使在教师潜心钻研翻转课堂后，仍会出现已有经验可能无法巧妙解决的问题。此外，翻转课堂需要更多课前学习、课堂活动与课后提升的教学资源，如严谨专业且有趣味的教学视频、常见问题与参考方法、会计实务一线工作的仿真案例等，目前在国内许多中职学校的会计专业中，这些资源仍有待构建、更新与完善。

二、对策研究

（一）重点突出，有效督促

为避免学生把翻转课堂的有趣当成简单的娱乐，教师应围绕目标知识拟订学生自学与课堂活动的主次分明、简要有序的学习目标，课堂活动时应确定各部分活动的时间节点与进度。在学生线上讨论和课堂活动中，教师应督促学生对知识与活动大胆发言，在言传身教和奖惩结合中，帮助学生在有趣的活动中收放自如地学习专业知识。

（二）实践出真知，校际校企合作

翻转课堂经验不充分的教师在充分了解翻转课堂的本质和实施案例后，也可以成功实施翻转课堂。教师应克服畏难情绪，树立对实施翻转课堂的信心，在积极实施翻转课堂中收获经验。会计专业教师应重视学校与企业的合作，了解企业与时俱进的会计工作岗位需求，获取真实、有思辨性的案例等，此外学校还应注重学校与学校之间的合作、举办公开课等为专业教师提供切磋翻转课堂经验的舞台，共享适合在翻转课堂使用的优秀教学资源，促使翻转课堂在开设会计专业的中职学校中迅速发展。

第十二章

行动导向教学法的实施条件

为能顺利实施行动导向教学法，必须明确应用该教学方法应具备的条件，促成各方积极配合创造条件。行动导向教学法要得以顺利推行，须具备如图 12－1 所示的条件：各方观念的转变、政府的大力推动、深度的校企合作、优秀的师资队伍、良好的教学环境、科学的课程内容、合理的教学管理等。其中各方观念的转变是行动导向教学法应用的前提条件，政府的大力推动是行动导向教学法应用的有力保障，深度的校企合作是行动导向教学法应用的核心条件。深度的校企合作及政府政策支持有助于优秀师资队伍的培养、课程内容的开发、教学环境的改善以及教学管理的完善，进而共同助力于行动导向教学法的开展和实施。

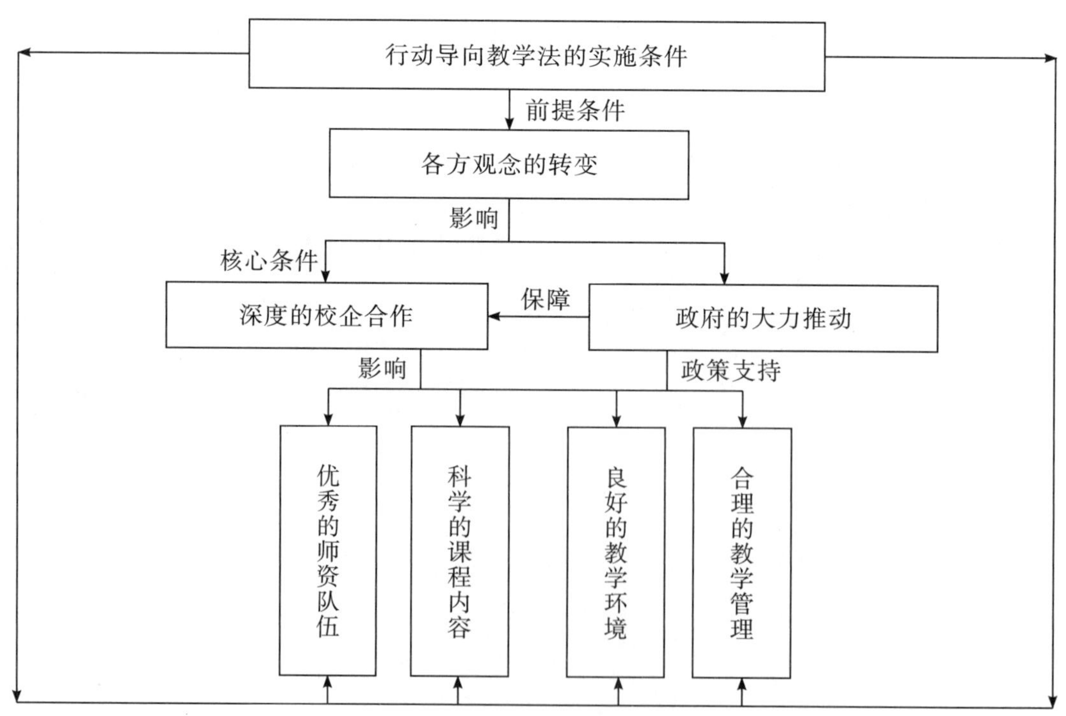

图 12－1　行动导向教学法的实施条件

一、各方观念的转变

各方观念的转变是行动导向教学法应用的前提条件。新教学方法的推行需要相关人员去推动，而人的观念很大程度上影响着推行的力度和效果，因此，政府、企业、学校领导、教师、学生等各方需转变观念接受先进的教学方法和教学理念。第一是政府观念的转变，只有政府相关人员的观念转变后，才能明确其在教学方法改革中应承担的责任，才能从政策层面上去支持新教学方法的推行；第二是企业观念的转变，只有企业转变观念认识到自身在职业教育中应承担的责任，才能积极进行校企合作；第三是学校领导观念的转变，只有学校领导转变观念，才能从战略层面上去重视新教学方法，学校相关部门才能为新教学方法的推行开启绿色通道；第四是教师观念的转变，一线教师是教学方法的真正应用者，因此他们的观念能否接受先进的教学理念和方法并进行改革创新、尝试使用，直接影响到行动导向教学法的有效推行；第五是学生观念的转变，行动导向教学法以学生为中心，如果学生不能转变观念在教学活动中积极配合，行动导向教学法的应用只是一句空话。

二、政府的大力推动

教育乃立国之本，职业教育能否培养合格的人才必将影响社会经济的发展。因此，对于政府部门而言，为配合行动导向教学法的应用，应做到以下几个方面：首先，要从思想上重视职业教育教学方法的改革，积极宣传推行行动导向教学法；其次，要在从法规、政策等方面给行动导向教学法的推行予大力支持，尤其在校企合作方面，政府应起到牵头引导的作用。

值得庆幸的是，伴随着“一带一路”倡议、“中国制造 2025”、“互联网 +”、“大众创业、万众创新”等重大战略的出台，职业教育的发展越来越受到党和国家的重视，近几年相继出台的《国务院关于加快发展现代职业教育的决定》《现代职业教育体系建设规划（2014—2020 年）》等相关政策均旨在推动职业教育的大力发展，都将推动教学方法的改革，推行项目教学、案例教学、工作过程导向教学等教学模式被列为未来职业教育发展的重点任务之一。

三、深度的校企合作

行动导向教学法产生于德国“双元制”的教育体制，其特点是基于工作过程，因此，该方法的应用离不开企业，校企必须达到深度合作，应达到以下几个方面：其一，企业在经费、仪器设备及技术上给予学校一定的支持，改善教学环境；其二，学校的教师能定期深入企业参与工作实践，以了解实务最新动态提高技术水平和培养解决实际问题的能力，同时企业派一些资深的专业人士到学校进行讲学，优化师资队伍；其三，企业参与学校的专业建设、开发基于工作过程的课程体系；其四，企业参与学生学业考核标准的制定。

可喜的是，2018 年 2 月教育部等六部门联合发布了《职业学校校企合作促进办法》，具体指明了职业教育校企合作的方向和路径，对校企合作的合作形式、促进措施、监督检查等做了详细的规定，其中合作形式包括：①根据就业市场需求，合作设置专业、研发专业标准，开发课程体系、教学标准以及教材、教学辅助产品，开展专业建设；②合作制定人才培养或职工培训方案，实现人员互相兼职，相互为学生实习实训、教师实践、学生就业创业、员工培训、企业技术和产品研发、成果转移转化等提供支持；③根据企业工作岗位需求，开展学徒制合作，联合招收学员，按照工学结合模式，实行校企双主体育人；④以多种形式合作办学，合作创建并共同管理教学和科研机构，建设实习实训基地、技术工艺和产品开发中心及学生创新创业、员工培训、技能鉴定等机构；⑤合作研发岗位规范、质量标准等；⑥组织开展技能竞赛、产教融合型企业建设试点、优秀企业文化传承和社会服务等活动。《职业学校校企合作促进办法》的落实可为行动导向教学法的实施提供更多便利。

四、优秀的师资队伍

行动导向教学本质是基于工作过程开展的，必然要求教师深谙实践，了解相关职业的完整工作过程，了解最新实务动态。因此，教师应是“双师型”的，既懂得职业教育教学论、专业基础理论，又要懂得实践，具有丰富的实战经验。为此，师资来源主要有两个：一是从学校毕业后深入实践数年后再到学校从教，且从教期间经常深入企业进行实务深造；二是直接从合作企业邀请一些资深专业人士到学校进行教学。

五、科学的课程内容

行动导向教学法的课程开发以职业工作过程为基础，由与该专业相关的职业活动体系中的全部职业行动领域导出学习领域并通过适合教学的学习情境使其具体化的过程，即“行动领域—学习领域—学习情境”，学习领域的最大特征在于不是通过传统的学科体系而是通过整体、连续的“行动”过程来学习，与专业紧密相关的职业情境成为确定课程内容的决定性的参照系，从而达到将行业工作领域与学校学习领域集成转化，将对应职业的实际工作过程与学校的教学结合起来的目的。

六、合理的教学管理

合理的教学管理主要体现在两个方面：一是必须有全面的教师业绩评价标准体系，行动导向教学法下教师的工作发生了很大的变化，首先是大量工作由课堂转到了课外，在课外需要花费大量时间和精力备课，定期深入实践了解企业的完整工作过程并结合教学论设计合理的“工作任务”和学习情境；其次是在课堂上由控制者变成了导学者、主持人和协调者，因此对教师的业绩评价不能仅仅限于课堂的表现，而应该从课堂和课外全方位设计标准进行评价。二是必须有公平的学生成绩评价标准，行动导向教学法以学生为中心，学生主要以小组的方式自我组织完成很多教学活动，如何评价学生显得非常重要，应与企业共同商定一个多元的评价体系对每个小组及其成员进行公平的评价，要从团队合作、个人贡献、学习能力、方法能力、专业能力、社会能力的提升等方面做出考核。

七、良好的教学环境

行动导向教学法的应用需具备良好的教学环境为基础。首先，行动导向教学法主要以小组形式教学，要求课室桌椅能活动自由组合，需要硬件教学条件支持；其次，整个教学过程中强调学生自主探究学习，学生通常需要查询信息，要求校园有方便的信息源，如无线网络和资料齐全的图书馆；再次，学生需完成各项“工作任务”，要求学校具备起码与企业水平同步的设备和实验室；最后，为实现信息技术和课堂教学的深度融合，需要具备智慧教学环境、顺畅的网络条件。为此，需要学校和企业合作，共同努力，改善教学环境。

参考文献

[1] 姜大源.当代德国职业教育主流教学思想研究:理论、实践与创新[M].北京:清华大学出版社,2010.

[2] 陈虎,李颖.财务共享服务行业调查报告[M].北京:中国财政经济出版社,2011.

[3] 况玉书,刘永泽.人工智能时代高等会计教育变革与创新[J].财经问题研究,2019(07):96-103.

[4] 陆泽贵,任骁淼,田晓静.中职会计专业核心技能测评系统建设:以济南市为例[J].中国职业技术教育,2019(35):53-56.

[5] 赵晓洁.基于职业能力培养的高职会计专业课程体系的构建[J].教育与职业,2015(35):101-103.

[6] 常茹.基于会计职业能力需求分析的会计教育改革[J].教育与职业,2016(03):83-85.

[7] 吕岩荣.基于职业岗位能力的中高职会计专业课程体系衔接探索[J].职业技术教育,2017,38(23):33-36.

[8] 周丽.会计人才"校企零距离"实训体系构建:基于行业发展的角度[J].财会通讯,2015(34):55-58.

[9] 广州市教育局.2020年度广州市中等职业教育质量报告[R].2021.

[10] 张瑞荣,成丙炎.基于工作过程系统化的高职院校课程体系构建研究:以会计专业为例[J].职教论坛,2015(12):21-24.

[11] 郝桂岩,吴雷,时晓晖.会计学专业核心能力确立与课程体系重构:基于PST-CCE人才培养模式[J].财会通讯,2016(34):25-27.

[12] MANDILAS A,KOURTIDIS D,PETASAKIS Y. Accounting curriculum and market needs[J]. Education + Training,2014,56(819):776-794.

[13] 么晓玲.小组教学法在思想品德教学中的应用研究[D].石家庄:河北师范大学,2017.

[14] 程丽丽.学生主体性小组教学法在高职院校的实施推广[J].教育与职业,2015(15):115-117.

[15] 郭倩倩.基于头脑风暴法的对外汉语议论文写作教学设计[D].武汉:华中师范大学,2018.

[16] 李厚军.不同条件、不同技法对发散思维产出影响的实验研究[D].苏州:苏州大学,2018.

[17] 陈璐."头脑风暴法"在《广告创意》教学中的应用[J].传媒,2017(13):77-78.

[18] 梁平.将"众创空间"移入课堂与专业课程深度融合[J].中国职业技术教育,2018(2):62-65.

[19] 方丽.角色扮演教学法及其有效策略的研究[D].南京:南京师范大学,2016.

[20] 朱艳.角色扮演法在物业管理实务课程教学中的应用[J].教育与职业,2015(3):158-160.

[21] 李同吉,王斌.中等职业学校教师项目教学信念发展研究[J].职教论坛,2018(7):82-89.

[22] 王淼.项目教学法在中等职业学校"会计电算化"课程教学中的应用研究[D].武汉:华中师范大学,2017.

[23] 赵茂锦,李振陆.项目教学法设计的关键要素及评价[J].职业技术教育,2017,38(8):47-50.

[24] 马怀立.基于现代学徒制的高职学生职业能力培养策略探究[J].河北师范大学学报(教育科学版),2016,18(3):65-69.

[25] 赵双.行动导向教学法在中职学校的应用研究[D].济南:山东师范大学,2017.

[26] 王晓婷.关于高职案例教学规范化的几点思考[J].教育与职业,2016(4):89-91.

[27] 吴莅芳,奥丽汗娜.以行动导向为主的高职课堂教学方法的改革[J].中国职业技术教育,2015

(35):86 - 88.

[28] 毛向明. 高中数学学生自主探索法课堂教学模式的构建与实践[J]. 课程教育研究,2016(30):159 - 160.

[29] 邱信芳. 小学科学教学法探究[C]//北京中外软信息技术研究院. 第五届世纪之星创新教育论坛论文集. 北京:北京中外软信息技术研究院,2016:1.

[30] 毛勇. 浅谈在物理教学中运用“问题探索法”培养学生创新能力[J]. 中国校外教育,2015(25):127.

[31] 黄新华. 浅谈引导文教学法在中职会计教学中的应用[C]//中国职协 2017 年度优秀科研成果获奖论文集(一二等奖). 中国职工教育和职业培训协会秘书处,2018:8.

[32] 白贵虎. 基于行动导向的教学设计研究[D]. 石家庄:河北师范大学, 2017.

[33] 张奇志. 引导文教学法在英语活动课中的运用[J]. 当代职业教育,2015(10):17 - 20.

[34] 何克抗. 从 Blending Learning 看教育技术理论的新发展(上)[J]. 电化教育研究,2004(3):1 - 6.

[35] 何克抗. 信息技术与学科教学“深度融合”的路径与实现方法[J]. 中小学数字化教学,2018(2):17 - 20.

[36] 麦肯锡全球研究院. 失业与就业:自动化时代的劳动力转型[R]. 2017 - 11 - 28.

[37] 鲍宇,李希妍,赵玉钧,等. 翻转课堂教学个性化改进方法及其实证研究[J]. 电化教育研究,2020(1):1 - 8.

[38] 田维艳. 中职学校会计类课程教学问题及对策研究[D]. 重庆:重庆师范大学,2019.

[39] 冯荣珍. 基于翻转课堂的高职混合式教学模式实践与研究:以“人员招聘与任用”课程为例[J]. 职教论坛,2019(9):66 - 72.

[40] 王广立. 财务管理课程实施翻转课堂的条件与路径思考[J]. 财会通讯,2019(25):25 - 28.

[41] 朱万婷,柳丽娟. 基于翻转课堂浅谈学生的自主学习能力培养[J]. 教育现代化,2019,6(67):171 - 172.

[42] 彭燕,王琦,余胜泉. 翻转课堂中促进深度学习的教育内容策展模式[J]. 现代教育技术,2019,29(3):46 - 52.

[43] 张萍,DING L,张文硕. 翻转课堂的理念、演变与有效性研究[J]. 教育学报,2017,13(1):46 - 55.

[44] 李洪修,李哨兵. 深度学习下翻转课堂的实施路径设计[J]. 中国电化教育,2017(7):67 - 72.

[45] 丁永刚,金梦甜,张馨,等. 基于 SPOC 的翻转课堂 2.0 教学模式设计与实施路径[J]. 中国电化教育,2017(6):95 - 101.

2013

中国农产品贸易发展报告

CHINA AGRICULTURAL TRADE DEVELOPMENT REPORT

农业部农产品贸易办公室
农业部农业贸易促进中心

中国农业出版社

《2013中国农产品贸易发展报告》

编 辑 委 员 会

主要撰写人员

(按姓名笔画为序)

江月朋	马建蕾	王　桦	王东辉	王占禄
王岫嵩	王佳友	王学兰	韦庆芳	邓　飞
甘雪勤	田维明	付志勇	邢晓荣	吕向东
刘　岩	刘艺卓	刘丽佳	刘启正	刘武兵
刘晓雪	许关桐	李　鸥	李　莉	李　雪
李　婷	李蔚青	杨树果	吴　凯	何秀荣
冷　杨	沈阿红	宋玉智	张　姝	张　莉
张　越	张云芝	张永霞	张军平	张国梅
张明杰	张晓婉	张晓颖	张雪春	陈述平
陈建新	庞玉良	宗义湘	孟　丽	封　岩
赵军华	赵学尽	柳苏芸	秦天放	徐　明
徐　敏	徐锐钊	徐智琳	黄　飞	黄昕炎
梁　勇	韩一军	焦　点	曾　伟	曾寅初
雷建维	蔡海龙	潘　久	瞿　瑛	

着力安全高效 全面提升农业开放型经济水平（代序）

农业部副部长 牛盾

党的十八大报告对全面提高开放型经济水平做出了重要部署，提出要实施更加积极主动的开放战略，完善互利共赢、多元平衡、安全高效的开放型经济体系，加快转变对外经济发展方式，强化贸易政策和产业政策协调。农业肩负着保障农产品基本供给和农民就业增收的任务。入世以来，我国农产品贸易快速发展，国际国内两个市场相互作用不断增强。贯彻落实十八大精神，着力安全高效，切实加强对两个市场和两种资源的统筹，更加有效地利用国际市场和资源，更加有力地保障国内产业和粮食安全，任务艰巨，意义重大。

（一）

入世后，我国大幅度提高了农业对外开放程度，农产品贸易快速发展，贸易规模不断提高，贸易格局发生显著变化。2001—2012 年，我国农产品贸易总额由 279 亿美元增长到1 757亿美元，年均增长 18.2%。其中进口额由 119 亿美元增长到 1 124 亿美元，年均增长 22.7%，出口额由 161 亿美元增长到 632 亿美元，年均增长 13.2%。随着贸易规模不断扩大，农产品贸易对国内产业的作用和影响不断增强。2012 年我国农产品贸易额与农业增加值比值已达到 21%，其中，进口额为 13%，出口额为

8%。无论是从进口还是从出口来考量，农产品贸易对国内产业发展的影响、对农业增值增效和增加农产品有效供给的作用都十分显著。

进入新世纪以来，我国农业持续稳定发展，粮食产量“九连增”，农民收入“九连快”，为国民经济持续稳定发展提供了有力支撑。由于需求增长更为强劲，国内农产品供求由“总量平衡、丰年有余”向“总体上平衡、结构性偏紧”转变。2010年以来，我国农产品贸易格局发生变化，净进口产品范围扩大，在大豆、棉花、植物油进口保持高位和增势的同时，食糖、乳制品净进口大幅增加，大米、小麦、玉米三大粮食产品也呈现净进口。当然，相对于我国的产量，粮食特别是大米和小麦的净进口量非常有限，我国仍然保持非常高的自给水平。

（二）

农产品贸易快速发展对促进国内农业持续稳定发展发挥了十分重要的作用。土地密集型产品的进口有效增加了农产品供给，缓解了国内农业资源的压力，为农业结构战略调整提供了空间。劳动力密集型优势农产品出口，拓宽了农民就业增收的渠道，促进了农业增效、农民增收。但是，农业是高度依赖自然资源的产业，我国农业规模小、组织化程度低、基础竞争力不强，加之缺乏有效的调控手段，一些农产品进口对特定产业的发展造成了较大的影响。一是对国内生产造成了过度挤压，一些产品生产不仅没有因需求增长而发展，而且在既有的产量水平下经常发生严重的积压；二是对国内趋势价格造成过度抑制，导致这些产品生产比较效益下降，产业发展缺乏必要的激励和动力；三是进口与外资相结合对特定产业的中小企业造成了过度的挤出效应；四是大量进口和外资进入削弱了一些产业控制力和定价话语权，给长期供给安全带来了潜在风险。如果说个别产业受到进口冲击后，还可以通过调整结构、腾出资源改种其他作物来减缓其实质性影响以及对农业的整体影响，那么在农产品净进口范围扩大、进口量增加的情况下，农业调整结构余地有限，贸易对我国农业的影响将更为广泛、更为深刻。

当前，国际农产品市场越来越受到气候变化、生物质能源、投机资本等非传统因素的影响，呈现出波动加剧的趋势。由于我国农产品市场开放

程度高，净进口范围的扩大和进口量的增大，将使国际市场的波动性、不确定性、风险性更加直接、更加快捷地传导到国内市场，给国内生产稳定和产业安全带来越来越大的挑战。

（三）

立足国内确保大宗农产品基本供给，同时更加充分有效地利用国际市场和资源，既是我国农业发展的现实必然，也是农业发展的理性选择。这就要求我们必须着力安全高效，加强对农业的合理保护和支持，加强对进口的有效调控，促进农产品贸易与国内产业协调发展。

要在坚持立足国内保障基本供给、有效利用国际市场的原则下，切实加强对发展国内生产和利用国际市场的统筹。要根据不同大宗农产品的需求结构、特点和趋势，以及在粮食安全中的地位，确定切实可行的阶段性自给率目标和合理的大宗农产品产业结构。要结合利用国际市场的可能和发展国内生产的潜力，优化大宗农产品生产力布局，加强优势农产品区域规划，加快优势产业带建设，确保大宗农产品基本播种面积和基本供给能力。要研究建立必要的体制机制，有效统筹国内生产和进口需求，确保贸易政策与国内产业政策相衔接，国内生产力布局与充分利用国际市场相匹配，进出口调控与国内供需趋势相协调。

要针对我国小规模农业和国外大农场在竞争力上存在难以克服的差距，加强和完善对农业产业的支持和保护。在面临国外大规模生产且获得高额补贴的大农场竞争下，必须加强对我国农业的支持和保护。要充分利用世贸组织赋予的“绿箱”和“黄箱”政策空间，进一步加大财政支农力度、强化生产性支持，努力实现财政支持总量增加、比例提高、结构优化。要着力解决当前农村金融信贷服务发展滞后的问题，研究制定制度性措施，强化金融信贷机构的社会责任，确保金融和信贷资金流向农业和粮食生产，切实加强对农业的金融信贷支持。要切实发挥边境措施的“门槛”作用，充分利用关税、关税配额管理等手段，加强对大宗农产品生产的合理保护，避免进口对国内价格的过度打压。要针对国际农产品市场波动加剧和我国农产品生产成本快速增长的现实，在多双边农业贸易谈判中切实维护好我国大宗农产品边境保护政策和国内农业支持政策空间。

要根据国际农产品市场波动性、风险性和不确定性增大的特点，强化对国际农产品市场的监测、研判和预警。要进一步强化对大宗农产品国际市场的监测、研判和预警等基础性工作，对重点国家、重点市场、重点品种的农产品供需和贸易情况进行监测，强化对国际市场价格、供需动态、贸易形势以及贸易政策等信息的收集分析、研究和预警。要切实加强对大宗农产品贸易因时因势有效调控，确保国内生产和市场的稳定。要进一步加强公益性公共服务，切实提高国内农业企业应对国际市场波动和风险的能力。

要着眼农产品大量进口和外资进入对我国农业产业的影响，加强贸易救济、贸易补偿和外资监管。强化农业产业损害监测预警，在产业受到损害时，及时有效启动“两反一保”贸易救济措施，加强对国内产业的贸易补偿。农业一头连接千家万户生产者、一头连接千家万户消费者，控制了流通仓储加工环节就控制了产业制高点。要尽快研究建立外资进入农业产业的安全审查制度，加强对外资进入的监管，制定适合农业产业特点的反垄断实施细则。要研究建立完善强制性企业贸易与经营信息报告制度，提高市场运行的可预测性和透明度，强化企业的社会责任。

要着力更加有效利用国际市场和资源，不断提升对农产品贸易的话语权。要加强对农产品贸易的战略规划，努力构建持续、稳定、高效的农产品进口供应链。要把统筹利用国内外两个市场和两种资源作为农业国际合作的重点，科学布局，持续推进，改善贸易环境、拓展贸易渠道、推进市场多元化。要在坚持市场导向和企业自主决策的原则下，发挥企业主体作用，选择重点地区、重点环节，务实稳步推动农业“走出去”。要强化政府对农产品对外营销促销的支持力度，充分发挥中国劳动力丰富的比较优势，促进优势农产品出口，提高资源配置效率。

目 录

总论

分论

专论

附录

总论

2012年国内外经贸环境变化

世界经济

2012年，全球政治和经济发展中不确定因素不断出现，阻碍了经济的复苏进程。

国际政治方面，本年度内，美国、日本、法国及俄罗斯等重要国家先后通过选举产生了新一届政府。竞选者们出于国内政治及竞选需要就其外交政策及国际关系走向进行宣传和评述，给国际政治合作和全球经济运行带来额外干扰。

经济发展方面，尽管欧元区各国领导人多次商讨如何应对欧债危机，但因国家间和各国内部利益分歧严重，始终未能拿出有效的脱困方案，致使欧元区陷入经济衰退。美国政府在全球金融危机爆发后实施的增加财政开支和降税的政策年底到期，面临坠入“财政悬崖”的危险，政府及国会两党之间针对这一议题展开政治角力，影响了经济复苏进程。日本政府的债务负担继续恶化，国际贸易收支也罕见地出现高额赤字。

面对经济低迷，主要发达国家普遍借助宽松的货币政策刺激投资和消费，进而拉动经济增长和就业。欧洲央行启动了直接货币交易计划，承诺在二级市场上无限量购买成员国国债以压低融资成本和抑制投机交易。美国联邦储备银行推出第三轮“量化宽松”政策，承诺以每月400亿美元的规模无限期购买国债等中长期债券。日本央行宣布扩大贴现债券和日本国债购买规模。在外部市场环境恶化的背景下，发展中国家长期对投资与出口过度依赖、粗放型增长等内部结构性问题开始显现，在经济增速普遍放缓的同时出现较高的通货膨胀。加之多边协调机制运行乏力，各国协力扭转危机的愿望未能实现。

据国际货币基金组织（IMF）数据①，

① IMF《世界经济展望》，2013年4月。全球经济增长率按基于购买力平价的权重计算。

2012 年，全球经济增长率由上年的 3.9% 降至 3.2%，其中发达国家由 1.6% 降至 1.2%；转型经济国家和发展中国家由 6.4% 降至 5.1%。主要发达国家中，日本经济上半年呈恢复性增长，下半年增幅滑坡，全年增长 2%；美国经济增幅由上年的 1.8% 提至 2.2%；加拿大经济增幅由上年的 2.6% 降为 1.8%；欧洲主要国家经济增幅为：德国 0.9%，英国 0.2%，法国 0%，西班牙 -1.4%，意大利 -2.4%，均比上年下滑。主要发展中国家的经济增幅为：中国 7.8%，巴西 0.9%，印度 4%，印度尼西亚 6.2%，墨西哥 3.9%，俄罗斯 3.4%，南非 2.5%，其中仅墨西哥的增幅与上年基本持平，其余国家均下降，印度甚至下滑了 3.7 个百分点。第四季度数据显示，仅亚洲发展中国家的经济形势出现好转（表 1）。

表 1　2011—2012 年世界经济增长情况

单位：%

年　份	2011	2012	
		全年	第四季度
世界经济	4.0	3.2	2.7
发达国家	1.6	1.2	0.8
美国	1.8	2.2	1.7
欧元区国家	1.4	-0.6	-0.9
日本	-0.6	2.0	0.4
新兴市场和发展中国家	6.4	5.1	5.2
亚洲	8.1	6.6	7.2
中东欧	5.2	1.6	1.4
独联体国家	4.8	3.4	1.5
拉美和加勒比海地区	4.6	3.0	2.7
中东、北非、阿富汗、巴基斯坦	3.9	4.7	—
撒哈拉以南非洲	5.3	4.8	—

数据来源：IMF《世界经济展望》，2013 年 4 月。

2012 年，世界商品出口量增长 2.1%，比上年下滑 3.1 个百分点。分国家类型看，发达国家的进口量和出口量增幅分别由上年的 3.1% 和 5.1% 下滑到 -0.1% 和 1%，发展中国家分别由 8% 和 5.4% 下滑到 4.6% 和 3.3%（表 2）。

表2 2011—2012年世界商品贸易量增长情况

单位：%

年 份	出 口		进 口	
	2011	2012	2011	2012
世界	5.2	2.1	5.1	1.9
亚洲	6.4	2.8	6.7	3.7
中国	8.8	6.2	8.8	3.6
印度	15.0	-0.5	9.7	7.2
日本	-0.6	-1.0	4.3	3.7
非洲	-8.5	6.1	4.5	11.3
拉美和加勒比海地区	6.1	1.4	12.0	1.8
北美洲	6.6	4.5	4.4	3.1
美国	7.1	4.1	3.8	2.8
欧洲	5.5	0.6	2.8	-1.9
欧盟27国	5.7	0.3	2.4	-2.0

数据来源：世界贸易组织（WTO），2013年4月。

全球经济不景气抑制了初级产品价格上涨势头。原油价格增幅由上年的31.6%回落到1%；以贸易额加权的非燃料初级产品价格由上年的上涨17.8%转为下跌9.8%；消费者价格发达国家上涨2%，新兴经济和发展中国家上涨5.9%，分别比上年增幅回落0.7个和1.3个百分点。

世界农产品市场

2012年，全球经济低迷导致农产品需求不振，突出表现在非食用农产品如棉花和用作生物能源原料的谷物①需求量下降。与此同时，美国发生60年来最严重旱灾，粮油作物产量显著下降；独联体国家小麦生产也因灾减产。总体看，全球农产品供求继续处于紧平衡局面。

据联合国粮农组织（FAO）数据，2012/2013年度全球谷物产量23.1亿吨，比上年下降1.9%，仍为历史第二高水平。谷物使用量23.3亿吨，增长0.2%，创历史新高，其中发展中国家增长1.8%，发达国家下降2.7%。谷物出口量3亿吨，下降4.5%，其中发展中国家增长20.9%，发达国家下降16%。谷物期末库存量下降2.7%，其中发展中国家增长5.4%，发达国家下降23.4%。库存消费比由上年的22%降至20.7%（表3）。

① 据美国农业部数据，2012年美国生物乙醇生产所消耗的玉米量下降近10%。

表 3 近年世界谷物生产、消费、库存和贸易

单位：百万吨、%

	年度	2010/2011	2011/2012	2012/2013	2012/2013年度比上年度增长		年度	2010/2011	2011/2012	2012/2013	2012/2013年度比上年度增长
生产	谷物	2 259.6	2 352.1	2 306.4	-1.9	出口	谷物	284.9	317.1	302.9	-4.5
	小麦	655.4	700.2	661.8	-5.5		小麦	125.8	147.3	139.5	-5.3
	大米	468.0	484.3	488.6	0.9		大米	36.3	37.8	37.0	-2.1
	粗粮	1 136.2	1 167.6	1 156.1	-1.0		粗粮	122.7	132.0	126.5	-4.2
消费	谷物	2 276.6	2 326.1	2 329.9	0.2	期末库存	谷物	492.7	513.4	499.4	-2.7
	小麦	660.6	696.2	683.3	-1.9		小麦	179.8	177.9	162.5	-8.7
	大米	459.7	469.5	476.9	1.6		大米	144.5	160.0	171.6	7.3
	粗粮	1 156.3	1 160.5	1 169.7	0.8		粗粮	168.4	175.5	165.2	-5.9

数据来源：FAO《Cereal Supply and Demand Brief》，2013 年 3 月。

2012 年，食物价格上半年较稳定，7 月受美国灾情信息影响急剧上涨 10%，其后两个月维持在高位，10 月后开始回落。农产工业原料价格 1—2 月上升，其后下滑，9 月起转稳。农业投入品中，能源价格呈现较大波动，化肥价格 4 月升到峰值后回落。全年平均看，能源价格和食物价格与上年基本持平，农产工业原料价格下降 28%，化肥价格下降 3%（图 1）。

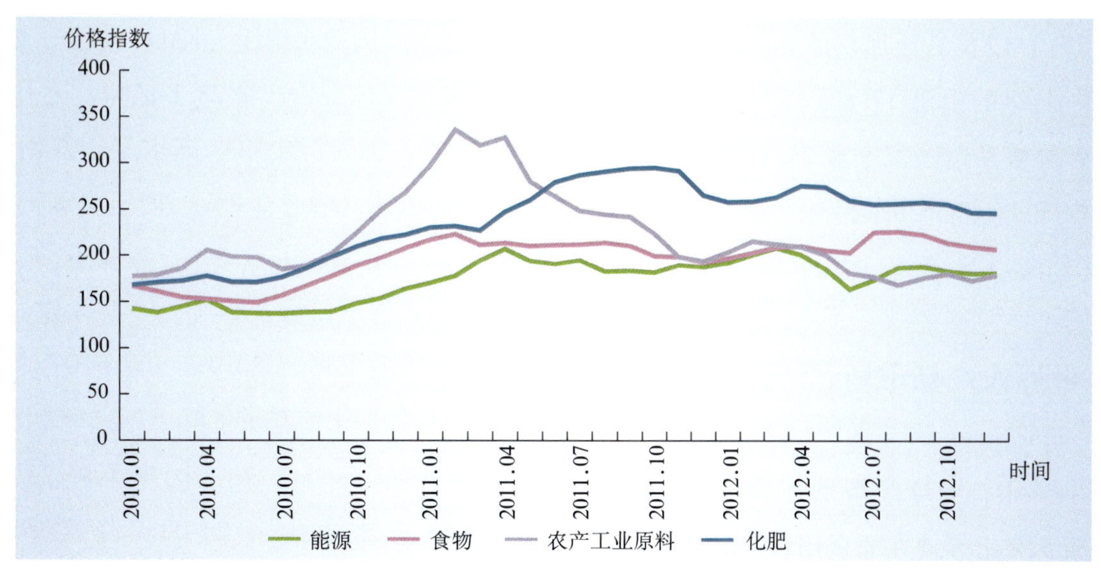

图 1　2010—2012 年国际市场初级产品价格变化

数据来源：世界银行（WB）。价格指数以 2005 年为 100。

2012年，全球粮油市场因美国旱灾及随后的投机资本借机炒作而再度受到严重干扰。据世界银行数据，美国1号硬粒红小麦海湾离岸价前期波动下滑，5月降至每吨264美元的年内最低位，7月受美国农业部玉米和大豆灾情信息影响暴涨到346美元，其后缓慢上升到11月361美元的年内峰值。美国2号黄玉米海湾离岸价前半年波动下滑，6月处于年内最低的每吨267美元，7月因美国农业部减产信息发布而暴涨到历史峰值333美元，其后逐渐下滑到12月的309美元。泰国5%碎米率大米曼谷离岸价年内小幅波动，价格最低为2月的每吨537.5美元，最高为5月的600.5美元。美国大豆鹿特丹港到岸价1月处于每吨498美元的年内最低位，4月涨到575美元后略降，7月急剧升到662美元，8月再涨到684美元的历史峰值，其后因美国农业部调高产量预测，10月急剧跌到617美元，之后两月继续回落。荷兰豆油出厂价前4个月稳步上升，4月达每吨1 310美元的年内峰值后回落，6月降为1 180美元，其后升到9月的1 283美元后再度回落，12月为1 163美元。

棉花考特鲁克（Cotlook）A远东指数①价格延续上年的下滑态势，由1月的每吨2 229美元降至11月1 783美元的最低位。国际食糖价格波动下降，年内最高为2月的每吨532美元，最低为12月的426美元（图2）。牛肉价格呈由降转升态势，前半年高位为2月的每吨4 277美元，年内最低位为9月的3 974美元，后半年高位为12月的4 316美元。鸡肉价格由1月的每吨1 992美元升到12月的2 153美元。

中国宏观经济

2012年，中国经济发展面临外部市场需求萎缩和内部结构调整压力加大的挑战。中国政府加强宏观经济调控，推进经济发展方式转变，使国民经济总体平稳运行，实现了预期的经济增长目标和通胀控制目标，居民收入继续较快增长，民生继续得到改善。

据国家统计局数据，2012年，国内生产总值51.9万亿元，按不变价格计算比上年增长7.8%。分产业看，第一产业增加值5.2万亿元，增长4.5%；第二产业增加值23.5万亿元，增长8.1%；第三产业增加值23.2万亿元，增长8.1%。国民收入分配进一步向居民倾斜，扣除价格因素后，城镇居民人均可支配收入增长9.6%，农村居民人均纯收入增长10.7%，城乡居民收入比由上年3.13∶1下降到3.1∶1，城乡收入比缩小。居民消费价格比上年上涨2.6%；食品价格上涨4.8%，继续成为消费价格上升的主要因素。全年出口额20 489亿美元，增长7.9%，进口额18 178亿美元，增长4.3%，进出口总额增长6.2%；贸易盈余2 311亿美元，比上年增加762亿美元（图3）。

---

① Cotlook棉价指数是反映国际棉花市场现货价格水平的指标，由英国Cotlook出版，分Cotlook A（FE）远东指数、Cotlook A（NE）指数和Cotlook B（NE）指数。

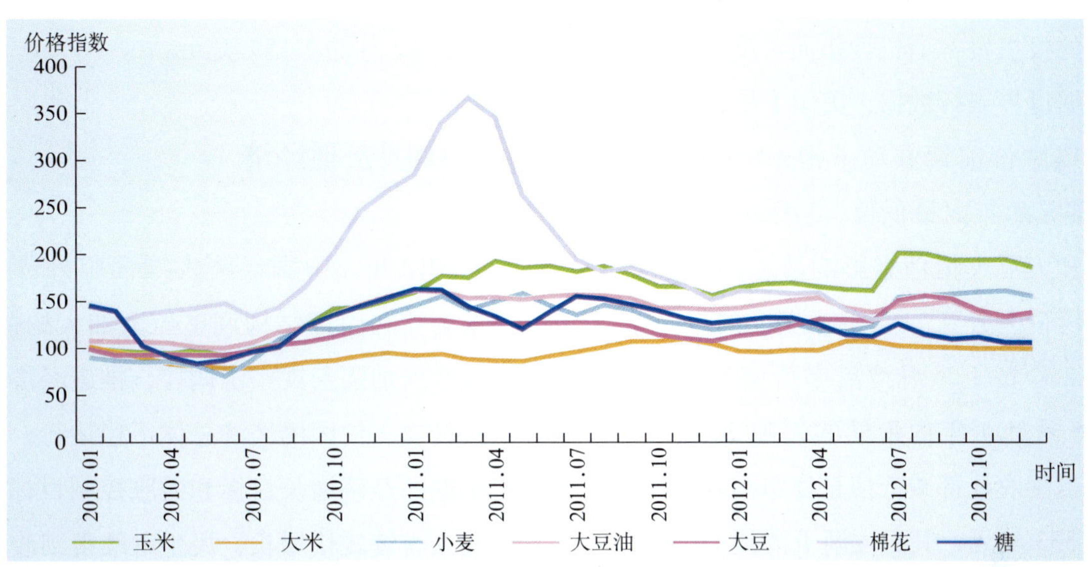

图 2　2010—2012 年国际市场主要农产品价格变化

数据来源：世界银行。各商品价格指数均以 2009 年平均价格为 100。

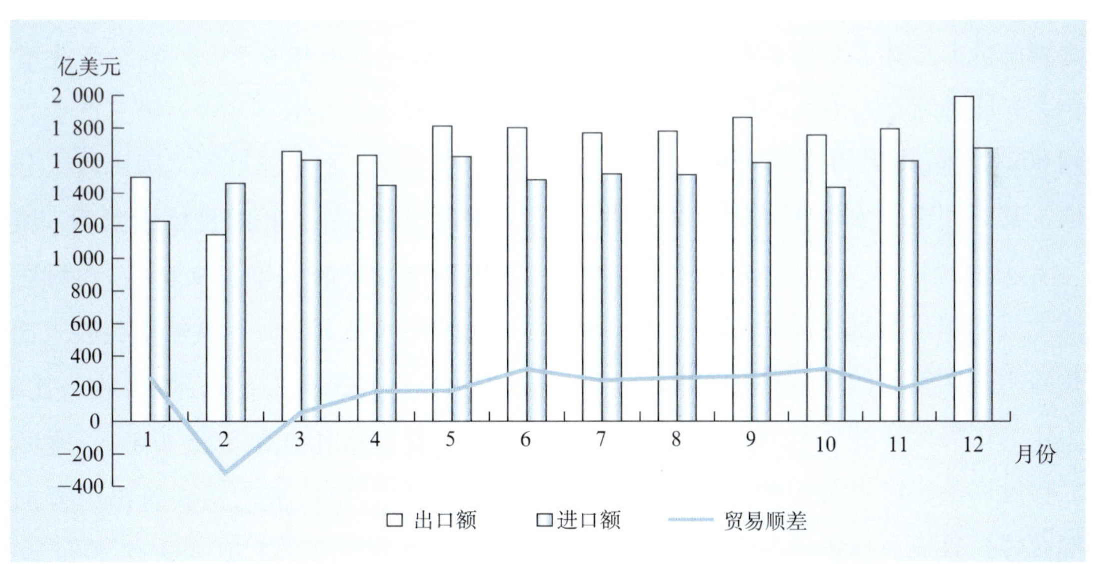

图 3　2012 年中国对外贸易发展变化情况①

数据来源：中国海关统计。

年内人民币对美元汇率基本稳定，对欧元和日元汇率呈现较大波动（图 4）。本年 12 月与上年 12 月的平均汇率相比，人民币对美元升值 0.6%，对欧元升值 1.1%，对日元升值 8.4%。据国际结算银行（BIS）数

① 除特别注明外，本报告正文和图表中引用的中国经济数据均未包括香港、澳门特别行政区和台湾省。

据，全年人民币实际有效汇率升值6%，这使中国产品的价格竞争力受到削弱。

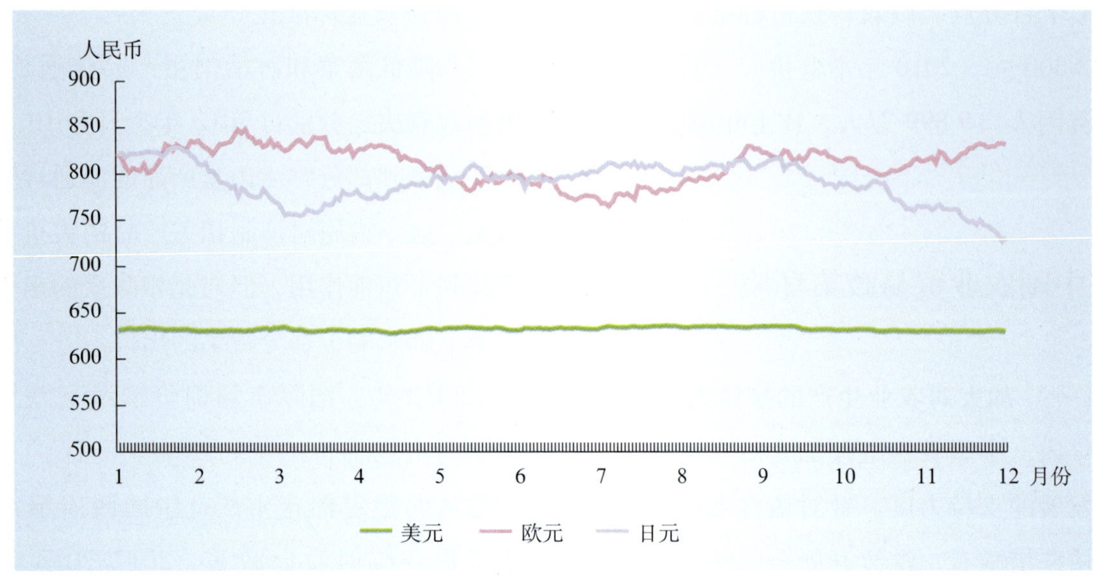

图4　2012年人民币汇率变化

数据来源：国家外汇管理局。汇率采取直接标价法，为100美元或欧元及1万日元折合人民币数量。

中国农业和农村经济

2012年，在全球粮食因灾减产、国际农产品市场大幅波动以及宏观经济运行复杂多变的不利形势下，中国农业和农村经济仍保持了良好发展势头，粮食生产实现“九连增”，其他重要农产品普遍增产，农民收入大幅提高。

2012年，粮食总产58 958万吨，比上年增加1 837万吨，增产3.2%。主要粮食品种中，稻谷产量20 423.6万吨，增产1.6%；小麦12 102.3万吨，增产3.1%；玉米20 561.4万吨，增产6.7%，总产超过水稻首次成为第一大粮食作物品种。经济作物产量中，棉花683.6万吨，增产3.7%；油料3 436.8万吨，增产3.9%；糖料13 485.4万吨，增产7.7%；烤烟312.6万吨，增产9%；茶叶179万吨，增产10.3%。肉类总产8 387.2万吨，增长5.4%（其中猪肉5 342.7万吨，增长5.7%；牛肉662.3万吨，增长2.3%；羊肉401万吨，增长2%）。牛奶3 743.6万吨，增长2.3%。水产品5 907.7万吨，增长5.4%。

全国农民工总量26 261万人，比上年增长3.9%；其中外出农民工16 336万人，增长3%。年末外出农民工人均月收入水平2 290元，比上年增长11.8%。农产品价格上涨、农业丰收和非农业就业增加使农村居民收入大幅提高，全年农村居民人均纯收入7 917元，比上年增长13.5%，扣除价格因素后实际增长10.7%。农村居民食品消费

支出占消费总支出比重 39.3%，比上年降低 1.1 个百分点。以农村扶贫标准年人均纯收入 2 300 元（2010 年不变价）计算，年末农村贫困人口 9 899 万人，比上年减少 2 339 万人。

中国农业贸易政策环境

（一）加大对农业生产的扶持力度

年内，中国政府继续加大对农业和农村经济发展的支持力度。针对粮食生产采取的主要扶持措施有：继续开展全国粮食稳定增产行动，增大农业 4 项补贴规模，提高稻谷最低收购价，安排专项资金推行粮食增产关键技术，在主产区继续实行玉米、大豆临时收储政策等。全年中央财政用于“三农”的支出 12 387.64 亿元，增长 18%；其中，农业生产性支出 4 785.05 亿元，各项农业补贴 1 643 亿元。

（二）稳定农产品市场

农业部根据国务院办公厅《关于加强鲜活农产品流通体系建设的意见》，制定了一系列相关措施，涉及农产品贸易的有：继续办好中国国际农产品交易会等品牌农业展会，推动构建国际性、全国性、区域性相结合，综合性和专业性相补充的会展营销促销平台；积极稳妥发展无公害农产品、绿色食品、有机农产品和农产品地理标志（简称“三品一标”），严格认证审查，严格证后监管，全面建立退出机制，维护“三品一标”品牌形象和公信力；强化信息分析预警；严格农产品质量安全监管，加强农业标准化。

为降低蔬菜和鲜活肉蛋产品流通成本，中国政府决定分别自 2012 年 3 月和 10 月起免征蔬菜和部分鲜活肉蛋产品的流通环节增值税。这一措施对抑制相关产品销售价格上涨起到了积极作用，但与此相联系的出口退税率下降影响了部分蔬菜的出口。

2012 年，国际市场棉价继续下跌加大了国内市场棉价的下行压力。为保护棉农利益从而稳定棉花生产，中国政府继续实施了棉花临时收储政策，2012/2013 年度棉花临时收储价格为每吨 20 400 元，比上年提高 600 元。该政策的实施增大了国内外棉价差异，棉纺企业为降低成本，力争利用滑准税下的配额增加进口，导致棉花进口激增及国产棉大量进入储备。

（三）促进外贸平衡发展

2012 年 4 月，国务院发布《加强进口促进对外贸易平衡发展的指导意见》，提出要进一步优化进口商品结构，稳定和引导大宗商品进口，积极扩大先进技术设备、关键零部件和能源原材料的进口，适度扩大消费品进口。《意见》强调，各地区、有关部门要调整工作思路，坚持进出口并重，坚持关税政策与贸易政策的紧密协调，进一步健全工作机制，形成合力，积极扩大进口，促进外贸平衡发展。

进入下半年后，受外部市场需求萎缩影响，出口额增幅急剧下滑，7 月和 8 月比上年同期仅分别增长 1% 和 2.7%。中国

政府为稳定经济增长和就业采取了一系列促进外贸稳定增长的措施，包括加快出口退税进度、扩大贸易融资规模、降低贸易融资成本、加大出口信用保险支持力度、提高通关效率、调减法定检验检疫目录、规范和减少进出口环节收费等。

（四）进一步扩大农产品市场开放

2012年，中国在严格履行WTO多边承诺实施农产品进口贸易管理的同时，继续按照与有关国家（地区）达成的双边协议扩大市场开放，并继续对原产于老挝、苏丹、也门等40个最不发达国家的部分产品实施特惠税率。从1月1日起，中国大陆和台湾的《海峡两岸经济合作框架协议》早期收获计划第二阶段降税启动，对其中18项农产品中的16项关税予以取消，至此，大陆对来自台湾的农产品单方面实施进口零关税的累计数量为50种。

（五）努力提高农产品国际竞争力

3月份，国务院办公厅发布《关于支持农业产业化龙头企业发展的意见》，在农产品贸易方面提出要积极引导和帮助龙头企业利用普惠制和区域性优惠贸易政策增强出口农产品的竞争力；加强农产品外贸转型升级示范基地建设，扩大优势农产品出口；在有效控制风险前提下鼓励利用出口信用保险为农产品出口提供风险保障；提高通关效率，为农产品出口提供便利；支持龙头企业申请商标国际注册，积极培育出口产品品牌。

6月份，国务院办公厅发布《关于加强食品安全工作的决定》，对提高食品安全工作进行部署，要求建立健全食品安全责任制，将食品安全绩效纳入政府年度考核指标，强化食品生产经营者第一责任人意识和诚信意识；同期国务院办公厅还公布了《国家食品安全监管体系“十二五”规划》，就加强进出口食品安全监管和完善进出口食品风险监测制度提出一系列具体措施。

（六）加强农产品贸易规划指导

2012年12月，农业部印发《全国农产品贸易中长期发展规划（2013—2020）》，在总结分析中国农产品贸易发展情况、发展环境及挑战基础上，提出了未来中国农产品贸易发展的具体目标和任务。根据《规划》，至2020年，农产品出口结构更加合理、市场更加多元化，农产品贸易与国内产业发展更加协调。《规划》提出，将不断扩大农业贸易促进专项资金规模，年度增幅应与农产品出口额增幅相适应；加大出口退税力度，加大出口信贷支持；继续提高出口通关便利化水平，降低或取消出口检验检疫收费，提高检测效率；加大多双边农业贸易谈判等工作力度；加强农业贸易系统人才队伍建设。

2012年，部分省（自治区、直辖市）的农业部门按照2011年农业部印发的《全国农业贸易促进规划（2011—2020年）》要求，制定和实施了本地区的农业贸易促进工作方案，如建立和加强相关部门间的合作机制，加强农产品出口示范基地建设

和管理，提高农产品贸易便利化程度等，有力地推进了外向型农业发展。

（七）加强农产品贸易管理

国家质量监督检验检疫总局发布了一系列食品进出口贸易管理规定，其中《进口食品境外生产企业注册管理规定》要求，向中国输出食品的境外生产、加工、储存企业需在中国注册后方可出口；《出口食品原料种植场备案管理规定》规定，出口食品生产加工企业、种植场、农民专业合作经济组织或行业协会等具有独立法人资格的组织均可作为申请人，向种植场所在地的检验检疫机构提出备案申请；《进口食品进出口商备案管理规定》要求，所有向中国大陆境内（不含港澳）出口食品的境外出口商或代理商及境内进口食品收货人均应向出入境检验检疫机构备案；《食品进口记录和销售记录管理规定》要求，进口食品收货人需建立并严格执行完善的食品进口记录和销售记录。

（八）积极应对贸易纠纷

2012 年 6 月，世界贸易组织专家组裁决报告宣布，2004 年美国对中国输美暖水虾产品进行反倾销调查时使用“归零法”计算反倾销幅度的做法，违反了《反倾销协定》有关规则。7 月，世界贸易组织争端解决机构采纳了专家组报告，中美双方随后达成协议，美国承诺在 2013 年 3 月 23 日前改变有关做法[①]。

2012 年 6 月，欧盟委员会发布公告，宣布终止对中国大豆蛋白的反倾销调查，并且不采取任何反倾销措施。

---

① 美国商务部于 2013 年 1 月 18 日宣布，对从中国等 7 个国家进口的冷冻暖水虾发起反补贴调查。美国国际贸易委员会随后于 2 月 7 日发布公告，裁定涉案产品的补贴行为给美国国内产业造成实质性损害。这表明，美方试图借助于反倾销和反补贴双重措施继续保护其国内产业。

2012年中国农产品贸易发展

进出口规模

2012年，主要发达国家经济低迷导致海外市场需求萎缩；中国经济较快增长拉动了国内市场的需求，劳动成本上升及人民币升值削弱了中国产品的价格竞争力；国际市场粮油价格维持高位。在上述背景下，中国农产品出口呈现额增量减局面，进口则量额双增，全年出口额631.9亿美元，比上年增长4%；进口额1 124.4亿美元，增长18.5%；贸易逆差492.5亿美元，比上年增加151.3亿美元①。

从月度变化看，农产品出口额除在1月、4月和7月比上年同期下滑外，其余月份均实现增长，增幅为2%～30.5%，第四季度各月增幅明显回落。农产品进口额1月和11月比上年同期下滑，其余月份增幅为1.3%～76%，呈前高后低的变化态势（图5）。

商品结构

农产品出口额居前五位的产品依次为水产品、蔬菜、畜产品、水果和饮品类；进口额居前五位的产品依次为油籽、畜产品、棉麻丝、植物油和水产品（图6）。

谷物贸易在国内产量显著增加的背景下出现出口下降和进口增加局面。谷物出口81.3万吨，比上年下降33.1%；进口1 398.2万吨，增加1.6倍；净进口1 316.9万吨，比上年增加893.7万吨。稻谷产品、小麦产品、玉米产品和大麦产品的进口量均大幅增加。

① 除特别注明外，本报告正文和图表中引用的中国农产品生产和贸易数据均未包括香港、澳门特别行政区和台湾省，其中农产品进出口数据来自中国海关统计（除月度数据外，均按年度下载）。由于关税税则调整，本报告中个别进出口数据与《2012中国农产品贸易发展报告》中的相关数据有出入。另，受四舍五入影响，文中个别数据与表格数据略有出入。

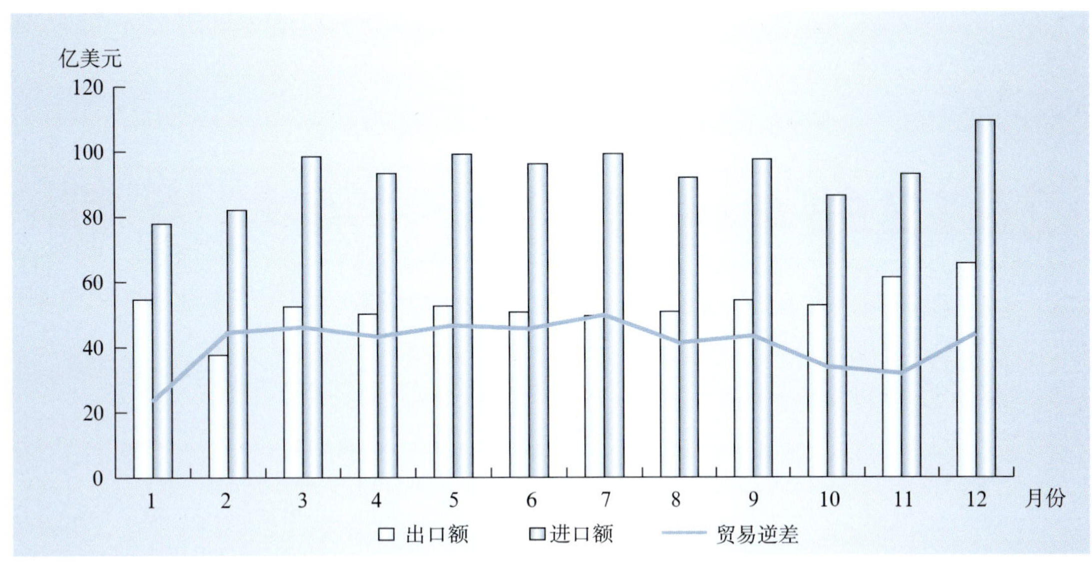

图5 2012年中国农产品对外贸易月度变化情况

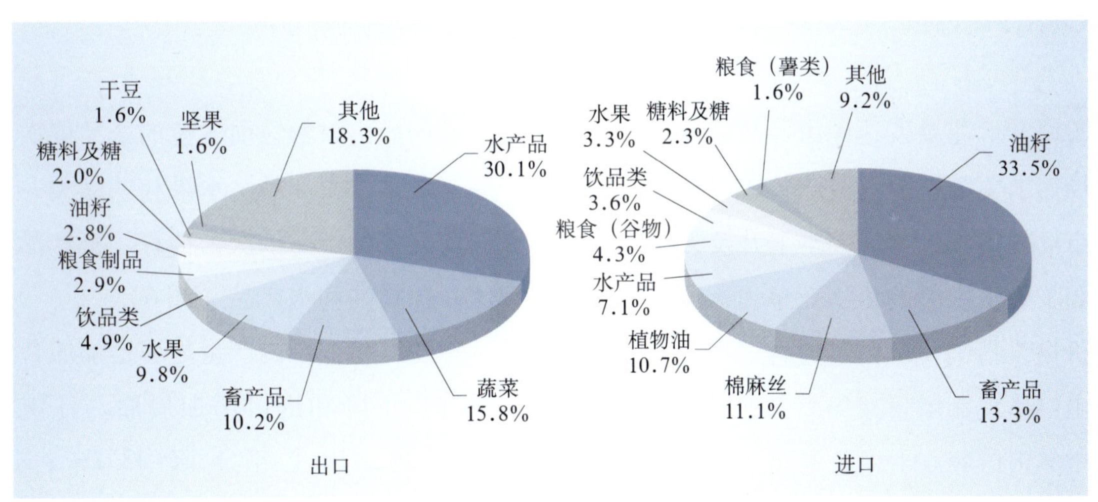

图6 2012年中国农产品进出口结构

食用油籽贸易呈现量额双增局面，出口100.6万吨，比上年增长10.4%；进口6 227.6万吨，增长13.6%。食用植物油贸易呈现出口下降和进口增加局面，出口10.1万吨，下降18.7%；进口960.2万吨，增长23.1%。由于进口量增加和价格高企，食用油籽和食用植物油贸易赤字分别上升到359.8亿美元和106.2亿美元，均创历史新高。

棉花国际市场价格显著下滑，国内市场价格则受临时收储政策支撑而居高不下，致使出现产量、储量和进口量同增的局面。棉花进口贸易量额比上年双增，进口量541.6万吨，增长51.8%；进口额120.1亿美元，增长24%；贸易赤字升至119.6亿美元新高。

国内市场食糖供求平衡处于偏紧状态。食糖出口4.7万吨，比上年下降20.6%；进口

374.7万吨，增长28.4%；贸易赤字22亿美元。

园艺产品贸易中，蔬菜类出口99.7亿美元，下降14.9%；进口4.2亿美元，增长28.3%。水果类出口61.9亿美元，增长12.1%；进口37.6亿美元，增长20.9%。坚果出口10.1亿美元，增长4.2%；进口4.7亿美元，增长25.3%。

畜产品出口64.4亿美元，增长7.4%；进口149.1亿美元，增长11.3%。

水产品出口190亿美元，增长6.8%；进口80亿美元，比上年略减，贸易盈余继续居各类农产品首位。

进出口市场结构

中国对各大洲农产品出口受相关地区经济形势差异影响呈现不同局面。对亚洲出口390.8亿美元，比上年增长6.5%，占出口总额的61.8%，比上年略有提高；对欧洲出口100.8亿美元，下降5.1%；对北美洲出口82.7亿美元，增长7.6%，增幅居各大洲首位；对非洲出口25亿美元，增长2%；对南美洲出口21.1亿美元，下降1.5%；对大洋洲出口11.5亿美元，增长2.2%。

从各大洲的农产品进口全面增长。北美洲、南美洲和亚洲仍为前三大进口来源地，进口额分别为341.9亿美元、287.3亿美元和246.3亿美元，比上年分别增长28.8%、13.8%和12.9%；从大洋洲进口112.8亿美元，增长19.1%；从欧洲进口107.5亿美元，增长13.2%；从非洲进口28.6亿美元，增长23%。

中国农产品贸易对亚洲一直保持盈余，对其他地区均为赤字。对南、北美洲的赤字最大，分别为266.2亿美元和259.2亿美元（表4）。

表4 2012年中国农产品贸易区域分布

单位：亿美元、%

区域	贸易额				比上年增长		占比重	
	进出口	出口额	进口额	差额	出口	进口	出口	进口
合　计	1 756.2	631.9	1 124.4	-492.5	4.0	18.5	100.0	100.0
亚　洲	637.1	390.8	246.3	144.5	6.5	12.9	61.8	21.9
非　洲	53.6	25.0	28.6	-3.6	2.0	23.0	3.9	2.5
南美洲	308.4	21.1	287.3	-266.2	-1.5	13.8	3.3	25.6
欧　洲	208.3	100.8	107.5	-6.7	-5.1	13.2	16.0	9.6
北美洲	424.6	82.7	341.9	-259.2	7.6	28.8	13.1	30.4
大洋洲	124.3	11.5	112.8	-101.3	2.2	19.1	1.8	10.0

从国别（地区）贸易看，前五大出口市场依序为日本、美国、中国香港、韩国和马来西亚，合计占出口总额51.1%。前五大进口来源地依序为美国、巴西、澳大利亚、加拿大和阿根廷，合计占进口总额58.1%。对日本、中国香港、韩国、德国和中国台湾的

贸易盈余处于前五位，分别为115.9亿美元、65.3亿美元、35.4亿美元、14.1亿美元和9.8亿美元。对美国、巴西、澳大利亚、阿根廷和加拿大的贸易赤字处于前五位，分别为215.2亿美元、179.6亿美元、65亿美元、50.6亿美元和43.4亿美元（图7）。

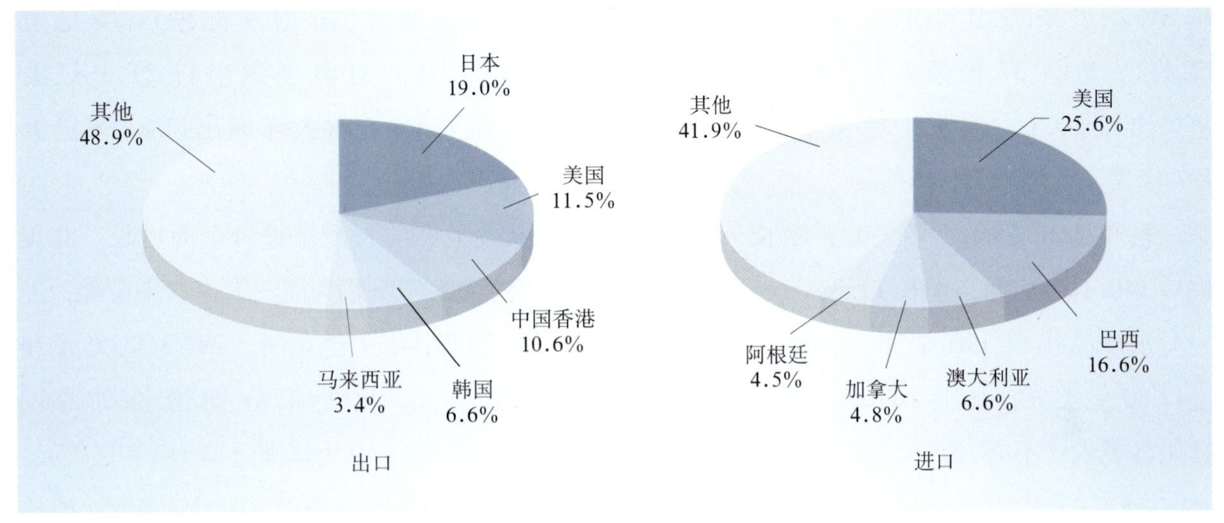

图7 2012年中国农产品出口市场和进口来源地结构

与自由贸易区伙伴间的双边农产品贸易发展出现分化。对新西兰出口额和进口额分别比上年增长8.2%和27.6%，对中国台湾出口额和进口额分别增长23.3%和27.9%，对中国香港和澳门出口额分别增长13%和21%，均高于总体增幅。对东盟出口额和进口额分别增长2.4%和10%，低于总体水平。对智利出口额下降8.2%，进口额增长24.2%。对秘鲁出口额增长6.1%，进口额下降5.8%。对巴基斯坦出口额下降11.3%，进口额增加1.5倍。对哥斯达黎加出口额下降2.1%，进口额增长87.7%。

贸易方式

一般贸易出口额508.9亿美元，占农产品贸易总额的80.5%；进料加工贸易出口额78.6亿美元，占12.5%。一般贸易进口额890.9亿美元，占农产品进口总额的79.2%；保税区仓储转口货物91.4亿美元，占8.1%；进料加工贸易进口额77.7亿美元，占6.9%。

国内进出口地区结构变化

西部地区农业贸易快速发展，农产品进口额和出口额已全面超越东北地区；东北地区增幅略高于全国总体水平；东部和中部地区增幅则低于全国总体水平。中部地区继续保持贸易盈余，但金额明显下降；东部地区贸易赤字显著增大，东北和西部地区由上年的小额盈余转为小额赤字。

农产品出口额排前五位的省依次为山东、广东、福建、浙江和辽宁，合计占出口总额的63.4%。各省（自治区、直辖市）之间农产品

出口贸易发展出现较大差异，增幅超过10%的依序为广西、贵州、云南、江西、安徽、甘肃、陕西、重庆、福建和内蒙古，降幅超过10%的省份有青海和湖北。分区域看，东部地区出口436.2亿美元，比上年增长3.2%；西部地区居第二，出口74.2亿美元，增长11.3%；东北地区出口73.2亿美元，增长4.7%；中部地区出口48.4亿美元，与上年持平。

农产品进口额排前五位的省（直辖市）依次为山东、广东、江苏、上海和天津，合计占进口总额的66.4%。增幅超过全国平均值的有15个省（自治区、直辖市），其中西藏、宁夏、青海和甘肃进口成倍增长，吉林、广西、安徽、天津、重庆、湖南和黑龙江增幅超过30%；进口下降的有6个省（自治区），其中山西、新疆、江西降幅较大。东部地区进口926.7亿美元，比上年增长17.4%；西部地区进口84.3亿美元，增长35.8%；东北地区进口75亿美元，增长20.8%；中部地区进口38.4亿美元，增长8.8%（图8）。

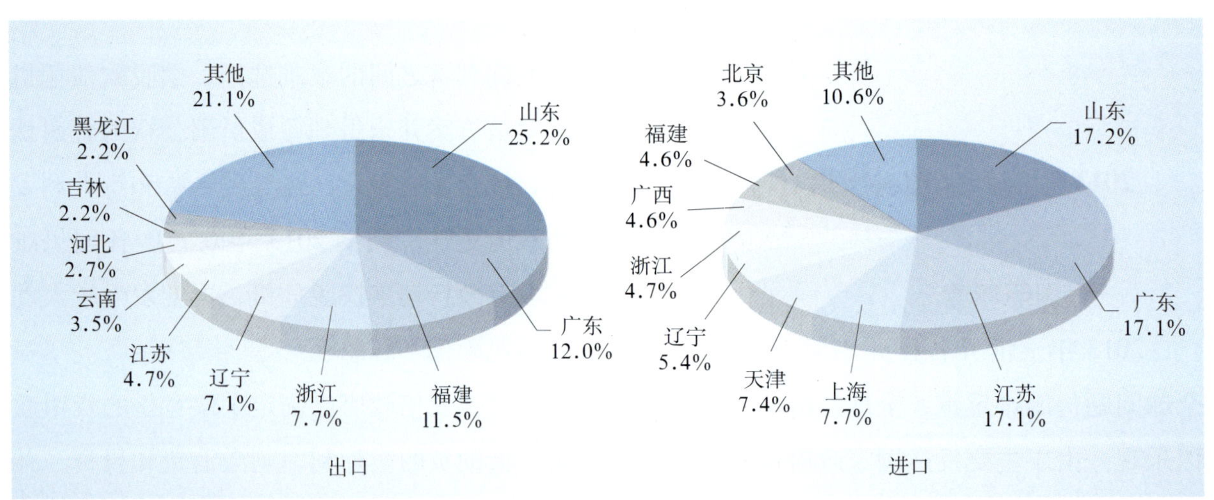

图8 2012年中国各省（自治区、直辖市）农产品进出口所占比重

31个省（自治区、直辖市）中，有19个实现农产品贸易盈余。顺差居前五位的省及顺差额为：福建20.5亿美元、黑龙江9.7亿美元、云南9.7亿美元、陕西5.8亿美元和江西4.8亿美元。逆差居前五位的省（自治区、直辖市）及逆差额为：江苏162.1亿美元、广东116.8亿美元、天津74.2亿美元、上海73.2亿美元和广西41亿美元。

农产品贸易的地位

2012年，农产品出口额和进口额占全国商品出口总额和进口总额比例分别为3.1%和6.2%，前者与上年持平，后者比上年提高0.8个百分点。农产品出口额和进口额与第一产业增加值比值分别为7.6%和13.6%，前者比上年降低0.6个百分点，后者提高0.8个百分点。

2013年农产品贸易发展前景展望

2013年农产品贸易发展环境

（一）国际环境

2013年，世界各国采取协调行动解决全球问题仍困难重重，全球经济增长前景难以乐观。由于主要发达国家政府债务负担仍未得到缓解，其财政政策实施空间将受到严格限制，宽松的货币政策成为2013年全球宏观经济政策的主导。

美国经济虽然呈现复苏苗头，但基础并不稳固。美国联邦储备委员会拟在2013年继续扩大资产购买计划，并在就业形势未明显好转前将联邦基金利率保持在0～0.25%。3月美国“自动减赤”机制启动，政府债务年中将再度触及法定上限，政府和国会在解决“财政悬崖”问题上如何行动将继续成为影响公众信心的重要因素。

欧元区各国政府面临保障本国利益与追求共同利益之间的艰难选择，摆脱欧债危机的对策方案并未得到各成员国公众的普遍认可，社会矛盾激化已经导致希腊和意大利发生政府更迭。预期2013年欧元区各国仍难采取有效行动来摆脱危机，再度发生较大动荡的风险仍不容忽视。

日本安倍政府已确定采取宽松的货币政策，借助负的实际利率刺激消费和投资，并通过日元大幅贬值促进出口。日本央行已经确定，将无限期地实施资产购买计划并将利率维持在0～0.1%的超低水平，2013年将以2%的通胀率为目标，采取财政和货币措施促进经济复苏。日本政府的有关政策已引发日元急速贬值，从而招致其他国家质疑。

据国际货币基金组织2013年7月经济展望，本年世界经济预期增长3.1%，与上年持平；其中发达国家增长1.2%，新兴经济和发展中国家增长5%。世界商品和服务贸易量增长3.1%，其中发达国家进口和出口分别增长1.4%和2.4%，新兴经济和发

展中国家进口和出口分别增长6%和4.3%。原油价格下跌4.7%，非能源初级产品价格下跌1.8%。消费价格指数发达国家上涨1.5%，新兴经济和发展中国家上涨5.6%。总体看，2013年全球经济发展前景不容乐观。

（二）国内环境

2013年，中国政府将继续实施积极的财政政策和稳健的货币政策推动国民经济持续健康发展。政府确定的经济社会发展主要目标是：国内生产总值增长7.5%左右，居民消费价格涨幅3.5%左右，城乡居民人均收入实际增长与经济增长同步，劳动报酬增长和劳动生产率提高同步，国际收支状况进一步改善。

中国政府将继续把解决好“三农”问题作为全部工作的重中之重。针对农业发展面临的生产成本上升、市场风险加大、资源环境约束趋紧等问题，中国政府将采取有效措施增强农业综合生产能力、防灾减灾能力和可持续发展能力，确保国家粮食安全和重要农产品有效供给。中央财政用于“三农”的支出合计12 387.64亿元，增长18%。其中支持农业生产支出4 785.05亿元，对农民的粮食直补、农资综合补贴、农作物良种补贴及农机购置补贴支出1 643亿元，促进农村教育、卫生等社会事业发展支出5 339.09亿元，农产品储备费用和利息等支出620.5亿元。国家还将提高小麦和稻谷最低收购价格。

中国将对780多种进口商品实施低于最惠国税率的年度进口暂定税率，其中涉及农产品或农业生产资料的有特殊配方婴幼儿奶粉、紫苜蓿、自走式饲料搅拌投喂车、尿素等3种化肥等。对关税配额外的棉花进口继续实施滑准税并提高低价进口棉花的适用税率。继续以暂定税率的形式对化肥征收出口关税，适当延长化肥淡季税率适用时间并降低淡季出口关税税率，部分化肥产品出口关税征收方式由从价计征改为从量计征。

中国农产品贸易发展形势展望

（一）主要影响因素

2013年农业贸易发展面临的主要不确定因素有：从供求基本面看，如果没有大的自然灾害，年内主要农产品国际市场价格下行的可能性较大，加大国内市场面临的竞争压力；人民币继续面临升值压力，中国央行如何干预汇率走势有待观察；主要国家借助扩大货币供给刺激本国经济和稀释债务负担的做法具有转嫁危机的作用，可能引发其他国家的反应，如竞争性贬值等；在经济低迷背景下，主要进口国很可能会继续频繁实施贸易保护主义措施。

（二）贸易形势展望

2013年，中国农产品主要出口市场仍将普遍呈现需求不振局面，出口农产品的价格竞争力将受农业生产成本上升和人民币升值影响而有所削弱。欧盟经济迟迟难以复苏使得对欧盟市场的出口可能继续下滑，对日本市场的出口则可能由于中日关系变化和日

元大幅贬值而受到不利影响，对美国、东盟、韩国、俄罗斯等其他重要市场的出口前景稍显乐观。综合看，农产品出口量不会显著增长，出口额则可能出现低速增长甚至下降局面。

中国的农产品进口需求将继续增加，主要影响因素有居民收入较快增长、人民币升值、公众对国产食品质量安全缺乏信任、政策导致部分农产品的国内外价差增大等。另一方面，如果政府决定将过去几年进入储备的农产品投入市场，那么释放的库存会部分替代进口。预期 2013 年农产品进口量可能继续增加，但增速将放缓；鉴于国际市场价格可能下行，农产品进口额的增速会低于上年。

分论

2013 中国农产品贸易发展报告

分产品贸易

2012 年，谷物、棉花、食用油籽、食用植物油、食糖、蔬菜、水果坚果、茶叶、畜产品、水产品 10 类农产品贸易额占中国农产品贸易总额的 80.5%，其中出口额占农产品出口总额的 73.2%，进口额占农产品进口总额的 84.6%。水产品、蔬菜、水果坚果和茶叶为净出口，其他为净进口。

居出口额前五位的农产品依次为水产品、蔬菜、水果坚果、畜产品和食用油籽，分别占农产品出口总额的 30.1%、15.8%、11.4%、10.2% 和 2.7%。与上年相比，食用油籽、水果坚果、茶叶、畜产品、水产品出口额增长，增幅最大的是食用油籽，增长 18.3%；其他大类农产品出口额下降，降幅最大的是棉花，为 48.3%。

居进口额前五位的农产品依次为食用油籽、畜产品、棉花、食用植物油和水产品，分别占农产品进口额的 33.5%、13.3%、10.7%、9.6% 和 7.1%。与上年相比，除水产品进口额下降 0.2%，其他大类农产品进口额均增长，增幅较大的产品有：谷物增加 1.3 倍，蔬菜增长 28.3%，棉花增长 24%。

谷物

（一）贸易概况

2012 年，中国谷物出口下降，进口成倍增加。出口量 81.3 万吨，比上年下降 33.1%，出口量占当年全国谷物总产量的 0.2%；出口额 5.5 亿美元，下降 32.3%；进口量 1 398.2 万吨，增加 1.6 倍，进口额 47.9 亿美元，增加 1.3 倍；净进口量 1 316.9 万吨，贸易逆差 42.4 亿美元。

1. 产品结构

谷物出口以小麦产品和稻谷产品为主，两种产品出口量合计占谷物出口总量的 69.5%，出口额合计占 76.9%；进口以小麦产品、稻谷产品、玉米产品和大麦产品为主，4 产品进口量合计占谷物进口总量的 98.7%，进口额合计占 98.8%（表5）。

表 5 2012 年中国主要谷物品种贸易情况

单位：万吨、亿美元、%

产品	出口量	进口量	净进口量	净进口量比上年增长	出口额	进口额	净进口额	净进口额比上年增长
小麦产品	28.6	370.1	341.5	267.3	1.5	11.1	9.6	264.9
稻谷产品	27.9	236.7	208.8	2 443.2	2.7	11.5	8.8	-4 645.1
玉米产品	5.5	520.7	515.2	218.6	0.2	16.9	16.7	213.7
大麦产品	0.5	252.8	252.3	42.6	0.02	7.8	7.8	27.7

注：稻谷产品 2011 年净出口 0.2 亿美元，故 2012 年净进口额比上年增长率为负值。

小麦产品。出口量 28.6 万吨，比上年下降 12.9%，占谷物出口总量的 35.2%；出口额 1.5 亿美元，下降 6.7%；进口量 370.1 万吨，比上年增加 1.9 倍，占谷物进口总量的 26.5%；进口额 11.1 亿美元，增加 1.6 倍。

稻谷产品。出口量 27.9 万吨，比上年下降 45.9%，占谷物出口总量的 34.3%；出口额 2.7 亿美元，下降 36.2%；进口量 236.7 万吨，比上年增加 3 倍，占谷物进口总量的 16.9%；进口额 11.5 亿美元，增加 1.8 倍。

玉米产品。出口量 5.5 万吨，比上年下降 59.8%；出口额 2 081 万美元，下降 55.3%；进口量 520.7 万吨，比上年增加 2 倍，占谷物进口总量的 37.2%；进口额 16.9 亿美元，增加 1.9 倍。

大麦产品。出口量 4 582 吨，比上年下降 27.3%；出口额 190 万美元，下降 17.9%；进口量 252.8 万吨，比上年增长 42.4%，占谷物进口总量的 18.1%；进口额 7.8 亿美元，增长 27.6%。

2. 贸易区域

2012 年，中国谷物主要出口市场依然是周边的亚洲国家（地区），进口主要来自北美、澳大利亚和亚洲国家（地区）。

出口市场。中国谷物前五位的出口市场依次是朝鲜、日本、中国香港、韩国和中国台湾，对 5 市场共出口 68.6 万吨，占谷物出口总量的 84.5%，与上年相比所占比重提高 7.3 个百分点。在前五位出口市场中，对日本出口量逆势增长，为 13.2 万吨，比上年增长 31.5%，所占比重提高 7.9 个百分点；对其他四大市场的出口量均比上年有不同程度下降（表 6）。

进口来源地。中国谷物前五位的进口来源地依次是美国、澳大利亚、越南、加拿大和巴基斯坦，从这 5 个国家共进口 1 327.8 万吨，占谷物进口总量的 95%。2012 年，从前五位来源地的谷物进口量均比上年增加 1 倍以上，特别是从巴基斯坦的进口量比上年增加近 66 倍（表 6）。

分品种看，小麦产品主要出口至朝鲜和中国香港，进口主要来自澳大利亚、美国、加拿大和哈萨克斯坦。稻谷产品主要出口至周边的韩国、日本、朝鲜、中国香港和蒙古；进口主要来自越南、泰国、老挝等东盟国家以及巴基斯坦，2012 年越南超过泰国成为中国最大的大米进口来源地。玉米产品进口主要来自美国和东盟国家。大麦产品进

口主要来自澳大利亚、加拿大、阿根廷和法国（表7、表8）。

表6 2012年中国谷物主要出口市场和进口来源地

单位：万吨、%

出口市场	出口量	比上年增长	占谷物出口总量比重	进口来源地	进口量	比上年增长	占谷物进口总量比重
朝　鲜	26.2	-26.3	32.3	美　国	575.9	171.5	41.2
日　本	13.2	31.5	16.2	澳大利亚	467.8	139.6	33.5
中国香港	13.1	-13.9	16.2	越　南	154.5	560.9	11.1
韩　国	12.6	-52.9	15.5	加拿大	71.6	159.3	5.1
中国台湾	3.5	-41.8	4.3	巴基斯坦	58.0	6 586.5	4.1
前五位合计	68.6		84.5	前五位合计	1 327.8		95.0

表7 2012年中国主要谷物品种出口市场

单位：万吨、%

小麦产品				稻谷产品			
出口市场	出口量	比上年增长	占小麦产品出口总量比重	出口市场	出口量	比上年增长	占稻谷产品出口总量比重
朝　鲜	15.8	26.2	55.2	韩　国	10.2	-57.5	36.4
中国香港	10.6	-12.4	37.0	日　本	5.0	81.4	17.8
泰　国	0.8	-63.2	2.8	朝　鲜	4.9	-46.9	17.6
中国澳门	0.6	-12.8	2.2	中国香港	2.5	-15.6	9.0
菲律宾	0.3	1.4	1.1	蒙　古	1.0	-19.6	3.7

表8 2012年中国主要谷物品种进口来源地

单位：万吨、%

小麦产品				稻谷产品			
进口来源地	进口量	比上年增长	占小麦产品进口总量比重	进口来源地	进口量	比上年增长	占稻谷产品进口总量比重
澳大利亚	243.0	279.0	65.7	越　南	154.5	560.9	65.3
美　国	64.5	48.3	17.4	巴基斯坦	58.0	6 586.5	24.5
加拿大	40.2	133.1	10.9	泰　国	19.8	-42.6	8.4
哈萨克斯坦	20.5	4 316.6	5.5	老　挝	2.2	199.2	0.9
法　国	1.3	4 310.4	0.3	乌拉圭	1.1	15 061.3	0.5
玉米产品				大麦产品			
进口来源地	进口量	比上年增长	占玉米产品进口总量比重	进口来源地	进口量	比上年增长	占大麦产品进口总量比重
美　国	511.4	203.3	98.2	澳大利亚	207.9	65.7	82.2
老　挝	5.2	48.1	1.0	加拿大	31.4	202.8	12.4
缅　甸	1.8	-34.9	0.4	阿根廷	11.3	-36.0	4.5
泰　国	1.8	9 969 344.4	0.3	法　国	2.3	-90.4	0.9

3. 贸易方式

中国谷物出口以一般贸易和边境小额贸易为主，进口以一般贸易为主。一般贸易出口谷物50.9万吨，占谷物出口总量的62.5%，边境小额贸易出口谷物22.2万吨，占27.3%。一般贸易进口谷物1 316.7万吨，占谷物进口总量的94.2%（表9）。

表9 2012年中国谷物主要贸易方式

单位：万吨、亿美元

贸易方式	出口量	比上年增长	出口额	比上年增长	进口量	比上年增长	进口额	比上年增长
一般贸易	50.9	-35.2	4.0	-33.5	1 316.7	164.5	45.2	140.0
进料加工贸易	3.6	28.8	0.2	44.9	65.8	64.3	2.2	55.0
保税仓库进出境货物贸易	1.3	379.2	0.0	248.9	10.5	1 182.8	0.3	1 289.4
边境小额贸易	22.2	-24.2	1.0	-18.0	3.0	-40.8	0.1	-32.6
保税区仓储转口货物贸易	0.4	-31.0	0.0	-34.4	2.1	134.1	0.1	152.2
国际援助贸易	2.8	-71.5	0.1	-75.9				

4. 价格变动

（1）中国谷物进出口价格

全年中国谷物出口平均价格①为每吨676美元，比上年略涨1.1%；进口平均价格为每吨342美元，下跌8.7%。主要品种出口价格比上年均有所上涨，进口价均有不同程度下跌（表10）。

表10 2012年中国主要谷物品种进出口价格

单位：美元/吨、%

产品	出口平均价格	比上年上涨	进口平均价格	比上年上涨
谷物	676	1.1	342	-8.7
小麦产品	525	7.1	300	-11.0
小麦			299	-10.8
稻谷产品	975	17.8	486	-28.7
大米	783	8.9	482	-28.5
玉米产品	381	11.3	324	-1.7
玉米	374	10.9	323	-1.3
大麦产品	414	12.9	309	-10.4

注：2012年中国小麦产品出口绝大多数是小麦粉，没有小麦（原粮）出口。

从月度情况看，谷物出口价格呈现明显的先降后升特点。1—8月，出口价从每吨

① 出口平均价格＝出口总额/出口总量；进口平均价格＝进口总额/进口总量。下同。

791美元跌至526美元，9月开始价格持续回升，12月回升至720美元。多数月份出口价与上年同期基本接近，每吨相差100美元以内。谷物进口价格走势相对平稳。1—11月价格在每吨340美元上下小幅波动，12月价格大幅上涨，达394美元，除12月之外的其他月份进口价均低于上年同期（图9、图10）。

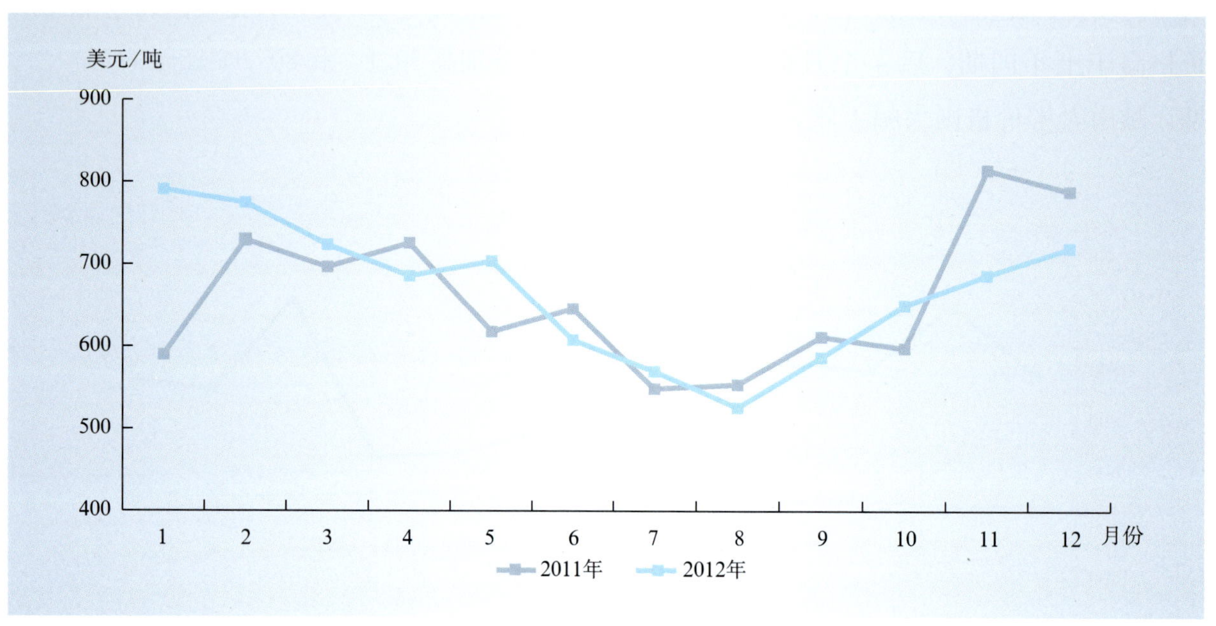

图9　2011—2012年中国谷物出口月度价格比较

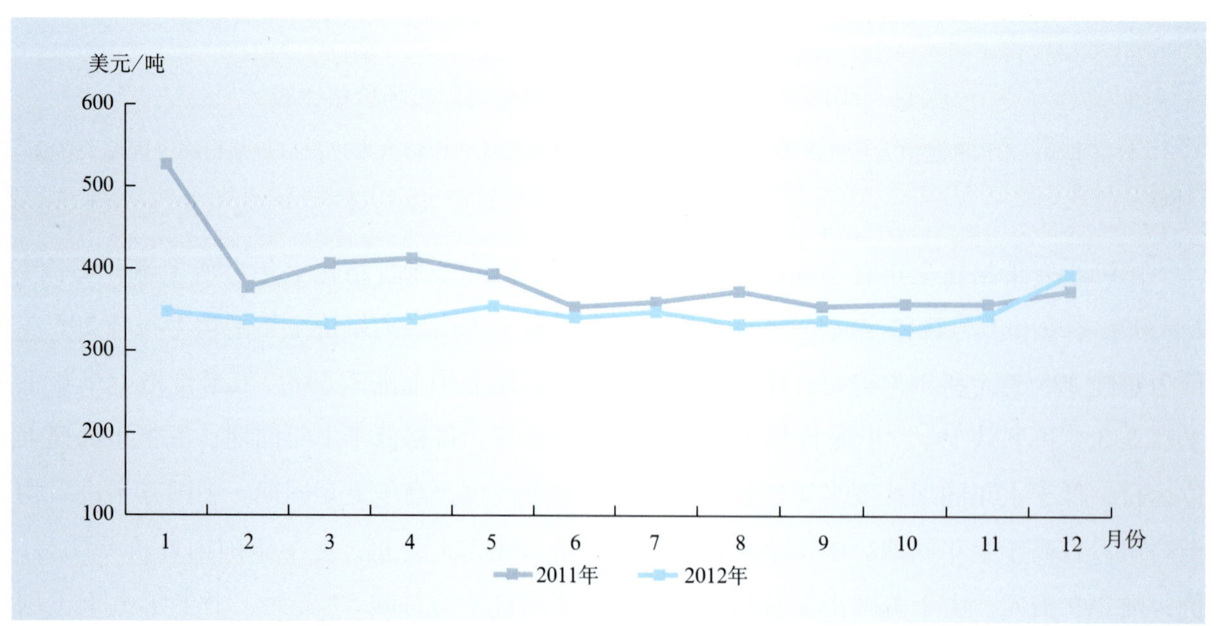

图10　2011—2012年中国谷物进口月度价格比较

（2）中国谷物进出口价格与国际市场价格比较

2012 年，泰国大米价格比上年上涨，5% 破碎率大米曼谷出口离岸价全年平均每吨 563 美元，比上年上涨 3.7%；前 8 个月价格高于上年同期，后 4 个月低于上年同期。越南大米价格则大幅下跌，5% 破碎率大米河内出口离岸价全年平均每吨 434 美元，比上年下降 15.4%。中国大米进口均价每吨 482 美元，比上年下跌 28.5%，低价的越南大米大量进口拉低了进口均价。大米出口均价每吨 783 美元，比泰国和越南大米价格分别高 39.1% 和 80.2%（图 11）。

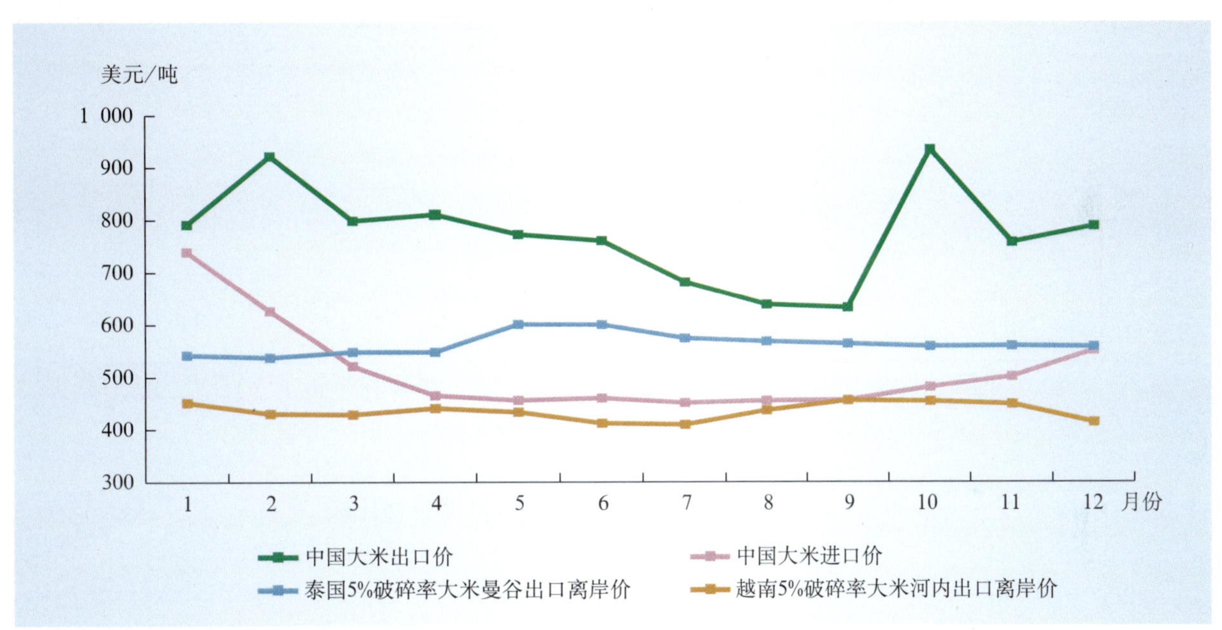

图 11　2012 年中国大米进出口价格与国际市场价格比较

数据来源：泰国和越南大米价格来自世界银行商品价格数据库，中国大米进出口价格根据中国海关数据计算。

国际小麦价格比上年有小幅波动，美国 2 号软红冬麦和 1 号硬红冬麦全年平均出口价为每吨 295 美元和 313 美元，比上年分别上涨 3.3% 和下跌 1%。小麦价格上半年低位运行，低于上年同期；下半年均快速上涨至高位，且高于上年同期。中国小麦进口均价每吨 299 美元。由于美国小麦价格相对较高，近 3 年澳大利亚已经超过美国成为中国小麦最大的进口来源地（图 12）。

国际玉米价格比上年有所上涨，美国 2 号黄玉米出口离岸价全年平均为每吨 298 美元，比上年上涨 2.3%。玉米价格上半年低位运行，价格低于上年同期；下半年快速上涨至高位，高于上年同期。中国玉米进口均价每吨 323 美元，上半年国内外价差明显，平均价差为每吨 53 美元，下半年由于美国玉米价格快速上涨，价差不复存在（图 13）。

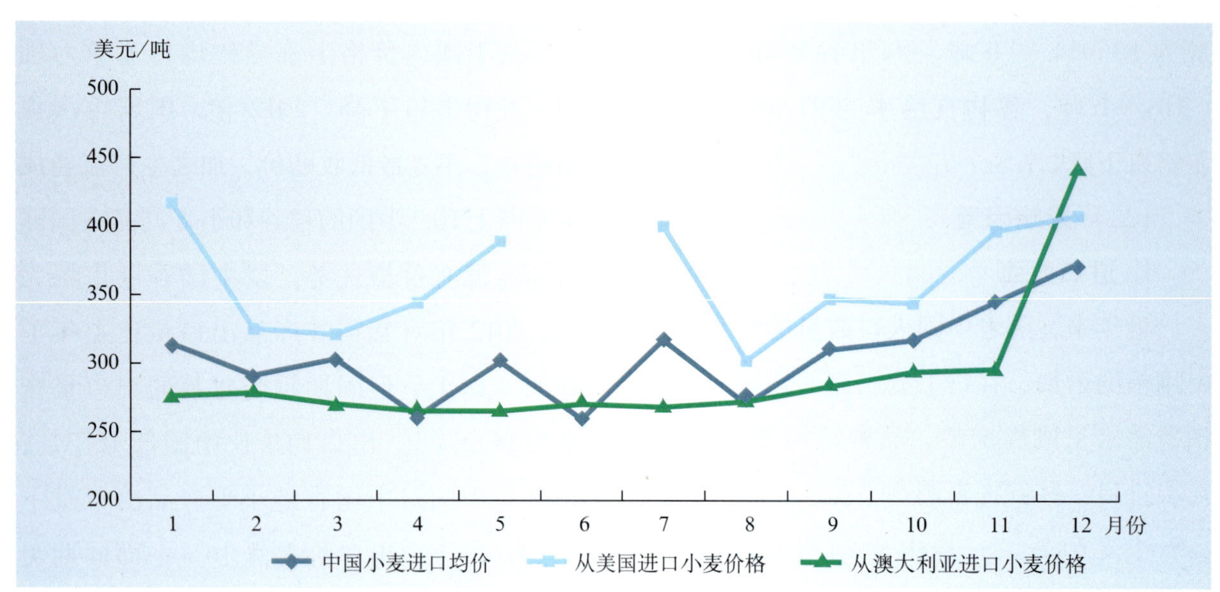

图 12 2012 年中国小麦进口均价与从美国、澳大利亚进口价格比较

注：2012 年 6 月中国没有从美国进口小麦。

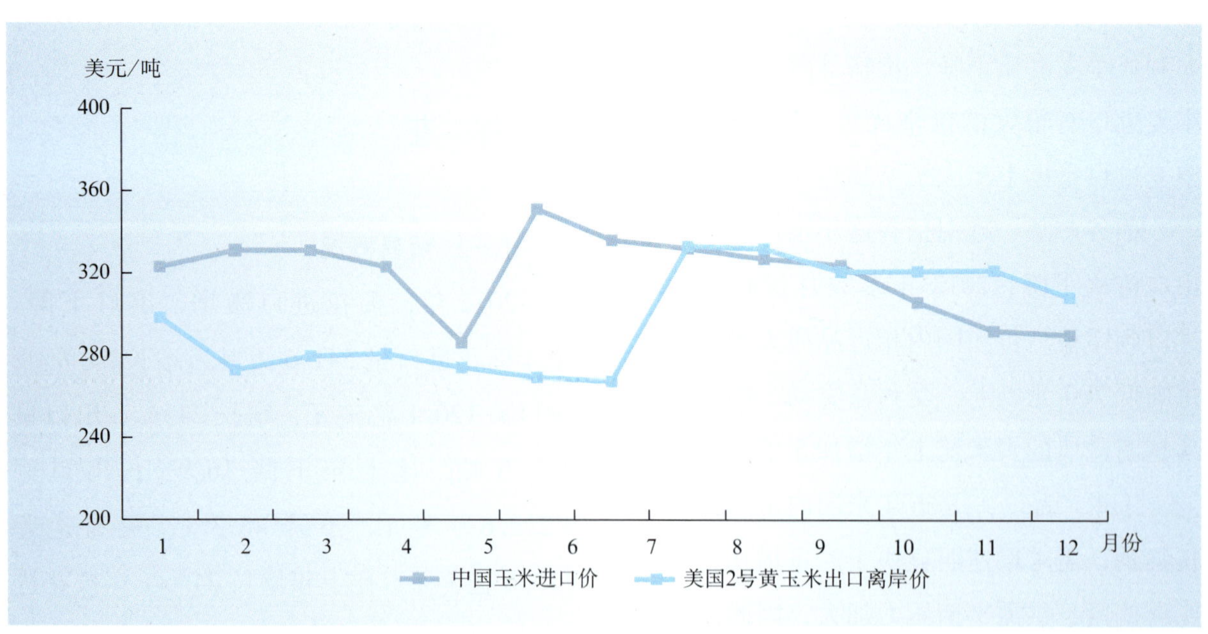

图 13 2012 年中国玉米进口价格与国际市场价格比较

数据来源：美国玉米价格来自世界银行商品价格数据库，中国玉米进口价根据中国海关数据计算。

5. 自给率①变动

2012 年，中国粮食产量实现“九连

① 自给率：按当年生产总量/表观消费量（当年生产总量＋当年净进口量）×100% 计算。下同。

增”，总产量达到58 958万吨，其中谷物产量为53 934.7万吨。当年谷物净进口量1 316.9万吨，谷物自给率为97.6%，比上年略有下降。

（二）影响因素

1. 进口方面

近年来，随着中国人口数量的增长、饲料用粮的增加、谷物工业用途的拓展，谷物消费需求呈刚性增长，品种结构矛盾突出，需要进口一些谷物来调剂平衡。

小麦产品。一是由于饲用需求增加。2012年大多数时间内，国内小麦价格低于玉米，价格倒挂导致很多企业选用小麦代替玉米作为饲料原料。二是澳大利亚小麦的价格优势致使澳麦进口大增。天气灾害导致澳大利亚小麦品质下降，价格下跌，作为饲料小麦进口有很大的价格优势，因此2012年澳麦进口量比上年大幅增加近3倍。

稻谷产品。越南稻谷连年增产，其大米出口价格下降，2012年多数月份越南大米进口到岸税后价比国内相近品质大米批发价每吨低700元以上。受利益驱动，国内企业从越南进口的大米比上年增加5倍多。

玉米产品。一是近年来国内玉米需求增长强劲，需求增速明显快于产量增速，玉米库存偏紧，供需平衡压力加大，因此需要增加玉米进口以补充库存。二是2012年上半年国际市场玉米价格相对较低，尤其第二季度美国玉米进口到岸税后价比国产玉米销区港口价每吨低100元以上，企业进口意愿增强。

2. 出口方面

由于国内价格上涨导致出口竞争力削弱，谷物出口下降。2012年，国家再次提高稻谷、小麦最低收购价，加之生产流通成本不断上升，中国的稻谷和小麦产品在国际市场已没有价格优势。以中国香港市场为例，2012年对其稻谷产品出口量比上年下降15%以上，但同期越南对其的出口量则增长16.2%①，出口均价比中国低16.3%；2012年中国对中国香港小麦产品出口量下降10%以上，出口价上涨16%，而同期美国、土耳其、阿根廷及其他亚洲国家（地区）对其的小麦产品出口量比上年则增长40.8%，出口均价下跌5.1%，且比中国出口均价低2.1%。

棉　花

（一）贸易概况

2012年，棉花进口激增，出口下降。全年棉花进口量541.6万吨，增长51.8%；进口额120.1亿美元，增长24%。出口量2.3万吨，比上年下降16.9%；出口额4 222.6万美元，下降48.3%。贸易逆差119.6亿美元，比上年增长24.6%。棉花进口量、进口额及贸易逆差均创历史新高。在进口量激增的情况下，中国棉花库存迅速上升。

① 中国香港和其他国家（地区）的贸易数据来自联合国Comtrade数据库。

1. 产品结构

棉花贸易的主要产品是未梳棉花（亦称原棉）。未梳棉花进口 513.7 万吨，占中国棉花进口总量的 94.9%；比重与上年基本相同；出口 1.8 万吨，占出口总量的 78.3%，比上年降低 16 个百分点。

2. 贸易区域

进口来源地。印度、美国、澳大利亚、巴西和乌兹别克斯坦仍是中国棉花的主要进口来源地，进口量增幅均超过 45%，进口额增幅超过 14%。

印度继续为中国第一大棉花进口来源地，从印度进口棉花 153.8 万吨，比上年增长 45.4%，占中国棉花进口总量的 14.9%，比上年降低 1.3 个百分点；美国为中国棉花第二大进口来源地，从美国进口棉花 148.1 万吨，增长 45.9%，占 27.3%，降低 1.2 个百分点；从澳大利亚进口棉花 81.9 万吨，增长 54.6%，占 15.1%，与上年基本持平；此外，从马里的进口棉花 10.7 万吨，增加 1.5 倍，马里由上年的中国第十大棉花进口来源地跃升为第六大进口来源地（表 11）。

表 11 2012 年中国棉花主要进口来源地

单位：万吨、亿美元、%

进口来源地	进口量	比上年增长	进口额	比上年增长	占棉花总进口比重	
					进口量	进口额
印度	153.8	45.4	31.0	14.9	28.4	25.8
美国	148.1	45.9	37.0	24.1	27.3	30.8
澳大利亚	81.9	54.6	19.1	23.5	15.1	15.9
巴西	37.2	70.5	8.2	35.0	6.9	6.8
乌兹别克斯坦	31.7	70.6	7.0	32.8	5.9	5.8
马里	10.7	154.9	2.6	148.1	2.0	2.2
布基纳法索	9.7	42.4	2.3	31.6	1.8	1.9
喀麦隆	7.1	99.9	1.7	92.2	1.3	1.4
墨西哥	6.7	58.1	1.4	27.6	1.2	1.2
欧盟	6.4	39.7	1.3	22.4	1.2	1.1

出口市场。2012 年，中国棉花主要出口市场依然是周边亚洲国家（地区）。中国对 5 个国家（地区）的棉花出口均超过2 000吨。其中，对朝鲜出口 5 501.3 吨，比上年下降 22.9%；对孟加拉国出口 5 041.4 吨，增长 37.1%；对中国香港出口 3 368.6 吨，增加了 92 倍，由上年的第十五位跃居第三位。此外，上年居中国棉花出口市场第二位的越南、第三位的印度尼西亚及第五位的中国台湾，排名分别下降到第八位、第十位和第十五位；

上年位列第六位的韩国及第十位的日本分别上升到第五位和第四位（表12）。

表12 2012年中国棉花主要出口市场

单位：吨、万美元、%

出口市场	出口量	比上年增长	出口额	比上年增长
朝　鲜	5 501.3	-22.9	862.8	-17.7
孟加拉国	5 041.4	37.1	993.9	-17.4
中国香港	3 368.6	8 272.0	694.4	9 259.8
日　本	2 640.2	810.6	282.5	547.5
韩　国	2 139.8	1.9	425.7	-18.7

3. 贸易方式

中国棉花进口以一般贸易和保税区仓储转口货物为主，出口以保税区转口货物为主。一般贸易进口棉花303.6万吨，占棉花出口总量的56.1%；保税区仓储转口货物进口棉花86万吨，占15.9%。保税区仓储转口货物出口棉花1.2万吨，占棉花进口总量的53.3%；一般贸易出口4 548吨，比上年增加近5倍（表13）。

表13 2012年中国棉花主要贸易方式

单位：万吨、%

贸易方式	进口量	进口量比上年增长	出口量	出口量比上年增长
贸易方式合计	541.6	51.8	2.3	-16.9
一般贸易	303.6	46.9	0.5	496.8
进料加工	93.8	41.0		
保税区仓储转口货物	86.0	43.9	1.2	-42.4
保税仓库进出境货物	57.7	150.9	0.4	25.6

4. 价格变动

根据Cotlook棉价指数①，2012年，国际棉花价格总体呈现下降趋势变化可分为三阶段：1—4月，国际棉花价格止住上年快速下跌之势，基本保持在每磅②100美分；5月下跌至88.5美分；6—12月，国际棉价再下一个台阶，在80.9～84.4美分波动。

受国际棉花价格影响，2012年，中国棉花进口价格总体呈下降趋势，全年棉花进口平均价格达到每吨2 117美元，比上年下跌18.3%。1月棉花进口平均价格为每吨2 374美元，12月降至1 889美元，较1月下跌了20.4%。由于价格下跌，棉花进口额增幅小于进口量增幅（图14）。

① 这里采集的是Cotlook A（FE）指数。该指数基准质量标准是M级1-3/32英寸（相当于中国3级，28毫米长度），CNF价格，但以远东口岸为到港目的地。FE指数是同一等级的19个棉花品种中，5个最低报价的平均值。

② 磅为非法定计量单位，1磅=0.453 592千克。下同。

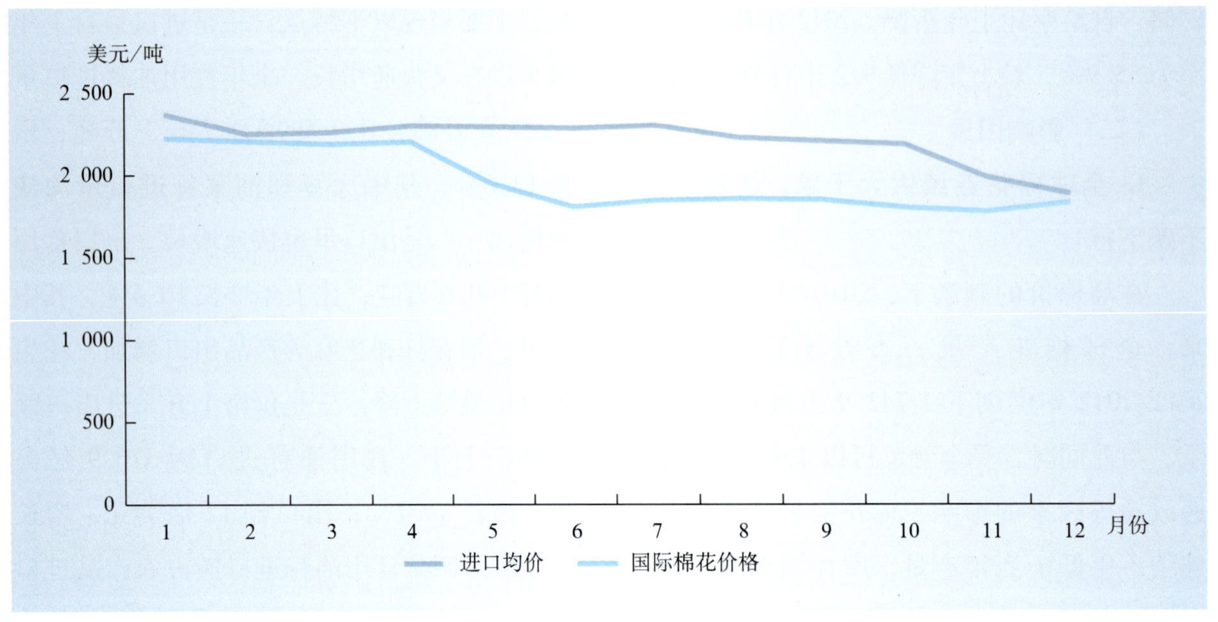

图 14　2012 年中国进口棉花平均价格与国际棉花价格比较

2012 年，棉花出口均价总体呈现波动上涨之势。1 月份出口均价每吨 1 009 美元，为全年最低价。12 月份出口均价每吨 2 329 美元，为全年最高价，比上年同期上涨 10.9%，环比上涨 30.8%，且较同期进口均价每吨高出 440 美元（图 15）。

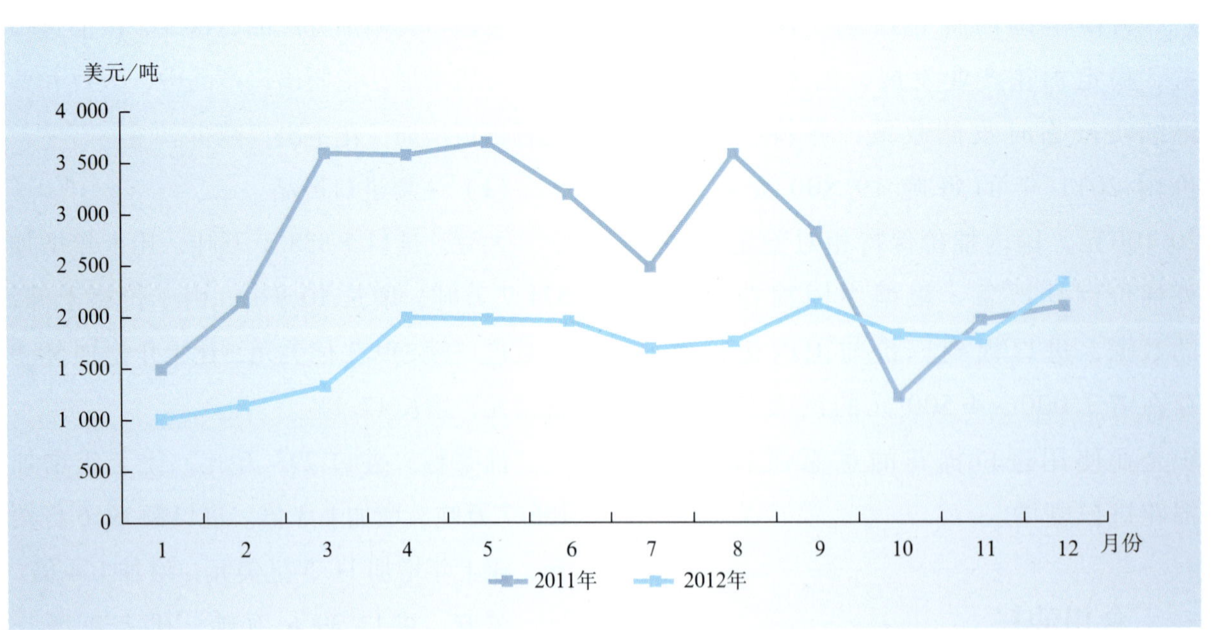

图 15　2011—2012 年中国棉花出口月度均价比较

5. 自给率变动

2012 年棉花种植面积 468.8 万公顷，减少 35 万公顷；棉花产量为 683.6 万吨，增长 3.8%。由于棉花进口激增，且部分进口棉花

转储，自给率比上年下降。2012 年棉花自给率为55.9%，较上年降低9.2个百分点。

（二）影响因素

1. 全球棉花连续供大于求，国际价格不断下行

在高棉价的刺激下，2010/2011 年度以来，全球棉花产量一直处于较高水平，2011/2012 年度创下 2 743.9 万吨的历史记录。与此同时，受金融危机以来全球经济增速放缓等因素的影响，棉花消费需求疲软，连续3年低于当年产量，库存消费比上升。在此情况下，2012 年棉价继续延续 2011 年的下跌趋势。外棉质优价廉，刺激中国涉棉企业大量进口棉花。

2. 国家提高临时收储价格，国内外棉花价差扩大刺激进口

为稳定国内棉花市场，保障棉农利益，稳定棉花产业发展，国家在 2012 年继续实行临时收储政策，并将临时收储价由 2011 年的每吨 19 800 元提高到 20 400元，国内棉价保持相对稳定，国内外棉价倒挂严重。根据中国棉花信息网的数据，进口棉到厂价与国内棉价每吨存在着 1 000～4 500 元的巨大价差。纺织企业使用进口棉花的意愿强烈，导致棉花进口剧增。

食用油籽

（一）贸易概况

2012 年，中国食用油籽贸易额继续增长，主要呈现以下特点：一是进口量自上年减少以来又快速增长。全年食用油籽进口量6 227.6 万吨，比上年增加 746.3 万吨，增长 13.6%，其中大豆和油菜籽进口量均快速增加。二是出口量也快速增长。出口食用油籽 100.6 万吨，比上年增长 10.4%，其中大豆、葵花籽和芝麻等产品出口增加，花生出口量继续下降。三是价格上升，进出口额均高于上年。食用油籽进口额 376.9 亿美元，增长 19.7%；出口额 17 亿美元，增长18.3%。四是食用油籽进口额占农产品进口总额的比重较上年有所上升，为 34.5%，提高 0.3 个百分点，依然是中国主要的进口农产品。

1. 产品结构

2012 年，大豆、油菜籽和芝麻仍为中国主要进口食用油籽产品，这 3 个产品进口量都有所增加；主要出口产品中，大豆和葵花籽出口增加，花生出口减少。

（1）主要进口产品

大豆。进口 5 838.1 万吨，比上年增加574.7 万吨，增长 10.9%。由于价格上涨，大豆进口额349.3 亿美元，比上年增加 50.9亿美元，增长 17.1%。

油菜籽。进口 293 万吨，比上年增加166.7 万吨，增加 1.3 倍。进口额 19.6 亿美元，比上年增加 11.5 亿美元，增加 1.4 倍。

芝麻。进口 39.6 万吨，比上年增长1.6%，进口额 5.2 亿美元，增长 0.4%（表 14）。

表 14　2012 年中国以进口为主的食用油籽品种贸易情况

单位：万吨、亿美元、%

产　品	进口量	出口量	净进口量	净进口量比上年增长	进口额	出口额	净进口额	净进口额比上年增长
食用油籽	6 227.6	100.6	6 127.0	13.7	376.9	17.0	359.8	19.8
大　豆	5 838.1	32.1	5 806.0	10.8	349.3	2.8	346.5	16.8
油菜籽	293.0	0.03	292.9	132.1	19.6	0.0	19.6	144.1
芝　麻	39.6	4.0	35.6	0.6	5.2	0.8	4.4	-1.9

（2）主要出口产品

花生。是传统的出口油料产品，出口量为45.1 万吨，比上年下降7.5%，连续3 年下降，为1999 年以来的最低值。由于价格上涨，花生出口额达 10.5 亿美元，增长10.9%。

大豆。出口量为32.1 万吨，比上年增长50%；出口额2.8 亿美元，增长68.4%。

葵花籽。葵花籽出口量继续增加，创历史最高纪录，达到18.4 万吨，比上年增长8.6%，出口额 2.7 亿美元，增长 11.7%（表15）。

表 15　2012 年中国以出口为主的食用油籽品种贸易情况

单位：万吨、亿美元、%

产　品	出口量	进口量	净出口量	净出口量比上年增长	出口额	进口额	净出口额	净出口额比上年增长
花　生	45.1	2.5	42.6	-1.0	10.5	0.4	10.1	16.3
葵花籽	18.4	0.3	18.1	9.8	2.7	0.4	2.3	23.7

2. 贸易区域

（1）进口来源地

中国食用油籽进口来源地相对集中。

大豆。主要从美国、巴西和阿根廷3 国进口。从美国进口2 597.1 万吨，比上年增长16.2%，占中国大豆进口总量的44.5%；从巴西进口2 389 万吨，增长15.9%，是历史最高年，占进口总量的40.9%；从阿根廷进口589.6 万吨，下降24.8%，占进口总量的10.1%。

油菜籽。主要进口来源地为加拿大。进口292.2 万吨，比上年增加1.3 倍，占中国油菜籽进口总量的99.7%。

芝麻。进口来源地较多，主要来自非洲和亚洲国家。从埃塞俄比亚进口18.9 万吨，比上年增长18%，占总进口量的47.8%；从坦桑尼亚进口 6.3 万吨，比上年增长29.7%，占总进口量的16%；从马里进口3.9 万吨，比上年增长52.6%，占总进口量的9.9%。还有部分来自莫桑比克、苏丹、多哥、缅甸等国家（表16）。

表16 2012年中国主要食用油籽品种进口来源地

单位：%

大豆		油菜籽		芝麻	
进口来源地	占进口总量比重	进口来源地	占进口总量比重	进口来源地	占进口总量比重
美国	44.5	加拿大	99.7	埃塞俄比亚	47.8
巴西	40.9	蒙古	0.3	坦桑尼亚	16.0
阿根廷	10.1			马里	9.9

（2）出口市场

花生。主要出口亚洲及欧洲国家。其中日本一直是中国最大的花生出口市场，2012年，对日本出口花生7.1万吨，比上年下降7.3%，占花生出口总量的15.7%。对韩国出口3.3万吨，比上年下降5.2%，占7.3%。另外，对西班牙、荷兰的出口都在近3万吨左右，且比上年有不同程度增长。

大豆。主要出口到韩国、美国和日本等国家。其中对韩国出口13.3万吨，比上年增长30.2%，占大豆出口总量的41.5%；对美国出口9.1万吨，增加4.3倍，占出口总量的28.4%；对日本出口4.2万吨，比上年下降1%，是1993年以来的最低水平，占出口总量的13.2%。对朝鲜和加拿大出口也在1万吨以上。

葵花籽。出口市场较为分散。居中国葵花籽出口市场前三位的国家依次是埃及、越南和阿拉伯联合酋长国，出口量分别为6.8万吨、2.3万吨和1.6万吨，均比上年增长（表17）。

表17 2012年中国主要食用油籽品种出口市场

单位：%

花生		大豆		葵花籽	
出口市场	占出口总量比重	出口市场	占出口总量比重	出口市场	占出口总量比重
日本	15.7	韩国	41.5	埃及	37.0
韩国	7.3	美国	28.4	越南	12.5
西班牙	6.8	日本	13.2	阿拉伯联合酋长国	8.7
荷兰	6.5	朝鲜	6.0	伊朗	8.2
印度尼西亚	3.9	加拿大	3.3	德国	4.2

3. 贸易方式

食用油籽的进口以一般贸易为主，占食用油籽进口总额的92.7%，保税区仓储转口货物和进料加工贸易方式分别占2.6%和2.4%。一般贸易方式是最主要的进口方式，量额齐增；进料加工贸易方式的进口增幅较大，约为上年的2.9倍（表18）。

表 18　2012 年中国食用油籽进口主要贸易方式

单位：万吨、亿美元、%

贸易方式	进口量	比上年增长	进口额	比上年增长	占进口总额比重
一般贸易	5 785.0	11.6	349.4	17.5	92.7
保税区仓储转口货物	158.4	6.8	9.7	13.5	2.6
进料加工	137.2	303.2	9.0	288.7	2.4
其他贸易方式	147.0	27.4	8.8	33.5	2.3

4. 价格变动

2012 年，中国食用油籽平均进出口价格均高于上年。中国作为全球主要的食用油籽进口国，进口价格与国际价格变动总体一致。上半年，受美国旱灾、大豆预期减产等因素影响，全球食用油籽价格大幅上涨，下半年美国多个大豆主产州降雨，大豆减产幅度远低于预期，价格有所回落，总体来看全年国际食用油籽价格高于上年。

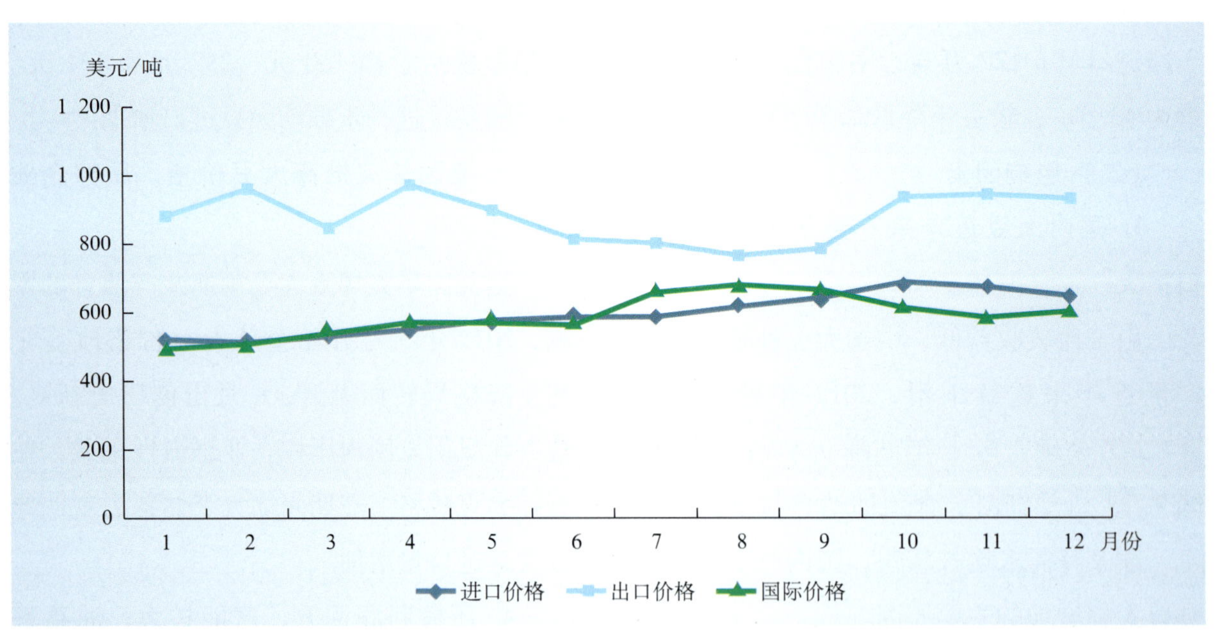

图 16　2012 年大豆月度进出口价格比较

进口价格。2012 年中国主要进口食用油籽产品价格均上涨。其中大豆价格涨幅最高，达 5.3%；油菜籽价格上涨 4.5%。从月度价格变化看，10 月大豆最高进口价格为每吨 692 美元，比 2 月（年内最低价）每吨高 175 美元，波动幅度为 33.9%（图 16）。

出口价格。全年花生、大豆、葵花籽和油菜籽的出口价格均有上涨。其中花生涨幅最大，较上年上涨 20.2%；葵花籽涨幅最

小为3%（表19）。

表19 2012年中国主要食用油籽品种进出口价格

单位：美元/吨、%

产　品	进口平均价格	比上年上涨	出口平均价格	比上年上涨
大　豆	598	5.5	873	12.3
油菜籽	668	5.1	1 197	-39.7
芝　麻	1 317	-1.2	2 112	1.5
花　生	1 432	9.9	2 333	20.0
葵花籽	12 104	2.7	1 483	2.9

5. 自给率变动

2012年，中国大豆产量1 305万吨，比上年减少9.9%；油料产量3 436.8万吨，增产3.9%，实现连续第五年增产，再创历史新高；食用油籽总产量4 741.8万吨。由于净进口量6 127万吨，中国食用油籽自给率为43.6%，较去年降低2.3个百分点。

（二）影响因素

1. 国内大豆近年来产量下滑，供需缺口扩大

由于比较收益低，中国大豆种植面积与产量近年来连续下滑，2012年种植大豆717.2万公顷，较上年下降9.1%；产量下降9.9%。受饲料、食用油消费拉动，对大豆、油菜籽需求增长较快，国内产不足需是进口大幅增加的主要原因。

2. 国内大豆价格平稳上涨，国内外价差驱动大豆进口增加

2012年，国际大豆价格先涨后跌，而国产大豆价格受综合生产成本上升及临时收储政策等因素影响平稳上涨。进口大豆到岸税后价在1—2月及10—12月低于国产大豆价格，1月和2月辽宁大连国产大豆进厂价格为每吨4 072元和4 069元，较进口大豆到岸税后价高292元和109元，10月、11月和12月辽宁大连国产大豆进厂价格为每吨4 680元、4 633元和4 620元，较进口大豆到岸税后价高100元、287元和131元。较大的差价进一步推动大豆进口增加。

3. 美国旱灾推高大豆价格，压榨企业恐慌性采购

受美国旱灾导致大豆预期减产信息的影响，2012年5月开始全球大豆价格改变年初下降格局转而上升，8月份创历史新高。这一状况引发国内压榨企业恐慌性采购，在国际大豆价格上涨期间加大了储备力度，导致大豆进口量增加。

4. 压榨利润回升、产能扩大，油菜籽进口恢复性增长

2012年，受菜籽油价格上升等因素影响，油菜籽压榨利润回升，国内压榨企业增加生产线以扩大产能。由于国内油菜籽产量有限且实施了临时收储，市场供给量不足。且国产油菜籽价格偏高，进口菜籽压榨存在

较大利润，企业进口积极性提高，导致进口量大增。

食用植物油

（一）贸易概况

2012 年，中国食用植物油进口一改连续两年下降的局面，进口量和进口额大幅度增加，出口量和出口额均减少。分品种看，棕榈油（含棕榈硬脂）、豆油和菜籽油进口量均增加，仅玉米油进口量下降。全年进口食用植物油 960.2 万吨，比上年增加 180.4 万吨，增长 23.1%，创历史新高；进口额 108.1 亿美元，增长 20%，也创历史新高。出口食用植物油 10.1 万吨，下降 18.7%；出口额 1.8 亿美元，下降 14.1%。净进口食用植物油 950.1 万吨，增长 23.8%；贸易逆差 106.1 亿美元，增长 20.8%。

1. 产品结构

进口的主要食用植物油产品是棕榈油、豆油和菜籽油，3 者进口量合计占中国食用植物油进口总量的 97.3%。主要出口产品是豆油、玉米油和花生油，合计占 84.8%。

（1）主要进口产品

棕榈油。进口 634.2 万吨，比上年增加 42.9 万吨，增长 7.3%；进口额 65 亿美元，下降 2%。

豆油。五年来首次增加。进口 182.6 万吨，比上年增加 68.3 万吨，增长 59.7%；进口额 22.8 亿美元，增长 71.9%。

菜籽油。进口 117.7 万吨，比上年增加 1.1 倍；进口额 15.2 亿美元，增加近 1.3 倍。

花生油。近两年花生油进口增长较快，2012 年进口 6.4 万吨，比上年增长 4.8%，连续 3 年进口量在 6 万吨以上，是 2009 年的 3 倍多。

（2）主要出口产品

豆油。出口 6.5 万吨，比上年增长 27.9%；出口额 1 亿美元，增长 33.4%。

玉米油。出口 1.2 万吨，下降 76.2%；出口额 0.2 亿美元，下降 75.2%。

花生油。出口 8 252 吨，下降 5.6%；出口额 2 693.3 万美元，增长 19.2%（表 20）。

表 20 2012 年中国主要食用植物油品种进出口情况

单位：万吨、亿美元、%

产　品	进口量	出口量	净进口量	净进口量比上年增长	进口额	出口额	净进口额	净进口额比上年增长
食用植物油	960.2	10.1	950.1	23.8	108.1	1.8	106.2	20.8
棕榈油	634.2	0.1	634.1	7.3	65.0	0.0	65.0	-2.0
豆　油	182.6	6.5	176.1	61.2	22.8	1.0	21.8	74.1
菜籽油	117.7	0.7	117.0	113.7	15.2	0.1	15.1	128.6
花生油	6.4	0.8	5.6	6.5	1.5	0.3	1.2	52.4

2. 贸易区域

中国食用植物油进口较为集中，进口来源地按进口量大小依次为马来西亚、印度尼西亚、加拿大、巴西、阿根廷和美国（表 21）。出口市场主要在亚洲，依次为朝鲜、中国香港、新加坡和日本等（表 22）。

表 21　2012 年中国食用植物油进口来源地结构

单位：万吨、亿美元、%

进口来源地	进口量	比上年增长	进口额	比上年增长
合计	960. 2	23. 1	108. 1	20. 0
马来西亚	343. 1	-9. 2	35. 3	-17. 7
印度尼西亚	287. 3	35. 6	29. 4	25. 9
加拿大	99. 0	87. 9	12. 8	99. 8
巴西	92. 3	81. 4	11. 5	90. 2
阿根廷	74. 0	66. 2	9. 5	82. 9
美国	26. 0	0. 5	3. 3	12. 0

表 22　2012 年中国食用植物油出口市场结构

单位：万吨、亿美元、%

出口市场	出口量	比上年增长	出口额	比上年增长
合计	10. 1	-18. 7	1. 8	-14. 1
朝鲜	4. 6	26. 9	0. 7	41. 0
香港	2. 1	26. 0	0. 5	36. 8
新加坡	1. 1	1. 4	0. 2	5. 4
日本	1. 0	58. 9	0. 1	45. 3
马来西亚	0. 3	-22. 5	0. 1	-18. 8

（1）进口来源地

棕榈油。从马来西亚进口343.1万吨，比上年下降9.2%，占中国棕榈油进口总量的54.1%；从印度尼西亚进口287.3万吨，增长35.6%，占进口总量的45.3%。

豆油。从巴西和阿根廷进口量增加，从美国进口减少。从巴西进口91.3万吨，比上年增长82.4%，占中国豆油进口总量的一半；从阿根廷进口70.3万吨，增长70.1%，占38.5%；从美国进口20.7万吨，下降9.3%，占11.3%；

菜籽油。从加拿大进口98.8万吨，比上年增长88%，占中国菜籽油进口总量的84%；从阿拉伯联合酋长国进口9.4万吨，增加8.9倍，占8%；从荷兰进口4.2万吨（表23）。

花生油。主要从阿根廷和印度进口，自两国进口量均在2万吨以上，合计占花生油进口总量的71.7%。

表23　2012年中国主要食用植物油品种进口来源地

单位：%

棕榈油		豆　油		菜籽油	
进口来源地	占进口总量比重	进口来源地	占进口总量比重	进口来源地	占进口总量比重
马来西亚	54.1	巴西	50.0	加拿大	84.0
印度尼西亚	45.3	阿根廷	38.5	阿拉伯联合酋长国	8.0
印度	0.5	美国	11.3	荷兰	3.6

（2）出口市场

中国食用植物油出口量较小，出口国别较多。

豆油。出口集中在周边国家和地区。2012年，对朝鲜、日本、新加坡和中国香港分别出口4.6万吨、0.9万吨、0.5万吨和0.4万吨，分别占出口总量的70.5%、14%、8.1%和6.1%。

玉米油。出口市场年度间变化较大。居中国玉米油出口市场前三位的依次是中国香港、新加坡和马来西亚，分别出口3 934.4吨、3 032.9吨和1 857.3吨，分别占出口总量的32.9%、25.3%和15.5%。

花生油。主要出口市场是中国香港，对其出口量为6 501.3吨，占中国花生油出口总量的78.8%。

3. 贸易方式

2012年，食用植物油的进口以一般贸易方式为主，一般贸易方式进口占进口总额的75.9%，保税区仓储转口货物占20.5%，保税仓库进出境货物贸易占3.1%（表24）。

表 24　2012 年中国食用植物油进口主要贸易方式

单位：万吨、亿美元、%

贸易方式	进口量	比上年增长	进口额	比上年增长	占进口总额比重
一般贸易	730.1	17.7	82.0	14.9	76.0
保税区仓储转口货物	195.9	36.4	22.1	31.0	20.4
保税仓库进出境货物	29.9	192.6	3.3	198.4	3.1
其他贸易方式	4.4	-25.0	0.7	-5.2	0.5

4. 价格变动

2012 年，由于全球棕榈油和豆油产量大幅增加，且油脂消费增幅放缓，植物油期末库存上升，价格下降，进口量最大的棕榈油进口价格下降 8.6%。受美国干旱大豆减产预期影响，豆油、菜籽油价格在 4—9 月份有所上涨，且由于中国在此期间豆油、菜籽油的进口较为集中，豆油、菜籽油的进口价格分别上涨 7.6%、6.9%（表 25）。

全年棕榈油月度进口价格总体低位运行，月度间变化大于上年。6 月进口价格最高，为每吨 11 267 美元，比年内最低的 12 月份每吨高 243 美元，波动幅度为 27.5%，低于上年的 14.8%（图 17）。

表 25　2012 年中国主要食用植物油进出口价格

单位：美元/吨、%

产　　品	进口平均价格	比上年上涨	出口平均价格	比上年上涨
棕榈油	1 025	-8.6	1 512	20.7
豆　油	1 246	7.6	1 517	4.3
菜籽油	1 290	6.9	1 671	-1.5
花生油	2 357	38.6	3 264	26.3

（二）影响因素

1. 供需缺口导致食用油进口增加

受人口增长、居民收入增长和食物结构升级等因素影响，中国食用油脂消费持续增加，联合国粮农组织数据显示，2011/2012 年度中国食用油脂总消费量达 3 480 万吨，较上个年度增加 240 万吨。同期，国内食用油脂产量由 2 270 万吨增至 2 430 万吨，增加 160 万吨，小于消费增量，供需缺口扩大导致食用植物油进口较上年有所增加。

2. 政策变化导致豆油、菜籽油进口增加

受 2010 年对进口阿根廷毛豆油许可证需重新申请以及阿毛油溶剂残留水平不符合中国检验检疫标准影响，2011 年自阿根廷进口豆油大幅下降，2012 年从阿进口豆油

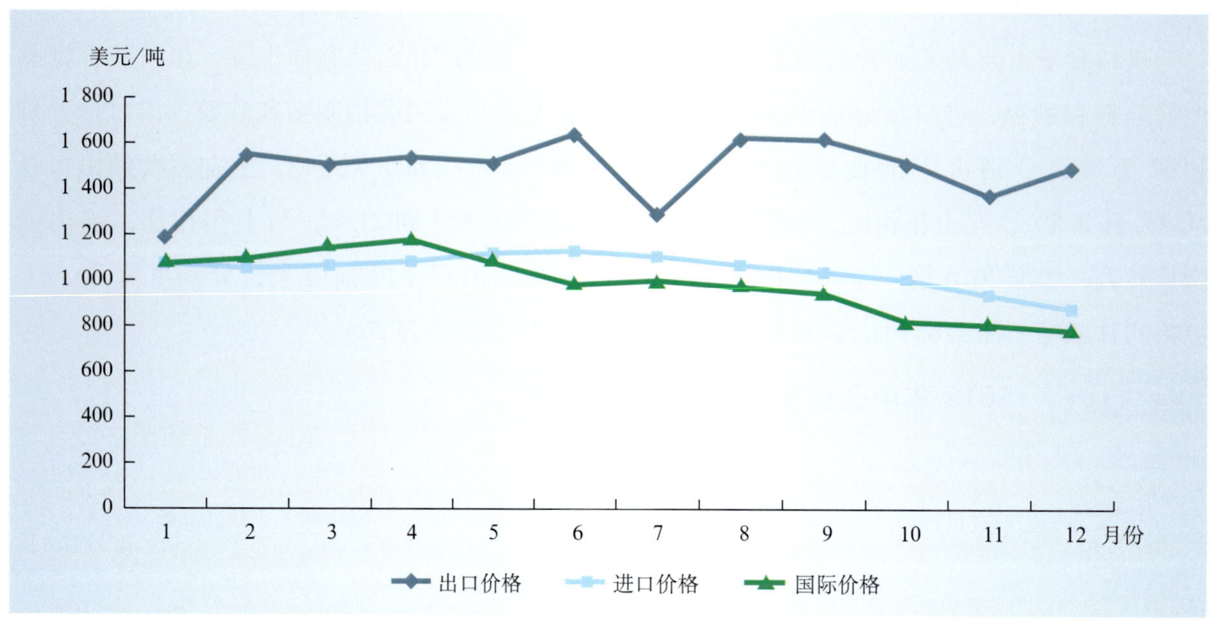

图 17　2012 年中国棕榈油月度进出口价格与国际价格比较

虽比上年大幅度增长 70.1%，但仍不足 2003—2009 年年均进口量的一半。

2012 年 7 月，国家质检总局发布了《关于进一步加强进口食用植物油检验监管的通知》，规定自 2013 年 1 月 1 日起对经检验凡不符合中国现行食品安全国家标准的食用植物油一律不允许进口。为此，国内部分企业自 2012 年下半年开始扩大食用植物油进口，9—12 月成为食用植物油进口的高峰期，累计进口 423 万吨，比上年同期增长 40.8%，占全年食用植物油进口量的 44.1%。

3. 相对价格优势使棕榈油进口增加

由于棕榈油相对于豆油等具有较明显的价格优势，近年来棕榈油进口量快速增长，成为中国主要的食用植物油进口产品。2012 年受产量增加影响，棕榈油价格下滑，而豆油价格受南美减产、美国预期减产影响整体呈上升趋势，棕榈油各月进口价格低于豆油，其中 12 月份价差最大，为每吨 368 美元，巨大的价差导致棕榈油进口量增加。

食　糖

（一）贸易概况

2012 年，中国食糖[①]进口增加，出口下降。进口量 374.7 万吨，比上年增长 28.4%，进口额 22.4 亿美元，增长 15.5%。出口量 4.7 万吨，比上年下降 20.6%，出口额 4 348.6 万美元，下降 15.1%。

① 包括未加香料或色剂的甘蔗原糖，未加香料或着色剂的其他甘蔗糖，砂糖，绵白糖，未列明精制糖，未加香料或着色剂的甜菜原糖，加香料或色料的甘蔗糖、甜菜糖和化学纯蔗糖。

1. 产品结构

进口食糖主要是未加香料或着色剂的其他甘蔗糖和砂糖，进口量分别为342.5万吨和32万吨，分别占中国食糖进口总量的91.4%和8.5%。与上年相比，甜菜原糖进口增长显著，增加26.6倍；绵白糖和加香料或色料的甘蔗糖、甜菜糖和化学纯蔗糖的进口下降幅度较大，分别为96.9%和32.4%。

食糖产品出口整体下降，出口的食糖品种主要是未列名精制糖和砂糖，出口量分别为3.2万吨和0.5万吨，分别占食糖出口总量的66.9%和21%。与上年相比，绵白糖和砂糖出口下降幅度大，分别下降96.9%和71.1%（表26）。

表26 2012年中国食糖及其产品贸易情况

单位：万吨、亿美元、%

产品	进口量	出口量	净进口量	净进口量比上年增长	进口额	出口额	净进口额	净进口额比上年增长
食糖	375.0	4.7	370.0	29.4	22.4	0.4	22.0	16.3
其他甘蔗糖，未加香料或着色剂	343.0	0.5	342.0	—	20.2	0.1	20.1	—
砂糖	32.0	1.0	31.0	-6.8	2.2	0.1	2.1	-14.9
未列名精制糖	0.1	3.2	-3.1	2.2	0.01	0.3	-0.29	1.1

注：由于数据库调整，数据库中没有2011年“其他甘蔗糖”数据，因此“净进口量比上年增长”一栏无法计算。

2. 贸易区域

2012年，中国食糖前五位进口来源地是巴西、泰国、古巴、韩国和危地马拉。与上年相比，自危地马拉和泰国进口增长迅猛，分别增加68.3倍和24.1倍；泰国超过古巴，位居第二（表27）。

表27 2012年中国食糖主要进口来源地

单位：万吨、%

进口来源地	进口量	比上年增长	占进口总量的比重
巴西	198.9	-0.1	53.1
泰国	93.7	240.8	25.0
古巴	42.6	5.4	11.4
韩国	21.5	12.5	5.7
危地马拉	6.9	6 834.8	1.9

2012 年，中国食糖前五位出口市场为中国香港、日本、马来西亚、美国和蒙古，出口量分别为 2.7 万吨、0.5 万吨、0.3 万吨、0.3 万吨和 0.2 万吨。与上年相比，对蒙古和美国出口下降较多，分别下降了 80% 和 31.8%；对中国香港出口下降 10.1%，对日本出口增长 16.2%。

3. 贸易方式

2012 年，中国食糖进口以一般贸易方式为主。一般贸易进口量占进口总量的96.3%；出口以进料加工和一般贸易为主，分别占出口总量的39.7%和34.8%（表28）。

表 28　2012 年中国食糖主要贸易方式

单位：万吨、亿美元

贸易方式	进口量	进口额	出口量	出口额
一般贸易	360.9	21.5	1.6	0.2
进料加工	12.6	0.9	1.9	0.2
来料加工装配贸易	1.0	0.0	0.9	0.0
保税区仓储转口货物	0.3	0.0	0.2	0.0

4. 价格变动

2012 年，进口食糖的月度平均价格相对稳定，保持在每吨 540～660 美元，最高为 5 月份达 655 美元，最低为 12 月，为 546 美元。全年进口食糖的平均价格为每吨 598 美元，比上年下跌 10%（图 18）。

2011/2012 榨季，国际食糖价格总体呈下行态势，均价为每吨 504 美元，比上榨季跌 106 美元（图 19）。

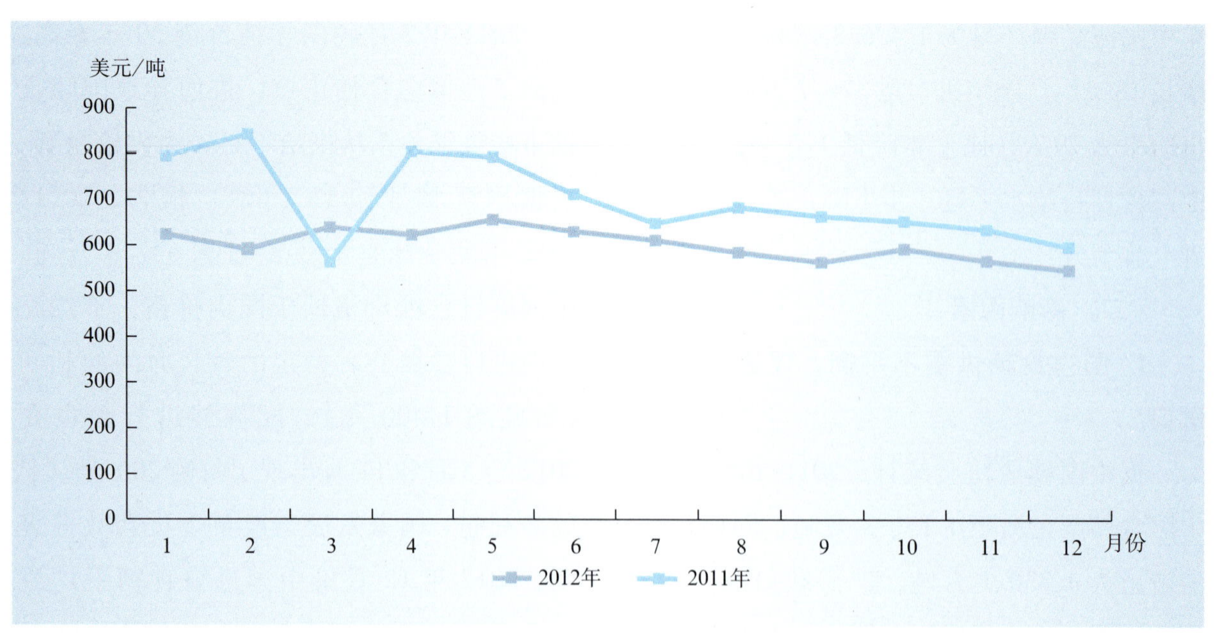

图 18　2011 年和 2012 年中国进口食糖月平均价格变化情况

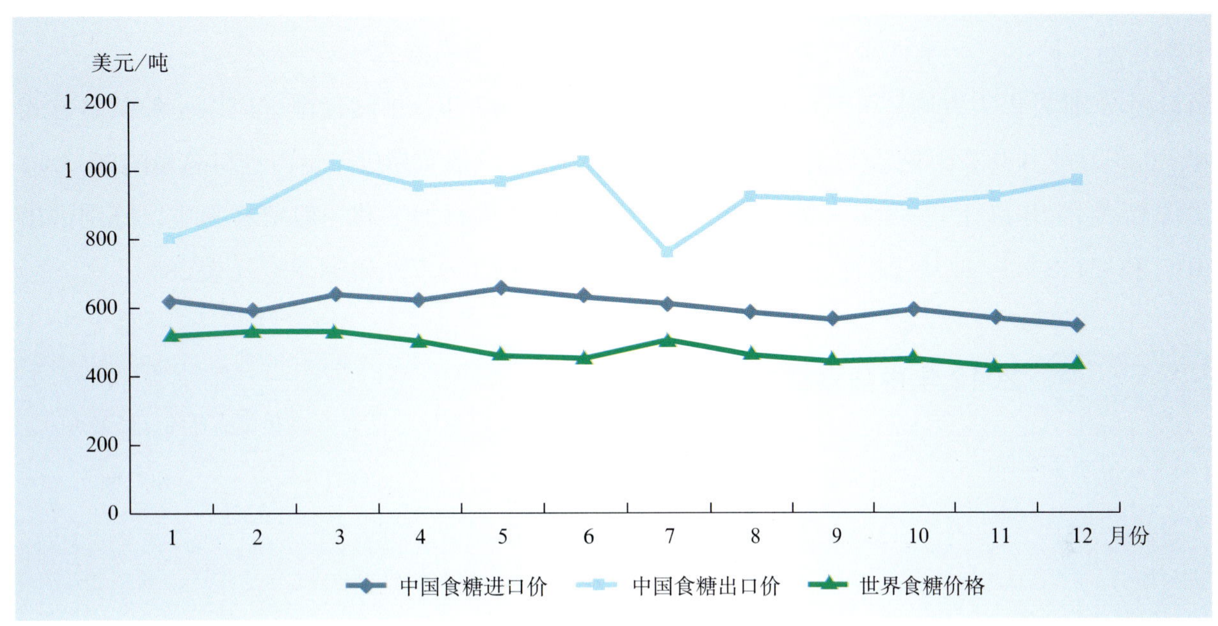

图 19　2012 年中国食糖月度进出口价格与国际食糖价格比较

注：世界食糖价格来源于世界银行商品价格数据库。

5. 自给率变动

食品工业、饮料业、饮食业等用糖行业的快速发展，带动中国食糖消费量的不断增长。根据国家统计局统计公报数据，2012 年中国成品糖产量为 1 406.8 万吨，比上年增长 18.5%。全年进口量 374.7 万吨，食糖自给率为 79%，比上年降低 1.6 个百分点。中国食糖自给水平进一步下降，进口依存度进一步上升。

（二）影响因素

1. 国内食糖供需不平衡，促进了食糖进口

据中国糖业协会统计，2011/2012 榨季中国食糖产量增至 1 151.8 万吨，同期食糖消费量为 1 330.1 万吨，产需缺口为 178.3 万吨。同时，为稳定国内糖价，本榨季国家收储食糖 100 万吨。国内供需不平衡促进了食糖进口增加。

2. 国内外价差明显，推动了中国食糖进口

2011 年 2 月底国际糖价创 30 年新高，刺激了全球的食糖生产，进而导致国际食糖市场供求关系从供给不足转为供给过剩。根据国际糖业组织（ISO）报告，2011/2012 年度全球食糖供给过剩 647.9 万吨。中国进口食糖价格低于国内价格，不仅配额内进口食糖会有稳定的较长时间的利润（每吨约 1 400 元），配额外进口糖也在 2012 年 5 月和 11 月出现了每吨 200 元以上的净利润。国家发展与改革委员会数据表明，2012 年 12 月份中国进口食糖平均成本为每吨 4 711 元，比广东地区糖价低

1 000元。明显的价差推动了食糖进口。

蔬 菜

（一）贸易概况

2012 年，中国蔬菜出口下降，进口增幅加大，贸易顺差减小，出口价格普遍下跌。全年蔬菜贸易总量比上年下降 3.4%，贸易总额下降13.7%。其中出口量931.1 万吨，下降 4%；出口额 99.7 亿美元，下降 14.9%，是14 年来的首次下降；蔬菜出口额占全国农产品出口总额的 15.8%，比上年降低近 4 个百分点。进口量 22.2 万吨，进口额4.2 亿美元，比上年分别增长32.8%和 28.3%。贸易顺差 95.5 亿美元，是自 1998 年以来出现的首次下降，比上年下降16.1%。

1. 产品结构

2012 年，蔬菜出口种类结构没有发生变化，仍以鲜冷冻蔬菜和加工保藏蔬菜为主，两者合计接近出口总额的 80%；干蔬菜所占比重较上年有所降低，占出口总额的 18.7%。与上年相比，各大类的出口量均有所下降，仅加工保藏蔬菜出口额小幅增长。其中，鲜冷冻蔬菜出口额比上年下降 16.4%，占出口总额比重为 41.4%，比上年降低 0.8 个百分点；加工保藏蔬菜出口额比上年略有增长占出口总额的 38%，提高 6.4 个百分点；干蔬菜出口量和出口额下降幅度最大，分别为 25.9% 和 36.8%，出口额占总额比重降低 6.5 个百分点；蔬菜种子出口增幅明显，出口量和出口额较上年增长均超过50%（表29）。

表 29 2012 年中国蔬菜出口情况

单位：万吨、亿美元、%

产 品	出口量	比上年增长	出口额	比上年增长	占出口总额比重
蔬菜	931.1	-4.0	99.7	-14.9	
鲜冷冻蔬菜	568.2	-4.0	41.3	-16.4	41.4
加工保藏蔬菜	323.2	-0.5	37.9	2.3	38.0
干蔬菜	39.0	-25.9	18.7	-36.8	18.7

2012 年，蔬菜进口快速增加，进口量和进口额分别比上年增长 32.8% 和 28.3%。进口蔬菜种类依然以加工保藏蔬菜为主且进口额增幅最大，占蔬菜进口总额 45.8%，较上年提高 2.1 个百分点。鲜冷冻蔬菜进口量和进口额与上年基本持平，进口额占进口总额的比重较上年有所下降；干蔬菜进口量和进口额增幅明显，分别比上年增长 1 倍和 50.5%，进口额占进口总额的比重较上年有所上升（表 30）。

表30 2012年中国蔬菜进口情况

单位：万吨、亿美元、%

产　品	进口量	比上年增长	进口额	比上年增长	占进口总额比重
蔬菜	22.2	32.8	4.2	28.3	
加工保藏蔬菜	16.2	33.4	1.9	35.4	45.8
鲜冷冻蔬菜	2.6	-1.0	0.3	16.4	7.5
干蔬菜	2.3	100.9	0.6	50.5	14.6

按照出口额排序，前十大出口蔬菜产品依次是鲜或冷藏的蒜头、干香菇、番茄酱罐头、小白蘑菇（洋蘑菇）罐头、干燥或脱水的大蒜、鲜或冷藏的胡萝卜及萝卜、鲜或冷藏的洋葱、姜（已磨的姜和未磨的姜）、非用醋制作的酸竹笋及其他竹笋罐头、干木耳。中国蔬菜出口产品集中度依然较高，前十大产品出口量合计460.8万吨，占蔬菜出口总量的49.5%；出口额合计45.2亿美元，占蔬菜出口总额的45.3%。与上年相比，前十大产品中只有“鲜或冷藏的胡萝卜”“萝卜和非用醋制作的酸竹笋、其他竹笋罐头”两种产品的出口量和出口额同时增长，后者的出口量和出口额分别比上年增加3倍和1倍，替代了辣椒干再次进入出口品种前十位。其他主要品种比上年均出现不同程度的下降，其中干香菇的降幅最大，出口量、额的降幅均超过50%；其次是干木耳，出口量、额分别下降24.6%和29.2%；居首位的鲜或冷藏的蒜头出口量和出口额分别比上年下降15.4%和34.1%。出口额前五位的产品排序与上年一致，没有变化（表31）。

表31 2012年中国蔬菜出口额居前十位的产品

单位：万吨、亿美元、%

产　品	出口量	比上年增长	出口额	比上年增长	占出口总额比重
鲜或冷藏的蒜头	134.2	-15.4	12.7	-34.1	12.7
干香菇	3.6	-50.5	5.3	-53.4	5.3
番茄酱罐头（重量超过5千克+未超过5千克）	106.8	-5.2	9.1	-3.5	9.1
小白蘑菇（洋蘑菇）罐头	24.5	-7.7	3.9	-11.8	3.9
干燥或脱水的大蒜	13.8	-16.5	3.2	-26.5	3.2
鲜或冷藏的胡萝卜及萝卜	59.5	4.3	2.7	6.8	2.7
鲜或冷藏的洋葱	60.2	-16.2	2.7	-1.7	2.7
姜（未磨+已磨）	44.8	9.6	2.6	-36.1	2.6
非用醋制作的酸竹笋、其他竹笋罐头	12.4	304.5	1.5	100.5	1.5
干木耳	1.0	-24.6	1.5	-29.2	1.5
合计	460.8	-7.1	45.2	-25.9	45.2

2. 贸易区域

按照出口额排序，居中国蔬菜出口市场前十位的国家（地区）依次是：日本、韩国、美国、马来西亚、泰国、越南、中国香港、印度尼西亚、俄罗斯和德国。前十位主要出口市场保持增长的有日本、韩国和中国香港，其他出口市场均下降。日本依然是中国蔬菜最重要的出口市场，对其出口额占出口总额比重达到近3年来的最高水平，但出口量和出口额增速均比上年放缓。对韩国和中国香港的出口量分别比上年增长1.2%和21.9%，但出口额分别下降1%和6.9%。对越南、泰国、马来西亚及印度尼西亚等东盟国家的出口量额齐降，其中对越南的出口降幅最大，出口额下降49.1%，由上年的第二位下降至第六位。对美国、俄罗斯和德国等欧美市场出口也出现不同程度的下降，其中对俄罗斯的出口量和出口额降幅均超过20%（表32）。

表32 2012年中国蔬菜主要出口市场

单位：万吨、亿美元、%

国家（地区）	出口量	比上年增长	出口额	比上年增长	占出口总额比重
日本	147.9	2.7	23.7	4.7	23.8
韩国	94.8	1.2	8.1	-1.0	8.2
美国	41.0	-5.2	7.6	-6.7	7.6
马来西亚	59.0	-12.1	5.1	-34.4	5.1
泰国	33.7	-2.9	4.5	-18.3	4.5
越南	55.0	-3.2	4.5	-49.1	4.5
中国香港	87.2	21.9	4.4	-6.9	4.4
印度尼西亚	51.1	-6.6	4.2	-30.9	4.2
俄罗斯	54.7	-23.7	4.1	-20.0	4.1
德国	11.8	-13.1	2.4	-12.6	2.4
合计	636.2	-2.3	68.6	-13.9	68.8

蔬菜进口量和进口额相对出口来说较小，蔬菜进口额占农产品进口总额的0.4%。其中美国、日本、印度、泰国和印度尼西亚是最主要的进口来源地。

3. 贸易方式

蔬菜出口依然以一般贸易为主，其出口额占蔬菜出口总额的91.6%；进料加工和边境小额贸易方式出口额各占3.9%。其他贸易方式所占比重较小，但出口量和出口额比上年均增长（表33）。

表33 2012年中国蔬菜出口主要贸易方式

单位：万吨、亿美元、%

贸易方式	出口量	比上年增长	出口额	比上年增长	占出口总额比重
一般贸易	818.6	-4.3	91.3	-15.5	91.6
边境小额	79.2	4.3	3.9	-9.4	3.9
进料加工	29.1	-20.9	3.9	-14.0	3.9
其他贸易方式	4.3	216.1	0.6	122.5	0.6

4. 价格变动

2012年，蔬菜出口平均价格比上年下跌11.4%，其中鲜冷冻蔬菜延续上年下跌趋势继续下跌12.9%；加工保藏蔬菜和蔬菜种子价格相对稳定，变化幅度相对较小；干蔬菜价格下跌14.7%。主要出口品种的价格多数下跌，鲜或冷藏蒜头、干燥或脱水的大蒜价格分别比上年下跌22.1%和12%。出口额前五位的产品中只有番茄酱罐头价格略涨1.8%（表34）。

表34 2012年中国部分蔬菜产品出口价格

单位：美元/吨、%

产　品	出口价格	比上年上涨
蔬菜	1 068	-11.5
鲜冷冻蔬菜	727	-12.9
鲜或冷藏蒜头	946	-22.1
加工保藏蔬菜	1 172	2.8
番茄酱罐头	853	1.8
小白蘑菇（洋蘑菇）罐头	1 580	-4.4
干蔬菜	4 787	-14.7
干香菇	14 667	-6.0
干燥或脱水的大蒜	2 284	-12.0

分月度看，蔬菜出口价格除8月和9月与上年同期基本持平外，其余月份均明显下跌。其中4月份价格比上年同期下跌26.1%，跌幅最大（图20）。

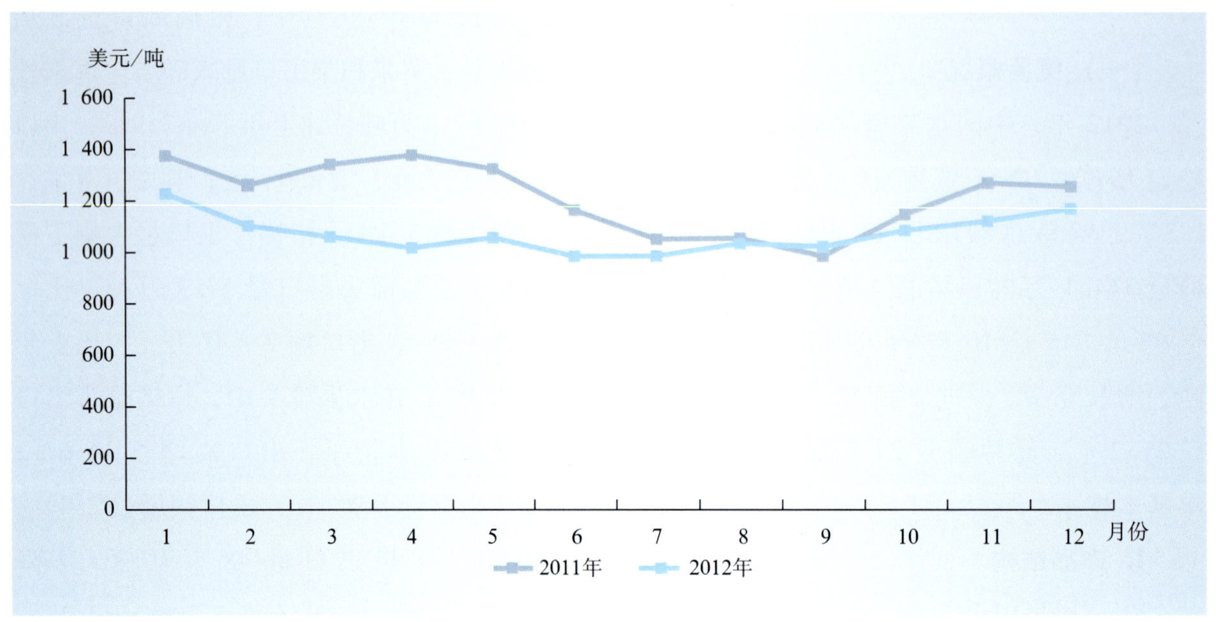

图20　2011—2012年中国蔬菜月度出口价格比较

（二）影响因素

1. 国家增值税政策调整对蔬菜出口影响显著

自2012年3月1日起，国家免征蔬菜流通环节增值税。对经挑选、清洗、切分、晾晒、包装、脱水、冷藏、冷冻等工序加工的蔬菜，均属于免税范围，共涉及14个类别、219个品种。根据“未征不退”的出口退税原则，属于免税范围的初级加工蔬菜不再享受出口退税政策。

这项政策旨在减少国内流通环节成本，但由于新政策未给予一定的过渡期，大多数蔬菜出口企业未能及时有效应对新政策所带来的变化，加之国际市场对蔬菜加工品需求低迷，致使蔬菜出口下降，尤其是鲜冷冻蔬菜和干蔬菜。以干香菇为例，2012年出口量和出口额比上年降幅均超过50%，其中河南省干香菇出口大幅下降近70%，4月和10月均比上年同期下降80%以上。同时对主要出口市场的鲜冷冻蔬菜和干蔬菜出口均出现明显下降，其中对韩国、德国、俄罗斯、东盟等干蔬菜的出口量下降幅度均超过20%。

2. 主要出口市场的技术性贸易壁垒导致蔬菜出口受阻

在全球经济增速放缓的背景下，主要出口市场设置的技术性贸易壁垒依然是蔬菜出口需要面对的主要问题。2012年出口蔬菜受美国FDA自动扣留批次比上年增加近40%，其中因为含化学杀虫剂导致自动扣留和拒绝进口的批次约占到总批次的一半，比上年增长超过七成。

水果坚果

（一）贸易概况

2012 年，中国水果坚果贸易继续保持稳定增长。全年贸易总量比上年增长 1.3%，贸易总额增长 14.5%。其中，出口量 514.1 万吨，增长 1.6%，出口额 72 亿美元，增长 10.9%；进口量 354.6 万吨，增长 0.7%，进口额 42.3 亿美元，增长 21.2%。贸易顺差 29.7 亿美元，与上年基本持平。

1. 产品结构

（1）水果出口

水果出口量 486.5 万吨，比上年增长 1.4%；出口额 61.9 亿美元，增长 12.1%。从产品结构看，鲜冷冻水果出口量 312.7 万吨，比上年增长 5.9%，出口额 31.6 亿美元，增长 20.6%；其中，柑橘出口量额均大幅增长，苹果和梨出口量减额增。水果汁出口量 67.2 万吨，比上年下降 3.9%，出口额 12.8 亿美元，增长 6.7%；其中，苹果汁出口量下降 3.4%，柑橘汁出口量大幅下滑 71.1%。水果罐头出口量 57.9 万吨，比上年下降 5.9%，出口额 7.4 亿美元，比上年增长 3.3%；在水果罐头中，柑橘罐头出口量与上年基本持平，出口额增长 14.6%；桃罐头出口量下降 5%，出口额增长 2.4%。其他加工水果出口量 48.7 万吨，下降 7.8%，出口额 10.2 亿美元，增长 2.4%。其中，葡萄干出口量额大幅下跌，红枣、柿饼出口量额均大幅增长（表 35）。

表 35　2012 年中国主要水果产品出口情况

单位：万吨、亿美元、%

产品		出口量	比上年增长	出口额	比上年增长
鲜冷冻水果	柑橘	108.2	20.0	9.7	32.9
	鲜苹果	97.6	-5.7	9.6	5.0
	鲜梨	41.0	1.7	3.3	13.8
	葡萄	12.2	14.3	2.6	61.5
	鲜桃	4.7	19.5	0.5	68.9
	香蕉	0.8	-22.9	0.1	-16.3
水果汁	苹果汁	59.2	-3.4	11.4	5.6
	柑橘汁	0.6	-71.4	0.1	-50.0
水果罐头	柑橘罐头	33.8	0.3	4.4	14.6
	桃罐头	13.2	-5.0	1.7	2.4
	梨罐头	5.0	-12.8	0.5	-9.7
其他加工水果	葡萄干	3.1	-36.1	0.7	-27.6
	红枣	0.9	24.0	0.3	18.6
	蜜枣	0.6	-1.0	0.1	-0.4
	柿饼	0.6	30.6	0.2	44.5

（2）水果进口

水果进口量342.4万吨，比上年增长0.2%，进口额37.6亿美元，增长20.9%。其中，鲜冷冻水果进口量308.8万吨，增长2.1%，进口额32.1亿美元，增长26.4%；进口鲜冷冻水果中，香蕉、苹果进口量额齐跌，龙眼进口量减额增，葡萄、猕猴桃进口均大幅增长，火龙果、荔枝、榴莲等热带水果进口增长尤为迅猛，且进口额增速快于进口量。水果汁进口量额齐跌，进口量为9.6万吨，下降12.3%，进口额2.2亿美元，下降4.3%。水果罐头进口2.7万吨，增长19%，进口额2 746.1万美元，增长23.7%。其他加工水果进口量21.2万吨，比上年下降18.8%，进口额3亿美元，下降5.3%。其他加工水果中龙眼（干、肉）的进口量额均出现不同程度下跌（表36）。

表36 2012年中国主要水果产品进口情况

单位：万吨、亿美元、%

产品		进口量	比上年增长	进口额	比上年增长
鲜冷冻水果	香蕉	62.6	-23.5	3.7	-8.9
	鲜火龙果	46.9	38.1	3.3	63.8
	鲜龙眼	32.3	-4.6	4.0	26.0
	榴莲	28.6	35.8	4.0	70.6
	葡萄	14.6	18.8	3.8	18.4
	鲜柑橘	12.6	-4.5	1.5	1.2
	鲜苹果	6.2	-20.3	0.9	-19.6
	鲜荔枝	5.9	72.3	0.3	142.3
	猕猴桃	5.2	20.5	1.4	63.9
水果汁	柑橘汁	6.2	-20.5	1.5	-11.8
	葡萄汁	1.5	7.1	0.3	15.5
水果罐头	菠萝罐头	1.4	2.9	0.1	4.0
其他加工水果	龙眼（干、肉）	5.9	-24.3	0.8	-5.1
	葡萄干	2.2	8.4	0.4	18.9

（3）坚果出口

出口量27.6万吨，增长4.9%，出口额10.1亿美元，比上年增长4.2%。出口产品以瓜子、栗子为主，开心果、核桃也有一定量出口。其中开心果出口量比上年增长91.9%，取代核桃成为第三大出口产品。前三大产品的出口量合计占出口总量的56.5%（表37）。

（4）坚果进口

进口量12.2万吨，比上年增长20.7%，进口额4.7亿美元，比上年增长25.3%。进口产品以开心果、核桃、腰果为主，进口量

合计占坚果进口总量的50.4%（表37）。

表37 2012年中国主要坚果进出口情况

单位：万吨、亿美元、%

出口					进口				
产品	出口量	比上年增长	出口额	比上年增长	产品	进口量	比上年增长	进口额	比上年增长
瓜子	9.7	5.2	2.6	-8.0	开心果	2.7	9.7	1.3	14.5
栗子	4.9	-5.4	1.5	3.6	核桃	2.2	17.9	0.7	32.8
开心果	1.0	91.9	0.4	230.3	腰果	1.2	18.0	0.4	-27.8

2. 贸易区域

（1）水果

2012年，中国水果主要出口市场和进口来源地变化不大。对东盟出口量增长不大，比上年增长4.7%，但出口额大幅增长25%。自东盟进口量略降，进口金额比上年增长22.4%。向欧盟出口显著下降，量额齐跌，出口量和出口额均比上年下降20%左右。

按出口量大小排序，居出口市场前五位的国家分别是美国、越南、俄罗斯、印度尼西亚和日本，出口量合计248.6万吨，比上年略增，占出口总量的51.1%；出口额32亿美元，比上年增长14.7%，占出口总额的51.7%。进口来源地仍主要是越南、泰国、菲律宾、缅甸、美国，进口量合计278.9万吨，占进口总量的81.5%（表38）。

表38 2012年中国水果主要出口市场和进口来源地

单位：万吨、亿美元、%

出口市场					进口来源地				
国家	出口量	比上年增长	出口额	比上年增长	国家	进口量	比上年增长	进口额	比上年增长
美国	65.6	6.4	11.2	11.8	越南	95.1	11.6	5.0	32.1
越南	54.8	6.7	4.5	46.1	泰国	73.6	18.9	10.7	41.0
俄罗斯	48.9	1.5	4.8	7.8	菲律宾	55.1	-29.3	3.5	-18.7
印度尼西亚	45.1	-6.6	4.4	0.4	缅甸	34.0	4.0	0.4	17.9
日本	34.2	2.1	7.2	18.9	美国	21.1	-17.0	4.0	-3.6

（2）坚果

主要出口市场是日本、韩国、美国、德国和荷兰，出口量合计12.5万吨，占出口总量的45.5%；出口额合计5.4亿美元，占

出口总额的53.1%。

主要进口来源地是美国、俄罗斯、韩国、澳大利亚和越南。自俄罗斯的进口剧增，比上年增加20余倍，自越南的进口大幅减少43.4%，俄罗斯取代越南成为第二大进口来源地。自前五大进口来源地的进口量合计9.2万吨，占进口总量的75.6%；进口额合计3.5亿美元，占进口总额的74.9%（表39）。

表39 2012年中国坚果主要出口市场和进口来源地

单位：万吨、亿美元、%

国家	出口市场				国家	进口来源地			
	出口量	比上年增长	出口额	比上年增长		进口量	比上年增长	进口额	比上年增长
日本	3.7	-2.3	1.7	1.1	美国	5.3	3.6	2.2	17.9
韩国	2.9	28.0	0.5	37.2	俄罗斯	1.7	2 038.0	0.6	1 823.4
美国	2.7	53.6	1.5	38.9	韩国	1.0	13.0	0.2	48.6
德国	1.7	-10.0	0.9	-5.9	澳大利亚	0.7	3.9	0.2	42.7
荷兰	1.5	7.3	0.7	-2.1	越南	0.5	-43.4	0.3	-32.7

3. 贸易方式

（1）水果

中国水果的主要贸易方式是一般贸易、边境小额贸易和进料加工贸易。出口贸易中，2012年，3种贸易方式合计占中国水果出口总量的98.9%，占出口总额的97.6%；进口贸易中，3种贸易方式合计占进口总量的98.9%，占进口总额的97.5%（表40）。

表40 2012年中国水果主要贸易方式

单位：万吨、亿美元

贸易方式	出口量	出口额	进口量	进口额
一般贸易	359.3	47.8	234.6	32.6
边境小额	86.6	6.3	101.3	3.1
进料加工	35.5	6.3	2.7	0.9

（2）坚果

坚果的主要贸易方式是一般贸易、进料加工贸易和来料加工装配贸易。2012年，坚果贸易方式变动较大的是来料加工装配贸易，此贸易方式下进口量比上年增长39.6%，出口量比上年增长46.9%。在出口贸易中，3种方式合计占坚果出口总量的98.2%，占出口总额的98.5%；在进口贸易中，3种方式合计占进口总量的93.9%，占进口总额的93.1%（表41）。

表 41　2012 年中国坚果主要贸易方式

单位：万吨、亿美元

贸易方式	出口量	出口额	进口量	进口额
一般贸易	23.0	7.5	2.7	1.3
进料加工	1.8	1.3	4.8	1.9
来料加工装配贸易	2.3	1.2	3.9	1.2

4. 价格变动

（1）水果

2012 年，中国水果进出口价格继续全面上涨，出口平均每吨 1 272 美元，比上年上涨 10.5%；进口平均每吨 1 097 美元，上涨 20.7%。其中价格上涨最高的是鲜冷冻水果，出口平均每吨 1 010 美元，上涨 13.9%，进口平均每吨 1 040 美元，上涨 23.7%（表 42）。

表 42　2012 年中国水果产品平均进出口价格

单位：美元/吨、%

产品	出口		进口	
	平均价格	比上年上涨	平均价格	比上年上涨
水果	1 272	10.5	1 097	20.7
鲜冷冻水果	1 010	13.9	1 040	23.7
水果罐头	1 273	9.7	1 004	4.0
水果汁	1 906	11.0	2 304	9.2
其他加工水果	2 085	11.0	1 395	16.7

（2）坚果

平均出口价格为每吨3 676美元，比上年略降。主要出口产品栗子、核桃价格上涨，瓜子出口价格下降。坚果的平均进口价格每吨 3 884 美元，比上年上涨 3.8%，其中开心果、核桃进口价格分别上涨 4.4% 和 12.7%，腰果进口价格大幅下跌近 40%（表 43）。

表 43　2012 年中国主要坚果进出口价格

单位：美元/吨、%

产品	出口		产品	进口	
	平均价格	比上年上涨		平均价格	比上年上涨
坚　果	3 676	-0.7	坚　果	3 884	3.8
瓜　子	2 684	-13.0	开心果	4 931	4.4
栗　子	3 012	9.5	腰　果	3 049	-38.8
开心果	3 619	72.1	核　桃	3 373	12.7

（二）影响因素

1. 受价格上涨和欧盟需求萎缩影响，苹果汁出口量下滑

在原材料成本居高不下、用工成本持续上升的作用下，国内苹果汁价格上涨，再加上人民币升值的作用，导致苹果汁出口价格提高，在国际市场上竞争力下降。另外，欧盟宏观经济不景气，进口需求低迷，2012年对欧盟的苹果汁出口量大幅下跌了66.3%。欧盟是中国苹果汁第二大出口市场，对欧盟出口的大幅下降导致苹果汁出口总体下滑。

2. 国内香蕉、苹果、柑橘连年增产，且对菲律宾进口香蕉加强了检疫，致使相应产品进口下降

近年来，中国香蕉、苹果、柑橘等水果产业发展迅速，果园面积稳步扩大，产量持续提高，优质率不断上升。2011年中国苹果、香蕉和柑橘产量分别比上年增长8.2%、8.8%和11.3%，2012年再次实现增产，市场供应充足，进口需求下降。此外，由于多次从菲律宾进口香蕉中截获有害生物，中国加强了对从菲律宾进口香蕉的检验检疫，进一步导致香蕉进口下降。

3. 在国内需求增加和自贸区优惠关税的共同作用下，热带水果和猕猴桃进口快速增长

随着国内经济发展和人们生活水平的提高，热带水果的消费者范围不断扩大，加上季节调节，刺激了鲜火龙果、榴莲、鲜荔枝等热带水果的进口。随着中国—东盟、中国—新西兰自贸协定的实施，自东盟进口热带水果已实现“零关税”，自新西兰进口猕猴桃关税2012年降为8.9%，这进一步增强了新西兰猕猴桃和东盟热带水果的竞争优势。

茶 叶

（一）贸易概况

2012年，中国茶叶出口量减额增，进口创历史新高。茶叶出口量32.3万吨，比上年下降1.9%，出口额11.2亿美元，增长10.2%；茶叶进口量2万吨，增长31.2%，进口额7 734.1万美元，增长15.8%。贸易顺差10.4亿美元，扩大9.8%。

1. 产品结构

（1）出口产品

以绿茶为主，绿茶出口量减额增。出口量和出口额所占比重分别比去年降低1.2个百分点和2个百分点。红茶、花茶、普洱茶出口量略有增长，出口额增幅较大。乌龙茶出口量减额增（表44）。

（2）进口产品

进口产品以红茶为主，红茶进口量额双增长，所占比重在70%左右。红茶进口量所占比重下降，进口额持平。绿茶所占比重增加，成为第二大主要进口产品。乌龙茶所占比重下降，由第二位降至第三位（表45）。

表 44 2012 年中国出口茶叶产品结构

单位：百吨、百万美元、%

产　品	出口量	比上年增长	出口额	比上年增长	占茶叶出口比重	
					出口量	出口额
茶　叶	3 232.9	-1.9	1 121.1	10.2		
绿　茶	2 486.5	-3.4	755.6	7.0	76.9	67.4
红　茶	358.5	0.7	118.8	9.3	11.1	10.6
乌龙茶	173.7	-3.2	79.9	7.8	5.4	7.1
花　茶	73.5	0.1	51.6	11.4	2.3	4.6
普洱茶	42.9	0.3	36.2	22.6	1.3	3.2

表 45 2012 年中国进口茶叶产品结构

单位：百吨、百万美元、%

产　品	进口量	比上年增长	进口额	比上年增长	占茶叶进口比重	
					进口量	进口额
茶　叶	195.0	31.2	77.3	15.8		
红　茶	132.2	10.7	54.3	14.8	67.8	70.2
绿　茶	47.4	185.7	8.6	115.7	24.3	11.1
乌龙茶	3.2	49.1	6.7	-2.4	1.6	8.7
花　茶	1.7	26.0	1.3	2.2	0.9	1.7
普洱茶	0.3	81.1	0.2	11.3	0.1	0.2

2. 贸易区域

（1）出口市场

按出口量排序，前五大出口市场分别是摩洛哥、乌兹别克斯坦、美国、欧盟和日本。对上述市场的出口量均在 1.8 万吨以上，合计出口 14.8 万吨，占茶叶出口总量的 45.8%。在前五大出口市场中，对乌兹别克斯坦出口量增长 39.4%，达 2.6 万吨，已超越对美国、欧盟和日本的出口量。此外，对俄罗斯、阿尔及利亚、中国香港、毛里塔尼亚、多哥和东盟的出口量也均在 1 万吨以上。对俄罗斯的出口量为 1.5 万吨，比上年降低 14.2%。

按出口额大小排序，居前五位的市场依次为摩洛哥、美国、欧盟、中国香港和日本。前五大市场出口额合计 5.3 亿美元，占出口总额的 46.9%，比上年降低 1.6 个百分点。上述出口市场中，除对摩洛哥和中国香港出口额下降外，对美国、欧盟和日本的出口额均呈两位数增长，其中对美国出口额增幅超过 30%，美国已超越欧盟和中国香港成为中国第二大茶叶出口市场。在欧盟市场

中，对德国和法国的出口额分别占对欧盟茶叶出口总额的36.4%和19.5%。其中，对德国的出口额下降10.9%，对法国的出口额增长36%（表46）。

表47 2012年中国茶叶出口主要市场

单位：百吨、百万美元、%

出口市场	出口量	比上年增长	出口额	比上年增长	占茶叶出口比重	
					出口量	出口额
摩洛哥	557.6	-12.3	182.6	-3.7	17.3	16.3
美国	258.3	2.5	100.0	33.7	8.0	8.9
欧盟	231.5	1.0	97.8	10.0	7.2	8.7
中国香港	132.7	0.1	74.7	-3.0	4.1	6.7
日本	181.2	-3.5	70.6	12.3	5.6	6.3
小计	1 361.3	-5.6	525.7	-1.2	42.2	46.9

（2）进口来源地

按进口量排序中国前五大进口来源地分别是东盟、印度、斯里兰卡、肯尼亚和中国台湾，进口量除肯尼亚比上年下降外，增幅均在40%以上，东盟国家中自越南的进口量增加1.7倍。从进口额来看，前五大茶叶进口来源地分别为斯里兰卡、印度、东盟、中国台湾和肯尼亚，进口额除肯尼亚下降外均大幅增长，东盟国家中自越南进口额增加1.4倍，自斯里兰卡、印度和东盟的进口额增幅也都在30%以上（表47）。

表47 2012年中国茶叶进口主要来源地

单位：百吨、百万美元、%

进口来源地	进口量	比上年增长	进口额	比上年增长	占茶叶进口比重	
					进口量	进口额
斯里兰卡	42.7	40.6	21.9	36.4	21.9	28.3
印度	49.5	67.6	19.7	39.7	25.4	25.4
东盟	66.1	85.2	11.7	57.4	33.9	15.1
中国台湾	11.1	46.8	11.0	7.2	5.7	14.2
肯尼亚	12.9	-37.8	4.5	-41.0	6.6	5.8
小计	182.3	47.2	68.8	24.0	93.5	88.8

3. 贸易方式

以一般贸易方式为主。一般贸易方式出口额占茶叶出口总额的92.9%，其次为进料加工贸易，占5.4%。一般贸易方式进口额占进口总额的70.1%，保税仓库进出境货物贸易占11.7%，进料加工贸易占9%（表48）。

表 48　2012 年中国茶叶主要贸易方式

单位：百吨、百万美元、%

贸易方式	出口量	比上年增长	出口额	比上年增长	进口量	比上年增长	进口额	比上年增长
一般贸易	3 119. 1	-2. 3	1 035. 3	9. 8	154. 2	32. 1	54. 1	15. 1
进料加工	68. 4	18. 5	60. 0	25. 4	22. 1	6. 3	7. 4	9. 9
保税仓库进出境货物	15. 5	-4. 9	14. 9	-9. 4	6. 0	-1. 8	9. 0	-1. 8
边境小额	22. 9	-4. 6	7. 2	1. 4	1. 8	283. 1	1. 0	184. 7

4. 价格变动

（1）国际市场价格先降后涨，整体价格高于上年

2012 年，国际茶叶拍卖价格平均每吨 2 988美元，高于 2011 年每吨 2 921 美元的水平。分月度来看，1—3 月价格连续下跌，4 月开始恢复性上涨，1—4 月国际茶叶拍卖价均低于上年同期水平。5—12 月价格较为平稳，在每吨 2 950 ~ 3 150 美元波动，其中 8—12 月价格均高于上年同期水平，且价差有扩大趋势，12 月最高为每吨 388 美元（图 21）。

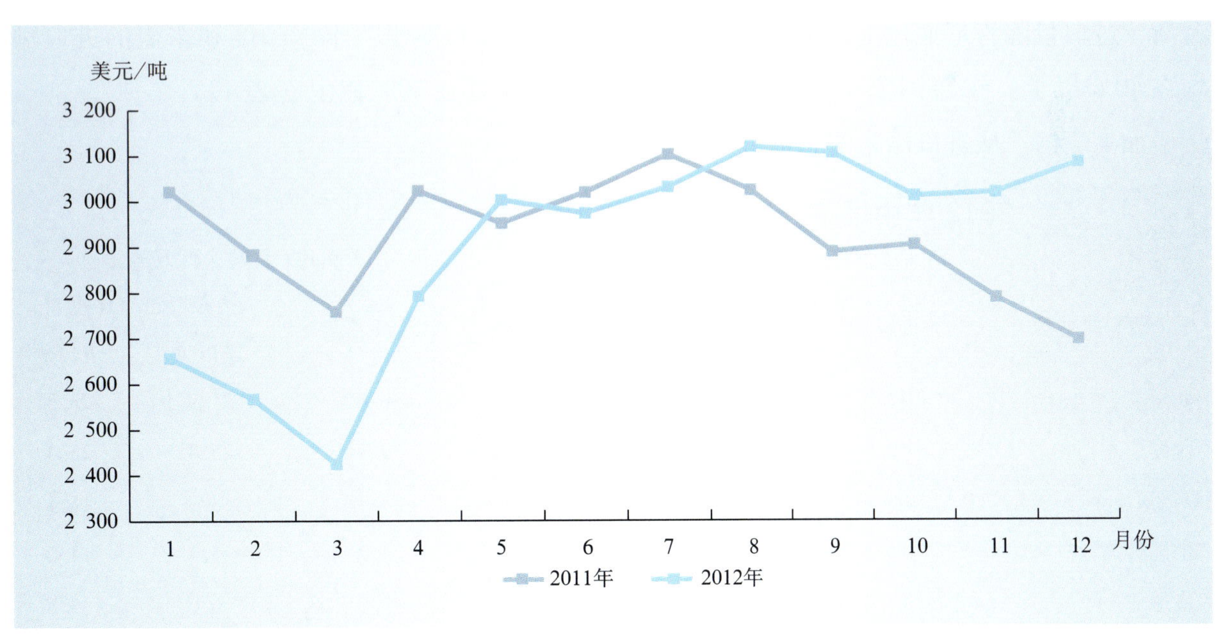

图 21　2011—2012 年国际市场茶叶月度拍卖价格比较

数据来源：世界银行商品价格数据库。

（2）中国茶叶出口价格平稳上涨，进口价格波动较大，总体下降

茶叶进出口价格受地区、品种等因素影响较大。从茶叶出口均价来看，比上年上涨

12.3%。各品种出口价格均有所增长，涨幅都在10%左右，其中普洱茶涨幅最大，达22.2%。

茶叶进口价格波动较大，整体较上年下跌11.7%。分品种来看，除红茶进口价格比2011年上涨3.7%外，其余品种茶叶进口价格均大幅下跌。乌龙茶进口价格下跌34.5%，普洱茶下跌38.5%（表49、图22）。

表49 2011—2012年中国茶叶产品进出口价格比较

单位：美元/吨、%

产品	出口价格			进口价格		
	2011年	2012年	比上年上涨	2011年	2012年	比上年上涨
茶 叶	3 088	3 468	12.3	4 493	3 965	-11.7
花 茶	6 310	7 024	11.3	9 293	7 537	-18.9
绿 茶	2 744	3 039	10.7	2 402	1 814	-24.5
乌龙茶	4 130	4 598	11.3	32 548	21 303	-34.5
普洱茶	6 914	8 448	22.2	10 927	6 717	-38.5
红 茶	3 055	3 315	8.5	3 960	4 106	3.7

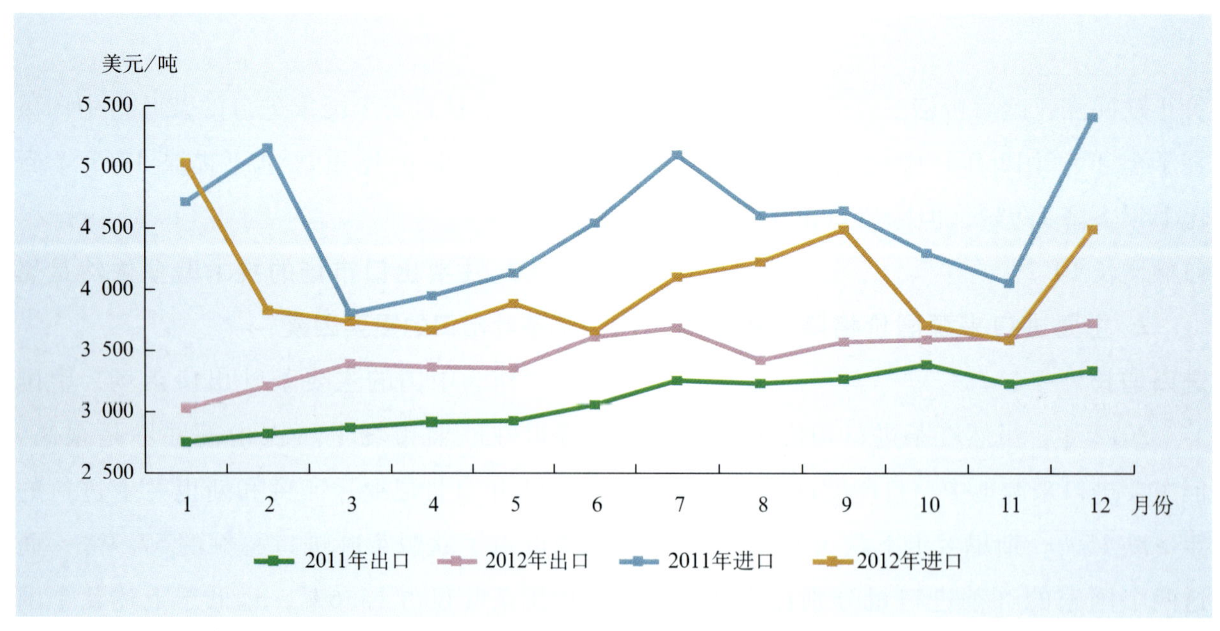

图22 2011—2012年中国茶叶月度进出口价格比较

从月度价格变化来看，2012年全年中国茶叶进口价和出口价均高于国际市场拍卖价。除6月和11月中国茶叶进口价和出口价基本一致外，其余月份中国茶叶进口价格均高于出口价格（图23）。

（二）影响因素

1. 国际价格上涨推动茶叶出口额增长

2012年4月开始，国际市场茶叶拍卖

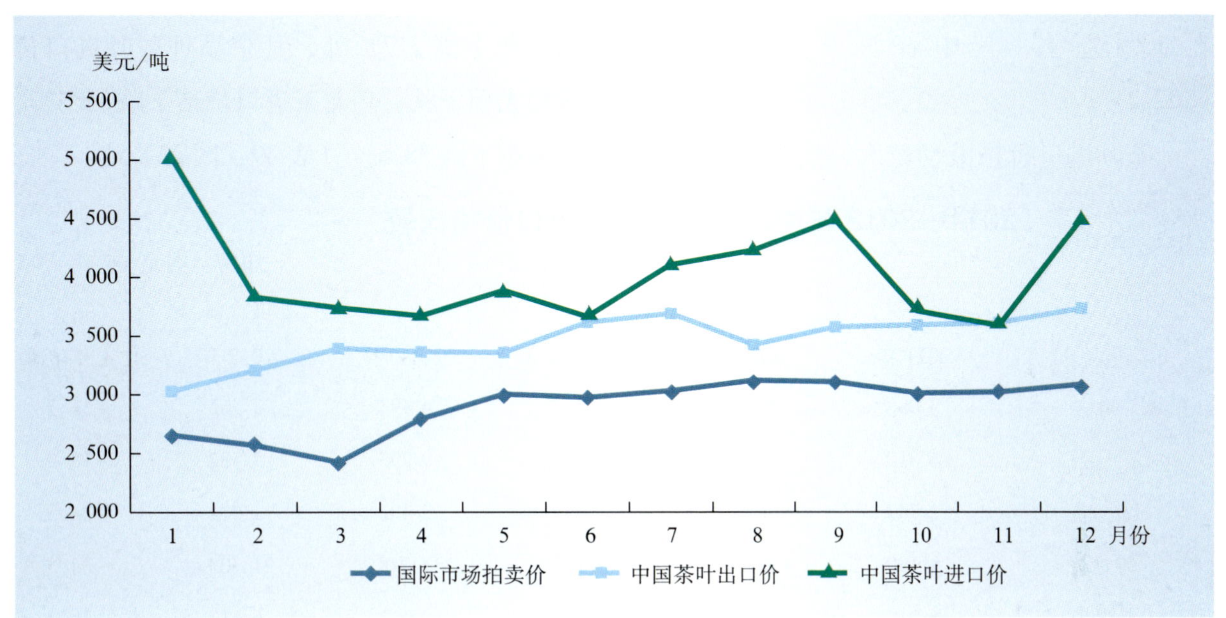

图 23 2012 年中国茶叶月度进出口价格与国际市场茶叶拍卖价格比较

数据来源：国际市场拍卖价数据源于世界银行商品价格数据库，中国茶叶进出口价格根据中国海关数据计算。

价止跌回涨，此后价格一直高位运行，明显高于上年。2012 年，中国茶叶虽然出口量比上年下降 1.9%，但因出口价格上涨，出口额增长 10.2%。

2. 主要进口来源国价格降低推动茶叶进口增长

2012 年，虽然红茶进口均价小幅上涨，但主要进口来源地中，自印度进口均价比上年下跌 15%，斯里兰卡下跌 3.1%，导致从这两个国家的红茶进口量分别比上年增长 62.7% 和 39.5%，占中国红茶进口总量的 68%。绿茶进口均价比上年大幅下跌，自越南绿茶进口均价仅为每吨 1 219.7 美元，比中国绿茶进口均价低 32.7 个百分点，致使自越南进口量增加 2.3 倍，占绿茶进口总量的 4/5。从这 3 个国家进口的茶叶占中国茶叶进口总量的比重比上年提高 17.7 个百分点。

3. 主要出口市场的技术壁垒依然是影响茶叶出口的重要因素

作为中国的主要茶叶出口市场，中国茶叶在欧盟市场上所占份额并不是很高。2011 年自肯尼亚、印度和斯里兰卡进口的茶叶占了欧盟茶叶进口总额的 57.7%，而中国茶叶仅占 14.6%，远低于上述几个国家所占的份额。除文化差异外，中国茶叶农药残留等指标达不到欧盟标准成为限制主要因素。此外，欧盟近两年对中国茶叶采取新的进境口岸强制检验措施，增加了出口企业负担。

畜产品

（一）贸易概况

2012年，中国畜产品贸易继续增长，贸易总额比上年增长10.1%。其中出口额64.4亿美元，增长7.4%；进口额149.1亿美元，增长11.3%；贸易逆差84.8亿美元，比上年扩大14.5%，再创历史新高。其中，乳制品、动物生皮、动物毛、生猪产品、动物生毛皮、牛产品、羊产品、马驴骡等为逆差产品，肠衣、羽毛、家禽产品、蜂产品、蛋产品和兔产品等保持贸易顺差（图24）。

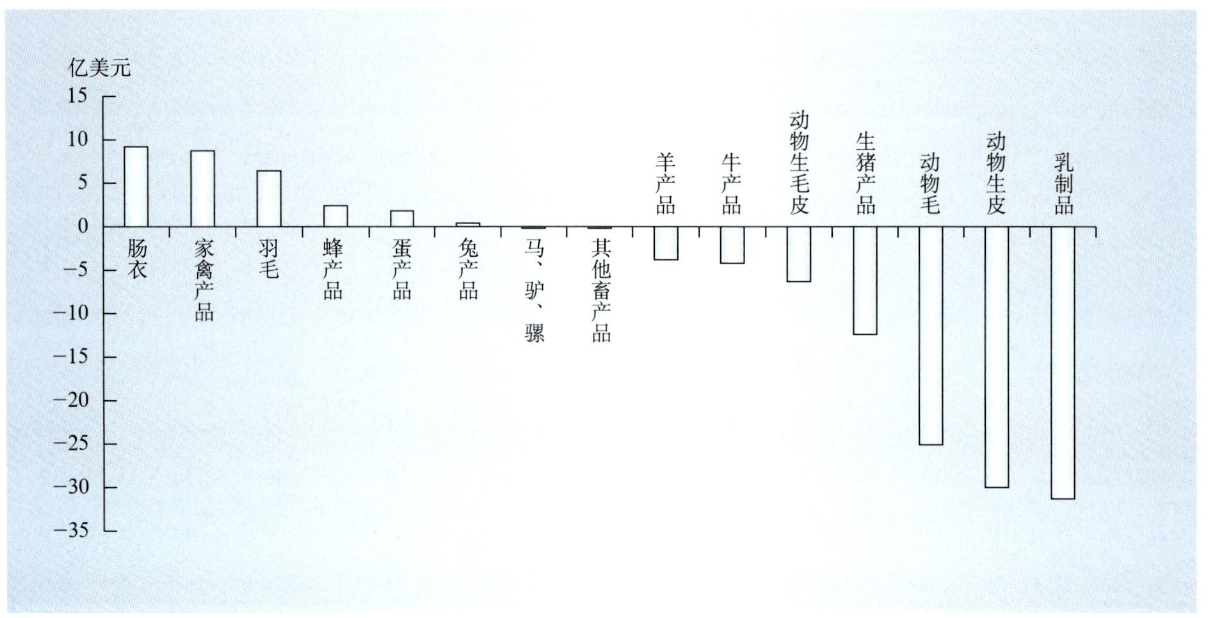

图24 2012年中国畜产品进出口贸易差额情况

1. 产品结构

贸易总额超过10亿美元的产品有6类，依次是生猪产品、乳制品、动物生皮、动物毛、家禽产品和肠衣，6类产品贸易额合计171.1亿美元，比上年增长7.3%，占中国畜产品贸易总额的比重由上年的82.2%下降到80.2%。

（1）出口产品

出口额超过1亿美元的畜产品是家禽产品、生猪产品、肠衣、羽毛、蜂产品、牛产品、动物毛和蛋产品等8类产品，出口额合计58.6亿美元，占畜产品出口总额的91.1%，其中家禽、生猪产品和肠衣合计占65.3%。与上年相比，动物生皮、羽毛、动物生毛皮、蜂产品、兔产品、马驴骡等出口增幅超过10%，动物毛、牛产品和羊产品出口额下降，肠衣出口额与上年基本持平（表50）。

表 50 2012 年中国畜产品进出口额情况

单位：百万美元、%

类别	进出口			出口			进口		
	贸易总额	比上年增长	占贸易总额比重	出口额	比上年增长	占出口总额比重	进口额	比上年增长	占进口总额比重
畜产品	21 350.1	10.1	100.0	6 437.5	7.4	100.0	14 912.7	11.3	100.0
生猪产品	3 708.3	11.7	17.4	1 232.2	4.2	19.1	2 476.1	15.9	16.6
乳制品	3 298.2	22.1	15.4	82.4	3.4	1.3	3 215.8	22.7	21.6
动物生皮	3 022.4	8.3	14.2	8.9	14.7	0.1	3 013.5	8.3	20.2
动物毛	2 931.5	-7.6	13.7	212.9	-13.0	3.3	2 718.6	-7.1	18.2
家禽产品	2 878.0	7.9	13.5	1 873.8	7.3	29.1	1 004.1	9.2	6.7
肠衣	1 274.1	-1.6	6.0	1 097.2	-0.5	17.0	176.9	-8.2	1.2
牛产品	894.7	41.0	4.2	237.8	-8.4	3.7	656.9	75.4	4.4
羽毛	877.8	30.5	4.1	761.2	37.1	11.8	116.6	-0.5	0.8
动物生毛皮	638.8	33.0	3.0	2.7	34.2	0.0	636.1	33.0	4.3
羊产品	465.1	41.7	2.2	43.6	-19.6	0.7	421.5	53.8	2.8
蜂产品	304.4	18.1	1.4	271.9	12.1	4.2	32.5	114.3	0.2
蛋产品	177.8	1.8	0.8	177.1	2.1	2.8	0.7	-44.5	0.0
兔产品	40.0	16.1	0.2	39.0	13.2	0.6	1.0		0.0
马、驴、骡	24.4	23.3	0.1	1.3	566.1	0.0	23.1	18.0	0.2

（2）进口产品

进口额超过 1 亿美元的畜产品主要有乳制品、动物生皮、动物毛、生猪产品和家禽产品等 5 类产品，进口总额为 124.3 亿美元，占畜产品进口总额的 83.3%。与上年相比，进口额增幅超过 10% 的产品有生猪产品、乳制品、牛产品、羊产品、动物生毛皮、蜂产品和马驴骡等，动物毛、肠衣、蛋产品和其他禽产品进口额下降，羽毛进口额与上年基本持平（表 50）。

（3）主要畜产品贸易

生猪产品。出口额 12.3 亿美元，比上年增长 4.2%；进口额 24.8 亿美元，增长 15.9%；贸易逆差 12.4 亿美元。

除猪肉出口下降外，其他生猪产品出口均有所增长。活猪出口量 16.8 万吨，比上年增长 7.4%，出口额 4.6 亿美元，增长 1.9%；加工猪肉出口量 11.4 万吨，出口额 4.8 亿美元，分别增长 6.8% 和 17.9%；猪肉出口量 6.6 万吨，出口额 3 亿美元，分别下降 17.9% 和 9.5%。

猪杂碎和猪肉是主要进口生猪产品。猪

杂碎进口量84.8万吨，比上年下降3.9%，进口额14.6亿美元，增长15.1%，进口额占生猪产品进口额的比重为58.8%。此外，猪肉进口量52.2万吨，进口额9.8亿美元，分别增加11.8%和15.9%，进口额占生猪产品进口额的比重为39.6%。

牛产品。进口大幅增加，出口下降，贸易逆差激增至4.2亿美元，是上年的3.7倍。

出口额2.4亿美元，比上年下降8.4%。其中加工牛肉出口量1.8万吨，出口额9 925.7万美元，出口额比上年增长13%；鲜冷冻牛肉出口量1.2万吨，出口额8 060.2万美元，出口额下降32.4%；其他活牛出口量1.6万吨，出口额5 736.5万美元，出口额增长10.7%。

进口额6.6亿美元，比上年增长75.4%。其中进口最多的是种牛，共96 579头，进口额3.8亿美元，增长43.2%；其次是鲜冷冻牛肉，进口量6.1万吨，进口额2.5亿美元，分别增加2倍和1.7倍；牛杂碎进口量9 084.7吨，进口额2 622.6万美元，分别增长38%和52.1%。

羊产品。出口量5 383.8吨，出口额4 355.7万美元，比上年分别下降37.7%和19.6%；其中出口羊肉5 043.4吨，出口额4 251万美元，分别下降37.9%和19.9%。进口羊产品基本上都为羊肉，进口量12.4万吨，进口额4.2亿美元，分别增长49.9%和53.7%。

家禽产品。出口额18.7亿美元，比上年增长7.3%；进口额10亿美元，增长9.2%。贸易顺差8.7亿美元，增长5.1%。

加工家禽、禽肉及杂碎是主要出口产品。加工家禽出口量28.7万吨，出口额13.4亿美元，比上年分别增长5.1%和12.3%；禽肉及杂碎出口量19.4万吨，出口额5亿美元，分别下降8%和4.2%；其他活家禽出口1.1万吨，出口额3 093.6万美元，分别增长7.8%和8.1%。

禽肉及杂碎是主要进口产品，进口量52.3万吨，进口额9.6亿美元，分别增长23.9%和9.6%，进口额占家禽产品进口总额的95.2%。

蛋产品。出口额1.8亿美元，比上年增长2.1%；进口额66.8万美元，下降44.5%。出口产品中，出口鲜蛋7.4万吨，下降4.8%；出口额1.1亿美元，下降7.6%；出口加工蛋2.8万吨，增长6.9%；出口额6 509.2万美元，增长24.3%。

乳制品。进口大幅增长，出口略有增加，贸易逆差31.3亿美元，比上年扩大23.3%。

出口额8 236万美元，比上年增长3.4%。其中出口鲜奶2.7万吨，出口额2 312.5万美元，分别增长8.4%和12.2%；出口奶粉1.3万吨，出口额4 703.7万美元，分别增长7.8%和9.1%。

进口额32.2亿美元，增长22.7%。其中奶粉进口量57.9万吨，进口额19.4亿美元，分别增长27.3%和17.2%；乳清粉进口量37.6万吨，进口额7.4亿美元，分别增长

10%和31.4%；鲜奶进口量9.4万吨，进口额1.2万美元，分别增加1.3倍和96.4%。

动物毛。出口额2.1亿美元，进口额27.2亿美元，比上年分别下降13%和7.1%。出口产品中，出口羊毛1.6万吨，出口额8 668.8万美元，分别比上年下降25.3%和23.3%；出口猪鬃6 747.1吨，出口额8 348.9万美元，分别下降16.8%和18.3%。进口产品中，进口羊毛31万吨，进口额26.4亿美元，分别下降3.9%和7.8%，羊毛进口额占动物毛进口额的97%；山羊绒进口5 556.8吨，下降4.8%，进口额7 182.8万美元，增长34.4%。

动物生皮和动物生毛皮。动物生皮出口额889.9万美元，进口额30.1亿美元，比上年分别增长14.7%和8.3%。动物生毛皮出口额272万美元，进口额6.4亿美元，比上年分别增长34.2%和33%。

2. 贸易区域

（1）出口市场。按出口额大小排序，主要出口市场依次为日本、中国香港、德国、美国和中国台湾，出口额合计为45.5亿美元，占畜产品出口总额的70.7%；其中对日本和中国香港出口额合计占50%以上。与上年相比，除德国、荷兰和马来西亚外，对主要市场（出口额1亿美元以上）的出口均有不同程度的增长，其中对中国台湾出口增长幅度最大，为80.6%（表51）。

表51　2012年中国畜产品出口主要市场

单位：亿美元、%

国家（地区）	出口额	比上年增长	占出口总额比重
日　本	19.1	10.7	29.6
中国香港	16.6	2.0	25.7
德　国	3.7	-7.9	5.8
美　国	3.2	0.5	5.0
中国台湾	3.0	80.6	4.6
荷　兰	1.8	-7.4	2.8
韩　国	1.7	9.0	2.6
英　国	1.2	27.5	1.9
中国澳门	1.2	11.3	1.8
马来西亚	1.1	-14.1	1.7
比利时	1.0	22.3	1.6

对日本主要出口产品为家禽、生猪产品和肠衣，出口额分别占对日本畜产品出口额的57.5%、11.6%和8.4%。其中出口家禽产品23.2万吨，出口额11亿美元，比上年分别增长3.7%和10.6%；出口生猪产品4.5万吨，出口额2.2亿美元，分别增长

6% 和 18.2%；出口肠衣 3 188.8 吨，下降 6.7%，出口额 1.6 亿美元，增长 2.2%。

对中国香港主要出口生猪产品和家禽产品，出口额分别为 8 亿美元和 4.6 亿美元，占对中国香港畜产品出口总额的 48.4% 和 27.5%。其中出口活猪 15.8 万吨，出口额 4.3 亿美元，分别比上年增长 7.4% 和 1.2%；出口鲜冷冻猪肉 5.1 万吨，出口额 2.3 亿美元，分别下降 18.9% 和 10.5%；其余为加工猪肉，出口量 3.3 万吨，出口额 1.4 亿美元，分别增长 6.9% 和 16%。出口家禽产品 16.5 万吨，出口额 4.6 亿美元，分别下降 6.5% 和 0.2%。

(2) 进口来源地。畜产品主要进口来源地按进口额大小排序，依次为澳大利亚、美国和新西兰，自上述 3 国进口额合计占畜产品进口总额的 64%（表 52）。

表 52 2012 年中国畜产品进口主要来源地

单位：亿美元、%

国 家	进口额	比上年增长	占进口总额的比重
澳大利亚	33.3	-4.1	22.3
美 国	32.0	7.0	21.5
新西兰	30.2	24.6	20.2
丹 麦	6.5	30.2	4.4
巴 西	6.0	-1.1	4.0
加拿大	5.4	18.5	3.6
德 国	5.3	87.6	3.6
法 国	4.6	12.6	3.1
西班牙	3.5	13.5	2.3
乌拉圭	3.0	40.5	2.0

从澳大利亚进口畜产品 33.3 亿美元，比上年下降 4.1%。进口产品主要是动物毛、动物生皮、牛产品、羊产品和乳品，5 类产品进口额合计占自澳大利亚畜产品进口总额的 95.4%。其中，进口动物毛 17.3 万吨（全部为羊毛），进口额 19.1 亿美元，分别下降 4.1% 和 9.5%。进口动物生皮 31.9 万吨，进口额 6.5 亿美元，分别增长 15.5% 和 3.5%。进口羊产品 5.1 万吨，进口额 1.5 亿美元，分别增长 46% 和 45.9%。进口乳制品 4.6 万吨，进口额 1.4 亿美元，分别增长 16% 和 3.6%。

从美国进口畜产品 32 亿美元，比上年增长 7.1%。进口产品主要是动物生皮、生猪产品、家禽产品和乳制品，4 类产品进口额合计占自美国畜产品进口总额的 93.1%。其中进口动物生皮 44.7 万吨，进口额 12.3 亿美元，分别增长 12.2% 和 12.1%。进口生猪产品 59.1 万吨，进口额 10.9 亿美元，分别增长 26.2% 和 12%。进口家禽产品 22.3 万吨，增加 1.6 倍，进口额 3.2 亿美元，增长 90.5%。进口乳制品 20.4 万吨，进口额 3.1

亿美元，分别增长6.7%和7.2%。

从新西兰进口畜产品30.2亿美元，增长24.6%。主要进口乳制品和羊毛，两类产品进口额合计占自新西兰畜产品进口总额的76.6%。进口乳制品59万吨，进口额20.2亿美元，分别增长36%和23.1%；其中奶粉进口49.6万吨，进口额16.7亿美元，分别增长35%和23.1%。进口羊毛5.8万吨，增长9.9%，进口额2.9亿美元，下降3.3%。

3. 贸易方式

以一般贸易方式为主。一般贸易方式出口额占畜产品出口总额的85.1%；其次是进料加工占10.7%，主要为家禽产品、加工猪肉和肠衣；来料加工装配贸易占3.5%，主要为肠衣和羊毛。一般贸易方式进口额占畜产品进口总额的77.7%；其次是进料加工占9.1%，主要为动物生皮、动物生毛皮和动物毛；保税区仓储转口货物占7.4%，主要为动物毛和乳制品（表53）。

表53 2012年中国畜产品主要贸易方式

单位：亿美元、%

贸易方式	出口额	占出口总额比重	进口额	占出口总额比重
一般贸易	54.8	85.1	115.9	77.7
进料加工	6.9	10.7	13.6	9.1
来料加工装配贸易	2.3	3.5	5.9	3.9
保税区仓储转口货物	0.2	0.3	11.0	7.4

4. 价格变动

2012年，活猪、鲜蛋、兔肉出口价格和羊毛、奶粉、生羊皮、冻鸡爪、牛肉进口价格下跌，其他主要畜产品进、出口价格均上涨（表54）。

表54 2012年中国主要畜产品进出口价格

单位：美元/吨、%

产　品	出　口		产　品	进　口	
	平均价格	比上年上涨		平均价格	比上年上涨
猪肉	4 454	10.2	猪肉	1 878	3.7
加工猪肉	4 155	10.3	猪杂碎	1 717	19.8
活猪	2 744	-5.1	牛肉	4 148	-12.1
牛肉	6 607	21.4	牛杂碎	2 887	10.2
加工牛肉	5 532	8.2	羊肉	3399	2.6
羊肉	8 429	29.0	禽肉及杂碎	1 830	11.6
加工家禽	4 670	6.8	奶粉	3 356	-8.0
禽肉及杂碎	2 589	4.1	乳清粉	1 958	19.5
鲜蛋	1 502	-2.9	羊毛	8 521	-4.0
加工蛋	2 306	16.3	生牛皮	2 412	7.6
羊毛	5 402	2.7	动物生毛皮	18 007	19.3

（1）生猪产品。出口猪肉平均每吨4 454美元，出口加工猪肉每吨4 155 美元，比上年分别上涨10.2% 和10.3%；出口活猪每吨2 744 美元，下跌5.1%。进口猪肉每吨1 878 美元，上涨3.7%；进口猪杂碎平均每吨1 717 美元，上涨19.8%。

（2）牛产品。出口牛肉平均每吨6 607 美元，比上年增长21.4%；出口加工牛肉每吨5 532 美元，上涨8.2%。进口牛肉每吨4 148 美元，下跌12.1%；进口牛杂碎每吨2 887 美元，上涨10.2%。

（3）羊产品。羊肉进口、出口平均价格分别为每吨3 399 美元和8 429 美元，分别上涨2.6% 和29%。

（4）家禽产品。出口加工家禽平均每吨4 670 美元，比上年上涨6.8%；出口禽肉及杂碎每吨2 589 美元，上涨4.1%。进口禽肉及杂碎每吨 1 830 美元，下跌11.6%。

（5）蛋产品。出口鲜蛋平均每吨1 502 美元，比上年下跌2.9%；出口加工蛋每吨2 306 美元，上涨16.3%。

（6）乳制品。进口奶粉平均每吨3 356 美元，比上年下降8%；进口乳清粉每吨1 958美元，上涨19.5%；鲜奶进口价格每吨1 266 美元，下跌15.2%。

（7）动物毛。出口羊毛平均每吨5 402 美元，比上年上涨2.7%；出口猪鬃每吨12 374美元，下跌1.7%。进口羊毛每吨8 521美元，下跌4%；进口山羊绒每吨12 926美元，上涨41.1%。

（8）动物生皮和动物生毛皮。进口生牛皮平均每吨2 412 美元，上涨7.6%；进口生羊皮每吨2 377 美元，下跌12%。动物生毛皮进口价格每吨18 007 美元，上涨19.3%。

（二）影响因素

1. 国内外价差是猪肉进口的主要动力

2010 年以来，中国猪肉进口市场逐渐放开，为猪肉进口增长提供了条件。受规模化程度低和饲料价格上涨等因素影响，中国生猪养殖成本高于世界主要猪肉出口国，国外猪肉价格优势明显，企业进口动力增强。2012 年中国进口猪肉平均价格为每千克11.8 元，而国内活猪平均价格为15.2 元，二者价差达28.4%。

2. 国内牛羊肉价格持续上涨刺激了进口大幅增加

城乡居民收入水平的提高扩大了对牛羊肉的消费需求，但由于牛羊养殖周期长，生产成本增加，牛羊肉产量短时间难以大幅增加，供求矛盾加剧直接导致牛羊肉价格上涨，2012 年中国牛羊肉价格均比上年增长20% 以上。国内牛羊肉价格持续上涨刺激了进口大幅增加，2012 年中国牛肉进口量比上年增加2 倍，羊肉进口量增长50%。

3. 国内需求和价格等因素导致奶粉进口持续增加

受国内需求旺盛、奶牛养殖成本上升以及食品安全等因素影响，2012 年中国进口奶粉比上年增长27.3%，增加量几乎全部

来自新西兰。新西兰、澳大利亚等奶业资源丰富，有明显的比较优势，2012 年国内生鲜乳折合奶粉价格为每吨 2.6 万元，比进口奶粉平均价格高出 1/4。

水产品

（一）贸易概况

2012 年，中国水产品①贸易总量比上年下降 2.8%，贸易总额比上年增长 4.6%。其中出口量 380.2 万吨，比上年下降 2.8%；出口额 190 亿美元，增长 6.8 %；进口量 412.6 万吨，比上年下降 2.8%，进口额 80 亿美元，与上年持平。贸易顺差 110 亿美元，增长 12.5%。水产品继续位居农产品出口首位，出口额占农产品出口总额的 30.1%，比上年提高 0.8 个百分点。

1. 产品结构

（1）出口产品

从加工方式看，制作或保藏等深加工水产品出口 71 亿美元，增长 16%，占出口总额的 37.4%；干熏及盐渍水产品出口 25.7 亿美元，增长 7.4%，占出口总额的 13.5%；冻鱼及鱼片等初级加工水产品出口额 81.8 亿美元，下降 0.3%，占出口总额的 43%；活、鲜冷等水产品出口额 11.6 亿美元，增长 7.5%，占出口总额的 6.1%。

国内自产资源出口水产品中，对虾、贝类、鳗鱼、罗非鱼、大黄鱼、小龙虾、鮰鱼等名优养殖水产品仍是主要出口品种，出口额占一般贸易出口总额的 45.6%。对虾、贝类、大黄鱼和鳗鱼出口量减额增，罗非鱼出口形势有所好转，出口量和出口额均有一定幅度的增长。淡水小龙虾由于 2011 年大旱，出口锐减，2012 年呈现恢复性增长，出口量、额分别增长 80.2% 和 63.1%（表 55）。

（2）进口产品

水产品进口量 412.6 万吨，进口额 80 亿美元，比上年分别下降 2.8% 和 0.02%。来进料加工原料进口占水产品进口总量的 1/3。饲料用鱼粉进口量增额减，进口量 124.6 万吨，比上年增长 3%，进口额 16.9 亿美元，下降 3.4%。供国内食用水产品进口量 147.4 万吨，比上年下降 2.5%；进口额继续保持平稳增加，为 34.1 亿美元，增长 14.9%。

2. 贸易方式

一般贸易方式出口量比上年略有下降，出口额比上年增长，来进料加工贸易出口量额均下降。一般贸易方式进口量额双增长，来进料加工贸易进口量额均降（表 56）。

---

① 水产品贸易总量仅包括数据库中以吨为单位进行统计的水产品进口量和出口量，不包括以条（个）等为单位统计的极少数水产品的进口量和出口量；水产品贸易总额则包括水产品全部进口额和出口额。

表 55 2012 年中国水产品主要出口品种

单位：万吨、亿美元、%

出口品种	占水产品一般贸易出口额的比重	2012 年		比上年增长	
		数量	金额	数量	金额
对 虾	14.5	21.4	19.4	-7.3	2.8
贝 类	9.1	22.8	12.2	-6.6	3.8
鳗 鱼	9.0	3.7	12.0	-12.5	10.8
罗非鱼	8.7	36.2	11.6	9.6	4.9
蟹 类	8.1	7.9	10.8	11.2	23.6
小龙虾	2.1	2.7	2.8	80.2	63.1
大黄鱼	2.0	4.2	2.7	-2.5	16.2
斑点叉尾鮰	0.2	0.4	0.3	-42.0	-48.7

表 56 2012 年中国水产品主要贸易方式

单位：亿美元、%

贸易方式	出口				进口			
	出口量	比上年增长	出口额	比上年增长	进口量	比上年增长	进口额	比上年增长
一般贸易	251.3	-0.6	133.4	10.1	201.5	4.3	38.7	13.2
进料加工	86.1	-4.8	39.7	-0.9	107.9	-5.0	21.9	-12.8
来料加工装配贸易	27.5	-11.3	14.7	0.8	32.7	-15.7	7.2	-7.9
保税仓库进出境货物	11.9	-16.1	1.1	-6.1	53.5	-14.7	8.1	-15.9
保税区仓储转口货物	1.6	22.4	0.4	23.5	13.4	4.8	3.7	22.0
边境小额	0.1	-2.7	0.02	27.9	2.5	-13.3	0.4	35.7

3. 贸易区域

（1）出口市场

日本和美国依然位列中国出口市场前两位。韩国从中国第五大出口市场滑落至第六位。中国台湾和中国香港出口量额均增长，日本、美国和东盟出口量减额增，而欧盟和韩国则是出口量额双双下降。值得注意的是连续多年稳定增长的欧盟市场，自 2011 年下半年起开始出口下降。

（2）进口来源地

俄罗斯、美国、东盟、挪威和加拿大是中国可食用水产品和来进料加工原料主要进

口来源地，秘鲁和智利依然是中国最重要的饲料用鱼粉来源国。2012 年从俄罗斯进口量额均下降，从美国、加拿大和新西兰进口额增量减，从东盟进口量额均增（表 57）。

表 57 2012 年中国水产品主要出口市场和进口来源地

单位：亿美元、%

出口			进口			占水产品进出口额比重	
市场	金额	比上年增长	来源地	金额	比上年增长	出口	进口
日本	42.3	4.0	俄罗斯	14.4	-13.7	22.3	18.0
美国	29.5	1.1	美国	13.8	1.3	15.5	17.3
欧盟	22.1	-9.8	秘鲁	11.7	-8.0	11.6	14.7
东盟	21.3	23.8	东盟	7.4	25.3	11.2	9.3
中国香港	20.6	31.9	智利	5.2	13.8	10.8	6.5
韩国	14.8	-6.8	挪威	4.1	-3.7	7.8	5.1
中国台湾	10.7	27.8	加拿大	3.5	11.4	5.7	4.4

4. 价格变动

全年综合出口平均价格每吨 4 998 美元，比上年上涨 9.9%。除罗非鱼，几大养殖品种出口价格均有不同幅度上涨，其中贝类平均价格上涨 14.4%，鳗鱼平均价格上涨 28.1%，大黄鱼平均价格上涨 19.2%，对虾平均价格上涨 10.1%。受 2011 年广东、广西罗非鱼养殖因病害推迟投苗时间影响，加上 2012 年第一季度气候温和，罗非鱼顺利过冬，罗非鱼养殖量增加，导致全国区域性罗非鱼原料充足，价格偏低，平均价格下跌了 4.3%。

进口水产品综合平均价格每吨 1 939 美元，比上年上涨 2.9%。其中鱼粉平均价格每吨 1 357 美元，下跌 6.2%；来进料加工原料进口价格每吨 2 066 美元，下跌 4.3%；供国内食用的进口水产品价格每吨 2 310 美元，上涨 17.8%。

（二）影响因素

1. 发达经济体消费能力下降，需求减少

欧美经济不景气，居民需求减少，一些大型进口商、批发商和零售商非常谨慎，基本只购买短期所需产品而不愿意签订长期合约，原料供应商也放缓发货速度直接导致企业资金周转期拉长，影响了对欧美出口。

受中国生产成本上涨和韩元贬值影响，韩国的购买力减弱，致使对韩国出口下降。

2. 上年日本进口水产品库存积压，致使对日出口量下降

2011 年日本大地震及其后海啸和核泄漏对水产品市场带来巨大冲击。日本自身水产品生产、加工和供应短期内难以满足需求，加上对产品需求预测有误，超量进口，造成库存积压，像裙带菜库存到 2012

年还没有消化完，严重影响了水产品进口，造成2012年中国对日水产品出口量比上年下降。

3. 国内生产成本上升，导致来进料加工下降

受劳动力成本上升过快、人民币对美元升值、原材料及水电油气等价格上涨等影响，出口企业效益下滑，部分外贸企业有单不敢接、不愿接，有的处于停产或半停产状态。据山东、辽宁等省的水产品加工企业反映的信息，部分企业开始将技术含量不高的加工订单转移到东南亚和印度洋沿岸等生产成本更低的国家，国外客户也提出将原先交付加工的简单型产品转移到东南亚国家，留下的只是技术型加工的品种。

4. 国内水产消费水平提高，部分产品进口增长

随着国内消费水平的提高，之前以来进料加工贸易方式为主的鱿鱼、鳕鱼、鲱鱼等产品，越来越多地以一般贸易方式进入国内消费市场。更多外商开始瞄准中国市场，加大开拓力度。从中国国际渔业博览会反馈的信息看，已出现国外参展客户从以往签订订单产品向推介其产品转变、从买方向卖方转变的苗头。

其他农产品

（一）贸易概况

2012年，中国其他农产品①进出口继续增长。出口额169.3亿美元，比上年增长12%，占中国农产品出口总额的26.8%。进口额172.7亿美元，增长11.8%，占进口总额的15.4%（表58）。

表58 2012年中国其他农产品主要类别产品贸易情况

单位：亿美元、%

类别名称	出口			进口		
	出口额	比上年增长	占比重	进口额	比上年增长	占比重
其他农产品	169.3	12.0	100.0	172.7	11.8	100.0
粮食制品	18.0	1.0	10.7	9.5	14.7	8.5
干豆（不含大豆）	10.2	7.8	6.0	5.8	46.3	26.8
药材	8.4	15.0	4.9	1.3	23.1	13.4
饼粕	7.6	202.3	4.5	2.6	-53.1	-30.8
酒精及酒类	7.2	26.3	4.3	29.7	20.5	11.9
蚕茧及丝	4.0	-0.3	2.4	0.1	34.9	20.2
花卉	2.4	10.5	1.4	1.4	5.7	3.3
精油	2.2	-2.1	1.3	2.1	28.1	16.3
调味香料	1.2	-21.3	0.7	0.1	33.3	19.3
粮食（薯类）	0.2	-7.8	0.1	18.0	28.0	16.2

① 本章“其他农产品”指本报告十大类主要农产品外的所有农产品。

（二）产品结构

1. 粮食制品

出口量减额增价涨，进口量额价齐增。出口128万吨，比上年下降3.4%；出口额18亿美元，增长1%，占其他农产品出口总额的10.7%，较上年提高1.1个百分点；出口均价每吨1 409美元，上涨4.5%。进口量121.8万吨，增长20.9%，；进口额9.5亿美元，增长14.7%；进口量额均为13年来新高（图25）；进口额占其他农产品进口总额的8.5%，较上年提高3.1个百分点；进口均价每吨784美元，下跌5.2%。

淀粉继续居粮食制品进口之首。淀粉进口108.5万吨，比上年增长20.9%，占粮食制品进口总量的89.1%，与上年基本持平；进口额5.1亿美元，增长5.9%。出口15.3万吨，下降46.8%，占粮食制品出口总量的12%；出口额1.1亿美元，下降37.3%。

面食仍居粮食制品出口第一位。出口48.3万吨，比上年下降1.2%，占粮食制品出口总量的37.7%，比上年略减；出口额7.7亿美元，增长2.8%。

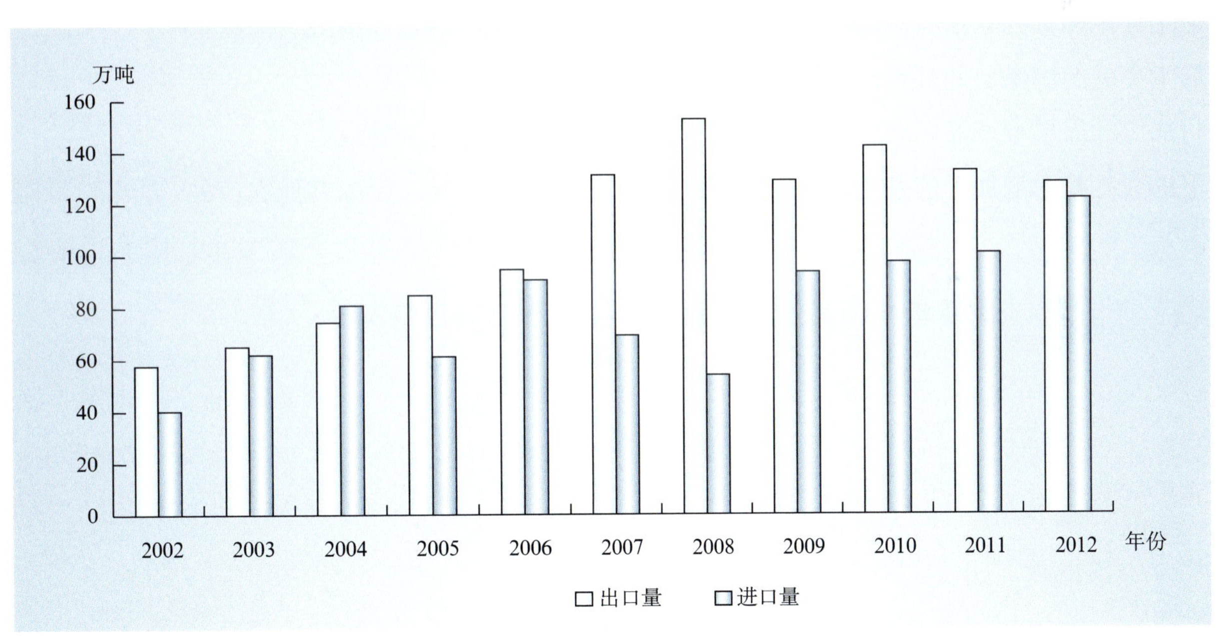

图25 2002—2012年中国粮食制品进出口变化

2. 干豆

干豆（不含大豆，下同）进出口量减额增价涨。出口98.5万吨，比上年下降0.8%；出口额10.2亿美元，增长7.8%；出口均价每吨1 031美元，上涨8.6%。进口74.3万吨，较上年下降6%；进口额5.8亿美元，增长46.3%；进口均价每吨784美元，上涨55.6%。

豌豆和芸豆（其他干芸豆）分居中国干豆进出口之首。豌豆进口67.1万吨，比上年下降8.1%，占干豆进口总量的90.4%，比上年降低2.1个百分点。芸豆出口74.9万吨，下降2.1%，占干豆出口总量的76%；绿豆产品出口13.4万吨，增长

16. 9%，占 13. 6%，较上年提高 2. 1 个百分点（图 26）。

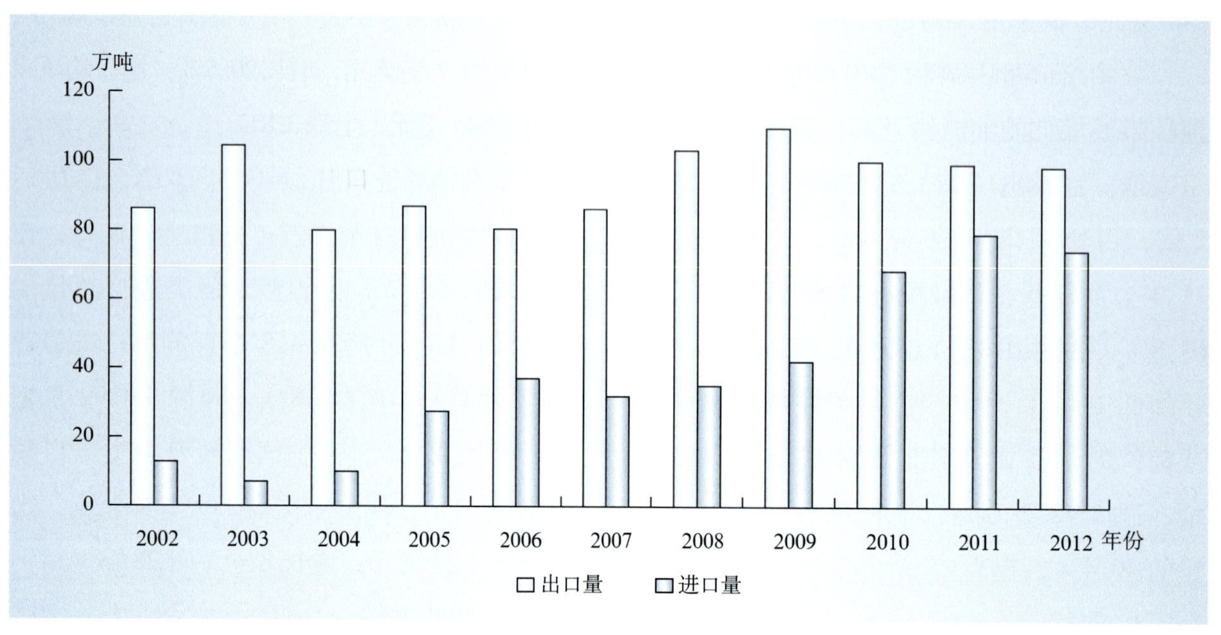

图 26 2002—2012 年中国干豆（不含大豆）贸易量变化

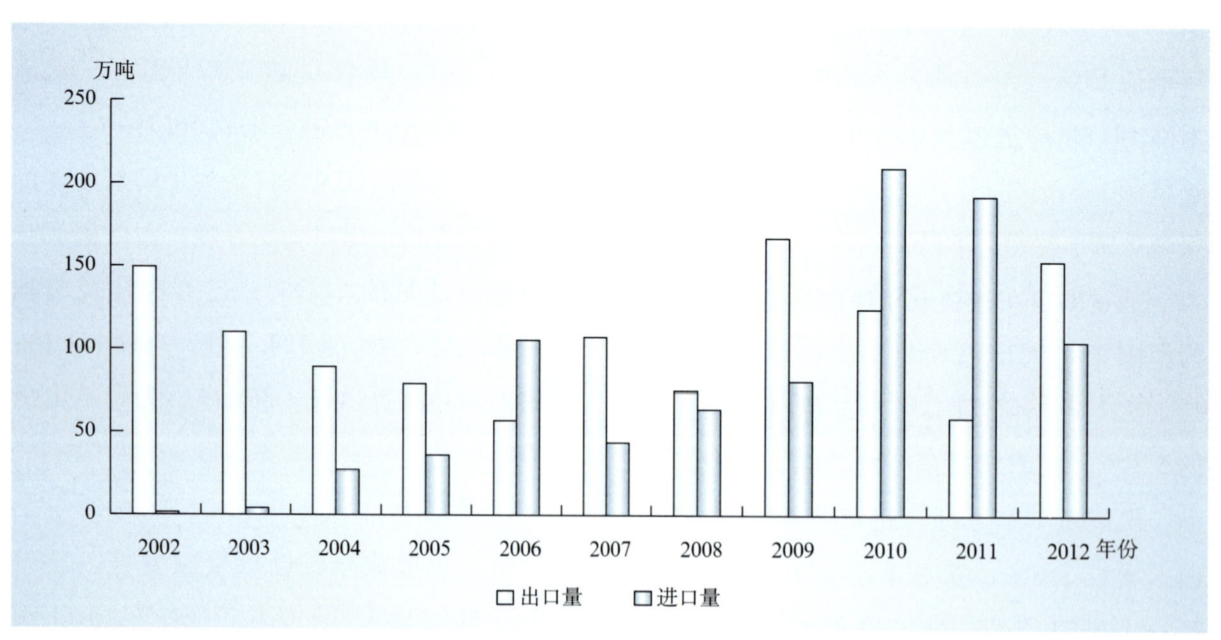

图 27 2002—2012 年中国饼粕进出口变化

3. 饼粕

出口量和出口额均增长，分别为十年来次高和新高。出口 153. 4 万吨，比上年增加 1. 6 倍；出口额 7. 6 亿美元，增加 2 倍；出口均价为每吨 497 美元，上涨 16%。进口 104. 7 万吨，下降 45. 6%（图 27）。进口额

2.6 亿美元，下降 53.1%；进口均价每吨 248 美元，低于出口均价，下跌 13.8%。

豆粕出口量占饼粕总出口量比重回升，油棕果或棕仁的油渣饼及其他固体残渣进口量大增。豆粕出口 123.3 万吨，比上年增加 2 倍，占饼粕出口的 80.4%，比上年提高 11.3 个百分点。菜籽粕进口 50 万吨，下降 63.8%，占饼粕进口总量的 47.8%，比上年降低 24 个百分点。值得关注的是油棕果或棕仁的油渣饼及其他固体残渣进口量大增，进口 42.3 万吨，增长 72%，占进口总量的 40.4%，提高 27.6 个百分点。

4. 药材

出口量与上年基本持平，出口额增加。出口 19.6 万吨；出口额 8.3 亿美元，比上年增长 15%；出口均价为每吨 4 269 美元，上涨 14.7%。进口 5.6 万吨，增长 58.4%；进口额 1.3 亿美元，增长 23.1%；进口均价每吨 2 298 美元，下跌 22.3%。

地黄出口在连续五年递增后下降，但仍为中国第一大出口药材，出口量为 1.1 万吨，比上年下降 11.4%，占药材出口总量的 5.9%；白术超过茯苓成为第二大出口产品，出口量 1.1 万吨，超茯苓 68 吨，其中白术增长 3.8%，茯苓下降 6.1%；甘草为第一大进口产品，进口量 2.9 万吨，增加 1.7 倍，占药材进口总量的 52.3%，比上年提高 22.2 个百分点。

5. 酒精及酒类①

出口量减额增价涨；进口连续 8 年递增。出口 3.3 亿升，比上年下降 3.6%；出口额 7.2 亿美元，增长 26.3%；出口均价为每千升 2 191 美元，上涨 31%。进口 5.9 亿升，增长 16%；进口额 29.7 亿美元，增长 20.5%；进口均价每千升 5 045 美元，上涨 3.8%。

葡萄酒②进口连续 11 年递增，稳居酒精及酒类进口总量之首；进口 4.2 亿升，比上年增长 8.7%，占酒精及酒类进口总量的 71.5%，比上年降低 4.8 个百分点；进口额 25.7 亿美元，增长 18%。啤酒出口 2.3 亿升，增长 2.2%，占中国酒精及酒类出口总量的 68.4%，比上年提高 3.9 个百分点；出口额 1.4 亿美元，增长 8% （图 28）。

6. 调味香料

出口下降，进口增长。出口 4.3 万吨，比上年下降 28%；出口额 1.2 亿美元，下降 21.3%；出口均价每吨 2 773 美元，上涨 9.3%。进口 0.6 万吨，增长 56.7%。

其他未磨肉桂及肉桂花为中国最主要的出口调味香料，出口 2.3 万吨，占中国调味香料出口总量的 52.9%；已磨肉桂及肉桂花列第二位，出口 4 124.3 吨，增加 1.1 倍；未磨的八角茴香出口 3 808 吨，为第三大出口香料。

7. 薯类

出口量增额减，进口量额齐增。出口 2.8 万吨，比上年增长 2.6%；出口额 1 646.5万美元，下降 7.8%；出口均价每

① 本节中的酒精及酒类涉及的 HS 编码为 2203—2208。

② 本节中的葡萄酒为第 22 章 HS 编码 22042100、22042900 和 22082000 的合计。

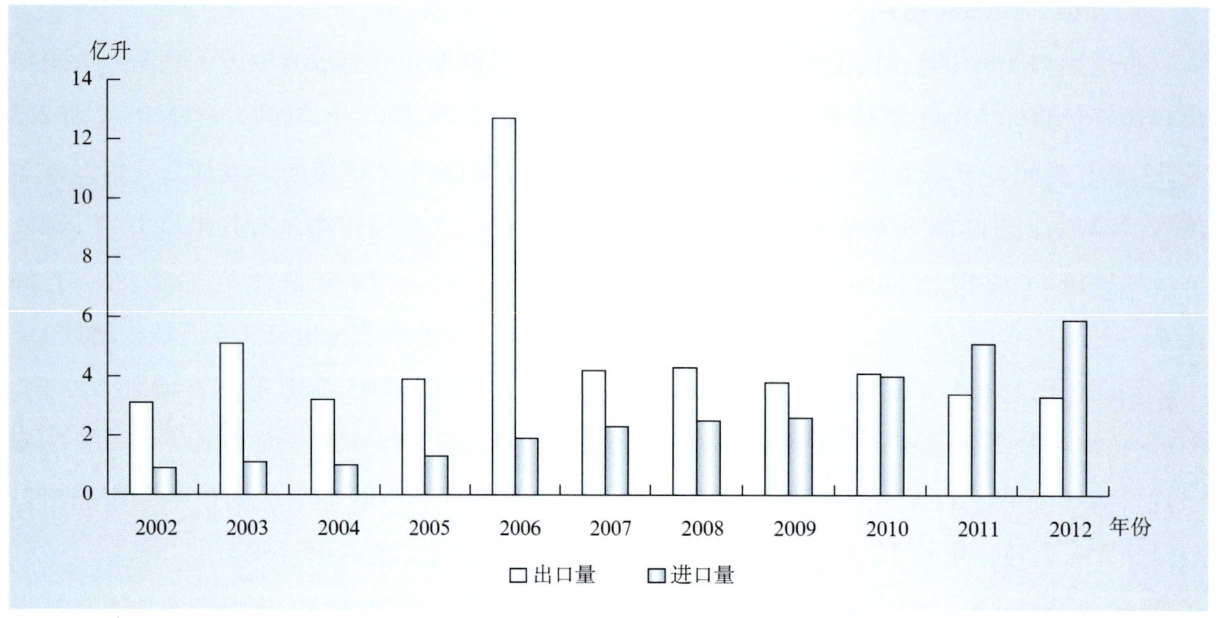

图 28 2002—2012 年中国酒精及酒类贸易量变化

吨 580 美元，下跌 10.2%。进口 714.6 万吨，增长 41.9%；进口额 18 亿美元，增长 28%，进口均价每吨 251 美元，下跌 9.8%。

木薯和甘薯仍分居中国薯类进出口之首。木薯进口 713.8 万吨，比上年增长 42%，占薯类进口总量的 99.9%；进口额 17.8 亿美元，增长 28.5%（图 29）。甘薯出口 2.5 万吨，比上年略有增长，占薯类出口总量的 87.4%，降低 1.4 百分点；出口额 1 056.1 万美元，下降 15.2%。

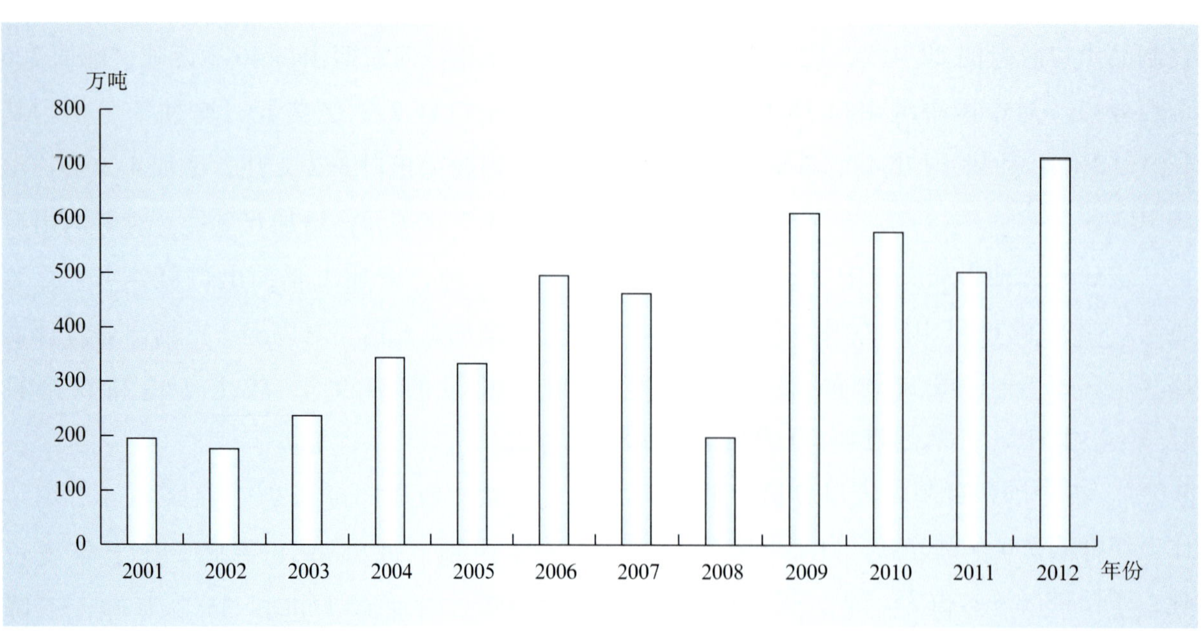

图 29 2002—2012 年中国木薯进口量变化

8. 蚕丝、精油和花卉

蚕丝出口8 879吨，比上年增长5.7%；出口额4亿美元，与上年持平；出口均价每吨44 801美元，下跌5.3%。进口759吨，增长7.2%；进口额376.8万美元，增长53.7%；进口均价每吨4 964美元，上涨43.4%。

精油出口量1.5万吨，比上年增长6.1%；出口额2.2亿美元，下降2.1%；出口均价为每吨14 836美元，下跌7.8%。进口量9 251.7吨，增长12.8%；进口额2.1亿美元，增长28.1%；进口均价为每吨22 624美元，上涨13.6%。

花卉出口2.4亿美元，比上年增长10.5%。进口额为1.4亿美元，增长5.7%。

（三）贸易区域

1. 粮食制品

东盟仍是粮食制品贸易第一大伙伴。对东盟出口37.7万吨，比上年增长3%，占粮食制品出口总量的29.4%，比上年提高1.8个百分点。对中国香港出口15.6万吨，增长12.2%；对韩国出口12.8万吨，增长10%。

进口来源地仍高度集中于东盟的泰国和越南。自东盟进口107万吨，比上年增长18.8%，占中国粮食制品进口总量的87.9%。其中，自泰国进口60万吨，增长8.6%，占中国粮食制品进口总量的49.3%，比上年降低5.6个百分点；自越南进口43万吨，增长48.6%，占35.3%，提高6.3个百分点。

2. 干豆

巴西取代欧盟成为中国干豆第一大出口市场，对其出口16万吨，比上年增加2.3倍；出口额1.2亿美元，增加2.9倍。欧盟降为第二大出口市场，对其出口13.7万吨，下降23.1%；出口额1.7亿美元，下降9.6%。对委内瑞拉出口9.1万吨，增加1.5倍；出口额6 655.5万美元，增加1.9倍。对日本出口9万吨，增长8.1%；出口额1.3亿美元，下降17%。对以上4市场出口合计占出口总量的48.6%。

加拿大仍为第一大进口来源地。自其进口64.1万吨，比上年下降8.1%，占干豆进口总量的86.3%，比上年降低1.9个百分点（图30）。

3. 饼粕

亚洲仍为第一大出口市场，对日本、东盟和韩国出口倍增。对日本出口69.6万吨，比上年增加1.6倍；出口额3.6亿美元，增加2.1倍。对东盟出口46.3万吨，增加2.6倍；出口额2.2亿美元，增加3.5倍。其中，对越南出口3.2万吨，增加4.3倍；出口额1.7亿美元，增加6.2倍。对韩国出口14.3万吨，增加1倍；出口额4 409万美元，增加1.6倍。对以上3市场出口合计占出口总量的84.9%，较上年提高6个百分点。

东盟取代印度成为中国饼粕进口第一大来源地，进口49.8万吨，比上年增长95.5%。自加拿大进口35.8万吨，下降46.7%；自巴基斯坦进口9.2万吨，增长

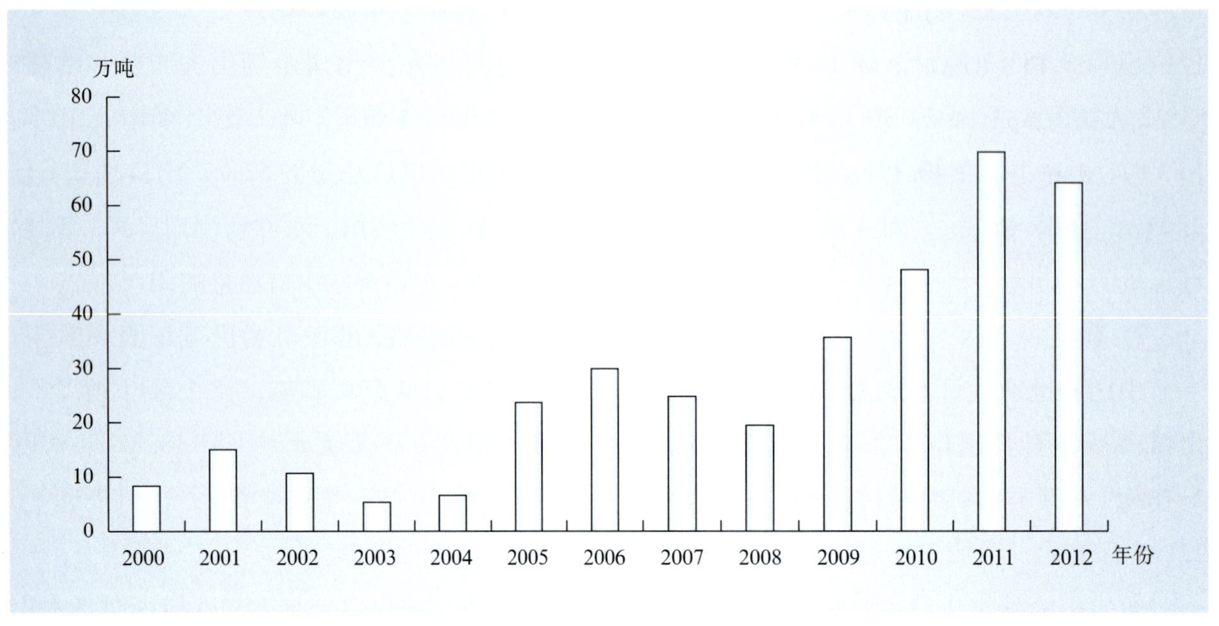

图 30　2000—2012 年中国自加拿大干豆进口量变化

近 1 倍；自印度进口 6 万吨，大幅下降 93.4%。

4. 药材

出口市场仍集中在中国香港、东盟和韩国。对中国香港出口 9.3 万吨，占药材出口总量的 47.7%，与上年基本持平；出口额 2.4 亿美元，增长 18.5%。对东盟出口 3.6 万吨，增长 4.7%；出口额 1.6 亿美元，增长 17.1%。对韩国出口 2.5 万吨，增长 16.9%；出口额为 9 293 万美元，增长 37.2%。对以上 3 市场出口占出口总量的 78.7%。

5. 酒精及酒类

出口市场仍集中在亚洲，依次为东盟、中国香港和中国台湾。对东盟出口 7 831.9 万升，下降 20.6%，占出口总量的 23.7%；出口额 1.1 亿美元，增长 5%。对中国香港出口 7 033.4 万升，与上年持平；出口额 3.2 亿美元，增长 38.2%。对中国台湾出口 3 752.8万升，下降 17.1%；出口额 3 155.3 万美元，下降 10.8%。对以上 3 市场出口合计占出口总量的 56.4%。

进口来源地依次为欧盟、智利和澳大利亚。自欧盟进口 4 亿升，增长 12.5%，占酒精及酒类进口总量的 66.6%，较上年降低 2.1 个百分点；其中自法国进口 1.7 亿升，增长 11.9%。自智利进口 6 106.9 万升，增长 40.4%。自澳大利亚进口 4 345 万升，下降 4.7%。

6. 调味香料

主要出口市场在中东地区，巴基斯坦取代印度上升为第一大贸易伙伴，印度降为第七位。对巴基斯坦出口 5 213.9 万吨，比上年增长 9.9%，占调味香料出口总量的 12.1%；对阿联酋出口 4 514.2 吨，比上年下降 20.8%，占调味香料出口总量的 10.4%；出

口额 874.6 万美元，下降 13.6%。对沙特阿拉伯出口 3 885.7 吨，下降 14.6%，出口额 585.2 万美元，下降 20.7%。对孟加拉国出口 3 871.4 吨，下降 40.7%；出口额为 577.8 万美元，下降 46.8%。对 4 国出口合计占出口总量的 40.4%。

7. 薯类

中国香港取代日本成为中国薯类第一大出口市场，对其出口 1 万吨，比上年增加 2.4 倍，占薯类出口总量的 35.4%；出口额 221.5 万美元，增加 2.6 倍。

东盟仍为薯类进口主要来源地。自东盟进口 713.7 万吨，比上年增长 42%，占薯类进口总量的 99.9%；进口额 17.8 亿美元，增长 28.5%。其中自泰国进口 486.2 万吨，增长 42.9%，占进口总量的 68%；进口额 12.4 亿美元，增长 30%。

8. 蚕丝、精油和花卉

蚕丝的主要出口市场仍为印度和欧盟。对印度出口 4 613.7 吨，比上年增长 10%，占中国蚕丝出口总量的 52%；出口额 2.1 亿美元，比上年略增。对欧盟出口 1 921.2 吨，下降 4.8%，占蚕丝出口总量的 21.6%。

精油的主要出口市场仍是东盟和欧盟。对东盟出口 4 579.2 吨，比上年下降 2%；出口额 4 980.3 万美元，下降 18.8%。对欧盟出口 4 119 吨，增长 4.4%；出口 7 689.6 万美元，增长 2.7%。

花卉主要出口到日本和欧盟。对日本出口 9 218.6 万美元，比上年增长 7.9%。对欧盟出口 4 393.3 万美元，下降 2.1%。主要进口来源地为欧盟，进口额 7 690.2 万美元，占花卉总进口的 56.6%；其中自荷兰进口 7 400.3万美元，占自欧盟进口的 96.2%。

分地区农产品贸易

区域农产品贸易

2012年，中国农产品贸易仍以东部地区[①]为主，西部地区贸易比重超过东北地区，位居第二。分地区看，东部地区农产品出口额436.2亿美元，占全国农产品出口总额的69%，与上年持平；进口额926.7亿美元，占82.4%，降低0.8个百分点。中部地区出口额48.4亿美元，占7.7%，降低0.2个百分点；进口额38.4亿美元，占3.4%，降低0.3个百分点。西部地区出口额74.2亿美元，占11.7%，提高0.7个百分点；进口额84.3亿美元，占7.5%，提高1个百分点。东北地区出口额73.2亿美元，占11.6%，提高0.1个百分点；进口额75亿美元，占6.7%，提高0.1个百分点（图31）。

东部地区前五大出口农产品分别为水产品、蔬菜、畜产品、水果和饮品类，出口额分别占全国同类产品出口总额的81.1%、70.7%、66.3%、57.8%和68.6%，其中蔬菜比重比上年提高2.2个百分点，其余4类产品所占比重均下降。东部地区前五大进口产品分别为食用油籽、畜产品、棉麻丝、食用植物油和水产品，进口额占全国同类产品进口总额的比重均超过73%；棉麻丝和水产品进口额占全国同类产品进口额比重提高，食用油籽、畜产品和食用植物油所占比重下降。

中部地区前五大出口产品中，畜产品、水产品和饮品类出口额占全国同类产品出口总额比重分别比上年提高1.9个百分点、0.9个百分点和0.3个百分点；蔬菜和水果分别下降3.5个百分点和0.5

① 东部地区包括7省3个直辖市，分别为河北、山东、江苏、浙江、福建、广东、海南、天津、北京、上海；中部地区包括6省，分别为山西、河南、安徽、湖北、湖南、江西；西部地区包括6省5个自治区1个直辖市，分别为陕西、甘肃、青海、四川、云南、贵州、新疆、宁夏、西藏、广西、内蒙古、重庆；东北地区包括3省，分别为辽宁、吉林、黑龙江。

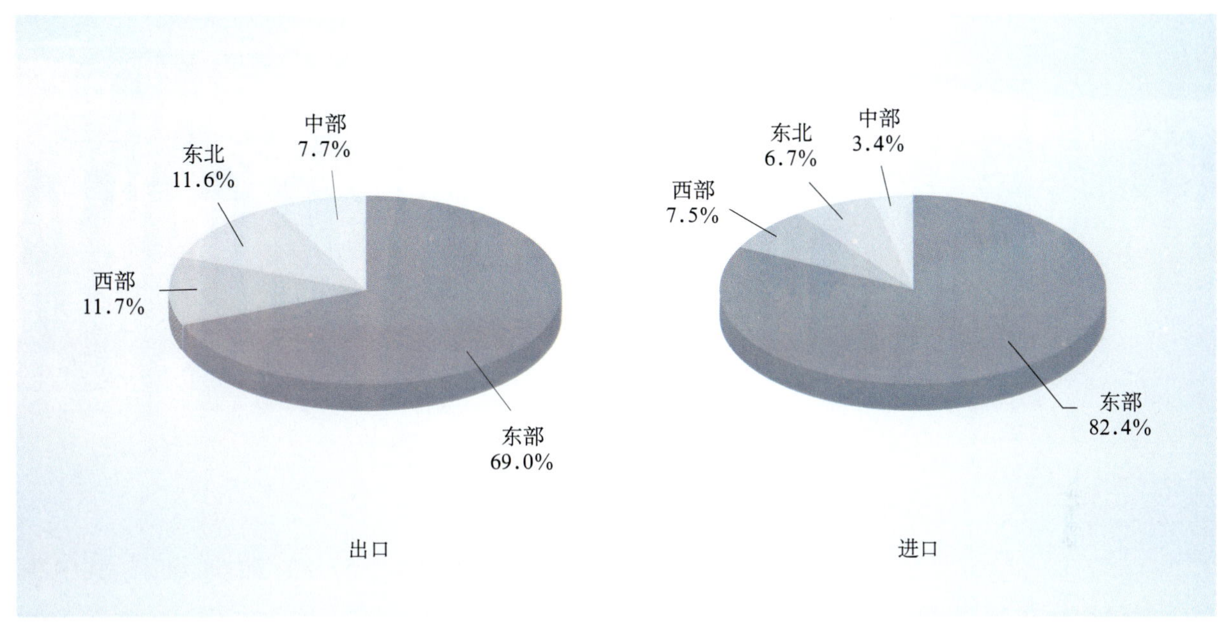

图 31　2012 年中国各区域农产品贸易比重

个百分点。前五大进口农产品中，粮食（含薯类）和谷物进口额所占比重均比上年提高，食用油籽、棉麻丝和畜产品所占比重下降。

西部地区五大主要出口产品中，水果、蔬菜、饮品类和水产品出口额占全国同类产品出口总额比重均比上年提高。其中水果、蔬菜和饮品类所占比重分别提高 3.9 个、0.6 个和 2.7 个百分点；药材降低 3.9 个百分点。五大主要进口产品中，食用油籽和谷物进口额占全国同类产品进口总额比重增加，食用植物油、畜产品和棉麻丝所占比重下降。

东北地区五大主要出口产品中，干豆（不含大豆）和蔬菜出口额占全国同类产品出口总额比重提高，分别提高 5.3 个和 0.7 个百分点；水产品、畜产品和坚果所占比重下降，分别降低 0.8 个、0.6 个和 0.1 个百分点。主要进口产品中，食用油籽和畜产品进口额占全国同类产品进口总额比重提高，水产品、糖料及糖、水果和谷物进口额占全国同类产品进口总额比重下降，其中糖料及糖降低 5.8 个百分点（表 59）。

各地区农产品贸易均以一般贸易为主，进料加工贸易、来料加工装配贸易、边境小额贸易、保税区仓储转口货物和保税区仓库进出境货物等方式较少（表 60）。

表 59 2012 年中国各区域主要农产品进出口情况

单位：亿美元、%

地区	出口				进口			
	产品	总额	比上年增长	占中国同类产品出口额比重	产品	总额	比上年增长	占中国同类产品进口额比重
东部地区	农产品	436.2	3.2	69.0	农产品	926.7	17.4	82.4
	水产品	154.1	6.1	81.1	食用油籽	278.7	14.2	74.0
	蔬菜	70.5	-12.4	70.7	畜产品	125.6	9.7	84.2
	畜产品	42.7	5.6	66.3	棉麻丝	111.3	26.6	89.1
	水果	35.8	6.3	57.8	食用植物油	98.5	19.6	91.1
	饮品类	21.4	9.4	68.6	水产品	62.5	2.6	78.1
	粮食制品	14.8	3.2	82.2	谷物	40.9	129.5	85.4
中部地区	农产品	48.4	0.0	7.7	农产品	38.4	8.8	3.4
	畜产品	10.4	22.1	16.1	食用油籽	13.7	6.6	3.6
	蔬菜	9.5	-38.1	9.5	棉麻丝	8.2	4.0	6.6
	水产品	6.7	41.9	3.5	畜产品	7.3	-0.4	4.9
	水果	6.0	7.7	9.7	粮食（薯类）	1.3	54.2	7.2
	饮品类	3.0	16.6	9.6	谷物	1.2	2 298.7	2.6
	药材	1.7	56.3	20.2	水产品	0.6	-29.1	0.8
西部地区	农产品	74.2	11.3	11.7	农产品	84.3	35.8	7.5
	水果	16.4	31.5	26.5	食用油籽	51.3	49.7	13.6
	蔬菜	14.9	-9.9	14.9	食用植物油	8.2	11.5	7.6
	饮品类	6.4	30.4	20.5	畜产品	4.5	10.1	3.0
	畜产品	6.2	4.6	9.6	棉麻丝	4.1	-26.4	3.3
	水产品	4.2	29.2	2.2	谷物	3.7	247.6	7.7
	药材	2.0	-0.5	23.8	水产品	1.6	-15.0	2.0
东北地区	农产品	73.2	4.7	11.6	农产品	75.0	20.8	6.7
	水产品	25.1	1.0	13.2	食用油籽	33.1	40.2	8.8
	干豆（不含大豆）	7.3	16.3	72.3	水产品	15.3	-7.4	19.1
	畜产品	5.2	0.5	8.0	畜产品	11.7	45.4	7.9
	蔬菜	4.9	-0.8	4.9	糖料及糖	2.5	-25.2	9.6
	坚果	4.5	3.9	43.9	水果	2.4	-2.6	6.4
	食用油籽	3.7	49.2	21.8	谷物	2.0	37.4	4.3

表60 2012年中国各区域农产品贸易方式结构

单位：亿美元

贸易方式	东部		中部		西部		东北	
	出口额	进口额	出口额	进口额	出口额	进口额	出口额	进口额
合计	436.2	926.7	48.4	38.4	74.2	84.3	73.2	75.0
一般贸易	352.0	724.9	44.6	32.3	63.0	77.3	49.2	56.4
进料加工	57.1	58.3	2.0	5.3	3.7	4.0	15.8	10.1
来料加工装配贸易	15.4	14.0	0.8	0.5	0.1	0.1	3.9	3.1
边境小额	3.8	2.8	0.9	0.1	6.4	2.2	3.2	1.0
保税区仓储转口货物	3.5	89.0	0.0	0.0	0.6	0.2	0.5	2.2
保税仓库进出境货物	3.4	36.4	0.1	0.2	0.4	0.4	0.4	2.3

省份农产品贸易

（一）贸易规模变化

2012年，全国农产品贸易额超过50亿美元的有10省（自治区、直辖市），分别为山东、广东、江苏、福建、辽宁、浙江、上海、天津、广西和河北，合计占全国农产品贸易总额84.2%；农产品贸易额在10亿~50亿美元及10亿美元以下的分别有10个和11个省（自治区、直辖市），贸易额分别占全国的12.6%和3.2%（图32）。

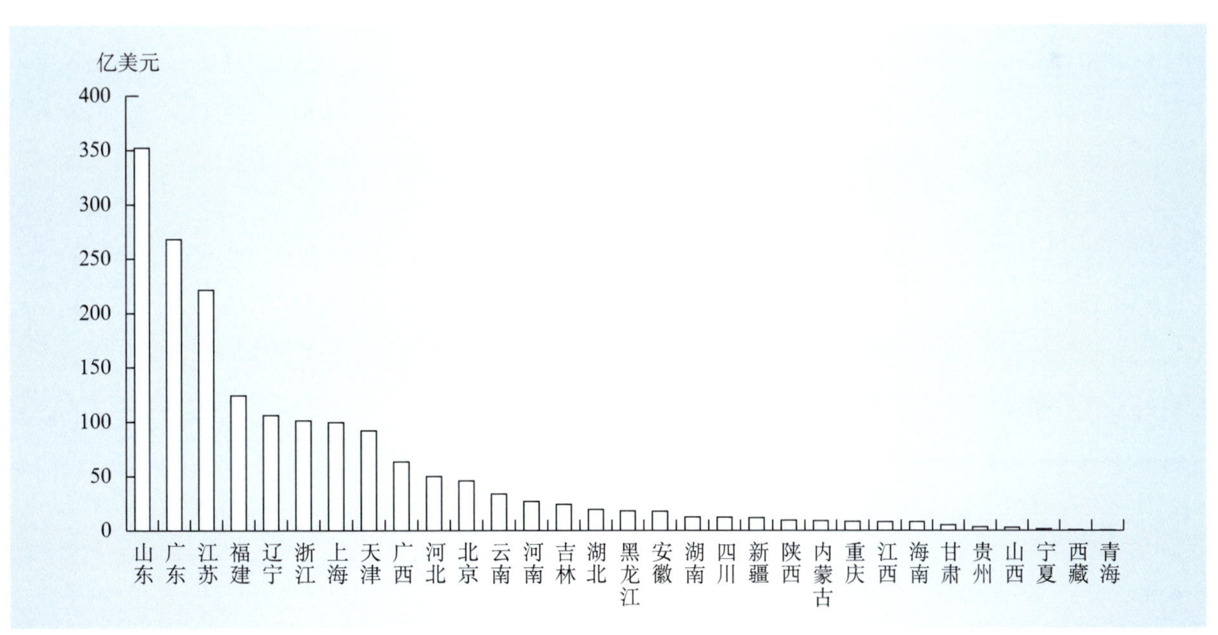

图32 2012年中国各省（自治区、直辖市）农产品贸易额

农产品出口额居前五位的省依次是山东、广东、福建、浙江和辽宁，排位与上年相同。5省出口额均在45亿美元以上，合计占全国出口总额63.4%。进口额居前五

位的依次是山东、广东、江苏、上海和天津，排位与上年相同。5省（直辖市）进口额合计占全国66.4%。

河南、四川、湖北、新疆和山西农产品贸易额比上年下降，其中山西降幅最大，为23.1%，其余省（自治区、直辖市）均比上年增长，增速超过30%的由上年14个减至5个。增速居前三位的省（自治区）是：广西增长49.8%，青海增长36.5%，宁夏增长35.3%（图33）。

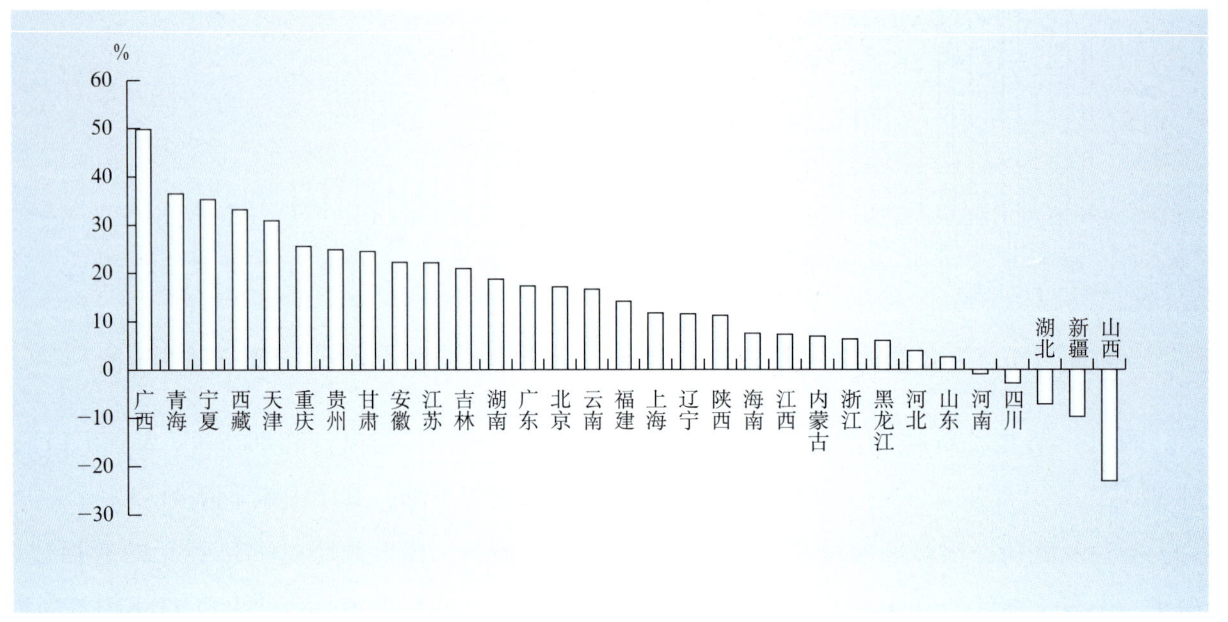

图33 2012年中国各省（自治区、直辖市）农产品贸易额增速

9省（自治区、直辖市）农产品出口额比上年下降，分别为河南、宁夏、四川、山东、西藏、天津、新疆、青海和湖北，其中湖北降幅最大，为18.2%；其他省（自治区、直辖市）出口额均增长，其中广西和贵州增幅分别为28%和26.7%。

内蒙古、河南、四川、江西、新疆和山西等6省（自治区）农产品进口额比上年下降，其他省（自治区、直辖市）进口额均增长，增幅50%以上的有西藏、宁夏、青海、甘肃、吉林和广西，其中西藏增加61.9倍。

19省（自治区、直辖市）农产品贸易额占本省（自治区、直辖市）贸易总额比重高于全国平均水平，广西、云南、山东和辽宁超过10%（图34）。

（二）分类农产品的主要出口省份

1. 水产品

出口额超过1亿美元的有12省（自治区、直辖市），比上年增加1个省份。前五位分别是山东、福建、广东、辽宁和浙江，5省出口额均超过19亿美元，合计出口166亿美元，占全国水产品出口总额87.3%。其中山东48.9亿美元，占全国的1/4。

水产品出口额增长的省（自治区、直辖市）由23个减至18个，其中云南、河

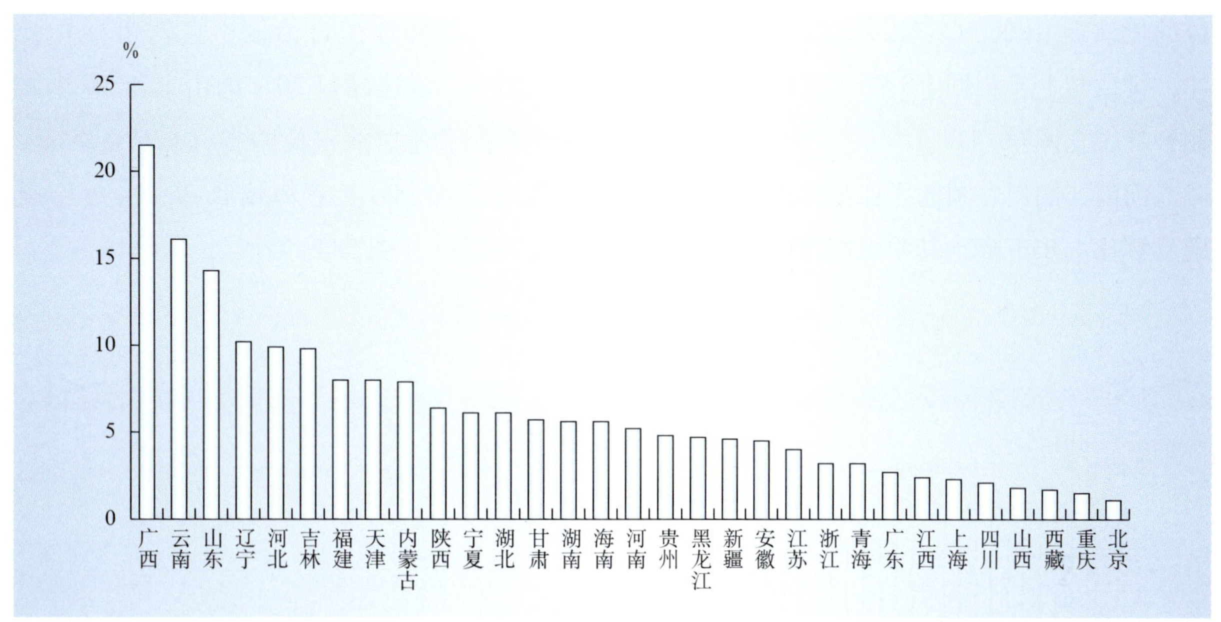

图 34　2012 年中国各省（自治区、直辖市）农产品贸易额占其贸易总额比重示意图

南、四川、湖北、新疆和黑龙江增幅均超过 50%。

墨鱼及鱿鱼。出口额超过 1 亿美元的有福建、山东、浙江、辽宁和广东，5 省出口额合计 18.4 亿美元，占全国墨鱼及鱿鱼出口总额的 96%。5 省出口均大幅增加，其中福建出口额增加 1.2 倍，山东和辽宁增长均超 50%，浙江增长 18.1%，广东增加 2 倍。

鳕鱼。出口额比上年激增 19 倍，山东和辽宁合计出口 18.8 亿美元，占全国鳕鱼出口总额的 98.3%，其中山东 12.1 亿美元，占 63.5%。

对虾。以广东和福建为主，合计出口 15 亿美元，占全国对虾出口总额的 77.1%，其中广东 9.8 亿美元，比上年下降 4.7%，占全国一半。

贝类。辽宁、山东、福建和河北出口均超过 1 亿美元。前三省合计出口 9.8 亿美元，占全国贝类出口的 80.2%，3 省出口额均较上年下降，其中山东下降 41.3%。

鳗鱼。出口额超过 1 亿美元的有福建、广东、江西和山东，合计出口 11.8 亿美元，占全国鳗鱼出口总额的 96.5%。

罗非鱼。出口集中在广东、海南、广西和福建，4 省（自治区）出口额合计 11.5 亿美元，占全国罗非鱼出口总额的 98.8%。

2. 蔬菜

出口额超过 1 亿美元的有 17 省（自治区、直辖市），比上年减少 1 个省份。其中山东、福建、江苏、云南和浙江居前五位，5 省出口额合计 66.4 亿美元，占全国蔬菜出口总额的 66.6%；其中山东占 35.8%。17 省（自治区、直辖市）中，只有甘肃、天津、辽宁、浙江和江苏 5 省（直辖市）比上年增长。

鲜或冷藏的蒜头。山东为主，江苏居次，两省合计占全国同类产品出口总额92.6%；其中山东出口9.3亿美元，比上年下降40.3%，占全国73.1%。

番茄酱罐头。新疆、天津和内蒙古位居出口额前三位，合计占全国的75%；其中新疆3.9亿美元，比上年下降9.7%，占全国番茄酱罐头出口总额的43.1%；天津比上年增长16.9%，内蒙古下降21.9%。

干香菇。湖北、河南和福建位居出口额前三位，合计出口4.7亿美元，占全国干香菇出口总额的88.9%，3省出口额均比上年下降50%以上。

3. 畜产品

17省（直辖市）出口额超过1亿美元，比上年减少1个省份。前五位是山东、广东、浙江、江苏和河南，出口额合计36.4亿美元，占全国畜产品出口总额的56.5%。17省（直辖市）中，除重庆和天津外，其余省份出口均增长。增幅居前三位的是：河南增长53.9%，安徽增长38%，四川增长14.4%。

禽产品（家禽类）。山东出口额居首，之后是广东和辽宁，3省合计13.6亿美元，占全国家禽产品出口总额的72.5%。其中山东8.2亿美元，比上年增长3.7%，广东增长3.3%，辽宁下降2.6%。

生猪产品。出口额超过1亿美元的有广东、山东、湖南和河南，4省合计出口7.7亿美元，占全国生猪产品出口总额的62.5%。河南和山东出口额比上年增长，增幅分别为84.6%和14.2%；广东和湖南出口下降。

肠衣。出口额超1亿美元的有江苏、上海、河北和浙江，4省（直辖市）出口额合计6.6亿美元，占全国肠衣出口总额的60%。江苏和浙江出口额小幅增长。

4. 水果

出口额超过1亿美元的省（自治区）由上年的15个增至17个，前五位是山东、陕西、福建、云南和浙江，5省出口额合计38.8亿美元，占全国水果出口总额62.6%。与上年相比增幅较大的有：云南增加1.4倍，山西增长72.3%，甘肃增长40.9%。

苹果汁。仍以陕西和山东两省为主，甘肃第三。3省出口额合计8.8亿美元，占全国的77.2%。陕西和山东两省出口额均比上年增长7%，甘肃增长80.5%。

柑橘。出口额超1亿美元的省（自治区）有福建、浙江、云南和广西。福建出口3.7亿美元，比上年增长11.8%，占全国的26%；浙江2.8亿美元，增长7.8%；云南和广西大幅增长。

鲜苹果。以山东为主，出口额5.5亿美元，比上年增长2.6%，占全国的57%。其次为陕西，出口额1.1亿美元，增长23.4%。

5. 饮品类

出口额超过1亿美元的有9省（直辖市），广东、浙江居前两位，出口额均超过5亿美元，合计15亿美元，占全国饮品类出口总额的48.1%。9省（直辖市）中，增

幅较大的有：贵州增长 56.5%，安徽增长 28.6%，云南增长 24.2%；四川、上海、福建和广东增幅均超过 10%。

绿茶。以浙江为主，出口额 4.9 亿美元，与上年持平，占全国出口总额的 64.3%。其次是安徽，出口 1.2 亿美元，占全国的1/4。

无醇饮料。以广东为主，出口额 5.8 亿美元，比上年增长 5.8%，占全国出口总额近九成。

6. 粮食制品

出口额超过 1 亿美元的省依次是广东、山东、江苏、辽宁和福建，合计出口 13.8 亿美元，占全国粮食制品出口总额的 76.4%。5 省出口额均比上年增长，辽宁增幅最大，为 15.6%。

面食。以山东和广东为主，两省出口额合计4.5 亿美元，占全国的57.8%，出口额分别比上年增长 2.6% 和3.2%。

（三）分类农产品的主要进口省份

1. 油籽

进口额超过 1 亿美元的有 17 省（自治区、直辖市），比上年减少 1 个省份。居前五位的是山东、江苏、广东、广西和天津，5 省（自治区、直辖市）进口额均超过 29 亿美元，合计263 亿美元，占全国油籽进口总额的 69.8%；合计进口量 4 334.4 万吨，占全国的 69.6%。与上年相比，17 省（自治区、直辖市）中，河北、四川、北京和上海进口额下降，其他省（自治区、直辖市）均增长，其中广西、吉林和天津增幅均在 60% 左右。

大豆。16 省（自治区、直辖市）进口额超过 1 亿美元。其中有 9 省（自治区、直辖市）进口额超过 10 亿美元，合计 319.6 亿美元，占全国大豆进口总额的 91.5%。山东、江苏、广东、广西和天津居进口前五位，5 省（自治区、直辖市）进口额均超过 25 亿美元，合计占全国的 69.8%；5 省（自治区、直辖市）进口量均超过450 万吨，合计占全国进口总量的 69.6%。与上年相比，9 省（自治区、直辖市）中，除河北外，其他 8 省（自治区、直辖市）进口额均增长，增幅居前三位的依次为：天津增长 60.3%，广西增长48.8%，辽宁增长25.4%。

2. 畜产品

进口额超过 1 亿美元的有 14 省（自治区、直辖市），比上年增加 1 个省份。居前五位的是江苏、广东、浙江、天津和上海，合计进口 95 亿美元，占全国畜产品进口总额的 63.7%。与上年相比，14 省（自治区、直辖市）中，除江苏、内蒙古和河南外，进口额均增长，其中安徽增长 80.5%，辽宁增长 44.7%，黑龙江增长 43.6%。

乳制品。位居进口额前列的是天津、广东、上海和浙江，合计进口 23.7 亿美元，占全国乳制品进口总额的 73.7%。北京、山东和内蒙古进口额超过 1 亿美元。与上年相比，7 省（自治区、直辖市）进口额均增长，其中广东和北京均超过 30%。

动物生皮。位居进口额前三位的是山东、浙江和河南，合计进口 15.9 亿美元，

占全国动物生皮进口总额的52.8%。河北、广东、福建和江苏进口额也超过2亿美元。与上年相比，除广东和河南外，其余5省进口额均增长，其中江苏增幅最大，为22.6%。

动物毛。进口以江苏为主，进口额17亿美元，占全国同类产品进口总额的62.5%。进口额超过1亿美元的还有浙江、上海、北京和山东。与上年相比，仅浙江进口额增长。

生猪产品。广东、天津和辽宁居进口额前三位，进口额合计15.1亿美元，占全国同类产品进口总额的60.9%。进口额超过2亿美元的还有江苏、上海和北京。与上年相比，除北京和广东外，其他4省（直辖市）进口额均大幅增长，其中辽宁增长68.3%。

3. 棉麻丝

进口额超过1亿美元的有12省（自治区、直辖市），与上年相同。居前五位的依次为山东、江苏、上海、天津和河北，合计进口93.9亿美元，占全国同类产品进口总额的75%。与上年相比，山东、河南和新疆进口额下降，浙江持平，其余8省（自治区、直辖市）进口额增长，其中天津增加3.3倍，河北增长81.9%，江苏增长62.7%，北京增长59.1%。

棉花。山东和江苏居进口额前两位，合计进口70.1亿美元，占全国棉花进口总额的58.4%，其中山东进口38亿美元，占全国三成。与上年相比，进口额超过1亿美元的12省（自治区、直辖市）中，除山东、河南和新疆外，其他省（直辖市）均增长，其中天津增加3.5倍，河北增长86.5%，江苏增长72.7%，北京增长69.6%。

4. 植物油

进口额超过1亿美元的有12省（自治区、直辖市），与上年相同。江苏、天津和广东居前三位，进口额均超过15亿美元，合计进口84.7亿美元，占植物油进口总额的70.6%。与上年相比，12省（自治区、直辖市）中，除广东、山东和河北外，其他进口均增长，其中福建增长47.3%，辽宁增长41.8%，江苏增长38%。

棕榈油。居进口前三位的是江苏、广东和天津，进口额均超过10亿美元，合计45.7亿美元，占全国棕榈油进口总额的70%。云南、山东、福建、广西、上海和浙江进口额也超过1亿美元。与上年相比，9省（自治区、直辖市）中，广东、浙江、天津和山东进口额下降。

豆油。进口以江苏和天津为主，进口额合计16.4亿美元，占全国豆油进口总额的72.2%。山东、广东和辽宁进口额也超过1亿美元。与上年相比，各省（自治区、直辖市）豆油进口额均大幅增长，江苏增长51.9%，天津增长64.8%。

5. 水产品

进口额超过1亿美元的有10省（直辖市），比上年增加1个省份。山东居首位，之后为辽宁和广东，3省合计进口51.1亿美元，占全国水产品进口总额的63.8%。

与上年相比，10省（直辖市）中，除天津、北京、山东和辽宁外，其余进口额均增长，其中吉林增长59.5%，江苏增长35.5%，上海增长20.2%。

饲料用鱼粉。广东和福建居进口前两位，合计进口9.2亿美元，占全国的54.6%。辽宁、上海和北京进口额也超过1亿美元。与上年相比，广东和辽宁进口增长。

鳕鱼。以山东和辽宁为主，两省合计进口占全国鳕鱼进口的97.2%。其中山东进口10亿美元，占63.4%。与上年相比，辽宁增加1.7倍，山东增长78.7%。

部分省（自治区）农产品贸易

根据区域平衡和代表性，选择了东部地区的山东和浙江、东北地区的辽宁、中部地区的江西、西部地区的四川和广西，分别概要介绍其农产品贸易发展和贸易促进情况。

（一）山东省

2012年，山东省农产品贸易总额352.1亿美元，比上年增长2.6%。其中出口额159.2亿美元，下降1.7%，占全国农产品出口总额的25.2%，连续13年居全国首位；进口额192.9亿美元，增长6.4%。贸易逆差33.7亿美元，比上年扩大74.6%。

水产品、蔬菜、水果、畜产品和油籽是主要出口农产品。水产品出口48.9亿美元，比上年下降0.8%，其中一半是鲜冷冻鱼出口，贝类及软体动物占20.4%，加工鱼类占19.9%；蔬菜出口35.7亿美元，比上年下降19.4%，其中大蒜占35.9%，生姜占5.9%；水果出口18.2亿美元，比上年增长5.3%，其中鲜苹果占30.1%，苹果汁占19.2%；畜产品出口12.4亿美元，比上年增长4%，其中家禽产品占65.8%；油籽出口10.3亿美元，比上年增长11.9%，其中93.9%是花生。

油籽、棉麻丝、水产品、畜产品、糖料及糖和植物油是主要进口农产品。其中油籽进口额79.6亿美元，比上年增长6.5%，97.8%是大豆；棉麻丝进口38.4亿美元，下降2.1%，棉花占99.2%；水产品进口26.3亿美元，下降10%；畜产品进口11.8亿美元，增长14.2%；糖料及糖进口9.2亿美元，增加1.3倍；植物油进口8.5亿美元，下降11.5%（图35）。

传统出口市场有日本、欧盟、东盟、美国和韩国。对日本出口48.4亿美元，比上年增长12.4%，占全省农产品出口额的30.4%；欧盟23.5亿美元，下降10%；东盟20.7亿美元，下降13.5%；美国15.8亿美元，增长1.5%；韩国14.6亿美元，增长2%。对5市场出口额合计占全省农产品出口总额的77.3%。

主要进口来源地是美国、巴西、印度、东盟、俄罗斯和澳大利亚。自美国进口额57.9亿美元，比上年增长1.7%；巴西40.5亿美元，增长20.4%；印度15.3亿美元，增长3.7%；东盟14.5亿美元，增长14.5%；俄罗斯9.1亿美元，下降11.5%；澳大利亚9亿美元，增长15.8%（图36）。

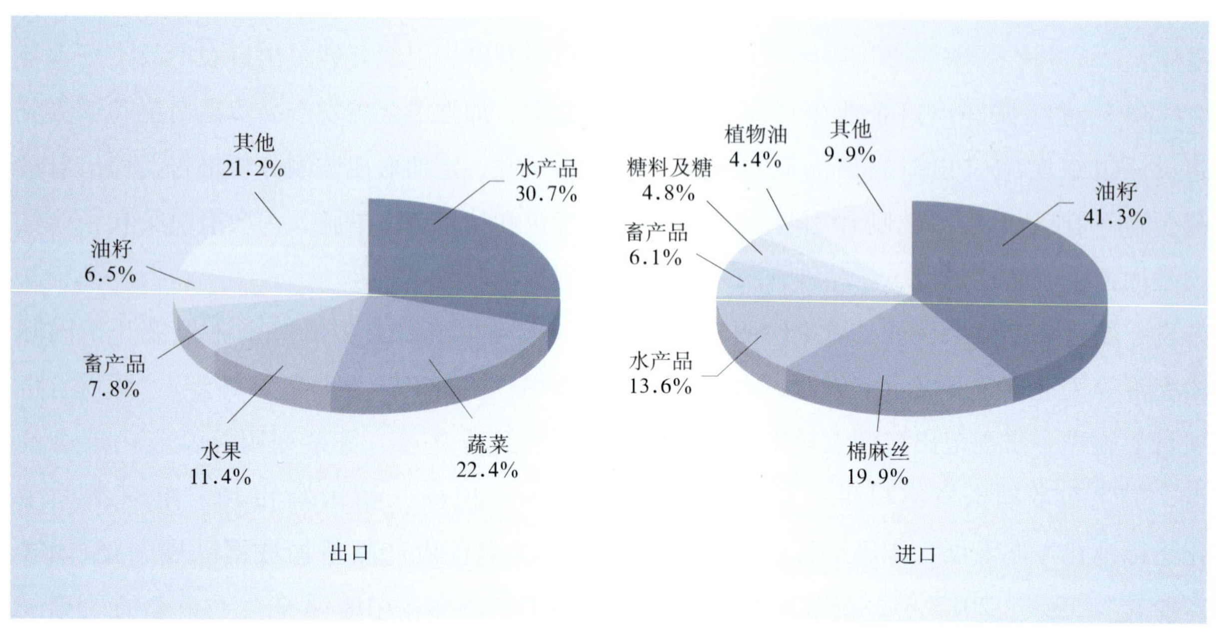

图 35　2012 年山东省进出口农产品结构

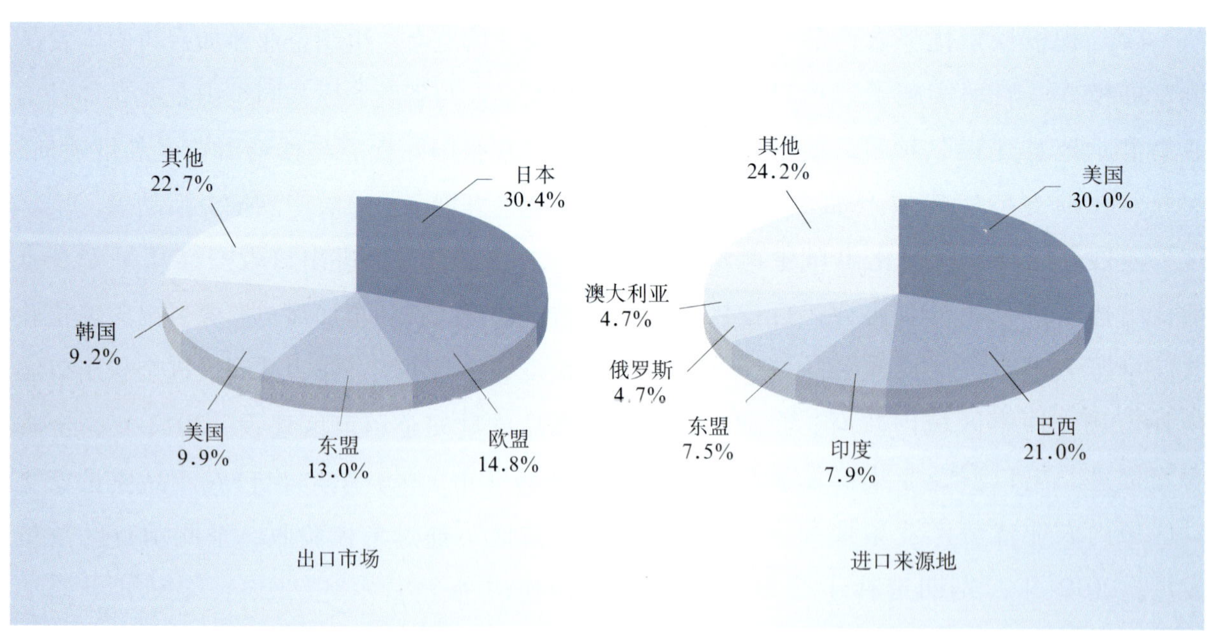

图 36　2012 年山东农产品出口市场和进口来源地结构

2012 年，山东农产品出口企业 4 046 家，比上年增加 23 家。其中出口 100 万美元以上企业 1 854 家，出口额占全省农产品出口总额95.9%；出口500 万美元以上企业 689 家，出口额占 77.3%；出口 1 000 万美元以上企业 373 家，出口额占 62.7%；出口 5 000 万美元以上企业 35 家；超过亿美元企业 5 家。

山东促进农产品出口的主要政策和措施：

（1）继续抓好出口企业生产示范基地建设。组织实施“出口农产品质量安全示范企业”创建项目，鼓励和引导出口企业围绕加强生产基地建设、新品种新技术引进开发、质量标准体系认证、质量检测管控手段完善等关键环节开展示范创建，力求通过项目实施进一步规范出口型农业生产基地建设，引领和带动全省出口生产基地向规模化、标准化方向发展，推进全省出口型农业产业转型升级。2012 年，新落实创建示范企业 50 家，支持建设企业自属基地 10 万亩[①]，企业合同基地 40 万亩。

（2）积极探索优势农产品出口产业集群发展模式。启动实施了“出口农产品产业集群示范县建设”项目，通过加强政策引导，鼓励支持优势农产品出口县（市、区）发展高标准、规模化出口生产示范基地；组建出口企业行业协会；打造区域公共信息服务平台，培育知名品牌，开拓国内外市场，探索区域内政府、企业、社会合力推进、出口型企业集群发展路子，推动区域内农业优势产业集聚和可持续协调发展。2012 年，先期选择了金乡、安丘、莱阳 3 县（市）开展示范建设。

（3）做好进出口预警监测和信息服务。积极推进农产品贸易监测预警体系建设，完善重要农产品市场监测预警机制。在对重点进口产品实施产业损害预警监测的同时，选择了 62 家代表不同产品、区域及市场的企业作为监测基点，建立了基点企业出口数据月报制度，组织开展了出口农产品市场预警监测，加强了全省农产品贸易情况和形势分析研究，定期形成监测分析报告，提出对策建议和技术解决措施，为政府决策和企业发展提供服务。

（4）组织农业出口企业积极开拓国际市场。在组织好“寿光菜博会”“肥城有机农产品博览会”等系列国际性省内展会的同时，积极开拓国际市场，组织举办了“山东名优农产品新加坡精品展”；组团参加了农业部在东盟博览会上举办的“第二届中国—东盟优质水果推介”活动；组织马铃薯生产、加工和种薯企业参加了中国国际薯业博览会；组织企业参加台湾两岸食品博览会。与省商务厅共同组织企业参加日本千叶幕张国际食品与饮料展览；赴俄罗斯、乌克兰开展了出口农产品推介活动等。

（5）合力推进出口农产品质量安全示范区建设。进一步加强与商务、出入境检验检疫等部门协调合作，共同推进全省出口农产品质量安全示范区建设。2012 年，全省 18 县（市、区）的“出口农产品质量安全示范区”通过考核验收，至此示范区数量达到 67 个。

（二）浙江省

2012 年，浙江农产品贸易总额 101.2 亿美元，比上年增长 6.3%。其中出口额 48.5 亿美元，增长 3.4%，占全国农产品出口总

---

① 亩为非法定计量单位，15 亩 =1 公顷。下同。

额的7.7%，居全国第四位；进口额52.7亿美元，增长9.1%。贸易逆差4.1亿美元。

水产品、畜产品、饮品、蔬菜、水果出口额均超过3亿美元。水产品出口19.6亿美元，比上年下降1%，其中加工鱼类和鲜冷冻鱼各占1/4左右；畜产品出口6亿美元，增长13.3%，其中羽毛占46.7%，肠衣占21.7%；饮品5.8亿美元，基本与上年持平，其中绿茶占84.5%；蔬菜5亿美元，增长2%，其中加工保藏蔬菜占48%，鲜冷冻蔬菜占36%；水果3.8亿美元，增长0.8%，其中水果罐头占78.9%。

畜产品、油籽、棉麻丝、水产品和植物油是主要进口农产品。畜产品进口16.6亿美元，比上年增长8.8%，其中动物生毛皮占33.6%；油籽15.6亿美元，增长11.2%，其中大豆占99.4%；棉麻丝5.8亿美元，基本与上年持平，棉花占87.5%；水产品3.3亿美元，增长15.4%；植物油3.1亿美元，增长20.9%（图37）。

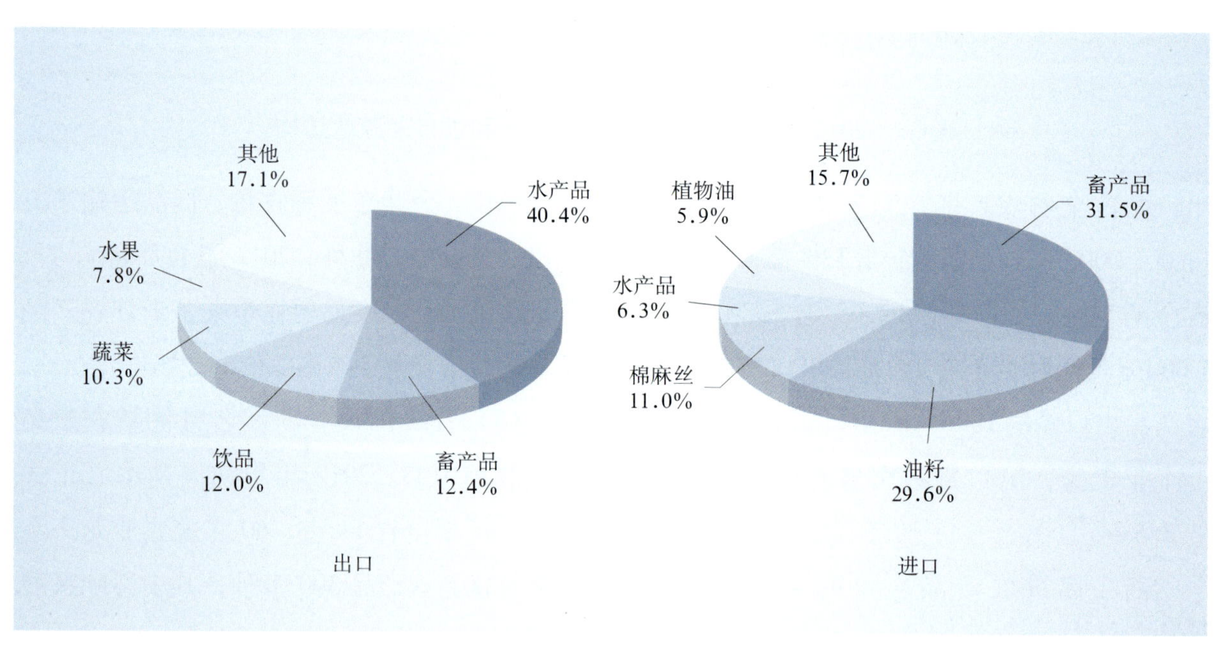

图37 2012年浙江省进出口农产品结构

日本、欧盟、美国、香港、东盟和韩国是主要出口市场。对日本出口11亿美元，比上年增长1.9%，占全省农产品出口额22.7%；欧盟7.1亿美元，下降4%；美国6.7亿美元，增长11.9%；香港4.1亿美元，增长5.2%；东盟4亿美元，增长12.5%；韩国3.7亿美元，下降11.8%。

主要进口来源地是美国、澳大利亚、巴西、欧盟和东盟。从美国进口15.5亿美元，比上年增长23.7%；澳大利亚7.1亿美元，下降2.3%；巴西6.6亿美元，增长1.8%；欧盟5.3亿美元，下降4.7%；东盟4.8亿美元，增长5.1%（图38）。

2012年，浙江有农产品进出口实绩企业2 253家，其中有出口实绩企业1 286家。农产品出口额100万美元以上企业560家，

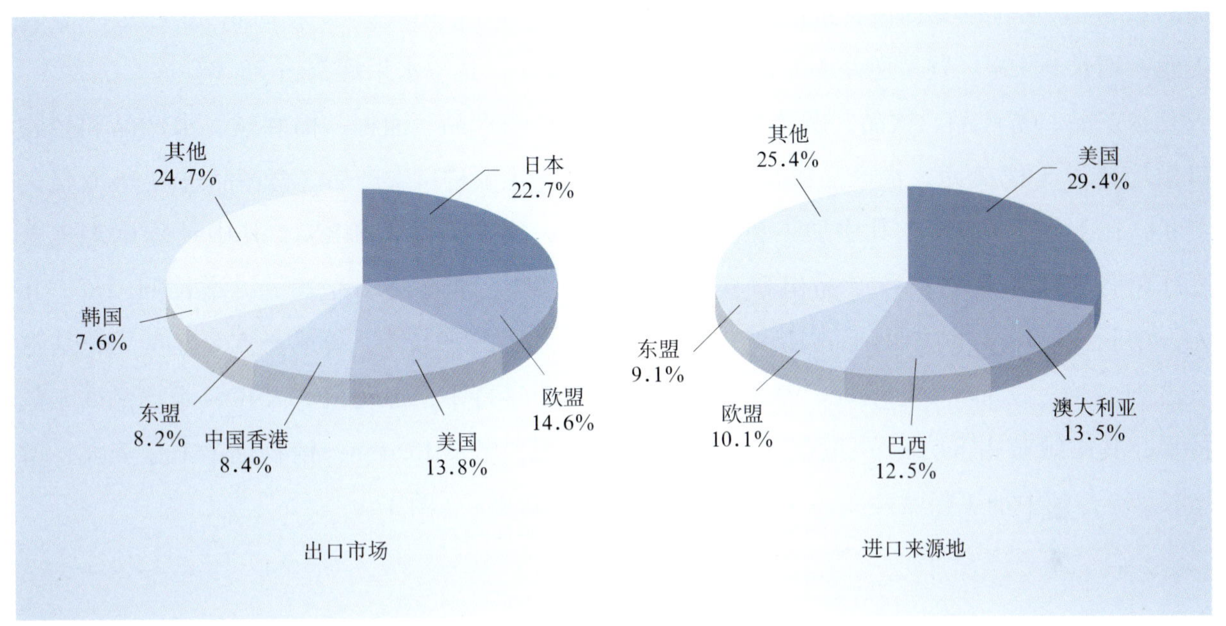

图 38　2012 年浙江省农产品出口市场和进口来源地结构

出口额占全省农产品出口额的 96.6%；出口额 1 000 万美元以上企业 139 家，出口额占全省农产品出口额的 65.7%；出口额 5 000 万美元以上企业 10 家，出口额占全省农产品出口额的 15.6%；出口额 1 亿美元以上企业 1 家，出口额占全省农产品出口额的 2.5%。

浙江促进农产品出口的主要政策和措施：

（1）出台支持政策。2012 年 7 月，省农业厅印发《关于加快发展外向型农业的意见》，提出通过培育壮大农产品出口主体、开展出口农产品示范基地建设、鼓励企业开拓农产品国际市场、加强出口农产品预警体系建设等措施，努力扩大优势农产品出口。

（2）帮助企业拓展海外市场。2012 年共组织 258 家次农产品出口企业分别参加 12 个国际食品博览会和国内国际展会，对参展企业在展位、公共布展和宣传、展品运输等方面以一定补贴。此外，2012 年 1 月和 11 月，分别在美国和印度尼西亚举办了浙江农产品贸易洽谈推介会和东南亚柑橘专场推介会。

（3）在美国设立浙江名特优新农产品展示展销中心。2012 年年初展销中心正式开业，汇聚全省 11 市、60 多家农业龙头企业名特优新农产品 300 多种，其中茶叶系列 41 个品种，罐头系列 25 个品种，海产品系列 18 个品种，料酒系列 8 个品种，小包装系列小菜 10 余种，提升了浙江农产品在美国影响力。

（4）积极推进农产品出口预警体系建设。选择茶叶、蔬菜、水果及水果罐头、畜产品、蜂产品产业等 15 家出口企业作为全省农产品对外贸易预警监测点，认真做好相关信息收集、整理、筛选和发布工作，积极应对贸易壁垒和纠纷。

（5）改进农产品进出口企业协会网功能。2011 年浙江省农产品进出口企业协会网改版后，栏目内容日趋丰富、信息功能更加强化，中、英、日、韩 4 大语种版面均开设“网上展销厅”，2012 年网站总访问量近 60 万人次。

（6）开展出口农产品基地建设。与出入境检验检疫局合作，推进农产品出口基地标准化生产，实行出口加工企业分类管理，建立健全信息共享机制。上述合作已在出口蔬菜（包括食用菌）、蜂产品、茶叶和保鲜柑橘 4 大类产品中开展。

（三）辽宁省

2012 年，辽宁农产品贸易总额 106.2 美元，比上年增长 11.5%。其中出口额 45.1 亿美元，增长 6.3%，占全国农产品出口总额的 7.1%，居全国第五位；进口额 61.1 亿美元，增长 15.8%。贸易逆差 16 亿美元。

水产品是辽宁主要出口农产品，出口额 24.3 亿美元，比上年增长 1.1%，占全省农产品出口总额 53.9%，其中鲜冷冻鱼占 48.1%，贝类占 1/4。

油籽、水产品和畜产品是主要进口农产品。油籽进口额 25.8 亿美元，比上年增长 34.2%，其中大豆占 91.1%；水产品 13.9 亿美元，下降 11.3%，以鲜冷冻鱼为主；畜产品 9.3 亿美元，增长 44.7%，主要是生猪产品（图 39）。

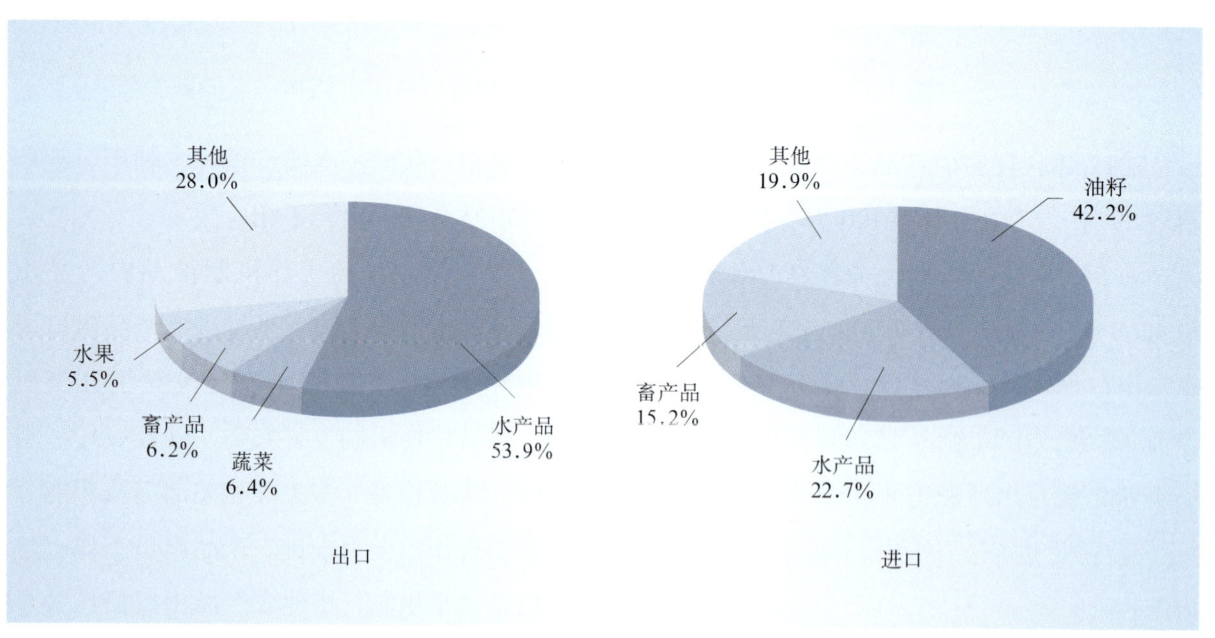

图 39　2012 年辽宁进出口农产品结构

日本、美国、欧盟和韩国是主要出口市场，除欧盟外，对主要出口市场均增长。其中对日本出口额 13.6 亿美元，比上年增长 10.3%；美国 7.3 亿美元，增长 14.5%；欧盟 6.4 亿美元，下降 1.2%；韩国 5.5 亿美元，增长 2%。

主要进口来源地是美国、巴西、俄罗斯、东盟、加拿大和欧盟。从美国进口19.9亿美元，比上年增长3.6%；巴西12.2亿美元，增长38.1%；俄罗斯4.4亿美元，下降22.2%；东盟4.1亿美元，下降9.2%；加拿大4.1亿美元，增加1.7倍；欧盟3.7亿美元，增长75.7%（图40）。

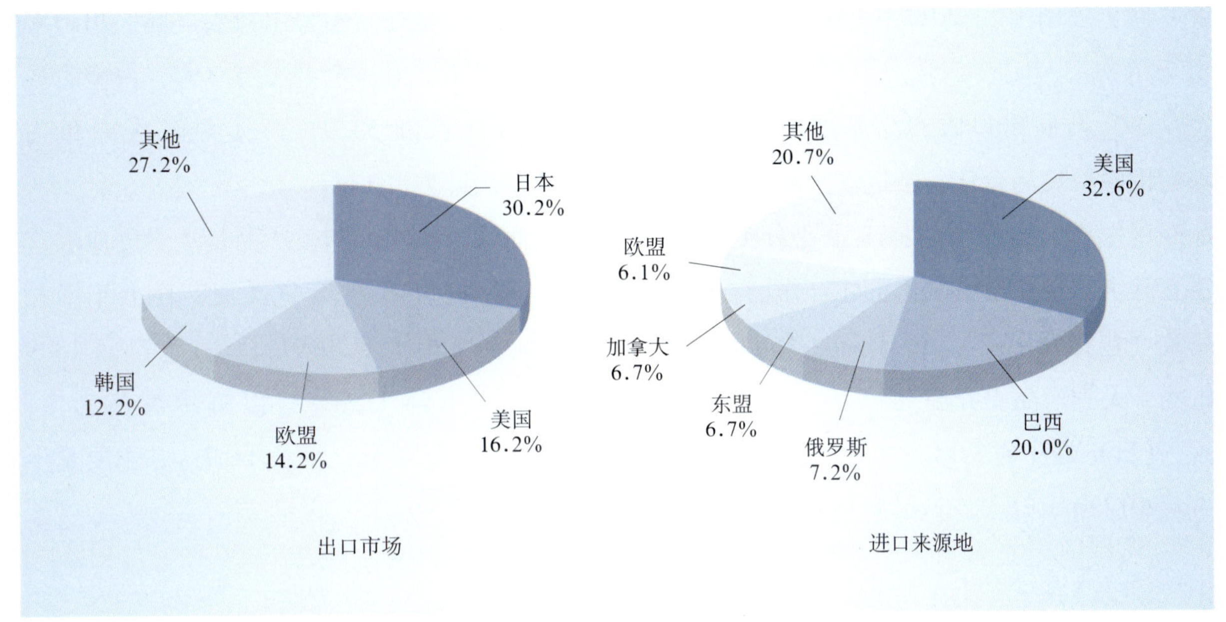

图40 2012年辽宁农产品出口市场和进口来源地结构

2012年，辽宁农产品出口企业1 780家，新增89家。其中出口额100万~1 000万美元企业547家，出口额占全省农产品出口总额42.8%；1 000万~5 000万美元企业96家，出口额占41.7%；5 000万~1亿美元企业10家，出口额占15.3%；1亿美元以上企业2家，出口额占5.3%。

辽宁促进农产品出口的主要政策和措施：

（1）出台支持农产品出口政策。省政府制定了《辽宁省推进农产品出口实施意见》，制定了12条相应的政策保障措施，加大了在农产品出口企业培育、示范区建设、市场开拓、出口奖励等方面的政策扶持力度。沈阳、鞍山、本溪、铁岭、朝阳、葫芦岛等市结合实际出台了相应政策。

（2）建立多项工作机制推动农产品出口。省、市两级均成立了推进农产品出口工作领导小组，并在同级农委设立了办事机构；建立协作机制，省农委、外经贸厅、财政厅、检验检疫、海关等相关部门按职能分工密切合作，全力推进农产品出口工作；建立信息共享机制，搭建农产品出口信息共享平台，进一步提高农产品出口工作信息服务水平；建立预警机制，充分发挥专家团队和农产品出口信息应用数据库的作用，定期分析会商农产品出口工作；建立跟踪服务机制，对全省出口额500万美元以上的200多

家重点企业实施月报联系制度和跟踪服务机制，及时研究解决农产品出口问题；建立督导机制，深入基层督导检查，强化对企业的调研指导，加强通报和调度，做到月通报、季调度；建立宣传培训机制，在利用各种媒体广泛宣传扶持政策的同时在全省举办了多层次农产品出口培训班，累计培训2 000多人。

（3）以规划为指导扎实开展示范区创建。根据各地产业优势和出口产品资源优势，按照国际市场产品需求与标准，制定了《辽宁省农产品出口示范区建设三年规划和标准化与可追溯体系建设项目实施方案》，形成了3年建设50个省级农产品出口示范区总体规划和2012年重点推进20个省级示范区建设的实施办法。省农委与辽宁检验检疫局签订了《促进辽宁省农产品出口合作协议》，并召开全省农产品出口示范区建设现场会全面启动示范区建设。有6个市制定了推进示范区建设的具体措施。

（4）大力开拓国际市场。省农委组织有关市赴满洲里、牡丹江等地开展中俄口岸城市农产品出口企业招商会，与当地100多家企业进行现场洽谈，促成10家企业来辽宁注册落户。丹东、盘锦、辽阳等市采取切实措施，充分利用博览会、展销会、交易会、推介会等形式进一步加大招商引资与市场开拓力度。

（四）四川省

2012年，四川农产品贸易总额12.2美元，比上年下降2.8%。其中出口额8亿美元，下降1.6%，占全国农产品出口总额的1.3%；进口额4.2亿美元，下降5%。贸易顺差3.8亿美元。

畜产品、饮品、蔬菜是出口过亿美元农产品。畜产品出口2.4亿美元，比上年增长14.4%，其中生猪产品占27.6%；饮品出口1.6亿美元，增长19.7%，其中白酒占97.5%；蔬菜出口1.1亿美元，下降10.8%，其中加工保藏蔬菜占68.7%。

油籽、谷物和畜产品是主要进口农产品。油籽进口1.8亿美元，比上年下降20.1%；谷物进口7 944.1万美元，增加2.8倍；畜产品进口5 822.2万美元，增长1.4%；水产品进口3 494.4万美元，下降22.2%（图41）。

东盟、中国香港和中国台湾是四川出口过亿的出口市场。对东盟出口1.6亿美元，比上年下降23.1%；中国香港1.4亿美元，增长15.3%；中国台湾1.2亿美元，增长40.8%。

美国和巴西是主要进口来源地。自美国进口1.4亿美元，比上年增长59.2%；巴西1亿美元，下降23.5%。自两大进口来源地进口额占四川农产品进口总额57.1%（图42）。

2012年，四川农产品出口100万美元以上企业127家。其中500万～1 000万美元企业19家，出口额占全省农产品出口额16.8%；1 000万～1亿美元企业14家，占33.4%；出口1亿美元以上企业1家，占16.8%。

四川促进农产品出口的主要政策和

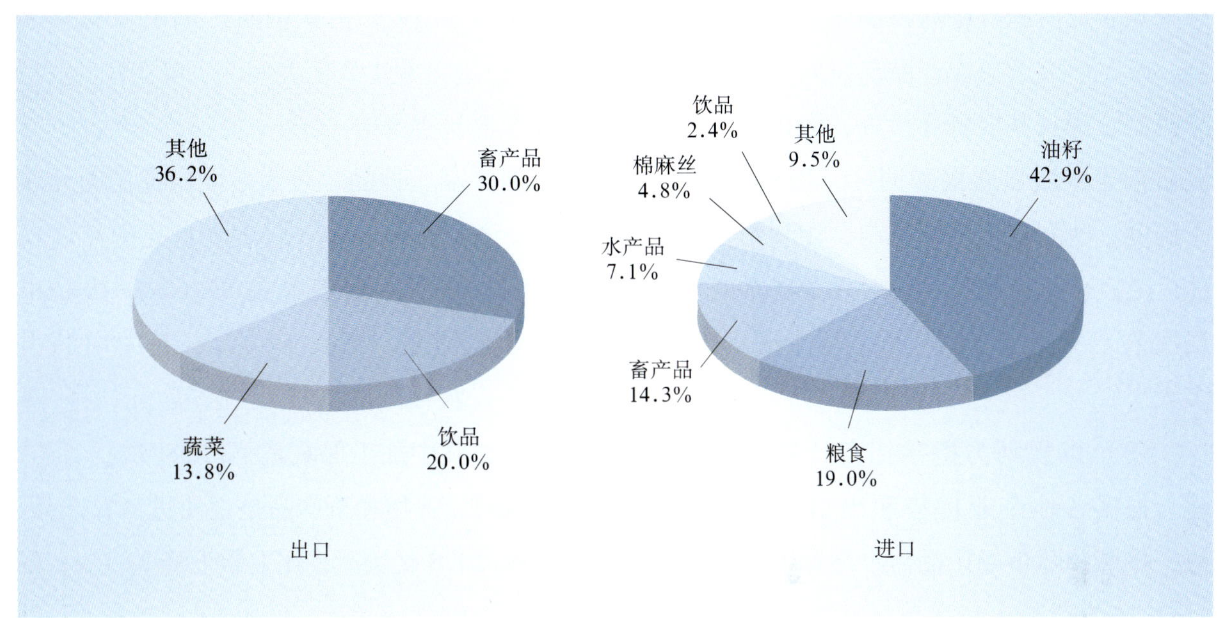

图 41　2012 年四川省进出口农产品结构

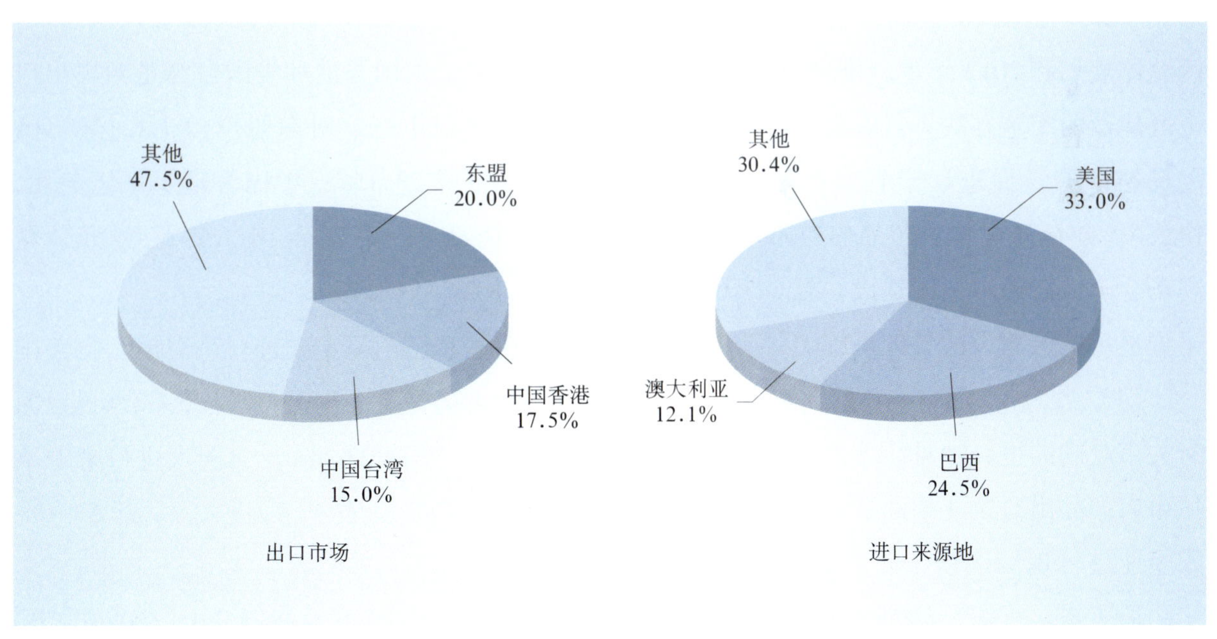

图 42　2012 年四川省农产品出口市场和进口来源地结构

措施：

（1）利用经贸活动平台拓展农产品境外市场。坚持“请进来”与“走出去”相结合，邀请外商来川参加西博会、泡菜国际展销会等；组织企业赴国外参加展会，促进优势特色农产品出口。以省政府组织的“天府四川日韩行”大型经贸活动为契机，成功承办“四川农业广岛（首尔）展示推介会”，让更多“川”字号农产品走向国际市场。

（2）加强银政联合解决企业融资难题。省农业厅与中国进出口银行成都分行于2008年签署了战略合作协议，建立了全面长期稳定合作关系，优势互补形成支农合力，协助解决农产品出口企业融资难题。在农业部和中国进出口银行总行合作框架下积极推荐四川农业企业申请贷款项目，帮助农业产业化龙头企业"走出去"开拓境外市场。

（3）出台优惠政策发展特色农产品出口基地。省农业厅联合省出入境检验检疫局、省商务厅等部门，争取鼓励外向型农业发展优惠政策，出台《关于开展出口农产品生产基地认定工作的通知》，选择产业基础好、产品质量有保障、出口成效显著、出口潜力大的优势特色农产品主产区，开展出口农产品生产基地认定工作，提高"川牌"农产品国际竞争力。

（4）协调相关部门设立农产品境外市场拓展专项资金。随着农产品贸促工作力度的加大，农产品境外市场开拓取得明显成效。以此为契机积极争取专项经费支持开展优势特色农产品"走出去"活动。

（5）建立信息交流平台推动政企信息互通。加强对四川农产品进出口贸易情况分析，通过互联网络建立农业贸易促进交流平台、对全省农业外向型企业进行摸底调查等，加强和企业信息共享与互通，开展农产品国际市场研究、贸易政策研究、信息服务建设和国际贸易队伍建设。

（五）广西壮族自治区

2012年，广西壮族自治区（以下简称广西）农产品贸易总额63.5亿美元，比上年增长49.8%。其中出口额11.3亿美元，增长28%，占全国农产品出口总额的1.8%；进口额52.2亿美元，增长55.5%。贸易逆差41亿美元。

水产品、饼粕、水果和药材是主要出口农产品。水产品出口3.9亿美元，比上年增长28.4%，其中鲜冷冻鱼占68.6%；饼粕出口1.4亿美元，增加10倍，其中豆粕占92.9%；水果出口1.4亿美元，增长1.2%，其中柑橘占85.9%；药材出口0.9亿美元，下降5%。

油籽是主要进口农产品，进口额44.5亿美元，比上年增长63.7%，占全区农产品进口的85.2%，其中大豆占82.5%（图43）。

东盟、美国、中国香港是主要出口市场。对东盟出口额4.3亿美元，比上年增长57%，其中越南占78.2%；美国2.1亿美元，增长14.7%；中国香港1.4亿美元，增长71.8%。

巴西、美国、加拿大、阿根廷和东盟是主要进口来源地。从巴西进口21.5亿美元，比上年增长69.4%；美国10.6亿美元，增长18.5%；加拿大8.5亿美元，增加2.3倍；阿根廷5.8亿美元，增长41.9%；东盟4.1亿美元，增长7.5%（图44）。

2012年，广西农产品出口企业311家，其中出口100万美元以上企业114家，出口额占全区农产品出口总额的96.9%；出口1 000万美元以上企业34家，出口额占全区农产品出口总额的78.5%；出口5 000万美

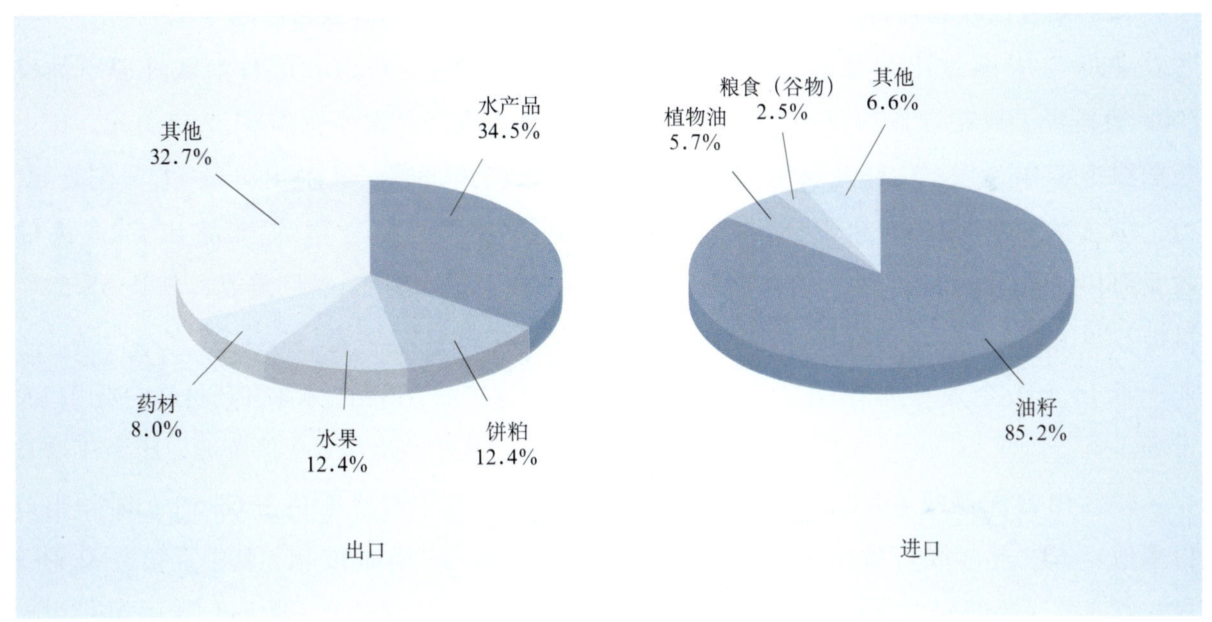

图 43　2012 年广西进出口农产品结构

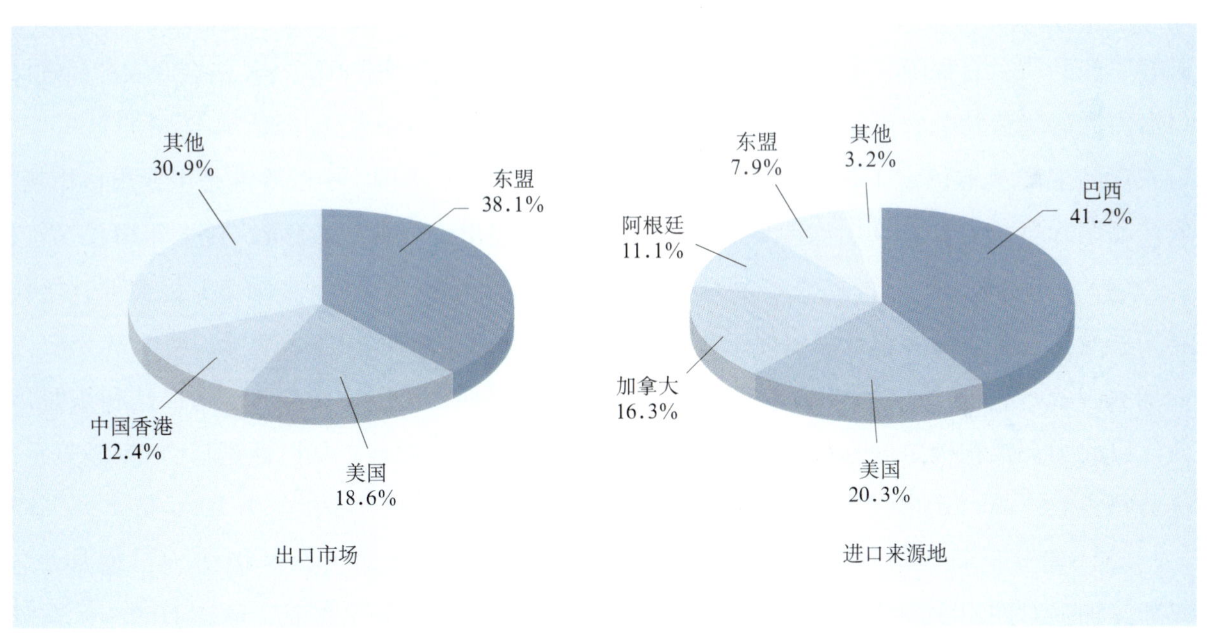

图 44　2012 年广西农产品出口市场和进口来源地结构

元以上企业 5 家，出口额占全区农产品出口总额的 28%；出口 1 亿美元以上 1 家，出口额占全区农产品出口总额的 9.9%。

广西促进农产品出口的主要政策和措施：

（1）认真落实农产品出口促进规划。2012 年，按照《自治区水果产品出口促进规划（2010—2020 年）》《自治区罗非鱼产品出口促进规划（2010—2020 年）》《自治区禽肉产品出口促进规划（2010—2020 年）》要求，重点围绕出口基地建设、出口农产品质量安全等方面

认真抓好促进农产品出口发展项目落实。

（2）开展农产品贸易政策培训。2012年，与农业部农业贸易促进中心在南宁共同举办全国农产品国际贸易经理及管理人员培训班，对农产品加工企业经理和农业外经贸管理人员就农业国际贸易总体形势和走向、农产品进出口政策法规、食品质量安全管理、农产品营销和市场创新、农产品原产地规则和进出口程序、国际商务礼仪等方面的业务知识和技能进行了培训。

（3）大力培植农产品出口龙头企业。把壮大农产品出口主体实力作为加强外向型农业发展工作的重点，推进农业产业化经营，集中力量培植一批规模大、机制新、工艺水平高、竞争能力强、带动辐射面广的外向型农业龙头企业，支持企业建设农产品出口基地，鼓励企业积极引进新技术、新品种、新工艺、新设备，不断提高产品的国际竞争力。

（4）加强合作支持出口农产品质量安全示范区和农产品质量安全体系建设。2011年，农业厅与广西出入境检验检疫局签署“加强出入境检验检疫合作促进广西农产品出口合作备忘录”，在出口农产品质量安全示范区建设、促进食品农产品出口等方面建立协作机制。2012年，在农产品出口注册登记、出口基地备案方面开展合作。

（5）搭建农产品国际贸易平台开拓国际市场。通过实施“走出去”“请进来”战略积极搭建农产品贸易洽谈平台，通过支持企业参展等方式鼓励农产品加工营销企业和行业协会参加中国—东盟博览会优质水果推介会等区内外国际农业博览会、洽谈会，大力推介、促销优势农产品。

（六）江西省

2012年，江西省农产品贸易总额8亿美元，比上年增长7.3%。其中出口额6.4亿美元，增长13.9%，占全国农产品出口总额的1%；进口额1.6亿美元，下降13.2%。贸易顺差4.8亿美元。

水产品和水果是主要出口农产品，水产品出口额3.3亿美元，比上年增长30.1%，占全省农产品出口总额的51.5%，其中鳗鱼占水产品出口额93.1%；水果出口1亿美元，增长18.1%，其中柑橘占93.3%。

油籽、粮食（谷物）和棉麻丝是主要进口农产品。油籽进口额6 910万美元，比上年下降28.1%；粮食（谷物）3 688.2万美元；棉麻丝1 191.3万美元，下降68%（图45）。

俄罗斯、东盟、美国是江西主要出口市场。对俄罗斯出口额1.5亿美元，比上年增长76.8%；东盟1.3亿美元，增长23.2%；美国1.1亿美元，增长27.5%。

美国、巴西和阿根廷是江西主要进口来源地。从美国进口4 290.3万美元，比上年下降38.4%；巴西3 728.2万美元，增加4倍；阿根廷2 857.5万美元，增长69.5%（图46）。

2012年，江西农产品出口企业563家，比上年增加38家。其中出口100万～1 000万美元的企业98家，出口额占全省出口总额的34.2%；出口1 000万～5 000万美元

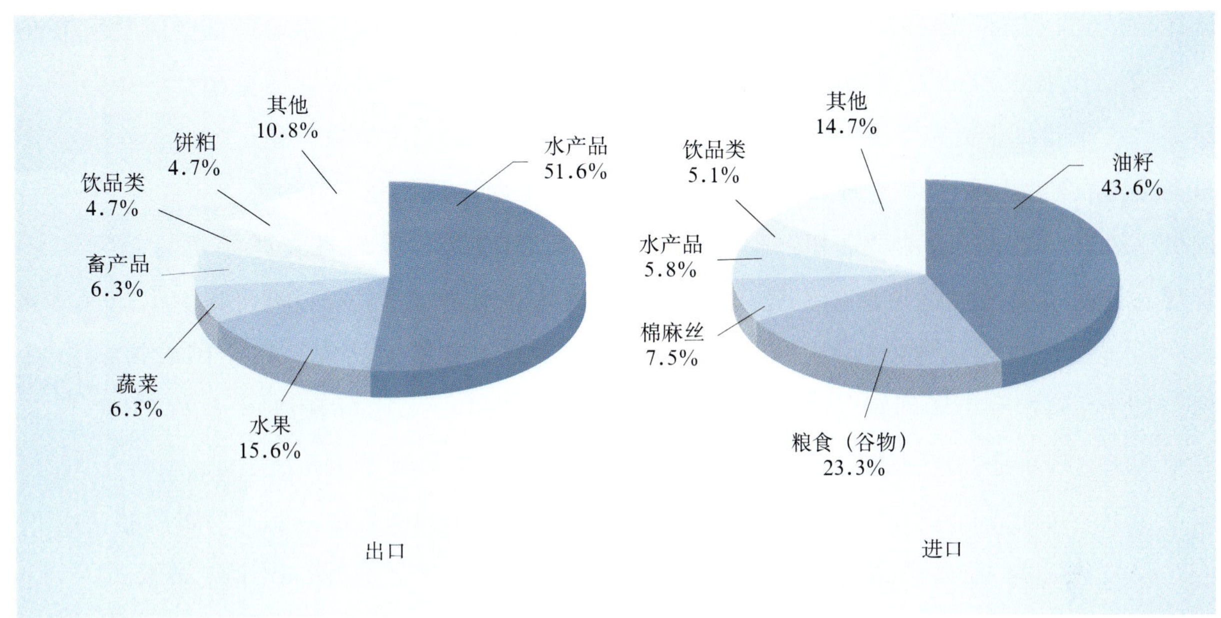

图 45　2012 年江西省进出口农产品结构

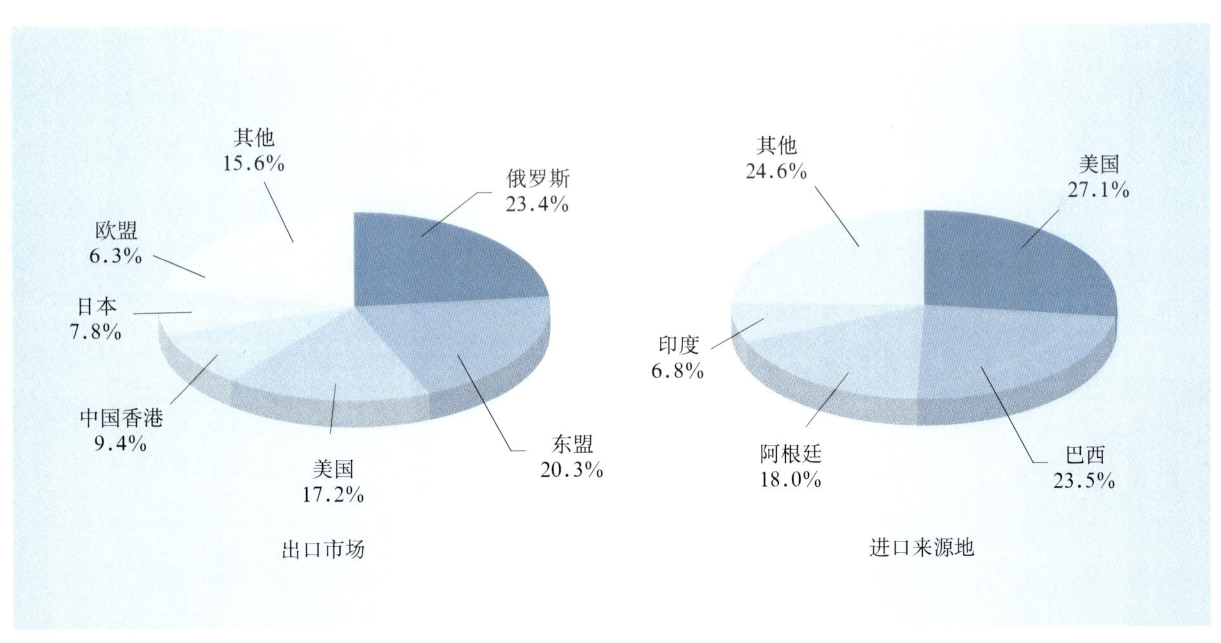

图 46　2012 年江西省农产品出口市场和进口来源地结构

的企业有 12 家，出口额占 27.4%；出口 5 000 万～1 亿美元的企业 1 家，出口额占 8.8%；出口 1 亿美元以上的企业 1 家，出口额占 19.2%。

江西促进农产品出口主要政策和措施：

（1）加快农产品出口基地建设，提升产品质量水平。大力发展“公司＋基地＋农户”生产模式，推行标准化生产，使粗放型种养殖生产加工经营方式向集约化、产业化和标准化方向发展，一批种养殖基地和

出口企业达到出口标准。2012年年底，全省有63家果园、53家水果加工厂获出入境检验检疫局注册登记，22家水果出口企业、12家供港猪场通过良好农业规范（GAP）认证，通过率为全国行业最高。新发展了南丰蜜橘、信丰脐橙、定南供港生猪、安远脐橙和瑞金水产品等5个出口食品农产品质量安全示范区，其中南丰蜜橘质量安全示范区为江西首个国家级出口食品农产品质量安全示范区。

（2）开展境外农产品促销，提升市场知名度。在大力开拓国内市场的同时，加大了境外农产品市场开拓力度。2012年首次在香港举办了以“生态鄱阳湖，绿色农产品”为主题的鄱阳湖绿色农产品（香港）推介会，展示了200多家农业龙头企业的上千种优质农产品；继续举办赣州国际脐橙节，来自13个国家的客商到场洽谈采购，提高了赣南脐橙国际市场知名度；组织企业参加了韩国国际农业博览会和美国波士顿国际水产展，为江西蔬菜和水产品进入国际市场搭建平台。

（3）强化信息支持和服务意识，为企业出口提供帮助。建立渔业企业沙龙，为水产品出口企业提供信息支持和“一对一”帮扶。及时组织省内鳗鱼加工出口企业和主要养殖基地负责人学习农业部水野办和国家濒危物种管理办印发的《欧鳗进出口管理工作座谈会会议纪要》文件精神，为出口企业提出应对措施，实现了鳗鱼出口额的大幅增长。省农业厅加强与相关部门合作，积极帮助水产品出口企业开展对外注册，目前全省在美国注册13家，在欧盟注册13家，在俄罗斯注册14家，在韩国注册6家，居中部省份之首。

主要贸易伙伴

2012年，中国农产品主要进口来源地按进口额大小依次为美国、巴西、东盟、欧盟和澳大利亚，从上述5国或地区进口额合计797.8亿美元，占中国农产品进口总额的71%。与上年相比，自东盟和澳大利亚进口所占比重分别降低1.1个和0.2个百分点；自美国进口所占比重提高1个百分点；自巴西和欧盟进口所占比重基本与上年持平。

主要出口市场依次为日本、东盟、欧盟、美国和中国香港，对上述5国或地区出口额合计437.1亿美元，占中国农产品出口总额的69.2%。与上年相比，对欧盟和东盟出口份额分别降低1.3个和0.3个百分点；对日本、中国香港和美国分别提高0.9个、0.9个和0.3个百分点（表61）。

表61 2012年中国农产品主要进口来源地和出口市场

单位：亿美元、%

进口来源地			出口市场		
国家（地区）	进口额	占农产品进口额比重	国家（地区）	出口额	占农产品出口额比重
美国	287.7	25.6	日本	120.2	19.0
巴西	186.6	16.6	东盟	101.3	16.0
东盟	165.2	14.7	欧盟	76.2	12.1
欧盟	84.2	7.5	美国	72.5	11.5
澳大利亚	74.1	6.6	中国香港	66.8	10.6
前五位合计	797.8	71.0	前五位合计	437.1	69.2

美 国

（一）生产

2012年下半年，美国农业遭受了20世纪50年代以来最严重旱灾，全国近80%农田和60%农场受灾，中西部玉米和大豆产区受灾最重。美国是世界第二大谷物生产国，产量仅次于中国，2012年谷物总产35 411.6万吨，占世界谷物总产15.8%，比上年下降7.8%，其中玉米产量27 383.2万吨，下降12.8%；小麦产量6 175.5万吨，增长13.5%。大豆收获面积3 079.8万吨，比上年增长3.2%，居世界首位，但受旱灾影响单产下降，总产8 205.5万吨，下降2.5%，首次被巴西超过位列世界第二位。棉花种植面积和产量均低于印度和中国，收获面积381.5万公顷，比上年下降0.4%；产量370.4万吨，增长9.2%，占世界棉花总产的14.2%。

美国畜牧业发达，产值占农业总产值48%，多种畜产品产量居世界前列。2012年，美国牛肉产量1 170.9万吨，比上年减少2.3%；猪肉产量1 057.5万吨，增长2.4%；火鸡肉产量267.5万吨，增长3.2%；鲜奶产量9 056万吨，增长1.7%；奶酪产量490万吨，增长1.9%（表62）。

表62 2012年美国主要农产品产量及出口量

单位：万吨、%

产品	产量	占世界总产量比重	出口量	出口量占产量比
小麦	6 175.5	9.4	2 636.4	42.7
玉米	27 383.2	32.1	3 146.2	11.5
大豆	8 205.5	30.6	4 350.1	53.0
棉花	370.4	14.2	276.0	74.5
牛肉	1 170.9	20.5	108.2	9.2
猪肉	1 057.5	10.1	219.5	20.8

数据来源：美国农业部。

（二）贸易

美国是世界农产品出口大国，多种农产品出口量居世界前列，主要市场包括中国、加拿大、墨西哥、日本和韩国等，玉米、小麦、大豆和棉花出口量均居世界首位。2012年，谷物出口6 442.1万吨，比上年下降26.5%。其中玉米出口3 146.2万吨，下降31.3%；小麦出口2 634.4万吨，下降21.8%；大豆出口4 350.1万吨，下降25.4%；棉花出口276万吨，增长15.2%；猪肉出口219.5万吨，增长0.8%；牛肉出口108.2万吨，下降11.9%；禽肉出口404.9万吨，增长4.9%。

中美互为重要农产品贸易伙伴，美国是

中国最大农产品进口来源国和第四大农产品出口市场。2012 年，中美农产品贸易额 360.2 亿美元，其中中国出口 72.5 亿美元，比上年增长 7.2%，占农产品出口总额的 11.5%，前五大出口产品为水产品、水果、蔬菜、畜产品和饮品类，5 类产品出口额合计 53.2 亿美元，占中国对美国农产品出口总额 73.1%；进口 287.7 亿美元，增长 23.2%，占农产品进口总额 25.6%，前五大进口产品为油籽、棉麻丝、畜产品、粮食和水产品，5 类产品进口额合计 255.8 亿美元，占中国自美国农产品进口额的 89%，其中油籽进口额超过自美国总进口额的 1/2（表 63）。

表 63　2012 年中国与美国主要农产品贸易情况

单位：亿美元、%

出口产品	出口额	所占比重	进口产品	进口额	所占比重
水产品	29.5	40.6	油　籽	154.1	53.6
水　果	11.2	15.4	棉麻丝	37.0	12.9
蔬　菜	7.6	10.4	畜产品	32.0	11.1
畜产品	3.2	4.4	粮　食	18.9	6.6
饮品类	1.7	2.3	水产品	13.8	4.8
小　计	53.2	73.1	小　计	255.8	89.0

（三）贸易政策

2012 年 4 月，美国国际贸易委员会发布反倾销快速日落复审终裁公告，继续对原产于中国的新鲜大蒜涉案企业征收 376.7% 的反倾销税。5 月，旨在协调各项联邦出口促进计划的美国《出口促进改革法案》获众议院批准，该法案授权美国贸易促进协调委员会审议协调 17 个联邦部门出口促进计划预算；要求政府在充分征求各类出口商尤其是中小企业意见基础上制定联邦出口促进规划，定期全面评估美国出口市场、促进效果并适时调整资源分配；强化美国驻外机构信息交流，尤其是消除和减少相关国家对美商品进口的各种壁垒情况。6 月，世界贸易组织通过专家组报告，裁定美国在对华输美暖水虾反倾销调查中使用“归零”方法计算倾销幅度不符合 WTO 规则。

欧　盟

（一）生产

欧盟生产的主要农产品有谷物、畜产品、水果和糖料。2012 年，受干旱影响，谷物产量比上年有所下降，其中玉米收获面积虽比上年增长 0.6%，但产量仅 5 467 万吨，降幅居谷物之首，为 17.4%。这主要因春季旱情导致欧洲中部和东南部地区玉米单产大幅下降，尤其是罗马尼亚和匈牙利玉米减产严重。小麦产量比上年略减，为 13 172.6万吨。油菜籽产量 1 880 万吨，略低

于上年。牛肉产量也略低于上年，为781.5万吨，占世界总产量的13.7%（表64）。

表64 2012年欧盟主要农产品产量和进出口量

单位：万吨、%

产 品	产 量	占世界总产量比重	进口量	出口量	出口量占产量比重
小 麦	13 172.6	20.1	600.0	1 800.0	13.7
玉 米	5 467.0	6.4	800.0	100.0	1.8
油菜籽	1 880.0	31.7	320.0	10.0	0.5
大 豆	95.0	0.4	1 130.0	3.0	3.2
牛 肉	781.5	13.7	35.0	31.0	4.0

数据来源：美国农业部。

（二）贸易

欧盟是中国农产品第三大出口市场和第四大进口来源地。2012年，双边农产品贸易平衡形势发生明显变化，中国首次从顺差转为8亿美元逆差。中国与欧盟农产品贸易额160.4亿美元，其中中国出口76.2亿美元，比上年减少6.7%，主要产品包括水产品、蔬菜、畜产品、水果和饮品类，5类产品出口额合计52.3亿美元，占中国对欧盟农产品出口总额68.7%；进口84.2亿美元，比上年增长19.2%，主要产品包括畜产品、饮品类、棉麻丝、水产品和植物油，5类产品进口额合计64.8亿美元，占中国自欧盟农产品进口额的77%，其中畜产品和饮品类合计超过2/3（表65）。

表65 2012年中国与欧盟主要农产品贸易情况

单位：亿美元、%

出口产品	出口额	所占比重	进口产品	进口额	所占比重
水产品	22.1	29.0	畜产品	31.2	37.0
蔬 菜	10.8	14.2	饮品类	25.5	30.3
畜产品	10.5	13.8	棉麻丝	3.5	4.2
水 果	5.3	6.9	植物油	2.3	2.8
饮品类	3.6	4.8	水产品	2.3	2.7
小 计	52.3	68.7	小 计	64.8	77.0

（三）贸易政策

2012年，欧盟继续加强对进口农产品的检验检疫。3月，欧盟取消了对中国橘子罐头的高关税；6月，发布相关法规，将树莓的杀菌素最大残留限量从每千克0.3毫克提高到0.9毫克；7月，发布331项食品和饲料类产品通报，其中对华通报57项，占17.2%，比上年的41项增长39%；10月

初，欧盟正式将从中国进口蜂胶、蜂花粉纳入允许进口动物源性产品目录，后又加大了从中国进口干面条铝含量以及甘蓝、柚子与茶叶产品农药残留的检查力度。

欧盟和中国进一步强化了双方的地理标识认证。11 月，双方启动了“10 + 10”项目，欧盟帕尔玛火腿、白斯蒂尔顿奶酪、蓝斯第尔顿奶酪等 10 个产品完成了在中国地理标识的注册登记，中国龙井茶、镇江香醋、平谷大桃等 10 个产品完成了在欧盟地理标识的注册登记。

东　盟

（一）生产

稻谷是东盟重要农作物，2012 年，印度尼西亚、越南、泰国和菲律宾等主要产稻国的稻谷产量分别为 3 690 万吨、2 771 万吨、2 050 万吨和 1 099 万吨，占世界总产量的 7.9%、5.9%、4.4% 和 2.3%。最大大米进口国菲律宾进口量 150 万吨，占世界大米进口总量的 4.4%。

2011 年 10 月，泰国政府实施了大米最低保护价政策，普通白米最低保护价每吨 1.5 万泰铢（约合 500 美元），优质茉莉香米为每吨 2 万泰铢。这一政策有效提高了农民种植水稻的积极性，大米产量增加。但该政策的实施也导致了泰国大米出口价格上涨，国际市场竞争力下降。2012 年，多年居世界大米出口国首位的泰国大米出口量 800 万吨，占其产量的 39%，占世界大米出口总量的 21.2%，落后于印度。

越南是世界第三大大米出口国，近年来大米种植面积不断增长，2012 年，总种植面积增至 700 万公顷以上，单产也不断提高。大米加工和出口已成为越南重要经济来源，2012 年，出口 740 万吨，比上年增长 13%，占世界出口总量的 19.6%（表 66）。

表 66　2012 年东盟稻谷产量及进出口量

单位：万吨、%

国家	产量	占世界总产量比重	进口量	占世界总进口比重	出口量	占世界总出口量比重
印度尼西亚	3 690.0	7.9	80.0	2.3	—	—
越南	2 771.0	5.9	20.0	0.6	740.0	19.6
泰国	2 050.0	4.4	40.0	1.2	800.0	21.2
菲律宾	1 099.0	2.3	150.0	4.4	—	—

数据来源：美国农业部。

印度尼西亚和马来西亚是世界棕榈油主要生产国，产量持续稳定增长。2012 年，两国产量分别为 2 800 万吨和 1 900 万吨，比上年分别增长 10.2% 和 1.6%，合计占世界总产量的 87.3%。中国是全球最大棕榈油进口国和两国棕榈油最大出口市场，出口中

国份额分别占两国产量的10.3%和18.1%及出口量的14.7%和19.9%（表67）。

表67 2012年东盟棕榈油产量及出口量

单位：万吨、%

国 家	产 量	占世界比重	出口量	对中国出口量	对中国出口量占产量比重	对中国出口量占总出口量比重
印度尼西亚	2 800.0	52.0	1 960.0	287.3	10.3	14.7
马来西亚	1 900.0	35.3	1 720.5	343.1	18.1	19.9
合 计	4 700.0	87.3	3 680.5	630.4	—	—

数据来源：产量和出口量来自美国农业部，对中国出口量来自中国海关。

（二）贸易

中国—东盟自贸区实施后，双边贸易发展迅速。2012年，中国对东盟出口农产品101.3亿美元，比上年增长2.4%，主要产品有水产品、蔬菜、水果、畜产品和食糖，5类产品出口额合计70.1亿美元，占中国对东盟出口农产品总额的69.2%；东盟是中国农产品第三大进口来源地，2012年自东盟进口165.2亿美元，比上年增长10%，主要产品包括植物油、水果、薯类、谷物和水产品，5类产品进口额合计127.5亿美元，占中国自东盟农产品进口额的77.2%，其中植物油（以棕榈油为主）占44.2%（表68）。

表68 2012年中国与东盟主要农产品贸易情况

单位：亿美元、%

出口产品	出口额	所占比重	进口产品	进口额	所占比重
水 产 品	21.3	21.0	植物油	73.1	44.2
蔬 菜	20.7	20.5	水 果	20.2	12.2
水 果	20.3	20.0	薯 类	17.8	10.8
畜 产 品	4.1	4.0	谷 物	9.0	5.5
糖料及糖	3.7	3.7	水产品	7.4	4.5
小 计	70.1	69.2	小 计	127.5	77.2

（三）贸易政策

2012年，中国和东盟签署《关于在〈中国—东盟全面经济合作框架协议〉下〈货物贸易协议〉中纳入技术性贸易壁垒和卫生与植物卫生措施章节的议定书》，明确了双方在技术性贸易壁垒和卫生与植物卫生措施方面的权利、义务和合作安排。

印度尼西亚。2012年7月，为遏制其国内大豆价格上涨、增加黄豆市场供给，印度尼西亚政府取消大豆的5%进口关税，并着手研究大豆进口便利化相关措施。

菲律宾。“三聚氰胺事件”发生后，菲律宾对中国奶产品实施了进口禁令。2012年7月，个别中国奶粉被曝金属汞含量超标后，菲

律宾政府进一步强化了相关措施。

马来西亚。自2011年中国工商部门检出源于马来西亚的“血燕”产品含有大量亚硝酸盐后，中国卫生部规定生产经营和进口食用燕窝的亚硝酸盐应小于等于每千克30毫克的标准。马来西亚政府随后规定，本国企业以及出口商在向中国出口燕窝前须获得马来西亚相关部门颁布的食品卫生许可证和燕子健康状况证明。2012年9月，马来西亚和中国签署《燕窝出口协定》，规定：恢复马来西亚燕窝对华出口，出口中国的燕窝产品须具备追溯机制以便能有效追溯燕窝产品源头。

越南。2012年9月，越南对进口的鲜果、活树及草皮实施更严格的检疫规定，并新修订需进行疫害检验的植物目录。随后，中国产葡萄、马铃薯、李子和石榴被列入“严格检查”名单，先后实行100%检验。

日　本

（一）生产

近年来日本耕地面积不断减少，加之受大地震影响，农业生产处于停滞或缩减状态。除大米长期受高关税政策保护自给率达95%外，多数农产品自给率不足60%，是发达国家中农产品自给率最低的国家。2012年大米产量775.6万吨，比上年下降7.7%。

（二）贸易

日本是世界主要农产品进口国，主要进口产品包括水产品、园艺产品和畜产品，进口来源地主要为美国、东盟、中国、澳大利亚和韩国等环太平洋国家和地区。中日农产品贸易保持快速发展势头。日本是中国农产品第一大出口市场，2012年中国对日本出口农产品120.2亿美元，比上年增长9.1%，占中国农产品出口总额的19%，中方贸易顺差115.9亿美元。出口额前五位的产品是水产品、蔬菜、畜产品、水果和饼粕，合计占中国对日本农产品出口总额的95.9%，5类产品出口额均比上年增长，其中蔬菜、畜产品和水果分别增长4.7%、10.7%和18.9%，水产品和蔬菜出口额分别占中国对日本农产品出口总额的35.2%和19.8%（表69）。

表69　2012年中国对日本农产品出口情况

单位：亿美元、%

出口产品	出口额	比上年增长	占对日出口农产品总额比重
水产品	42.3	4.0	35.2
蔬　菜	23.7	4.7	19.8
畜产品	19.1	10.7	15.9
水　果	7.2	18.9	6.0
饼　粕	3.6	20.0	3.0
小　计	95.9		79.9

（三）贸易政策

日本是农产品关税保护度最高的国家之一。一是关税形式复杂。非从价税产品税目占总税目的18.4%，转换为从价税后最高关税超过1 700%，产品包括活动物、猪肉及杂碎、乳制品、禽蛋、谷物及制品和食糖等。二是关税水平高。税率高于50%以上的农产品税目占农产品总税目的5.9%，产品包括肉及肉制品、谷物及制品、乳制品、糖及咖啡等，其中大米进口税率为778%，豌豆1 085%，魔芋1 706%，糖328%。最惠国平均实施税率23.3%，其中零关税农产品占农产品税目的34.9%。三是关税配额管理产品较多。共有乳制品、蔬菜、小麦、大米、淀粉及生丝等175个9位税目产品实行关税配额（TRQ）管理，占农产品总税目的13.1%，配额内关税1%～40%，配额外关税最高641%。

检验检疫方面，2012年，日本对进口农产品继续实施严格的检验检疫管理措施，加强了对中国产牛蛙及其加工品、小松菜、干云耳、莲子和香菇中的农药残留监视检查。同时，鉴于相关产品质量改进情况，先后取消了对中国产鲭鱼中孔雀石绿含量、莲子中黄曲霉素含量、蛤蜊中氯霉素残留含量和木耳中溴虫腈残留含量的强化监视检查。

韩 国

（一）生产

韩国三面环海，气候温和湿润，山地多、平原少。国土面积10万千米^2，人口5 000万，是一个人口密度较高的发达国家。农业以土地私有制为基础，经营方式为小规模农户经营，大米、部分园艺产品和畜产品等实现自给。大米是最主要农作物，产值占农业生产总值的30%，所用耕地占总耕地面积的一半以上，2012年产量431.4万吨。

（二）贸易

韩国自20世纪60年代起成为农产品净进口国，是世界第七大农产品进口国。进口农产品主要包括畜产品、谷物和水产品，3类产品进口额合计占其农产品进口总额的50%。进口伙伴主要为美国、中国、澳大利亚和东盟等，其中美国始终居首位（表70）。

表70 2012年韩国主要农产品产量及进口量

单位：万吨、%

产品	产量	进口量	进口依存度	产品	产量	进口量	进口依存度
小麦	4.4	437.5	99.0	大豆	13.8	126.5	90.2
大米	431.4	38.8	8.3	牛肉	29.5	42.0	58.7
玉米	8.1	891.5	99.1	猪肉	10.1	50.0	83.2
棉花	0.0	22.2	100.0	鸡肉	72.0	12.5	14.8

数据来源：美国农业部。

中韩建交以来双边农产品贸易发展迅速，中国一直处于顺差地位，2012 年顺差达35.4 亿美元。韩国是中国第六大农产品出口市场，2012 中国对韩出口农产品 41.6 亿美元，以水产品和蔬菜为主，二者合计占中国对韩农产品出口额的 50% 以上，其中水产品以鲜活冷藏冷冻鱼和甲壳软体动物为主（表 71）。

表 71 2012 年中国对韩国农产品出口情况

单位：亿美元、%

出口产品	出口额	比上年增长	占对韩出口农产品总额比重
水产品	14.8	-6.8	35.7
蔬菜	8.1	-1.0	19.6
油籽	3.2	26.2	7.7
畜产品	1.7	9.0	4.0
粮食制品	1.6	-4.3	3.9
小计	29.4	—	70.9

（三）贸易政策

韩国对农产品实行高保护政策。其农产品关税特征包括：一是主要农产品实行关税配额管理。产品包括大米及加工品、活动物、肉及食用杂碎、乳制品、蜂蜜、活树和蔬菜等 214 个 8 位税目，占农产品总税目的 14.3%，最高配额内和配额外关税分别为 50% 和 887.4%。二是税制复杂。非从价税占 5.8%，蜂蜜和葱、姜、蒜等蔬菜、坚果、干鲜荔枝龙眼和大豆等占总税目数 2.4% 的产品使用从量税和从价税中高税率的选择税。三是农产品平均税率高且存在关税高峰。韩国全部商品的最惠国简单平均税率为 12.1%，其中农产品为 48.5%，关税水平高于绝大部分 WTO 发达成员。农产品关税高峰突出，税率超过 50% 的产品全部为农产品，分别占农产品和全部税目的 10.3% 和 1.4%。

除关税措施外，韩国对进口农产品实施严格的技术性贸易措施，农产品进口检疫检验种类繁多、程序复杂。2012 年中国有 271 批畜产品和 219 批食品被韩国扣留。

巴 西

（一）生产

巴西农田辽阔，可耕地面积 4 亿公顷，农业种植面积 7 600 万公顷，草场 1.7 亿公顷，是世界食糖、咖啡、柑橘、玉米、牛肉、烟草和大豆的主要生产国。其中咖啡、蔗糖产量和出口量及大豆产量居世界首位。全国有咖啡种植园 50 万个，种植面积约 220 万公顷，从业人口 600 多万，年产咖啡 200 万吨左右。2012 年，蔗糖产量 3 615 万吨，比上年下降 5.7%；大豆产量 8 350 万吨，比上年增长 21.9%，创历史新高；玉米产

量7 250万吨，与上年基本持平，是世界第三大玉米生产国。

草原面积是耕地面积的3倍，北部亚马孙平原、中部巴西高原和西部巴拉圭盆地均为重要畜牧业地区，畜牧业发展条件优越，养牛头数和牛肉产量居世界前列。2012年，生产牛肉921万吨，占世界牛肉总产量的16.1%（表72）。

表72 2012年巴西主要农产品产量及出口量

单位：万吨、%

农产品	产 量	占世界总产量比重	出口量	对中国出口量	对中国出口量占其产量比重	对中国出口量占其出口总量比重
大 豆	8 350.0	31.2	3 840.0	2 389.0	28.6	62.2
豆 油	708.0	16.4	167.0	91.3	12.9	54.7
食 糖	3 615.0	21.0	2 465.0	198.9	5.5	8.1
牛 肉	921.0	16.1	139.4	0.9	0.1	0.6

数据来源：产量和出口量来自美国农业部，对中国出口量来自中国海关统计。

（二）贸易

2012年，巴西食糖出口2 465万吨，比上年下降4.5%，占世界食糖出口总量的43.9%，其中对中国出口占其产量的5.5%和出口量的8.1%。大豆出口3 840万吨，比上年增长4.1%，占世界大豆出口量的38.8%，为历史新高，其中出口中国占其产量的28.6%和出口量的62.2%。畜产品出口以牛肉为主，2012年为139.4万吨，与上年持平。

2012年，中国与巴西农产品贸易尤其是中方进口保持快速增长，2012年中方逆差179.6亿美元，巴西是中国农产品第二大进口来源地。中国从巴西进口农产品186.6亿美元，比上年增长19.5%，占中国农产品进口总额的16.6%，主要进口产品包括油籽、植物油、糖料及糖、棉麻丝和畜产品，5类产品合计占中国从巴西农产品进口总额的96.2%，其中大豆占76.2%；糖料及糖、畜产品进口额分别下降10.7%和1.1%，油籽、植物油和棉麻丝进口额均大幅增长，其中植物油进口额增长90.2%（表73）。

表73 2012年中国从巴西进口的主要农产品情况

单位：亿美元、%

进口产品	进口额	比上年增长	占从巴进口农产品总额比重
油 籽	142.2	20.6	76.2
植物油	11.5	90.2	6.2
糖料及糖	11.3	-10.7	6.1
棉麻丝	8.3	33.6	4.5
畜产品	6.0	-1.1	3.2
小 计	179.3	—	96.2

（三）贸易政策

2012年3月，巴西对进口红酒（南共市税号22042100）启动保障措施调查。10月起，将马铃薯进口关税从14%提至25%，为期1年，到期后如无争议将顺延至2014年年底。

澳大利亚

（一）生产

澳大利亚地域辽阔，人均农牧业用地27.1公顷，居世界前列。谷物中，种植面积最大的是小麦，2012年受干旱气候影响，产量降至2 200万吨，比上年下降22.3%，是近5年最低水平；其次为大麦，南澳州种植面积和产量均占全国的40%左右，2012年全国产量700万吨，下降11.8%。第三大重要农作物为甘蔗，主要种植在昆士兰州东南部，2012年食糖总产390万吨，与上年持平。

澳大利亚是世界畜牧业最发达国家之一，主要是养羊业和养牛业，产品主要包括羊毛、牛羊肉、乳制品、猪及禽等。2012年羊毛产量35万吨，占世界的1/4，居世界首位；牛肉产量214万吨，与上年持平；奶粉14万吨，下降7.3%（表74）。

表74 2012年澳大利亚主要农产品产量及出口量

单位：万吨、%

农产品	产量	占世界比重	出口量	对中国出口量	对中国出口量占产量比重	对中国出口量占总出口量比重
小麦	2 200.0	3.4	1 650.0	242.5	11.0	14.7
大麦	700.0	5.4	380.0	207.9	29.7	54.7
棉花	91.4	3.5	100.2	81.9	89.6	81.7
食糖	390.0	2.3	285.0	3.2	0.8	1.1
牛肉	214.0	3.7	138.0	2.7	1.3	2.0
奶粉	14.0	3.1	11.0	1.7	12.1	15.5

数据来源：澳大利亚产量和出口量来自美国农业部数据库；对中国出口量来自中国海关。

（二）贸易

澳大利亚是世界农产品主要出口国之一，其75%左右的初级农产品和25%的加工农产品用于出口，羊毛出口列世界首位，小麦、棉花和牛肉出口量均居世界前三位。2012年，出口小麦1 650万吨，比上年下降21.4%，主要出口到印度尼西亚、日本和韩国；出口棉花81.9万吨，下降6%，主要出口到印度、印度尼西亚、日本、韩国和泰国；出口牛肉138万吨，与上年持平，主要出口到美国、加拿大、日本和韩国。

近年，中澳农产品贸易发展迅猛，中方始终处于逆差地位，2012年达65亿美元。澳大利亚是中国第三大农产品进口来源地。2012年中国自澳进口农产品74.1亿美元，比上年增长15.1%，占中国农产品进口总

额的6.6%，前五位进口产品为畜产品、棉麻丝、谷物、饮品类和油籽，合计占中国自澳进口农产品总额的93.7%，其中畜产品（一半以上是羊毛）所占比重最大，为45%（表75）。

表75 2012年中国从澳大利亚进口的主要农产品情况

单位：亿美元、%

进口产品	进口额	比上年增长	占从澳进口农产品总额比重
畜产品	33.3	-4.0	45.0
棉麻丝	19.1	23.5	25.8
谷　物	13.4	109.4	18.1
饮品类	2.4	7.3	3.2
油　籽	1.2	-11.3	1.6
小　计	69.4	—	93.7

（三）贸易政策

2012年5月，澳大利亚政府发布《农用和兽用化学品编码法案1994》通报，对阿维菌素、杀草强、联苯菊酯等多种农药在动植物产品中的最大残留限量进行了修订，并对农用和兽用化学产品强化了管理。6月，发布进口食品通报，禁止进口含有1，3-二甲基戊胺（DMAA）以及含部分违规添加剂的运动营养食品。

加拿大

（一）生产

加拿大国土面积998.5万千米^2，居世界第二位。其中可耕地占16%，人均耕地面积2.1公顷，是世界主要农产品生产国，农业劳动力人均粮食年产量80吨，机械化程度高，主要农作物有小麦、大麦、油菜籽、亚麻籽和燕麦等，主产区位于西部平原区萨斯喀彻温、阿尔伯塔和曼尼托巴等省；玉米和大豆主产区是东部魁北克和安大略两省。2012年，全国小麦、大麦和燕麦产量分别为2 720万吨、801万吨和268万吨；油菜籽和大豆产量分别为1 331万吨和493万吨。

畜牧业资源丰富，永久性放牧地约2 800万公顷。畜肉生产和加工业是国内最大食品生产行业，主要产品有牛肉、猪肉和羊肉等，2012年，牛肉和猪肉产量分别为106万吨和179万吨，其中阿尔伯特省是牛肉主产省，占总产量的40%。奶业是仅次于农作物和畜肉的第三大农业产业，年销售额超过100亿加元①，主产省为安大略和魁北克省，合计占生产总量82%（表76）。

① 2013年7月11日汇率：1加元=0.963 5美元。

表 76 2012 年加拿大主要农产品产量及出口量

单位：万吨、%

农产品	产　量	占世界总产量比重	出口量	对中国出口量	对中国出口量占其产量比重	对中国出口量占其出口总量比重
大　麦	801.0	6.2	150.0	31.4	3.9	20.9
小　麦	2 720.0	4.1	1 850.0	40.2	1.5	2.2
油菜籽	1 331.0	22.0	715.0	292.2	22.0	40.9
大　豆	493.0	1.8	350.0	63.0	12.8	18.0
牛　肉	106.0	1.9	39.5	0.3	0.3	0.8
猪　肉	179.0	1.7	125.0	5.3	3.0	4.2

（二）贸易

加拿大人少地多，农产品产量约一半用于出口，是世界第二大谷物出口国和第三大猪肉出口国。粮食和油菜籽出口额合计占农产品出口总额的 70%。油菜籽主要出口美国、中国和欧盟，2012 年向中国出口 292.2 万吨，约占其出口总量的 40%。出口猪肉 125 万吨，主要出口美国、日本、俄罗斯、澳大利亚和韩国等，近年对菲律宾、中国香港和中国台湾出口增长迅猛，增速超过 200% 以上，对中国出口增速平均 20% 左右。2012 年牛肉出口 39.5 万吨，主要出口美国、墨西哥、日本、中国香港和俄罗斯等国家和地区。加拿大是乳制品进口国，主要进口来源地为欧盟、美国和新西兰。

在中加农产品贸易中，中方处逆差地位，2012 年逆差达 43.4 亿美元。2012 年中国自加拿大进口农产品 53.6 亿美元，占中国农产品进口总额的 4.8%，主要包括油籽、植物油、畜产品、水产品、干豆和粮食，5 类产品进口额合计占中国自加进口农产品总额的 96%，其中油籽占 45.6%，植物油占 23.8%（表 77）。

表 77 2012 年中国从加拿大进口的主要农产品情况

单位：亿美元、%

进口产品	进口额	比上年增长	占从加进口农产品总额比重
油　籽	24.5	70.4	45.6
植物油	12.8	127.8	23.8
畜产品	5.4	99.8	10.0
水产品	3.5	18.5	6.5
干　豆	2.7	11.4	5.1
粮　食	2.7	-2.2	5.0
小　计	51.6	—	96.0

（三）贸易政策

加拿大对多数进口产品征收从价税，最惠国简单平均关税为18%；对乳制品、家禽和蛋类等21种农产品实施关税配额管理，占税目总数2%，配额内关税较低，配额外税率最高达600%。

加拿大根据《进出口许可法》对禽肉及其加工品、禽蛋、乳制品等进口农产品实行监控，其中对人造黄油按先到先得原则签发许可证；对大麦、小麦、大麦及小麦制品的进口签发一般进口许可证；其他配额农产品进口需先获得配额。此外，对精制食糖、含糖产品及花生酱等农产品实行出口控制。

农业贸易谈判

WTO 农业谈判

2012 年，国际政治经济环境继续深刻调整，全球进入“大选之年”，包括美国、法国、俄罗斯、日本、韩国在内的 50 多个国家进行了政府换届。世界经济依然处于危机后的缓慢复苏阶段，缺乏有效的增长动力和支撑。美国经济开始复苏但前景仍不明朗，欧盟陷入主权债务危机，新兴国家经济在经历了多年高速增长后增幅开始下降。在此情况下，推动多哈回合谈判缺乏必要的政治经济环境，加之 2011 年 WTO 第八届部长会未明确多哈回合谈判的路线图，谈判在上半年继续停滞。下半年，随着主要国家逐步完成换届选举，各成员开始为推动谈判做出努力。

（一）谈判总体形势

2012 年下半年，WTO 各成员重启多哈谈判，并力争在 2013 年第九届部长会上达成早期收获协议。谈判焦点主要在早期收获议题选择上。最不发达国家（LDC）主张双免、棉花等议题；美欧等主要发达成员力推以贸易便利化为核心的早期收获协议；出于平衡考虑，巴西在农业领域以 20 国集团（G20）名义提出关税配额（TRQ）管理建议案，印度推动 33 国集团（G33）提出粮食安全建议案。

在农业特会主席引导下，各成员从下半年开始围绕 G20 和 G33 提出的提案开展各种形式的技术磋商。在提案讨论初期，各成员均表现出积极参与态度，但随着谈判深入，成员间立场分歧日渐显著。

（二）TRQ 管理建议案

G20 提出的 TRQ 管理建议案主要是以 2008 年 12 月模式案文相关内容为基础，主要包括：①进一步严格 TRQ 管理纪律，包括相关信息公布、申请机关、配额处理期限、未完成配额再分配等；②提高配额申请、发放、使用和完成的透明度、及时性和

可预见性等；③强制发达成员的 TRQ 完成率；④发展中成员享有维持现有配额管理方式不变的特殊差别待遇。

巴西强调，TRQ 管理并非为寻求新的市场准入，而是加强对乌拉圭回合承诺的执行。澳大利亚、阿根廷、新西兰、加拿大及马来西亚等成员表示支持。欧盟强调任何早期收获均应保持农业总体平衡及支柱间平衡。日本、韩国表示提案将对进口成员造成影响，应进一步深入讨论。萨尔瓦多、多米尼加、巴巴多斯等担心 TRQ 提案将给弱小经济体带来不必要负担，强调应保留特殊差别待遇。美国等则对特殊差别待遇提出质疑。作为 TRQ 重要使用者，中国表示对提案内容在进出口成员权利义务平衡方面存在关注，强调特殊差别待遇不容挑战。总体看，尽管成员间存在分歧，但 TRQ 管理提案从技术角度讲相对成熟，成员立场较为明确，成员未对此进行长时间技术讨论。

（三）G33 粮食安全建议案

印度推动 G33 提出的粮食安全建议案也以 2008 年 12 月模式案文为基础，主要目标是修订乌拉圭回合《农业协定》附件 2 的部分内容。一是关于“用于粮食安全目的的公共储备”。乌拉圭回合规定（《农业协定》附件 2 第三段）发展中成员以粮食安全为目的的粮食储备支持，包括按管理价格（非市场价格）收购和售出的粮食储备归入“绿箱”，但前提是储备粮食的采购价格和外部参考价格之差计入特定产品综合支持量（AMS）。提案将前提修改为“发展中成员用于支持低收入或资源匮乏型生产者的储备粮食采购不计入 AMS”。二是关于“国内粮食援助”。乌拉圭回合规定（《农业协定》附件 2 第四段）以补贴价格提供给发展中国家贫困人口的粮食援助属于“绿箱”。提案增加了“低收入或资源匮乏型生产者以抵御饥饿和贫困为目的的粮食采购也属‘绿箱’政策，且此类粮食的采购价和外部参考价之差无需计入 AMS”的内容。

具体谈判中，G33 强调粮食安全在全球面临的挑战以及与 WTO 的相关性，强调对发展中成员小农提供支持的重要性和必要性，指出当前农业协定相关条款与发展中成员国情不符，不能满足发展中成员的特殊需求。中国、菲律宾、土耳其、肯尼亚、韩国、孟加拉、玻利维亚、古巴和尼泊尔等予以支持。印度表示目前“绿箱”中的公共储备和国内粮食援助条款在粮食安全方面存在关联性但并不完整，G33 提案的目的在于完善两者联系。美国、欧盟、澳大利亚和巴西等成员均认为粮食储备十分复杂且未经充分讨论，很多问题需澄清；提案要求一定条件下免除公共储备减让承诺，将对现有关于扭曲贸易纪律的实质性产生背离，需谨慎对待。总体看，G33 粮食安全提案着眼于发展中成员的粮食安全，对发展中成员解决发展关注具一定意义，但因其将会在客观上增加发展中成员农业支持空间，预计在后续谈判中会受到发达国家和部分发展中国家（农产品出口国）的挑战。

自由贸易区谈判

（一）自贸区谈判概述

至2012年年底，中国政府已先后与东盟、智利、巴基斯坦、新西兰、新加坡、秘鲁和哥斯达黎加等国家和地区签署了双边自贸协定；同时内地与中国香港、澳门分别签署了《更紧密经贸关系安排（CEPA）》、大陆与台湾签署了《两岸经济合作框架协议（ECFA）》。

2012年，在全球经济增长乏力、多边贸易谈判推进艰难背景下，各国和各地区的区域经济一体化进程明显加快。中国政府加大了对外（含内地与港澳、大陆与台湾）自贸区建设力度，年内按期启动了包括东盟10国、澳大利亚、新西兰、日本、韩国、印度间的"区域全面经济伙伴关系协定（RCEP）"谈判及与日本和韩国的中日韩自贸区谈判。

1. 已签自贸区的后续法律与制度建设

2012年是《中国—东盟全面经济合作框架协议》签署10周年。双方致力于继续落实和完善自贸区各项协议，进一步提高贸易和投资自由化和便利化水平，推动互联互通及产业合作，优化进出口商品结构，力争2015年贸易额达到5 000亿美元。2012年，中国—东盟自贸区制度框架进一步完善。在11月举行的第十五次中国—东盟领导人会议上，中国与东盟各国经贸部长签署《关于修订〈中国—东盟全面经济合作框架协议〉的第三议定书》和《关于在〈中国—东盟全面经济合作框架协议〉下〈货物贸易协议〉中纳入技术性贸易壁垒和卫生与植物卫生措施章节的议定书》，明确了中国—东盟自贸区联合委员会的法律地位和职责范围，双方在技术性贸易壁垒和卫生与植物卫生措施方面的权利、义务和合作安排；确定了中国与东盟国家间的沟通协调机制，确保自贸区各项协议的执行，及时磋商解决企业遇到的技术性贸易壁垒问题，为工商界营造更加优惠便利的经营环境，促进各国经济的共同发展。中国—东盟互联互通合作进入新阶段。2012年9月中国—东盟互联互通合作委员会中方工作委员会正式成立，11月召开了中国—东盟互联互通合作委员会第一次会议，标志着双方合作进入了新阶段。

6月，内地与香港特别行政区签署了《"关于更紧密经贸关系安排（CEPA）"补充协议九》，内容包括43项服务贸易开放和便利贸易投资的措施、加强内地与香港在金融和贸易投资便利化的合作、进一步推动两地专业人员资格互认等。年内，由中国海关总署牵头召开了两次"内地与港澳更紧密经贸关系的安排（CEPA）"原产地标准磋商，对原产于香港的烟熏三文鱼、肠衣香肠、其他面食、预煮或其他方法制作的谷粒、尿素等产品实施零关税；对原产于澳门的珍粉及淀粉制成的珍粉代用品实施零关税。

2. 正在谈判的自贸区

2012年，中国政府对外参与谈判的自贸协定有5个，涉及10个国家和地区，包

括澳大利亚、瑞士、冰岛、韩国、海湾合作委员会（包括沙特阿拉伯、科威特、阿拉伯联合酋长国、阿曼、卡塔尔和巴林）。

中国—澳大利亚自贸区谈判于2005年4月启动，2012年3月举行了第十八轮谈判，双方就货物贸易、服务贸易、投资等领域敏感问题继续协商。

中国—瑞士自贸区谈判于2011年1月启动，2012年分别举行了第四—七轮谈判，双方就货物贸易、服务贸易、投资等领域相关问题进行了实质性磋商。

中国—冰岛自贸区谈判于2007年4月启动，2008年下半年因冰岛申请加入欧盟谈判中止。2012年，两国领导人达成重启谈判、争取2013年实现自由贸易的共识，并于12月举行第五轮谈判。双方在货物贸易、服务贸易、投资等问题上取得突破性进展。

中国—韩国自贸区谈判于2012年5月启动，年内分别举行了第一—四轮谈判，双方对货物贸易、服务贸易和投资等领域的谈判模式和谈判纲要进行了深入磋商。

中国—海湾合作委员会自贸区谈判于2004年7月启动，至2009年共举行5轮谈判，2012年并未开展谈判，但在货物贸易、服务贸易等领域继续保持技术层沟通。

3. 宣布启动谈判的自贸区

2012年，中国宣布启动谈判的自贸区有2个，涉及15个国家，包括“区域全面经济伙伴关系协定”（RCEP，包括东盟10国、澳大利亚、新西兰、日本、韩国和印度）和中日韩自贸区。

11月，东亚领导人系列会议期间，相关国家领导人宣布启动覆盖16个国家的RCEP谈判，承诺将在现有经济联系基础上通过谈判达成一个全面、高质量、互惠的区域自贸协定，从而加强相互间经济合作，拓宽和深化经济一体化，推动区域经济增长和平等发展。该谈判将于2013年年初开始，计划2015年年底结束。未来协定内容将涵盖货物贸易、服务贸易、投资和经济技术合作等广泛领域，协定将设立开放准入条款，谈判结束后，其他经济伙伴可申请加入协定。RCEP谈判启动标志着东亚区域经济一体化进程不断加快并呈多元化发展趋势。

东亚领导人系列会议期间，中国、日本和韩国3国经贸部长共同宣布启动中日韩自贸区谈判。作为全球重要经济体，中日韩3国同处世界经济中最具活力的东亚地区，经济总量约占全球五分之一，互为重要的贸易、投资伙伴，在全球产业链中合作密切，建立自贸区对加强3国经贸联系，促进东亚地区经济融合具有深远意义。3国在2003—2011年期间，就自贸区可行性分别进行了学术和官产学联合研究并得出积极结论。

4. 宣布开展可行性研究的自贸区

2012年5月，中华人民共和国商务部与哥伦比亚共和国贸易工业旅游部分别代表两国政府签署了《关于开展双边自由贸易协定联合可行性研究的谅解备忘录》，宣布正式启动两国自贸区联合可行性研究。

（二）中国与自贸区伙伴间的农产品贸易发展

1. 中国与东盟自贸区

中国—东盟自贸区2010年1月1日全面建成后，有力推动了双边经贸关系发展，促进了互惠互利合作共赢，为进一步深化东亚区域经济一体化奠定了良好基础。2012年，受自贸区降税和需求拉动影响，中国与东盟农产品贸易迅速发展，全年农产品贸易总额266.5亿美元，其中中国进口165.2亿美元，出口101.3亿美元。2003—2012年，中国对东盟农产品贸易额增加4.3倍，年均增长20.4%，其中出口额年均增长17.6%，进口额年均增长22.5%，贸易平衡由自贸区建设前的基本平衡转为中方逆差且逐年增大，2012年达63.9亿美元，是2003年的21.8倍；中国对东盟农产品进出口额占中国农产品进出口总额的比重分别由14%和11.1%升至14.7%和16%，出口市场排序由第三位升为第二位。中国对东盟农产品贸易额增速总体高于对全球增速，东盟作为中国农产品贸易伙伴地位明显提升。

从贸易结构看，中国对东盟出口以蔬菜、温带水果、水产品、制成食品等劳动密集型农产品为主，规模呈上升趋势，其中蔬菜和水果年均增长率分别为21.9%和25.7%；进口以棕榈油、热带水果和木薯为主，2012年分别占中国从东盟农产品进口额的39.2%、12.2%和10.8%。

2. 中国与智利自贸区

2006年“中国—智利自贸协定”生效后，双边农产品贸易快速增长。2012年农产品贸易总额15.4亿美元，比上年增长20%，高于同期中国对世界农产品贸易12.9%的增速。其中中国从智利进口13.9亿美元，比上年增长24.2%，是“协定”实施前2005年的4倍；贸易逆差12.4亿美元，扩大29.7%，是2005年的3.7倍。中国对智利农产品出口1.5亿美元，比上年下降8.2%。

从贸易结构看，中国从智利进口的主要是水果和水产品。自贸协定实施后，中国冻红大马哈鱼和冻鳟鱼等水产品关税水平10年内从10%～12%降为零，鲜葡萄和鲜苹果等水果关税从10%逐渐削减为零。关税的削减明显增强了智利相关产品的竞争优势。2012年，中国从智利进口的水果超水产品成为第一大产品，进口水果6亿美元，是2005年9.7倍，占从智利进口农产品额的43.1%；进口水产品5.2亿美元，是2005年的1.9倍，占37.2%。

3. 中国与巴基斯坦自贸区

2007年“中巴自贸协定”生效以来，双边农产品贸易保持良好增长势头，2012年达7.8亿美元，比上年增长59.6%，是“协定”生效前2006年的4.4倍。其中中国对巴出口2.5亿美元，从巴进口5.3亿美元，贸易逆差2.8亿美元，2000年以来中方对巴农产品贸易首次出现逆差。

从贸易结构看，“协定”生效后，中方蔬菜和水果等农产品关税大幅削减进一步优化了两国贸易结构，双方优势农产品贸易领域趋于扩大。中国对巴农产品出口最多的是

蔬菜，2012 年出口额 6 267 万美元，比上年下降 46%，与 2006 持平，占向巴出口农产品总额的 25%。同年中国从巴进口棉花 1 亿美元（大部分是废棉），是 2006 年 7 倍，占从巴进口农产品总额的 19%。

4. 中国与新西兰自贸区

"中国—新西兰自贸协定"实施以来，双边农产品贸易发展迅速。2012 年，双边农产品贸易额 39.6 亿美元，是"协定"生效前 2007 年的 4.3 倍。其中中方进口 38.2 亿美元，是 2007 年 4.6 倍，比上年增长 27.6%；出口 1.4 亿美元，增长 74.3%；贸易逆差 36.7 亿美元，是 2007 年 4.9 倍。

从贸易结构看，中国主要从新进口畜产品、水产品和水果，其中乳制品尤其奶粉进口量最大，奶粉进口量达 49.6 万吨，比上年增长 35.1%，是 2007 年 6.9 倍，占中国奶粉进口总量的 86%。自贸区建成以来，新西兰乳制品竞争力进一步强化，生产潜力明显释放，同时"三聚氰胺事件"使国内消费者对国产乳制品质量信心不足，更加剧了新西兰乳制品对中国的出口。

由于新方动植物检验检疫措施严格，市场容量有限，中国有出口优势的蔬菜、水果、水产品和禽肉等产品进入新西兰市场仍面临阻碍，出口潜力无法充分发挥，一定程度上侵蚀了自贸区的优惠安排。2007—2012 年，中国水产品对全球出口额增长 95%，对新出口额仅增长 74%。

5. 中国与秘鲁自贸区

"中国—秘鲁自贸协定"于 2010 年 3 月实施后，双边经贸关系发展迅速。2012 年，双边农产品贸易额 13.2 亿美元，比"协定"实施前的 2009 年增长 56.8%，其中中国出口6 000万美元，进口 12.6 亿美元，贸易逆差 12 亿美元。

从贸易结构看，中国进口产品高度集中，几乎全部为水产品，其中饲用鱼粉占中国从秘进口农产品总额的 75.4%。根据"协定"，中国饲用鱼粉进口关税 2017 年前降为零，秘鲁相关产品将更具竞争优势。中国对秘出口产品相对分散，主要包括水产品、糖料及糖、蔬菜，2012 年分别出口 1 195.3万美元、1 059.7 万美元和 325.1 万美元，分别占中国对秘鲁农产品出口额的 19.8%、17.5% 和 5.4%。

6. 中国与哥斯达黎加自贸区

2011 年 8 月"中国—哥斯达黎加自贸协定"正式生效，双边农产品贸易发展较快。哥斯达黎加已成为中国在中美洲地区的重要贸易伙伴，中国也成为继美国后哥斯达黎加的第二大贸易伙伴。2012 年两国农产品贸易额 7 522.4 万美元，比上年增长 16.7%，比"协定"生效前 2010 年增长 41.4%。其中中国出口 5 000.2 万美元，进口 2 522.2 万美元，顺差 2 478 万美元。

从贸易结构看，两国的贸易产品集中。中方主要进口水果和畜产品，分别占从哥农产品进口额的 74.9% 和 12.3%；对哥出口主要有干豆和蔬菜，分别占对哥农产品出口额的 39.8% 和 23%。

农业贸易促进

政策环境

（一）《农业贸易促进规划》全面实施

为加强全国农业贸易促进工作的规划和指导，2011年12月，农业部印发了《全国农业贸易促进规划（2011—2020年）》。各省（自治区、直辖市）农业部门及相关机构按照该《规划》要求采取多种措施推动落实各项工作。

在农产品出口促进政策方面，浙江出台了《关于加快发展外向型农业的意见》，辽宁制定了《推进农产品出口实施意见》，河南开展了农业贸促规划年度专项工作方案制定。

在农产品出口促进机构建设方面，辽宁成立了农产品出口工作领导小组，湖南成立了省农业主管部门农业贸易领导小组，福建农业厅及相关部门联合签署了《关于口岸通关和国税部门促进贸易便利化的措施》等。

在农产品出口示范基地建设方面，山东在2011年启动“出口农产品质量提升示范企业创建”项目后，2012年又增加示范企业61家，总数达116家，并启动实施了“出口农产品产业集群示范县建设”项目；湖北制定了出口农产品质量安全示范区建设计划，新设示范区9个；广西制定了《广西出口食品农产品质量安全示范区考核验收管理办法》，新验收示范区6个；重庆制定发布了《重庆市优势农产品区域布局规划》，创建了6个示范区和57个示范基地。

（二）《农产品贸易中长期发展规划》颁布

2012年12月，农业部印发《全国农产品贸易中长期发展规划（2013—2020）》。《规划》在总结分析中国农产品贸易发展情况、发展环境及挑战基础上，提出了未来中国农产品贸易发展的目标任务。根据《规划》，至2020年，中国农产品出口额将力争

900亿美元，比2011年增长48%，年均增长4.5%。其中蔬菜出口额力争180亿美元，比2011年增长53.3%，年均增长4.9%；水果出口额力争100亿美元，增长81%，年均增长6.8%；水产品出口额力争250亿美元，增长40.5%，年均增长3.8%；畜产品出口额力争80亿美元，增长33.5%，年均增长3.3%。农产品出口结构更加合理、市场更加多元化，农产品贸易与国内产业发展更加协调。

《规划》提出将不断扩大农业贸易促进专项资金规模，年度增幅应与农产品出口额增幅相适应；加大出口退税力度，加大出口信贷支持；继续提高出口通关便利化水平，降低或取消出口检验检疫收费，提高检测效率；加大多双边农业贸易谈判等工作力度；加强农业贸易系统人才队伍建设。

（三）农产品出口促进专项资金规模扩大

2013年起，农业部在保持原国际交流与合作项目和农产品促销项目项下农产品促销项目资金投入总量基础上，新增农产品促销（出口促进）专项资金用于支持符合WTO"绿箱"政策许可范围的农产品出口促进活动。其中2013年主要支持的农业贸易促进活动项目包括支持中国农产品贸易企业参加国际性农业会展、开展农产品出口示范基地建设、举办农产品企业出口培训活动等。

（四）国际农业研究体系初步建立

国际农业研究体系于2009年启动运行以来，能够适应农业政策制定和企业信息服务需要的研究框架逐步构建，稳定权威的专家队伍初步建立，重点产业、重点国别、重点问题等研究领域不断扩大。2012年，该体系研究领域覆盖了粮棉油糖等重点产业，美国、欧盟、印度、巴西、阿根廷、日本、韩国、东盟等重点国家（地区），农业安全、农产品知识产权法律保护、非关税壁垒监测等重点问题。一批来自中国农业大学、中国农业科学院、对外经济贸易大学、农业部农村经济研究中心、武汉大学、南京农业大学、北京工商大学等单位的农产品贸易领域的知名专家已经纳入体系并开始发挥重要作用。

（五）农产品贸易人才队伍建设稳步推进

2012年，在农业国际交流与合作专项资金项下，农业部开展了一系列与农产品贸易相关的培训项目。其中，"农产品贸易经理及管理人员培训班"先后在北京和广西举办，来自北京、内蒙古、辽宁、上海、河南、广西、重庆、贵州等14省（自治区、直辖市）的200多位农产品贸易企业和农业主管部门人员参加了培训，学员所属行业涉及畜禽水产、食品综合、中药业、棉纺皮革、农业综合、精深加工产品、农产品贸易、茶叶等。该项培训已持续举办了5年，共14期，学员近700人。"农业产业损害监测预警体系业务培训班"分别在辽宁和北京举行，就国际农产品贸易形势、贸易对国内产业影响、贸易救济基础理论知识、重点监测产品产业发展、监测预警数据收集报送

技能等内容对100余名基层监测人员进行了培训。该项目自2007年启动至今，已经对全国27个省（自治区、直辖市）级单位和5个行业协会成员单位的近千名工作人员提供了培训，广泛宣传农业产业损害监测预警和贸易救济理念，提高了监测预警体系的工作水平。

信息服务

（一）相关政策

2012年的中央1号文件强调，要完善农产品市场调控。要准确把握国内外农产品市场变化，采取有针对性的调控措施，确保主要农产品有效供给和市场稳定，保持价格合理水平；加强国内外农产品市场监测预警，综合运用进出口、吞吐调剂等手段，稳定国内农产品市场；要抓紧建立全国性、区域性农产品信息共享平台，加强农业统计调查和预测分析，提高对农业生产大县的统计调查能力，推行重大信息及时披露和权威发布制度。

国务院以及各部委相继出台了各项提升农业贸易信息服务水平的政策措施，进一步改善了农业信息化服务的政策环境。

2012年1月，国务院发布了《全国现代农业发展规划（2011—2015）》，将农业信息化建设工程列入14项重大工程，要求建设一批农业生产经营信息化示范基地；建设国家、省、县（场）三级“三农”综合信息服务平台；建立共享化农业信息综合数据库和网络化信息服务支持系统；健全农产品贸易监测预警体系，支持行业协会维护企业合法权益，推动建立损害补偿机制。

2012年，工业和信息化部、科技部、农业部、商务部、文化部等继续实施《农业农村信息化行动计划（2010—2012年）》。推动完成农村信息基础设施提升计划、信息资源整合集成计划、基层电子政务进村计划、现代农业信息科技计划、电子商务扩展计划和新型农民培训计划等。农业部编制了《全国农业农村信息化发展“十二五”规划》。该规划是“十二五”期间指导全国农业农村信息化发展的纲领性文件，是推进农业生产信息化、农业经营信息化、农业管理信息化和农业服务信息化的重要依据。

（二）主要内容

根据《全国农业农村信息化发展“十二五”规划》要求，2012年农业部着手完善农业农村信息服务体系，构建覆盖部、省、地（市）和县级的农业综合信息服务平台，推动完成12316中央级语音呼叫中心和短彩中心的建设，完成《中国农民手机报（政务版）》创办工作。

按照“年内全面完成‘金农工程’一期”的要求，2012年加大了实施力度。进一步完善了“金农工程”的领导和管理机制，理顺了职责，对中央本级、西部地区、东中部地区实行分类管理。积极开展了“金农工程”二期需求调研。

继续落实农业部《经济信息发布日历》制度，举办“2013年世界农业展望年会”，

打造“中国农业展望”品牌，定向提供农业外经贸信息服务。积极宣传农产品监测预警工作等最新成果，编辑出版《2012 年中国农产品市场分析报告》《2012 中国农产品贸易发展报告》《2012 国际农产品贸易统计年鉴》《2012 年国际农业研究报告》《2012 年农业产业损害监测预警分析报告》等。

中国农业信息网继续通过“供求一站通”“分析预测”“监测预警”“价格行情”“经济评述”等栏目发布农产品供求信息、价格变化、形势展望等农业贸易信息。中国农业外经外贸信息网通过更新“国际市场透视”“农业贸易谈判与救济”“农业贸易政策”“农业贸易研究”“农业会展”等栏目信息，全面提供农业多双边谈判、中国农产品对外贸易、国际市场农产品价格、国际农产品供需等外经外贸信息服务，展示农产品贸易问题研究最新成果，推介农产品国际国内展会。

会展服务

（一）会展认定和管理工作稳步实施

农业部继续强化了农业系统会展活动管理，印发了年度《农业部主办和参与举办的展览计划》，发布了 2012 年度农业部主办、合办和重点支持的 47 个展览会的相关信息。

中国贸促会农业行业委员会继续组织开展中国农业会展分类认定工作，完善了“农业会展信息与分类认定”网络系统和数据申报统计制度，建立了农业会展品牌建设工作机制，召开了“农业会展品牌建设工作交流及信息发布会”，发布了《中国农业会展指南》第二期（中英文版）。

（二）国内品牌农业会展规模继续扩大

2012 年，全国各地共举办中等规模以上农业展（博）览会 272 个，比上年度略有增加，其中综合性和专业性展览分别占 40.7% 和 59.3% （图 47）。

1. 综合性展览

第十届中国国际农产品交易会。展会主题为“加快现代农业建设，推进三化同步发展”。展览面积近 4.4 万米^2，分为综合展区、国际展区和专业展区 3 部分，设有综合、国际、专业合作社、农业科技、种子、现代农业装备、农垦、水产 8 个板块。来自包括台湾省在内的 32 个省（自治区、直辖市）及新疆生产建设兵团的 33 个展团以及美国、德国、澳大利亚、俄罗斯、韩国等 22 个国家和地区的共 2 000 多家企业参展。

中国绿色食品 2012 博览会。展出面积 1.2 万米^2，标准展位 505 个，参展展团 34 个，参展企业 1 077 家，参展产品 3 241 个，签订了多项贸易和投资合作意向。

2012 年中国（海南）国际热带农产品冬季交易会。主会场布展面积 9 万米^2，16 个国家（地区）的 211 家企业 89 类名优特产品参展，7 000 多名中外客商参会参展，签订了多项贸易和合作项目。

2012 安徽（合肥）农业产业化交易会。参展参会企业 1 200 多家，展示产品 6 489 种。展会现场销售和贸易洽谈并举，签订了

多项投资项目协议及贸易订单。

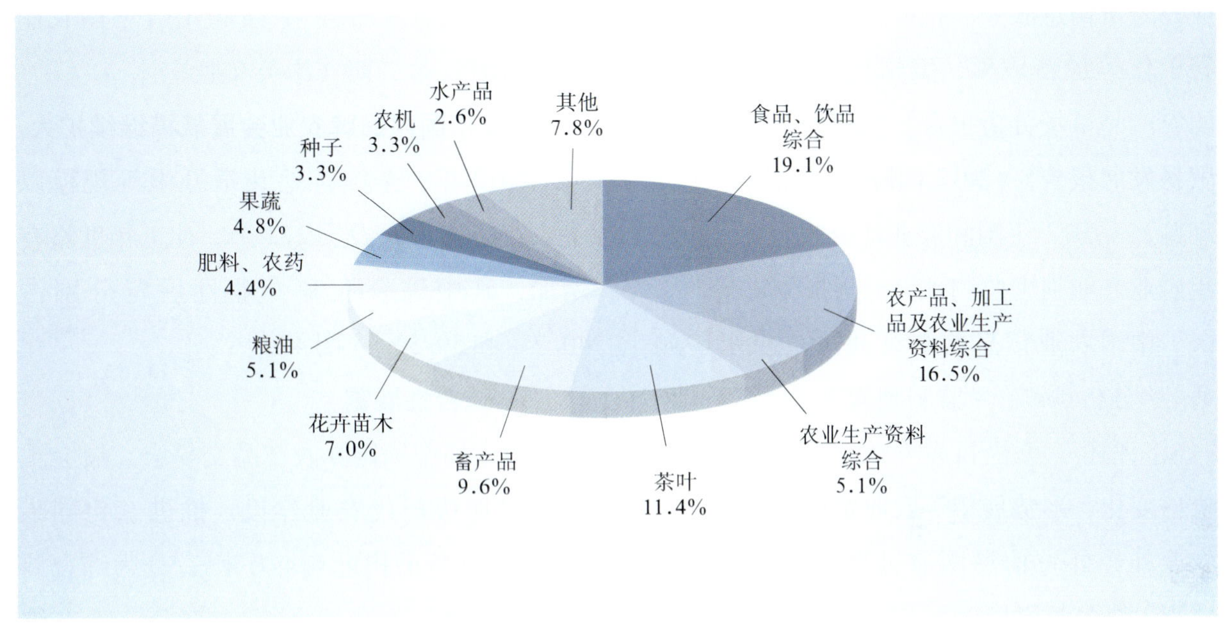

图 47　2012 年中国农业展览行业类别分布

2012 中国·贵阳特色农产品交易博览会。展会主题为“生态贵州、绿色产品”，900 余家企业参展，参展产品上万种。参展产品包括贵州茶叶、辣椒、大米、畜禽蛋奶等特色农产品及国内外众多名特优农产品。

2. 专业性展览

第十七届中国国际渔业博览会。展出面积 4.8 万米^2，44 个国家（地区）的 930 多家企业参展，含 18 个国家展团，其中境外企业近 400 家，境外参展面积约占总面积 40%。来自 80 多个国家（地区）的采购商、供应商、加工商、分销商和零售商等共 1.8 万多人次参观洽谈。

第五届中国国际种业博览会暨第八届中国沈阳农业博览会。主题为“绿色、和谐、交流、发展”，展出面积 4.5 万米^2，其中标准展位 1 500 个，特装面积 1.8 万米^2。来自美国、韩国、越南、德国等 14 个国家（地区）的 210 家企业和国内 19 省（自治区、直辖市）1 200 余家企业参展，涉及种业研发、生产、销售、种子机械、农用化学等领域。

第三届中国国际薯业展览会。展出面积 8 000 米^2，来自比利时、荷兰、德国、法国、爱尔兰、瑞典、美国、泰国、新加坡等 9 国及国内 22 省（自治区、直辖市）的 260 余家企业参展，甘肃、贵州、宁夏、四川等 26 省（自治区、直辖市）组团参观。展览全面展示薯类作物科研、生产、加工、储运、销售等各环节最新产品和技术。

第七届云南普洱茶国际博览交易会。展会以“健康云茶，世界共享”为主题，来自全国各地及海外的 500 余家茶企参会，展出面积 1.7 万米^2，展示了茶叶、茶具、包

装及茶文化等。

第五届中国·陕西（洛川）国际苹果博览会。参会企业210家，参观人数5万余人，产品总签约量近90万吨。同期还举办了国际苹果产业发展论坛。

第十三届国际果蔬·食品博览会。展会主题为“绿色、健康、未来”，设专业设备、东盟果蔬、台湾果蔬、种苗花卉、海洋食品等9个专业展区，国内外508家企业参展，展位825个，参会代表团45个，与会观众1万余人。

（三）国外市场促销活动持续推进

2012年，农业部有关部门组织各地农业企业参加海外会展活动逾30次，各省市农业部门组织海外参展推介活动60余次。其中规模较大的有：

法国国际食品及饮料展览会。河北、吉林、江苏、浙江、安徽、福建和新疆等省（自治区、直辖市）44家企业参展，展位面积327米^2。

欧洲海产品展览会。北京、辽宁、浙江、山东和湖北等省（自治区、直辖市）22家水产加工企业参展，展位面积224米^2，产品主要是加工类海产品及捕捞器具等。

马来西亚国际饮食品展。北京、浙江、山东和云南等省（自治区、直辖市）20余家农业企业参展，展位面积200多米^2，参展产品包括蔬菜、水果、茶叶、罐头和腌制蔬菜等加工农产品。

韩国国际食品展。江苏、浙江和山西等省23家农产品企业参展，展位面积216米^2。

美国国际优质食品展览会。江苏、浙江、福建、湖北、新疆等10省（自治区、直辖市）53家企业参展，展位面积180米^2。

澳大利亚国际食品展览会。天津、山西、辽宁、浙江、福建等省（自治区、直辖市）22家企业参展，展位面积162米^2。

意大利切塞纳国际果蔬博览会。北京、辽宁、广东和贵州等省（自治区、直辖市）7家企业参展，展位面积112米^2。

巴西国际食品展览会。山西、辽宁、江苏、浙江、陕西等省企业参展，展品包括食品饮料、酒店用品及设备、保鲜及冷冻冷藏设备、食品质量检测设备等。

产业损害预警与贸易救济争端

（一）产业损害监测预警体系建设取得新进展

农业部自2007年启动农业产业损害监测预警体系建设工作以来，体系队伍不断发展壮大，已经覆盖24个省（自治区、直辖市）的27个省级单位、100多个定点监测县市和5个全国性行业协会。随着体系建设工作的推进，监测预警的成果也持续积累，已经收集整理了2005—2012年重点产品监测数据和3个协会的监测报告。

（二）贸易救济和争端工作取得积极成效

2012年，中国农产品贸易救济和WTO争端解决工作取得新进展，有效维护了国内产业利益。

1. 胜诉中美暖水虾反倾销争端

2004年12月，美国开始对中国、巴西、泰国、印度、越南和厄瓜多尔等国输美暖水虾产品实施反倾销措施，其中对中国企业征收的反倾销税税率最高达112.81%。为了维护国内产业合法权益，2011年2月中国正式就美国对中国暖水虾产品反倾销向WTO提起诉讼，主要诉因是美国在反倾销调查中使用“归零法”计算倾销幅度的做法违反了WTO规则。

在中美双方磋商未果的情况下，2011年10月，WTO成立专家组审理该案。案件审理期间，中国商务部门与产业部门积极合作，收集并提供了大量证据，参加了两次WTO争端专家组听证会，认真答复了专家组问卷，全面论证中方观点。2012年6月8日，WTO专家组公布裁决报告，美国对中国暖水虾产品进行反倾销调查时使用“归零法”违反了WTO规则。该裁决标志着中国在中美暖水虾反倾销争端中胜诉。这是中国首次发起并胜诉的农产品反倾销的WTO贸易争端。

2. 有效应对欧盟对中国大豆蛋白反倾销调查

中国大豆蛋白出口依存度近50%，30%以上出口欧洲。2011年4月欧盟委员会根据大豆蛋白企业舒莱公司（Solae Europe S. A）的申诉，宣布对中国大豆蛋白产品启动反倾销调查。

经中国政府部门多次在双边场合与欧盟交涉以及国内大豆蛋白产业的积极应诉，2012年6月，欧盟委员会发布公告，宣布终止对中国大豆蛋白的反倾销调查且不采取任何反倾销措施。这标志着中国应对欧盟对中国大豆蛋白反倾销调查取得成功。

3. 对美国白羽肉鸡“双反”措施持续生效

自2010年8月和9月中国宣布对来自美国的白羽肉鸡产品实施反倾销和反补贴措施以来，有效约束了美国白羽肉鸡产品在中国市场的不公平竞争行为，维护了国内产业合法利益。2012年，美国向中国出口白羽肉鸡产品数量不足2009年的1/3。

（三）贸易救济和争端工作面临新任务

2012年中国农产品贸易救济和争端解决工作遭遇新挑战。一是中国对美国白羽肉鸡产品“双反”措施被美国诉至WTO争端解决机构，并在2012年进入WTO贸易争端专家审理程序，预计2013年第二季度该争端将得出裁决结果。二是墨西哥于2012年5月14日向WTO起诉中国“纺织品和服装生产和出口补贴”，中国对棉花的支持政策成为墨西哥挑战的对象。这是中国与农业有关的政策第一次被WTO发展中成员起诉。

世界农产品贸易与中国

2011年，在国际农产品价格全面快速上涨背景下，世界农产品贸易持续快速增长，出口额和进口额分别比上年增长18.8%和27.7%，总体贸易结构则维持了与上年基本相同的格局。中国农产品进口额和出口额占世界进口总额和出口总额比重均比上年有所上升，出口额排名超过加拿大升至世界第四位，贸易总额和进口额均继续居世界第三位。中国棉花进口在世界份额比上年有较快上升，蔬菜和水产品出口在世界份额比上年也有所上升。中国农产品出口和进口对世界农产品出口和进口增长的贡献率分别为5.3%和6.6%，均比上年有所下降。

贸易规模

（一）进出口额及其变化①

2011年，世界农产品出口额14 122.3亿美元，比上年增长18.8%；进口额15 119.2亿美元，增长27.7%（表78）。

世界农产品贸易额在世界商品贸易总额中的比重略有提高，从上年9.2%升至9.3%。

（二）出口量及其变化②

2011年，世界农产品出口量增速与上年相比有所下降，从增长8%降为增长4%，降低了4个百分点。但与同期农产品产量的增长率2%相比，出口量的增长显著快于农产品产量的增长。

2011年，世界各类商品出口量增长率与上年相比均有所下降。其中农产品出口量增长率比同期燃料和矿产品出口量增长率高2.5个百分点，但低于制成品出口量增长率2.5个百分点（表79）。

---

① 数据来源：联合国Comtrade数据库。本篇采用“中国农业部农产品贸易分类”中的农产品定义，对该数据库数据进行了分类，包括谷物、棉花、油籽、植物油、糖料及糖、饮品类、蔬菜、水果、坚果、花卉、茶叶、饼粕、干豆、畜产品、水产品和其他农产品。下同。

② 数据来源：WTO国际贸易统计（ITS）2012。

表 78　2005—2011 年世界农产品贸易额及增长率

单位：亿美元、%

年　份	进口总额	出口总额	进口增长率	出口增长率
2005	7 388. 4	7 130. 2	8. 0	8. 6
2006	8 188. 8	7 938. 1	10. 8	11. 3
2007	9 850. 5	9 494. 8	20. 3	19. 6
2008	11 891. 7	11 509. 2	20. 7	21. 2
2009	10 423. 5	10 298. 5	-12. 4	-10. 5
2010	11 835. 1	11 890. 4	13. 5	15. 5
2011	15 119. 2	14 122. 3	27. 7	18. 8

注：因联合国 Comtrade 数据库数据调整，本表所列 2005—2010 年数据与本系列报告之 2012 年报告中表 68 数据有差异。

数据来源：联合国 Comtrade 数据库。

表 79　2005—2011 年世界主要商品出口量和产量的增长率

单位：%

年　份	2005—2011	2009	2010	2011
世界商品出口量	3. 5	-12. 0	14. 0	5. 0
农产品	4. 0	-2. 0	8. 0	4. 0
燃料和矿产品	1. 5	-5. 5	5. 5	1. 5
制成品	4. 5	-15. 0	18. 5	6. 5
世界商品产量	2. 0	-5. 5	4. 5	2. 5
农产品	2. 0	0. 5	0. 0	2. 0
燃料和矿产品	0. 5	-1. 5	2. 0	1. 5
制成品	2. 0	-7. 5	6. 0	3. 0

数据来源：WTO 国际贸易统计（ITS）2012。

（三）出口价格水平及其变化

据国际货币基金组织出口产品价格指数，2011 年，大部分农产品出口价格均大幅上涨。就大类而言，食品出口价格指数比上年上涨 19. 7%，农业原料出口价格指数上涨 22. 7%。

食品中，谷物产品出口价格指数涨幅最大，为 38. 9%，其中玉米、小麦、大麦和大米出口价格指数分别比上年上涨 56. 9%、41. 4%、30. 8% 和 6%；食用油籽与饼粕出口价格指数上涨 22. 7%，其中大豆粕、葵花油、菜籽油、豆油、大豆、棕榈油和花生出口价格指数分别上涨 39. 3%、36. 8%、35. 1%、31. 4%、25. 9%、25. 2% 和 14. 3%，橄榄油出口价格指数下跌 3. 3%；肉类总体出口价格指数上涨 14. 8%，其中牛肉和猪肉

出口价格指数上涨较快，分别上涨20.2%和19.6%，羊肉和禽肉出口价格指数略有上涨，分别上涨2.4%和1.7%；水产品总体出口价格指数下跌2.3%，其中鱼类出口价格指数下跌3.8%，虾出口价格指数上涨9.9%。

饮料中，咖啡和茶叶出口价格指数分别上涨39.7%和9.3%，可可出口价格指数下跌4.9%。

农业原料产品中，棉花和羊毛出口价格指数分别上涨49.3%和53.2%。

贸易结构

（一）区域结构[①]

1. 各区域贸易比重及其变化

2011年，世界主要贸易区域的农产品出口额均比上年有较快增长。其中独联体、亚洲和中南美洲出口额增幅较大，分别为30.7%、30.2%和25.4%，均高于世界21.5%的平均水平[②]；北美洲、非洲、欧洲和中东地区农产品出口额增幅较小，分别为17.8%、17.8%、17.1%和15.2%，低于世界平均水平。

从出口额看，欧洲仍是世界最大农产品出口区域，其出口额占世界农产品出口总额的40.4%，其后依次为亚洲、北美洲、中南美洲，分别占世界的23%、15.1%和12.4%，非洲、独联体和中东出口额占世界均不足4%。与上年相比，亚洲、中南美洲、独联体和中东农产品出口额占世界比重略升，分别提高1.5个、0.4个、0.3个和0.3个百分点；欧洲、北美洲和非洲出口额占世界比重有所下降，分别降低1.5个、0.6个和0.4个百分点。

从进口额看，欧洲仍是世界最大农产品进口区域，其进口额占世界农产品进口总额41.8%；亚洲居第二，占27.4%；北美洲居第三，占11.9%；中南美洲、非洲、独联体和中东进口额占世界比重均不足6%。与上年相比，亚洲、中南美洲和非洲进口额占世界农产品进口总额比重略升，分别提高1.6个、0.2个和0.4个百分点，欧洲、北美洲和中东占比分别降低了1.3个、0.2个和0.6个百分点，独联体进口额占世界比重与上年保持不变（表80）。

---

① 本部分数据来源于WTO国际贸易统计（ITS）2012。农产品采用WTO Yearbook2012中定义，即SITC第三次修订版中第0、1、2和4章中除第27、28节外之产品。以下所有采用WTO国际贸易统计（ITS）数据均按此定义，该定义中农产品含天然橡胶（第23节）、软木与木材（第24节）、纸浆和废纸（第25节）等林产品，按此定义计算的中国农产品进口额远高于按“中国农业部农产品贸易分类”中农产品定义计算的进口额。下同。

WTO资料将世界分为北美洲、中南美洲、欧洲、独联体、非洲、中东和亚洲7区域。其中北美洲包括加拿大、美国、墨西哥3国；中南美洲包括中美7国、加勒比海17国和南美12国；欧洲包括欧盟27国，挪威、瑞士等其他西欧4国和阿尔巴尼亚、罗马尼亚、土耳其等东南欧8国；独联体包括俄罗斯、乌克兰、乌兹别克斯坦等12国；中东包括伊拉克、伊朗、沙特阿拉伯等13国；亚洲包括中国、日本、韩国、印度等国（地区）及澳大利亚、新西兰等大洋洲共36国（地区）。

② 因数据来源和农产品定义不同，此增长率与据联合国Comtrade数据库和中国农业部农产品定义计算所得数据有差异。

表 80　2010—2011 年世界农产品贸易区域结构

单位:%

区　域	出口额占世界农产品出口总额比重			进口额占世界农产品进口总额比重		
	2010 年	2011 年	变化	2010 年	2011 年	变化
欧　洲	41.9	40.4	-1.5	43.1	41.8	-1.3
亚　洲	21.5	23.0	1.5	25.8	27.4	1.6
北美洲	15.7	15.1	-0.6	12.1	11.9	-0.2
中南美洲	12.0	12.4	0.4	3.9	4.1	0.2
非　洲	4.0	3.6	-0.4	5.1	5.5	0.4
独联体	3.3	3.6	0.3	4.1	4.1	0.0
中　东	1.6	1.9	0.3	5.9	5.3	-0.6

数据来源：WTO 国际贸易统计（ITS）2012。分类方法同前。

2. 区域间贸易流向及其变化

2011 年，世界区域间农产品贸易流向仍相对集中在北美洲、中南美洲、亚洲和欧洲 4 个区域之间。按照区域间出口额大小排序，前五位依次为：北美洲出口至亚洲 959 亿美元，中南美洲出口至亚洲 543.3 亿美元，中南美洲出口至欧洲 522.4 亿美元，亚洲出口至欧洲 517.5 亿美元，欧洲出口至亚洲 466 亿美元。

与上年相比，农产品区域间贸易流量均增长较快，其中增长最快的是中南美洲出口至亚洲和欧洲出口至亚洲，增幅均为 29.7%；其次是亚洲出口至欧洲，增长 27.3%；随后是亚洲出口至北美洲，增长 26.3%；中南美洲出口至欧洲、欧洲出口至非洲及非洲出口至欧洲增幅均略高于 22%；北美洲出口至亚洲贸易流量也增长近 20%（表 81）。

表 81　2010—2011 年主要区域间农产品贸易流向

单位：亿美元、%

贸易流向	2010 年	2011 年	比上年增长
北美洲→亚洲	799.9	959.0	19.9
中南美洲→亚洲	418.8	543.3	29.7
中南美洲→欧洲	426.7	522.4	22.4
亚洲→欧洲	406.5	517.5	27.3
欧洲→亚洲	359.2	466.0	29.7
亚洲→北美洲	340.3	429.9	26.3
中南美洲→北美洲	220.1	277.2	26.0
欧洲→北美洲	230.5	263.5	14.3
欧洲→非洲	207.0	253.0	22.2
非洲→欧洲	203.0	248.2	22.3
北美洲→欧洲	211.2	238.7	13.0

数据来源：WTO 国际贸易统计（ITS）2012。分类方法同前。

欧洲仍是农产品净进口区域，其区域外出口市场主要是亚洲和北美洲，出口额分别占欧洲向区域外出口总额的31.5%和17.6%，出口亚洲的比重较上年略升，而出口北美洲的比重略降；区域外进口来源地主要为中南美洲、亚洲、非洲和北美洲，其中自中南美洲和亚洲进口较多，分别占欧洲区域外进口总额的30.9%和30.6%，自中南美洲进口所占比重略降，自亚洲进口所占比重略升。

亚洲仍是农产品净进口区域，其区域外主要出口市场仍为欧洲和北美洲，出口额分别占亚洲向区域外出口总额的33.4%和27.7%，出口欧洲和北美洲所占比重均比上年略降；区域外主要进口来源地仍是北美洲、中南美洲和欧洲，其中北美洲最大，占亚洲区域外进口总额的42.6%，所占比重降低2.5个百分点。

北美洲和中南美洲农产品贸易均继续保持顺差状态。北美洲农产品区域外主要出口市场仍是亚洲、欧洲和中南美洲，其出口额分别占北美区域外出口总额的61.4%、15.3%和11.1%，其中出口亚洲所占比重略升，出口欧洲所占比重略降，出口中南美洲所占比重持平；区域外主要进口来源地仍是亚洲、欧洲和中南美洲，其进口额分别分别占北美区域外进口总额的42.3%、25.9%和27.6%，与上年相比，自亚洲和中南美洲进口所占比重略升，自欧洲进口比重略降。中南美洲区域外主要出口市场仍是亚洲、欧洲和北美洲，其出口额分别占中南美洲区域外出口总额的31.9%、30.7%和16.3%，与上年相比，出口欧洲和北美洲所占比重略降，出口亚洲的比重略升；其区域外主要进口来源地是北美洲、欧洲和亚洲，其进口额分别占中南美洲区域外进口总额的34.6%、13.2%和13%，与上年相比，自北美洲和欧洲进口所占比重略降，自亚洲进口比重与上年持平。

非洲、独联体和中东农产品区域外主要出口市场和进口来源地仍相对集中在欧洲和亚洲，区域间贸易流量相对较小，但均比上年有较快增长。

3. 区域内贸易比重及其变化

2011年，区域内农产品贸易占世界农产品贸易55.7%，比重与上年相比进一步降低1.4个百分点。其中欧洲区域内农产品出口占欧洲农产品出口总额比重最大，为77.8%，提高0.1个百分点；其次是亚洲地区，占其出口总额的59.3%，提高0.1个百分点；中东占其出口总额的54.7%，位居第三，降低7.5个百分点；北美洲占其出口总额的37.8%，降低0.6个百分点；独联体占其出口总额的37.4%，降低2个百分点；非洲和中南美洲分别占其出口总额的20.4%和17%，前者比重比上年降低0.5个百分点，后者比重比上年提高0.2个百分点。

（二）产品结构①

1. 各类农产品出口比重及变化

2011年，畜产品、园艺产品、水产品、谷物、植物油和食用油籽出口额合计占全部

① 数据来源：联合国Comtrade数据库。从世界范围看，同类产品进出口额基本平衡，故本节主要从出口额描述世界农产品贸易产品结构。

农产品出口总额的60.2%，比重与上年基本持平。其中畜产品所占比重最大，为18%；其次为园艺产品，占13.1%；水产品居第三位，占9.7%；谷物、植物油和食用油籽分别为8.4%、6.1%和5%。棉花、植物油、谷物、食糖、畜产品、食用油籽出口额占全部农产品出口总额比重略升，干豆、水果、蔬菜、花卉、水产品、饼粕、坚果出口额比重略降。

2. 各类农产品的主要出口产品

（1）畜产品。2011年，出口总额2 535.8亿美元，占世界农产品出口总额的比重为18%，比上年提高0.1个百分点。猪及制品、牛羊及制品、禽及制品、乳制品和动物生皮出口额合计2 198亿美元，占世界畜产品出口总额的86.7%，比重提高1个百分点。其中乳制品出口额750.9亿美元，占世界畜产品出口总额的29.6%，位居首位；其次为牛羊及制品，出口额581.8亿美元，占22.9%；猪及制品位居第三，出口额416亿美元，占16.4%；禽及制品和动物生皮出口额分别为371.4亿美元和77.9亿美元，分别占16.4%和3.1%。

（2）园艺产品。2011年，蔬菜、水果、花卉和茶叶出口额合计1 848.8亿美元，占世界农产品出口总额的13.1%，降低0.9个百分点。其中蔬菜出口额801.5亿美元，占世界园艺产品出口额的43.4%，居首位；其次为水果，出口额773.8亿美元，占41.9%；花卉和茶叶出口额分别为206.8亿美元和67亿美元，分别占11.2和3.6%。

（3）水产品。2011年，水产品出口额1 369.5亿美元，占世界农产品出口总额的9.7%，降低0.9个百分点。冻鱼片、冻鳕鱼、加工河鳗和对虾出口额合计282.3亿美元，占世界水产品出口总额的20.6%，比重与上年基本持平。其中冻鱼片出口额居首位，为137.1亿美元，占世界水产品出口额的10%；其次是对虾，出口额105.8亿美元，占7.7%；加工河鳗和冻鳕鱼出口额分别占2%和0.8%。

（4）谷物。2011年，谷物出口额1 182亿美元，占世界农产品出口总额的8.4%，比重比上年提高0.9个百分点。小麦、稻米和玉米出口额合计1 062.9亿美元，占世界谷物出口额的90.7%，比重与上年基本持平。其中小麦居首位，出口额520.7亿美元，占世界谷物出口额的44.1%；其次为玉米，出口额347.8亿美元，占29.4%；稻米第三，出口额194.4亿美元，占16.4%。

（5）油料产品。2011年，食用油籽出口额700.2亿美元，占世界农产品出口总额的5%，比重与上年基本持平。其中大豆出口额457.4亿美元，占世界食用油籽出口总额的65.3%。植物油出口额865.9亿美元，占6.1%，所占比重较上年提高0.7个百分点。其中棕榈油和豆油出口额合计517.6亿美元，分别占世界植物油出口额的45.5%和14.3%。

（三）市场结构

1. 主要贸易市场比重及变化①

从出口规模看，2011年，欧盟27国农

① 数据来源：WTO国际贸易统计（ITS）2012。分类方法同前。

产品出口额仍居首位，为6 258.9亿美元，占世界农产品出口总额的37.7%，比重比上年降低1.4个百分点；其次是美国，出口额1 682.1亿美元，占10.1%，比重降低0.4个百分点；巴西位居第三，出口额864.6亿美元，占5.2%，比重提高0.2个百分点；中国超过加拿大首次升至第四位，出口额646.1亿美元，占3.9%，比重提高0.1个百分点；加拿大位居第五，出口额601.4亿美元，占3.6%，比重提高0.2个百分点。排名前十五位的国家和地区农产品出口额合计13 522.9亿美元，占世界农产品出口总额的81.5 %，比重提高0.4个百分点。

2011年，出口额位居世界前十五位的国家和地区农产品出口额均比上年有较快增长，其中印度最快，为48.5%；之后是俄罗斯、泰国、马来西亚、印度尼西亚、阿根廷、巴西、澳大利亚和中国，增幅均超过20%。

从进口规模看，2011年，欧盟27国农产品进口额仍居首位，为6 540亿美元，占世界农产品进口总额的40.7%，比上年提高1.6个百分点；中国超过美国成为第二大农产品进口国，进口额1 447.2亿美元①，占9%，比重提高1.4个百分点；美国居第三，进口额1 371.6亿美元，占8.5 %，比重提高0.3个百分点；日本居第四，进口额958.1亿美元，占6%，比重提高0.6个百分点；俄罗斯居第五，进口额408.1亿美元，占2.5 %，比重降低0.1个百分点。排名前十五位的国家和地区农产品进口额合计13 104.3亿美元，占世界农产品进口总额的75.1%，比上年降低0.6个百分点。

2011年，进口额位居世界前十五位的国家和地区农产品进口额均比上年有较快增长。其中中国、印度尼西亚、马来西亚、土耳其和韩国的增幅均超过30%；欧盟、美国、俄罗斯和加拿大增长15%左右。

2. 各类农产品的主要贸易市场②

（1）畜产品。主要出口国是美国、德国、荷兰、法国和巴西，5国出口额合计1 099.2亿美元，占世界畜产品出口总额的43.3%。主要进口国是德国、意大利、日本、英国和中国，5国进口额合计794亿美元，占世界畜产品进口总额的33.6%。

猪及制品。主要出口国是德国、美国、丹麦、荷兰和西班牙，5国出口额合计251.7亿美元，占世界猪及制品出口总额的60.5%，5国分别占15.2%、13.5%、12.2%、10.6%和9%。主要进口国是日本、德国、意大利、俄罗斯和英国，5国进口额合计172亿美元，占世界同类产品进口总额的43.3%，其中日本和德国分别占世界的13.4%和10.4%。

牛羊及制品。主要出口国是澳大利亚、美国、巴西、新西兰和荷兰，5国出口额合

① 本节采用WTO Yearbook 2012中的农产品定义。分类方法同前。按此定义计算的中国农产品进口额远高于按“中国农业部农产品贸易分类”中农产品定义计算的进口额。

② 数据来源：联合国Comtrade数据库2011年数据。

计267.4亿美元，占世界牛羊及制品出口总额的46%；其中澳大利亚、美国和巴西分别占世界的12.5%、9.9%和9.5%。主要进口国是美国、意大利、日本、德国和俄罗斯，5国进口额合计201.5亿美元，占世界牛羊及制品进口总额的36.9%；其中美国和意大利分别占世界的10.3%和9.2%。

乳制品。主要出口国是德国、新西兰、荷兰、法国和比利时，5国出口额合计398亿美元，占世界乳制品出口总额的53%，其中德国、新西兰和荷兰分别占世界的13.8%、12.5%和11%。主要进口国是德国、意大利、比利时、荷兰和法国，5国进口额合计240.6亿美元，占世界乳制品进口总额的34%，其中德国和意大利分别占10.2%和7.3%。

动物生皮。主要出口国是美国、澳大利亚、法国、德国和英国，5国出口额合计43.7亿美元，占世界动物生皮出口总额的56.1%；其中美国和澳大利亚分别占世界的29.6%和17.1%。主要进口国是中国、意大利、韩国和土耳其，4国进口额合计49.8亿美元，占世界动物生皮进口总额的64.2%；其中中国和意大利分别占世界的35.8%和17.1%。

（2）谷物。主要出口国是美国、法国、阿根廷、加拿大和澳大利亚，5国出口额合计638.6亿美元，占世界谷物出口总额的54%。主要进口国是日本、墨西哥、埃及、尼日利亚和印度尼西亚，5国进口额合计310.3亿美元，占世界谷物进口总额的33.6%。

玉米。主要出口国是美国、阿根廷、巴西、法国和乌克兰，5国出口额合计262.4亿美元，占世界玉米出口总额的75.5%；其中美国和阿根廷占世界的40.8%和13.3%。主要进口国是日本、墨西哥、韩国、埃及和西班牙，5国进口额合计148.1亿美元，占世界玉米进口额的42.2%。其中日本、墨西哥和韩国分别占世界的15.3%、8.8%和7.2%。

稻米。出口国相对集中，主要是泰国、印度、越南、美国和巴基斯坦，5国出口额合计183.9亿美元，占世界稻米出口总额的79.2%；其中泰国、印度和越南分别占世界的28%、17.6%和15.8%。进口国较为分散，主要是尼日利亚、印度尼西亚、阿联酋、沙特阿拉伯和伊朗，5国进口额合计65亿美元，占世界稻谷进口总额的35.5%；其中尼日利亚、印度尼西亚和阿联酋分别占世界的9%、8.3%和6.7%，均不足10%。

小麦。出口国比较集中，主要是美国、法国、加拿大、澳大利亚和俄罗斯，5国出口额合计339.1亿美元，占世界小麦出口总额的65.1%；其中美国、法国、加拿大和澳大利亚分别占世界的21.7%、13.7%、11.3%和11%，比重均超过10%。进口国较为分散，主要是尼日利亚、埃及、阿尔及利亚、日本和意大利，5国进口额合计149亿美元，占世界小麦进口总额的30.5%；其中尼日利亚进口额最大，占世界的7.1%。

（3）园艺产品

水果。主要出口国是西班牙、美国、中

国、荷兰和智利，5国出口总额合计305.9亿美元，占世界水果出口总额的39.5%；其中西班牙和美国分别占世界的9.7%和9.5%。主要进口国是美国、德国、荷兰、俄罗斯和英国，5国进口额合计346.5亿美元，占世界水果进口总额的43.4%，其中美国和德国分别占世界的12.4%和10.4%。

茶叶。主要出口国是斯里兰卡、肯尼亚①、中国、印度和英国，5国出口额合计48.4亿美元，占世界茶叶出口总额的72.3%；其中斯里兰卡、肯尼亚、中国和印度出口额分别为14.8亿美元、12.7亿美元、9.7亿美元和8.7亿美元，分别占世界的22.1%、18.9%、14.4%和12.9%。主要进口国是俄罗斯、阿拉伯联合酋长国②、英国、美国和巴基斯坦，5国进口额合计23.7亿美元，占世界茶叶进口总额的39.7%；其中俄罗斯、阿拉伯联合酋长国、英国和美国进口额分别为6.3亿美元、4.9亿美元、4.6亿美元和4.4亿美元，分别占世界的10.5%、8.2%、7.7%和7.4%。

蔬菜。主要出口国是中国、荷兰、西班牙、美国和墨西哥，5国出口额合计405.5亿美元，占世界蔬菜出口总额的50.6%；其中中国、荷兰和西班牙出口额分别为116.8亿美元、106.3亿美元和73.9亿美元，分别占世界的14.6%、13.3%和9.2%。主要进口国是美国、德国、英国、法国和日本，5国进口额合计350亿美元，占世界蔬菜进口总额的45.2%；其中美国和德国进口额109.4亿美元和84.4亿美元，分别占世界的14.1%和10.9%。

花卉。主要出口国是荷兰、哥伦比亚和德国，3国合计出口额133.8亿美元，占世界花卉出口总额的64.7%；其中最大出口国荷兰出口额111.2亿美元，占世界的53.8%。主要进口国是德国、美国、荷兰、英国和法国，5国花卉进口额合计98.9亿美元，占世界花卉进口总额52%；其中德国、美国和荷兰进口额分别为32.7亿美元、17.9亿美元和17.8亿美元，分别占世界的17.2%、9.4%和9.4%。

（4）水产品。主要出口国是中国、泰国、挪威、美国和智利，5国出口额合计519.7亿美元，占世界水产品出口总额的37.9%；其中中国、泰国和挪威出口额分别为197.6亿美元、117.6亿美元和94.5亿美元，分别占世界的14.4%、8.6%和6.9%。主要进口国是美国、日本、西班牙、中国和法国，5国进口额合计693.9亿美元，占世界水产品进口总额的46.1%；其中美国、日本和西班牙进口额分别为238.2亿美元、203.9亿美元和91.5亿美元，占世界的15.8%、13.5%和6.1%。

（5）食糖。主要出口国是巴西、泰国、

① 2011年肯尼亚茶叶出口额数据源于新华社报道：Kenya's tea export earnings hit 1.27 billion USD in 2011，http://in2eastafrica.net/kenyas-tea-export-earnings-hit-1-27-billion-usd-in-2011。

② 2011年阿拉伯联合酋长国茶叶进口额数据源于报道：Tea re-export is a promising trade activity in UAE，http://www.msmenewsnetwork.com/index.php/middle-east-africa/news/item/1055-tea-re-export-is-a-promising-trade-activity-in-uae。

印度、法国和墨西哥，5国出口额合计234.8亿美元，占世界食糖出口总额的68.2%；其中巴西和泰国出口额分别为149.4亿美元和36.5亿美元，分别占世界的43.4%和10.6%。主要进口国是美国、中国、俄罗斯、印度尼西亚和尼日利亚，5国进口额合计98.4亿美元，占世界食糖进口总额的29.4%；其中，美国和中国进口额分别为29.1亿美元和19.4亿美元，分别占世界的8.7%和5.8%。

（6）棉花。主要出口国是美国、印度、澳大利亚、巴西和巴基斯坦，5国出口额合计164.8亿美元，占世界棉花出口总额的80.3%；其中美国、印度和澳大利亚出口额分别为85亿美元、34.5亿美元和24.8亿美元，分别占世界的41.4%、16.8%和12.1%。主要进口国是中国、土耳其、印度尼西亚、泰国和韩国，5国进口额合计151.7亿美元，占世界棉花进口总额的69.3%；其中最大进口国中国进口额95.2亿美元，占世界的43.5%，其次是土耳其和印度尼西亚，分别占世界的8.5%和8.3%。

（7）油料产品

食用油籽。主要出口国是美国、巴西、加拿大、阿根廷和巴拉圭，5国出口额合计为509.4亿美元，占世界食用油籽出口总额的72.8%；其中，美国和巴西的出口额分别为193亿美元和164.4亿美元，分别占世界的27.6%和23.5%。主要进口国是中国、德国、荷兰、日本和墨西哥，5国进口额合计477.4亿美元，占世界食用油籽进口总额62.7%；其中最大进口国中国进口额314.5亿美元，占世界的41.3%，德国进口额48.7亿美元，占世界的6.4%。

植物油。主要出口国是印度尼西亚、马来西亚、阿根廷、荷兰和西班牙，5国出口额合计540.8亿美元，占世界植物油出口总额的62.5%；其中印度尼西亚和马来西亚出口额分别为203.3亿美元和193亿美元，分别占世界的23.5%和22.3%。主要进口国是中国、印度、美国、德国和荷兰，5国进口额合计343.8亿美元，占世界植物油进口总额的41.7%；其中最大进口国中国进口额102.2亿美元，占世界的12.4%，印度和美国进口额分别为92.3亿美元和63.5亿美元，占世界的11.2%和7.7%。

中国在世界农产品贸易中的地位

（一）贸易位次及其变化①

2011年，中国农产品贸易总额1 579.9亿美元，在世界农产品贸易总额中位居欧盟和美国之后继续居第三位，其中进口总额938.7亿美元，排欧盟和美国之后继续居第三位②；出口总额641.2亿美元，排欧盟、美国、巴西之后，超越加拿大，升至第

① 数据来源：联合国Comtrade数据库。

② 按WTO国际贸易统计（ITS）2012年数据，2011年中国农产品进口额1 447.2亿美元，超过美国居世界第二位。其区别在于WTO国际贸易统计中的农产品定义更宽泛。分类方法同前。

四位。

从进口额看，2011 年，中国食用油籽、植物油、棉花和动物生皮进口额位次与上年相同，仍排世界该类产品进口额首位；食糖从第五位升至第二位，干豆从第四位升至第三位，水产品由第五位升至第四位，稻米从第二十二位升至第十三位；禽及其制品从第八位降至第十位。

从出口额看，2011 年，中国水产品、蔬菜、茶叶、水果、食用油籽、禽及其制品出口额在世界同类产品出口额中位次与上年相同，水产品和蔬菜继续居首位，干豆由第三位升至第二位，茶叶和水果居第三位；食用油籽、禽及其制品分别居第六和第七位；稻米由第八位升至第七位，小麦由第三十二位升至第三十位；坚果位次下降 1 位；玉米位次与上年相同（表 82）。

表 82 中国农产品贸易在世界农产品贸易中位次及变化

产品类别	进口额		产品类别	出口额	
	2010 年	2011 年		2010 年	2011 年
全部农产品			全部农产品		
食用油籽	1	1	水产品	1	1
植物油	1	1	蔬　菜	1	1
棉　花	1	1	干　豆	3	2
动物生皮	1	1	茶　叶	3	3
食　糖	5	2	水　果	3	3
干　豆	4	3	坚　果	5	6
水产品	5	4	食用油籽	6	6
禽及其制品	8	10	禽及其制品	7	7
稻　米	22	13	稻　米	8	7
			小　麦	32	30
			玉　米	32	32

数据来源：联合国 Comtrade 数据库。

（二）贸易份额及其变化[①]

进口方面，2011 年，中国仍是棉花、食用油籽和植物油的最大进口国，进口额分别占世界同类产品进口总额的 43.5%、41.3% 和 12.4%。大类产品中，饼粕和蔬菜进口占世界同类产品的份额与上年持平，

① 数据来源：联合国 Comtrade 数据库。

食用油籽、植物油、坚果和谷物进口额所占比重降低不足1个百分点，其余产品进口额占世界比重均有不同程度提高，其中提高1个百分点以上的产品包括棉花、食糖、和干豆，其中棉花比重提高5.3个百分点。

出口方面，2011年，中国蔬菜、水产品、茶叶和干豆出口额占世界同类产品出口额份额继续超过10%，分别为14.6%、14.4%、14.4%和12.7%。大类产品中，出口额占世界的份额提高1个百分点以上的产品包括水产品、茶叶、干豆和蔬菜；饼粕降低约1个百分点（表83）。

表83　中国农产品贸易在世界农产品贸易中份额及变化

单位:%

产品类别	占该产品世界进口总额的份额		产品类别	占该产品世界出口总额的份额	
	2010年	2011年		2010年	2011年
全部农产品	6.1	6.2	全部农产品	4.4	4.5
棉　花	38.2	43.5	蔬　菜	13.4	14.6
食用油籽	42.2	41.3	水产品	12.3	14.4
植物油	13.3	12.4	茶　叶	12.5	14.4
食　糖	3.3	5.8	干　豆	10.8	12.7
畜产品	4.7	5.5	水　果	6.6	7.4
水产品	5.2	5.5	坚　果	4.1	3.9
干　豆	3.7	5.0	食用油籽	2.6	2.5
水　果	2.2	2.9	畜产品	2.2	2.3
坚　果	3.1	2.3	花　卉	1.2	1.1
饼　粕	1.8	1.8	饼　粕	1.9	0.8
茶　叶	0.8	1.0	谷　物	0.8	0.7
谷　物	1.7	0.9	棉　花	0.1	0.4
花　卉	0.6	0.7	植物油	0.3	0.3
蔬　菜	0.3	0.3	食　糖	0.2	0.1
其他农产品	2.5	2.9	其他农产品	3.2	3.3

数据来源：联合国Comtrade数据库。

（三）对世界农产品出口增长的贡献

2011年，中国农产品出口增长对世界农产品出口增长的贡献率为5.3%，比上年降低2个百分点。

分产品看，茶叶、水产品、蔬菜和水果出口增长对世界同类产品出口增长的贡献率

较大，分别为 41.8%、38.8%、29% 和 13.1%；畜产品、食用油籽、坚果、棉花、花卉、谷物和植物油出口增长对世界同类产品的出口增长也均有正的贡献，但比重不大（表 84）。

表 84　中国农产品出口对世界农产品出口增长的贡献率

单位：%

产品类别	出口增长率				占世界农产品出口额比重		出口增长贡献率	
	2002—2011 年		2010—2011 年		2002 年	2010 年	2002—2011 年	2010—2011 年
	中国	世界	中国	世界				
全部农产品	259.8	203.7	22.8	18.8	3.8	4.4	4.9	5.3
茶　叶	190.9	263.0	23.1	6.9	18.0	12.5	13.1	41.8
水产品	267.7	144.4	27.3	8.7	9.6	12.3	17.8	38.8
蔬　菜	341.9	160.1	17.6	8.1	8.6	13.4	18.3	29.0
水　果	484.2	178.5	27.8	14.0	3.5	6.6	9.6	13.1
畜产品	130.6	170.8	26.7	19.3	2.7	2.2	2.1	3.0
食用油籽	150.1	347.5	18.5	20.5	4.6	2.6	2.0	2.3
坚　果	202.1	356.7	6.9	13.0	5.8	4.1	3.3	2.2
棉　花	-53.8	438.8	681.8	42.5	4.5	0.1	-0.6	1.1
花　卉	431.8	124.7	11.4	16.9	0.5	1.2	1.6	0.8
谷　物	64.1	251.8	17.0	33.4	1.5	0.8	0.4	0.4
植物油	277.5	477.9	48.3	34.5	0.4	0.3	0.3	0.4
食　糖	-35.7	352.5	-19.8	20.2	1.0	0.2	-0.1	-0.2
饼　粕	1.7	244.6	-47.9	15.0	2.9	1.9	0.0	-6.0
干　豆	195.1	235.5	12.7	-3.6	14.4	10.8	11.9	-38.1
其他农产品	320.0	190.7	23.0	18.7	2.3	3.2	3.9	4.0

注：中国某类农产品出口贡献率 =（中国该类农产品出口增长率 × 期初中国同类农产品出口额占世界同类农产品出口额比重）/世界同类农产品出口总额增长率。

数据来源：联合国 Comtrade 数据库。

（四）对世界农产品进口增长的贡献

2011 年，中国农产品进口增长对世界农产品进口增长继续发挥着重要作用，但贡献程度稍有下降，为 6.6%，降低 8.8 个百分点。

分产品看，棉花、食用油籽和干豆进口

增长对世界同类农产品进口增长贡献率较大，分别为 54.8%、36.7% 和 26.2%；食糖和畜产品也超过 10%。植物油、水产品、茶叶、水果、饼粕、花卉、蔬菜和谷物进口增长对世界同类农产品进口额增长也均有正的贡献，但贡献率相对不大（表 85）。

表 85 中国农产品进口对世界农产品进口增长的贡献率

单位:%

产品类别	进口增长率				占世界农产品进口额比重		进口增长贡献率	
	2002—2011 年		2010—2011 年		2002 年	2010 年	2002—2011 年	2010—2011 年
	中国	世界	中国	世界				
全部农产品	650.0	209.2	30.3	27.7	2.6	6.1	8.0	6.6
棉　花	4 886.4	338.4	66.9	46.7	3.8	38.2	55.2	54.8
食用油籽	1 089.2	369.0	18.2	21.0	16.3	42.2	48.0	36.7
干　豆	1 265.7	350.4	45.8	6.4	1.7	3.7	6.0	26.2
食　糖	715.0	348.3	114.5	23.4	3.2	3.3	6.6	16.4
畜产品	359.8	161.3	37.9	17.1	3.1	4.7	7.0	10.4
植物油	627.0	441.3	24.7	33.3	9.3	13.3	13.2	9.9
水产品	245.9	104.6	22.4	15.5	3.2	5.2	7.6	7.5
水　果	738.5	153.6	47.3	14.6	0.9	2.2	4.2	7.3
茶　叶	2 096.1	207.4	24.5	5.5	0.1	0.8	1.4	3.7
饼　粕	43 012.5	237.3	6.9	6.9	0.0	1.8	2.6	1.8
花　卉	290.8	92.8	23.8	14.7	0.3	0.6	1.0	1.0
蔬　菜	207.8	143.0	20.1	9.5	0.2	0.3	0.3	0.6
谷　物	313.3	628.0	33.8	143.3	1.7	1.7	0.8	0.4
坚　果	629.0	269.3	-12.6	17.9	1.2	3.1	2.7	-2.2
其他农产品	622.9	184.1	36.7	19.5	1.1	2.5	3.9	4.8

注：中国某类农产品进口贡献率 =（中国该类农产品进口增长率 × 期初中国同类农产品进口额占世界同类农产品进口额比重）/世界同类农产品进口总额增长率。

数据来源：联合国 Comtrade 数据库。

专论

近年来世界谷物价格变化分析

近年来，世界谷物价格在高位上剧烈波动，对谷物生产、消费和贸易都产生了显著影响，引起国际社会对全球粮食安全问题的高度关注。本专题以小麦、玉米和大米3种谷物的国际价格为研究对象，分析其变化的特点和原因，并对未来世界谷物价格变化趋势做出展望。

近年来世界谷物价格变化特点

根据世界银行①和联合国粮农组织（FAO）发布的统计数据，世界谷物价格变化表现出以下主要特点：

（一）实际价格由过去持续多年的下跌转为上涨

自20世纪70年代中期至20世纪80年代中期，世界谷物实际价格②整体呈下降趋势，之后在低位震荡。进入21世纪以后，谷物实际价格开始上升，特别是从2006年开始，实际价格快速上涨，但仍低于20世纪70年代的最高水平（图48）。

（二）名义价格在大幅波动中上升

近年来，世界谷物名义价格经历了3次大幅涨跌，呈明显上涨趋势。小麦、玉米和大米价格从2007年下半年开始飙升，在2008年上半年先后达到阶段性高点，分别比2007年年初上涨了131%、73%和215%。2008年全球金融危机爆发后，谷物价格大幅度回落。2010年6月以后，谷物价格开始进入强劲反弹阶段，在一年内小麦、玉米和大米价格分别上涨了84.8%、105%和32.3%，总体上已接近2008年的最高水平，玉米价格则超过了2008年的最高水平。之后价格开始回落，但下降幅度小于这一轮的上涨幅度，于2012年5月前后达到阶段性低点。2012年6月开始，谷物价

---

① 全球经济监测数据库，World Bank/GEM。

② 此处实际价格是利用谷物名义价格除以年度生产单位价值指数（the Annual Manufactures Unit Value Index，MUV）得到的，反映了在剔出通货膨胀因素后谷物的真实价格变化水平。该数据由世界银行计算并发布。

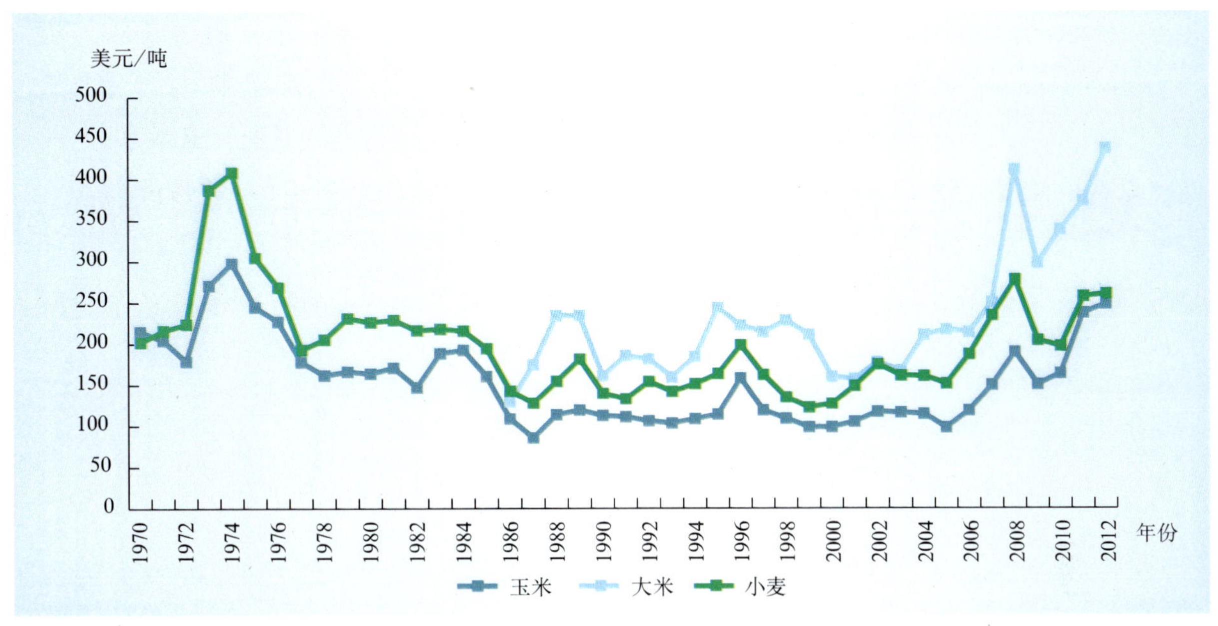

图 48 1970—2012 年世界 3 大谷物实际价格变化

数据来源：世界银行全球经济监测数据库（World Bank/GEM）。

格开始新一轮上涨，但与前两次相比，上涨幅度较小，持续时间较短。总体来看，经过 3 次高涨，2012 年 12 月小麦、玉米和大米的国际市场价格分别比 2006 年年初上涨了 111.8%、201.6% 和 158%，年均分别增长 11.3%、17% 和 14.5%（图 49）。

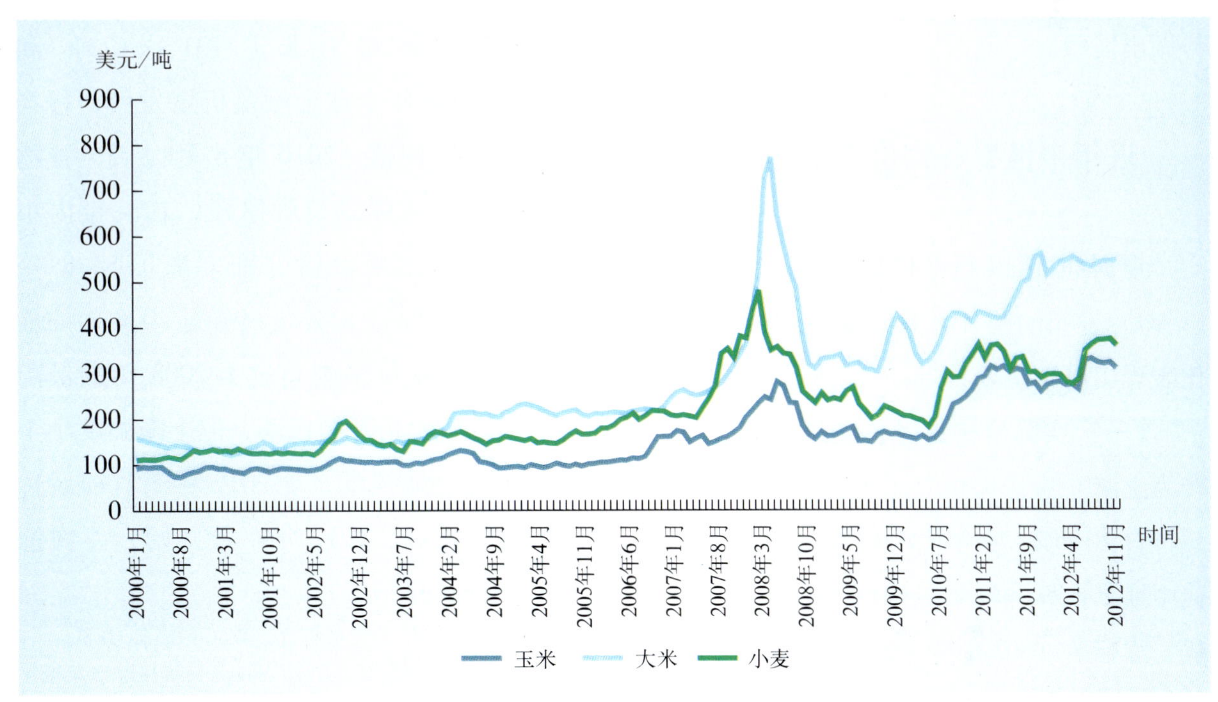

图 49 2000—2012 年世界 3 大谷物名义价格变化

数据来源：联合国粮农组织（FAO）。

（三）价格波动频繁且幅度加大

在剔除长期趋势和季节因素后，小麦、玉米和大米的价格波动如图 50 所示。从 2006 年开始，世界谷物价格的波动幅度明显加大。2000—2005 年小麦、玉米和大米价格的变异系数为 14.1%、11.9% 和 20.2%；而 2006—2012 年 3 种谷物价格的变异系数为 25%、32.7% 和 33.3%，明显高于前一个时期。波动频率明显加快。2000—2005 年期间，小麦、玉米和大米价格的环比变化幅度超过 5% 的月份有 48 个，占样本量的 11.3%；2006—2012 年期间，3 种谷物价格的环比变化幅度超过 5% 的月份有 103 个，占样本量的 20.4%。

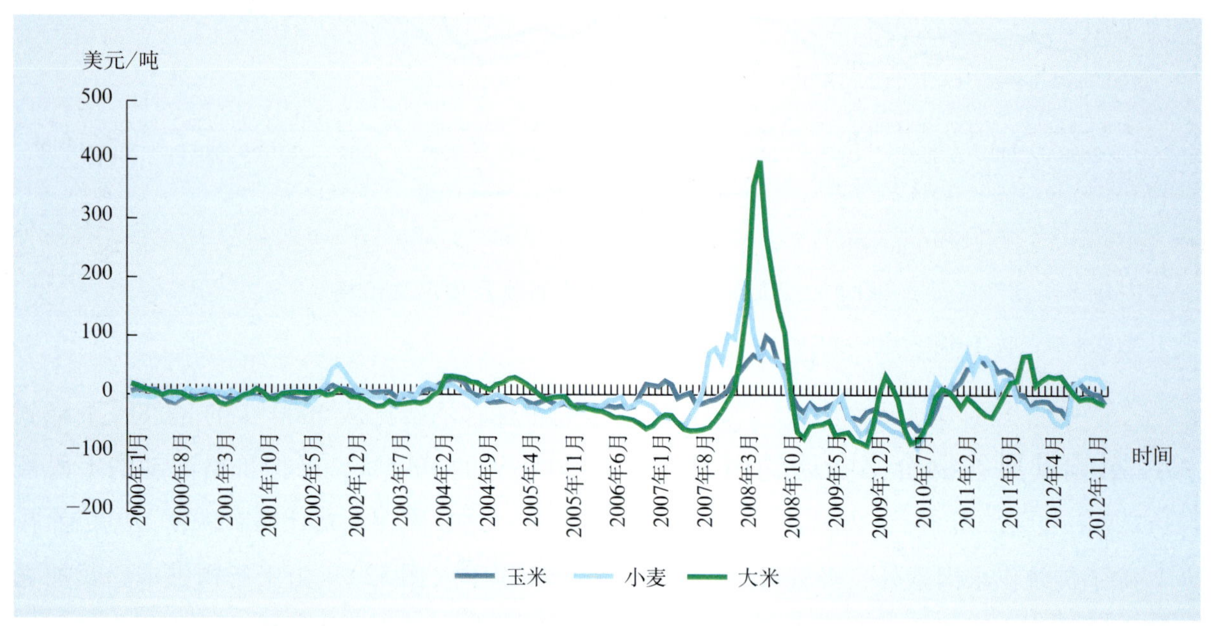

图 50 剔除长期趋势和季节波动后 3 种谷物的价格波动

注：在剔除趋势和季节波动时，利用了 H－P 滤波法。

（四）不同谷物价格变化各异

从上涨趋势来看，2006—2012 年，玉米价格涨幅最大，上涨了 2 倍；大米价格涨幅次之，上涨了 1.6 倍；小麦价格涨幅最小，上涨了 1.1 倍。大米与小麦和玉米的比价明显拉大，大米与小麦价格比从 2007 年年初的 1.5 扩大到 2012 年底的 1.7，大米与玉米价格比从 1.2 扩大到 1.5；玉米价格更接近小麦价格，玉米与小麦价格比从 2007 年年初的 0.78 增加到 2012 年年底的 0.86，有些月份的价格比接近于 1。从波动特点来看，大米价格波动幅度大，且与小麦和玉米的价格波动存在明显的时间差，小麦和玉米的价格波动具有较强的同步性，特别是 2008 年以来表现得尤为显著。2008—2012 年，小麦和玉米价格同步增减的月数为 44 个，占样本量的 73.3%；小麦和大米价格同步增减的月数为 30 个，仅占样本量的 50%。

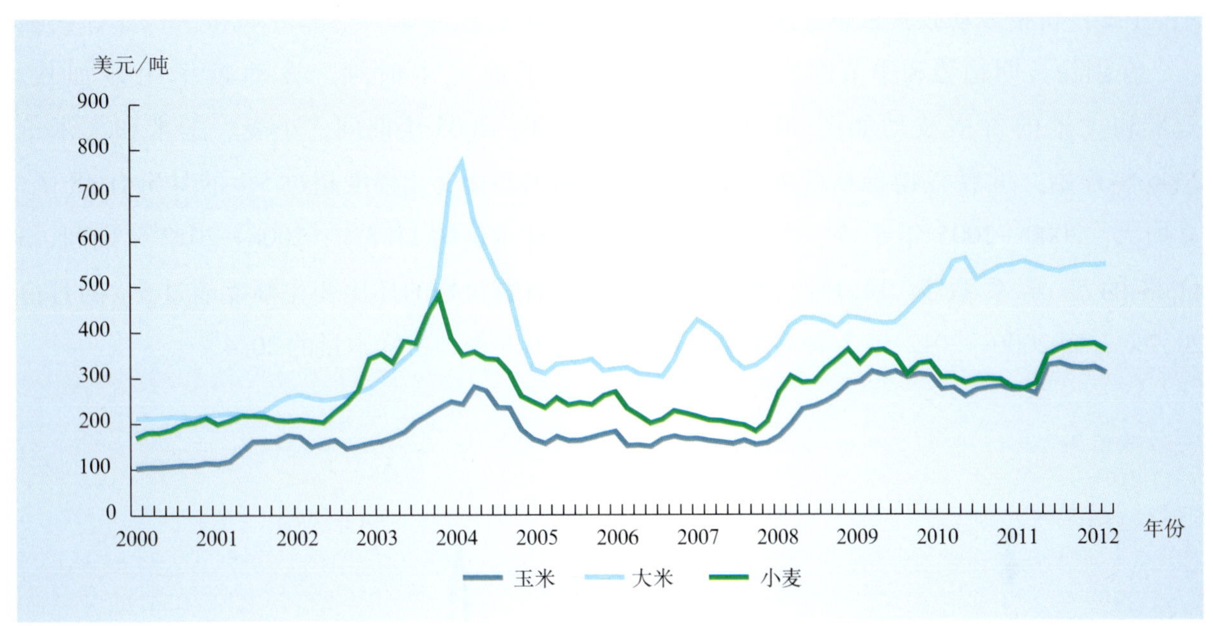

图 51 2006—2012 年 3 大谷物月度名义价格

数据来源：联合国粮农组织（FAO）。

影响世界谷物价格变动的因素

除了传统供求因素外，极端天气、贸易结构和政策、生物能源发展、货币政策以及资本投机等几个方面对谷物价格变化带来非常大的冲击。

（一）供求趋紧是世界谷物价格震荡上行的基础

随着人口增长、生物质能源的发展及发展中国家食物结构升级，全球谷物需求快速增长。2012 年全球谷物消费量达到 23.1 亿吨，比 2000 年增加了近 4 亿吨，增长了 20.6%。相对谷物需求的较快增长，世界谷物产量增长略缓且波动较大。2000—2012 年期间世界谷物产量仅有 5 个年份高于消费量，其余年份均需动用库存来平衡需求。谷物的库存消费比从 2000 年的 32.8% 下降到 2007 年的 19.5%，平抑价格波动的手段被削弱。之后库存消费比略有恢复，但仍然在 25% 以下（图 52）。由于谷物供求趋紧加之库存减少，谷物价格对供求变化的反应越来越敏感，各种突发事件更容易引起谷物价格的大幅频繁波动。

（二）极端天气是谷物价格波动的重要触发因素

近年来，干旱、洪涝、低温、雨雪等极端天气频繁发生，导致谷物产量年际间波动较大，进而造成谷物价格波动。由于世界主要谷物生产国和贸易国集中，当这些国家发生灾害时容易导致全球谷物价格剧烈波动。2007 年以来 3 次大的价格波动都与谷物主产国自然灾害有关。2006 年美国、俄罗斯、乌克兰和澳大利亚等国发生了

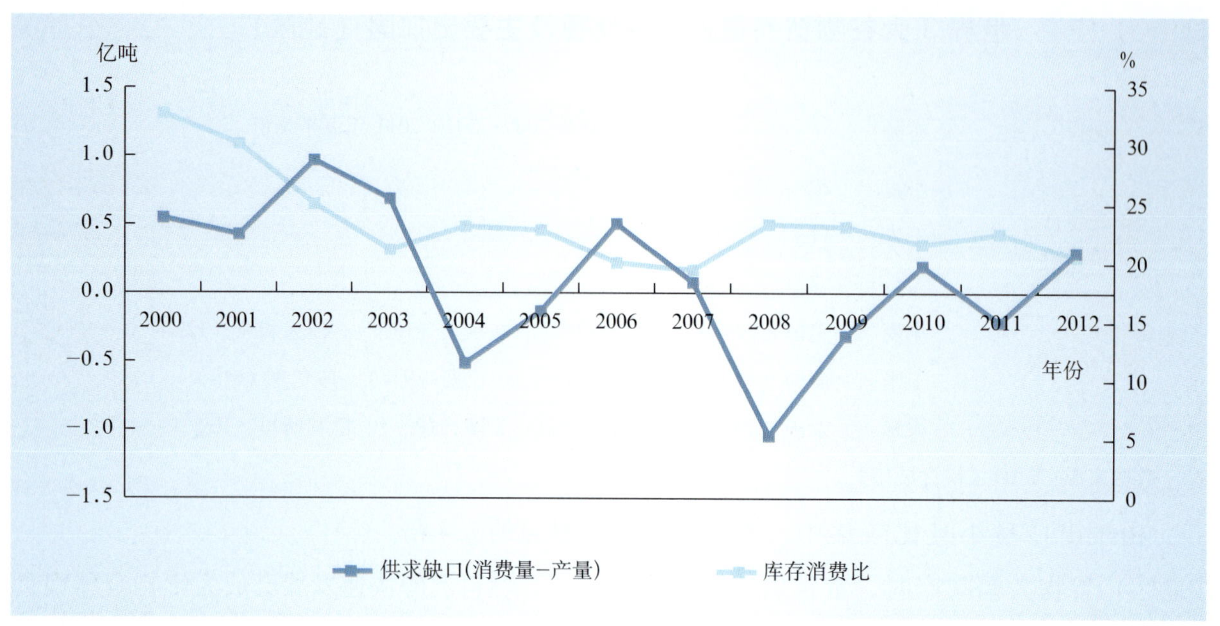

图52　2000—2012 年世界谷物供求缺口和库存消费比

数据来源：FAO《粮食展望》。

严重的干旱，导致小麦和玉米减产，引发了2007—2008 年的谷物价格高涨。2010 年俄罗斯遭受百年一遇的干旱严重影响了小麦产量，乌克兰和哈萨克斯坦也遭受比较严重的旱灾，而加拿大和泰国则受到洪涝灾害的影响，这导致 2010 年世界谷物减产，其中俄罗斯谷物减产近 40%，出口量更是减少了 76%，引发了 2010 年的全球谷物价格高涨。受美国、欧洲大部分国家和一些亚洲国家干旱天气的影响，2012 年世界谷物产量减少 6 400 万吨，贸易量减少 2 170万吨，导致了 2012 年下半年以来的又一轮谷物价格上涨。

（三）贸易政策调整加剧了国际谷物价格波动

世界谷物贸易呈现出两个显著特征，一是谷物贸易占产量的比重很小，二是谷物出口国非常集中。2008—2011 年期间全球平均谷物贸易量为 2. 8 亿吨，占同期谷物产量的 12%，主要出口国（地区）是美国、欧盟、加拿大、澳大利亚、俄罗斯、阿根廷和乌克兰等。其中，小麦贸易量最大为 1. 3 亿吨，占产量的 20%，美国、欧盟、加拿大和澳大利亚 4 国（地区）的出口量占世界出口量的 64%；玉米贸易量为 8 960 万吨，占总产量的 11%，美国、阿根廷、巴西和乌克兰 4 国的出口量占全球的 84%；大米贸易量为 3 240 万吨，占总产量的 7%，泰国、越南、美国和巴基斯坦出口量占全球的 70%（表 86）。

表 86 世界3大谷物贸易量占产量比重及主要出口国（地区）

项目	产品	2008/2009—2010/2011 年度平均值
贸易量占产量比重	小麦	20%
	玉米	11%
	大米	7%
主要出口国（地区）	小麦	美国（22%）、欧盟（17%）、加拿大（13%）、澳大利亚（12%）
	玉米	美国（54%）、阿根廷（15%）、巴西（9%）、乌克兰（6%）
	大米	泰国（29%）、越南（21%）、美国（10%）、巴基斯坦（10%）

数据来源：FAO《粮食展望》。

由于出口量小且比较集中，当出口国（地区）谷物大幅减产时，常常引起限制出口的贸易政策调整，导致国际市场价格大幅上升。2010 年，受严重干旱影响，继俄罗斯禁止小麦出口之后，乌克兰、印度、巴基斯坦以及哈萨克斯坦等重要谷物出口国开始通过禁令、出口配额等方式限制小麦、大米、大麦、玉米等产品出口。在很短时间内，谷物出口限制政策减少了全球谷物市场的当期供应，使得本已供不应求的局面更加紧张，进一步助推了国际谷物价格上涨，加剧了谷物价格波动。

（四）生物能源发展增强了谷物价格与能源价格的联动

出于对能源安全的考虑，很多国家从 20 世纪 70 年代开始积极发展生物质能源。美国是最大的玉米乙醇生产国，过去 10 年美国燃料乙醇产量的年均增速达到 23.3%，2011 年已达到 139 亿加仑，玉米用量高达 1.3 亿吨，占当年美国玉米总产量的 40%，占世界玉米总产量的 15%，是全球玉米贸易量的 1.4 倍。

燃料乙醇快速发展已成为影响全球粮食供求平衡、加剧国际粮价波动的重要因素。燃料乙醇通过能源市场和农产品市场两个层面的竞争将玉米价格和能源价格紧密地联系起来。在能源市场上，当化石燃料价格超过燃料乙醇的生产成本时，就会刺激燃料乙醇对玉米的需求。在农产品市场上，如果玉米价格低于生产燃料乙醇的盈亏平衡价格，就会增加玉米向燃料乙醇的转化，推动玉米价格上涨。2000 年以后，随着燃料乙醇的快速发展，玉米价格和原油价格的联动性明显增强，特别是在 2005 年以后，二者价格的波动趋势及幅度表现出很强的一致性。1997—1999 年、2000—2004 年、2005—2011 年石油价格和玉米价格的相关系数分别为 0.11，0.38 和 0.76（图 53）。

（五）投机资本短期大量进入导致谷物价格频繁且剧烈波动

随着农产品期货的发展，大宗农产品的金融属性逐步增强。农产品期货在发挥价格

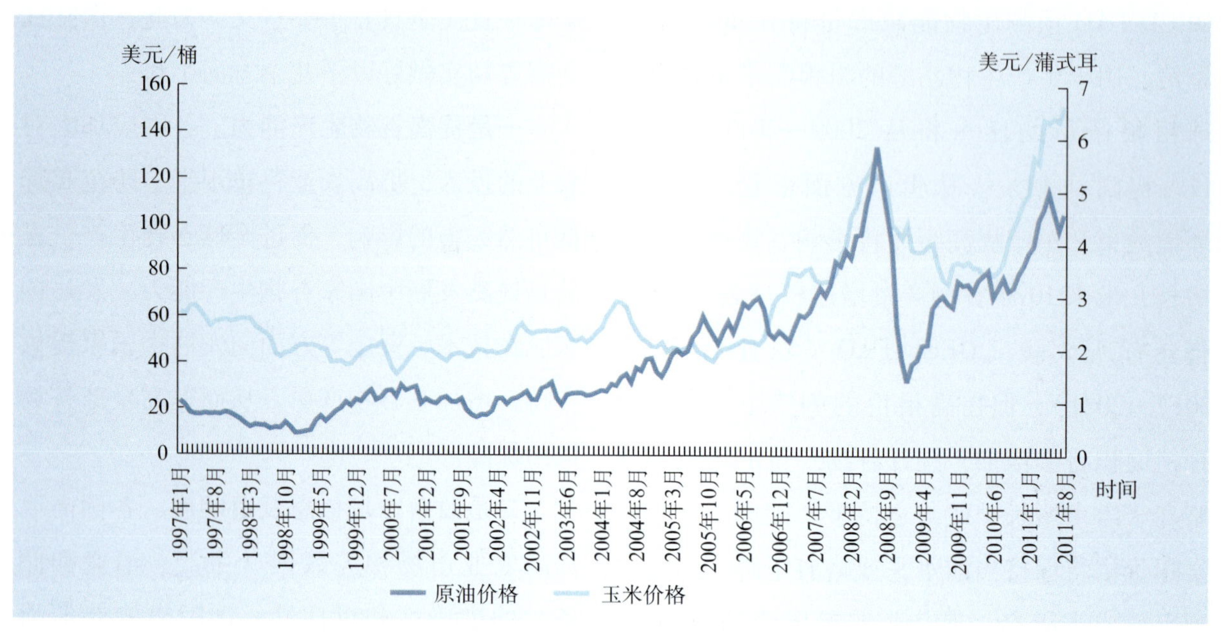

图 53　美国玉米价格和原油价格的变动趋势

数据来源：美国能源信息管理局（EIA），美国农业部。

发现和套期保值功能的同时，也为资本投机提供了便利平台，成为影响农产品价格波动的重要因素之一。根据芝加哥期货交易所的统计数据，2006 年小麦和玉米的期货交易合约数量比 2005 年增加了 60%，2007 年交易合约数量进一步增加。2010 年 7—12 月，芝加哥期货交易所玉米和小麦期货合约累计达到 4 000 万手和 1 300 万手，比 2009 年同期增长了 56.6% 和 47%。投资者增加了期货交易量，但在这些期货交易中仅有 2% 的合约实现了实物交割，期货交易表现出很强的投机性［国际食物政策研究所（IFPRI）《2011 年全球食物政策报告》］。期货价格对现货市场价格具有明显的引导作用，期货价格的大起大落必然造成现货市场价格的大幅波动。

此外，由于世界谷物价格以美元计价，美国实施量化宽松货币政策导致全球流动性过剩，美元贬值也是造成谷物价格变化的因素之一。

世界谷物价格变化趋势展望

谷物名义价格呈上涨趋势，实际价格将保持不变或略有下降。未来世界谷物价格的长期变化趋势取决于谷物市场供求关系的变化。从需求方面来看，生物能源发展、人口增长、食物消费结构升级等因素是导致谷物需求增长的主要原因。根据国际机构预测（OECD-FAO《农业展望》2012—2021），到 2021 年全球人口将比 2011 年增加 6.8 亿，而且随着发展中国家居民收入增长和城市化进程加快，用于食品和饲料的谷物需求将刚性增长。此外，由于未来石油价格走高，

OECD-FAO 预测生物能源产量将在 2021 年翻倍，用于生产生物乙醇的粗粮需求量占全球粗粮产量的比重将从 2009—2011 年的 11% 提高到 14% 。从生产方面来看，资源环境约束和单产提高缓慢将影响谷物产量的增长，未来 10 年谷物产量增速较过去 10 年将会有所放缓（OECD-FAO《农业展望》2012—2021），但在高粮价的刺激下，谷物种植面积将会增加，预计谷物产量的增长将略高于需求增长，或与之持平。因此，谷物实际价格将保持当前水平或略有下降。但受到生产成本提高、通货膨胀等因素的影响，谷物名义价格将呈上涨趋势。

谷物库存消费比仍然较低，极端天气和政策变化容易引发谷物价格波动。根据 OECD-FAO 的预测结果，随着谷物产量的增长，库存消费比将有所提高，但仍处在较低水平。当谷物主产国发生极端天气造成谷物减产时，容易引发谷物价格的大幅波动。美国、欧盟和巴西的生物能源政策变化将会对谷物市场产生显著影响，特别是对玉米价格会产生直接影响；部分出口国的贸易政策变化将会继续影响市场价格波动，预计未来大米价格受到贸易政策的影响最大。

应对全球粮价波动的政策措施

为了减小全球粮食价格波动，联合国粮农组织、世界银行及 G20 等国际组织和多边组织积极开展全球粮食安全治理，并采取措施共同应对。稳定世界谷物价格对于保障全球粮食安全具有重要意义。为此，国际社会需要切实做好以下几个方面工作：

一是提高谷物生产能力。各国应加大对农业的投入，提高农业科技水平，防范和降低自然灾害的影响，促进全球谷物生产，尤其是提高发展中国家谷物生产能力。发达国家应在技术、资金等方面向发展中国家提供支持，增加其谷物产量，从而提高全球谷物供给保障。

二是改善市场信息及透明度。各国需要提高农业市场相关数据（生产、消费和储备）的准确性和可比性，国际机构要加强对市场的分析和研判能力，提高市场信息发布的权威性和及时性。当前世界农产品市场交易规模越来越大、市场形势越来越复杂，提高信息搜集能力和数据质量，改善农产品市场信息及透明度，有利于平缓谷物价格剧烈波动。

三是完善国际政策协调。各国应审慎发展生物质能源，切实将保障粮食安全放在首位，避免出现“与人争粮、与粮争地”的现象。有效的国际谷物贸易是稳定国内谷物价格波动的重要手段，国际社会应积极努力减少造成贸易扭曲的各种贸易壁垒和国内支持。发达国家应当采取负责任的宏观经济政策，避免产生负面溢出效应。

四是加强金融市场管理。各国金融监管机构要通过提高衍生品市场透明度、设定头寸限制等措施来加强市场监管，防止市场违规操作和市场操控，抑制国际投机资本对大宗农产品特别是对谷物的炒作。

近年来中国食糖进口变化及趋势

食糖是关系国计民生的大宗产品，食糖产业是广西、云南等边疆少数民族地区的支柱产业之一。近年来，中国食糖进口过快增长，引起了社会各界的广泛关注。深入分析中国食糖进口变化的原因，及时研判其发展趋势，适时采取相应政策措施，对促进中国食糖产业持续稳定健康发展具有重要意义。

近年来中国食糖进口变化特点

（一）进口量快速增长，连续两年超过关税配额

入世初期，中国进口食糖维持在100万~150万吨。2010年开始进口量激增，2011年达到292万吨，比2010年增长65.3%，首次突破关税配额。2012年进一步激增至375万吨，比上年增长28.4%，超关税配额进口180.5万吨（图54）。

（二）甘蔗原糖进口大幅增加，砂糖比重有所下降

入世以来，中国食糖进口以甘蔗原糖和砂糖为主，两者占食糖进口总量的98%以上，其中砂糖进口量占食糖进口总量的比重在2008年达到31.8%。近年来，甘蔗原糖进口量大幅增加，2011年和2012年分别达到256.4万吨和342.6万吨，比上年分别增长63.9%和33.6%，占当年食糖进口总量的87.8%和91.4%。砂糖进口量2011年达到34.6万吨的历史高点后，2012年减少至32万吨，比上年下降7.5%，占食糖进口总量的比重也由2011年的11.8%降至8.5%（图55、图56）。

（三）自巴西和泰国进口快速增长，进口来源地进一步集中

2010年之前，古巴是中国食糖的传统进口来源地，进口量维持在40万吨左右，占食糖总进口量的比重为28.3%~52.3%。

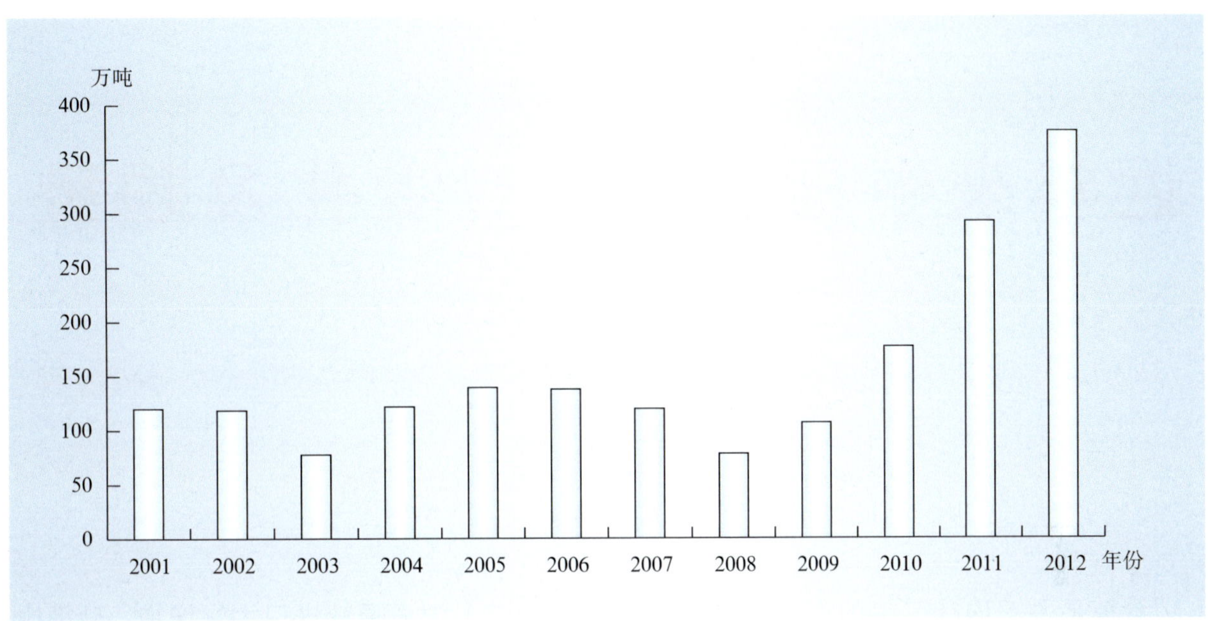

图 54　2001—2012 年中国食糖进口情况

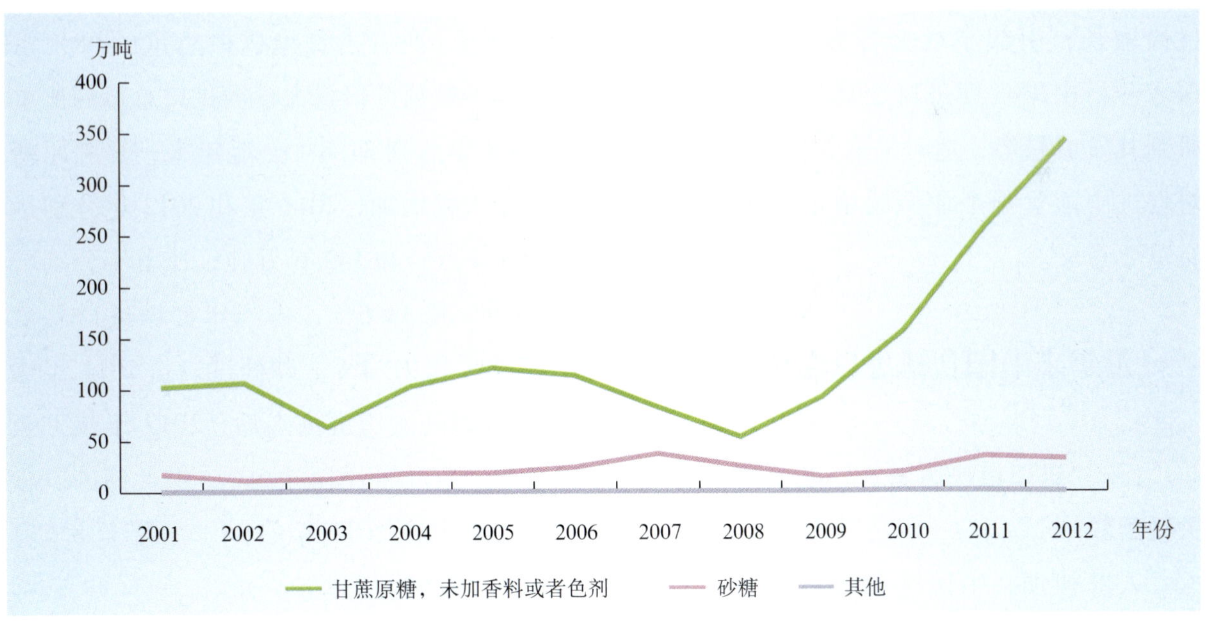

图 55　2001—2012 年中国食糖分品种进口情况

注：(1) 由于 2012 年海关数据库将“甘蔗原糖，未加香料或着色剂”分解为“非离心甘蔗糖，未加香料或着色剂”和“其他甘蔗糖，未加香料或着色剂”，为便于比较，本专题将 2012 年数据进行了合并。下同。

(2)“其他”包括绵白糖，未列明精制糖，未加香料或着色剂的甜菜原糖，加香料或色料的甘蔗糖、甜菜糖和化学纯蔗糖。下同。

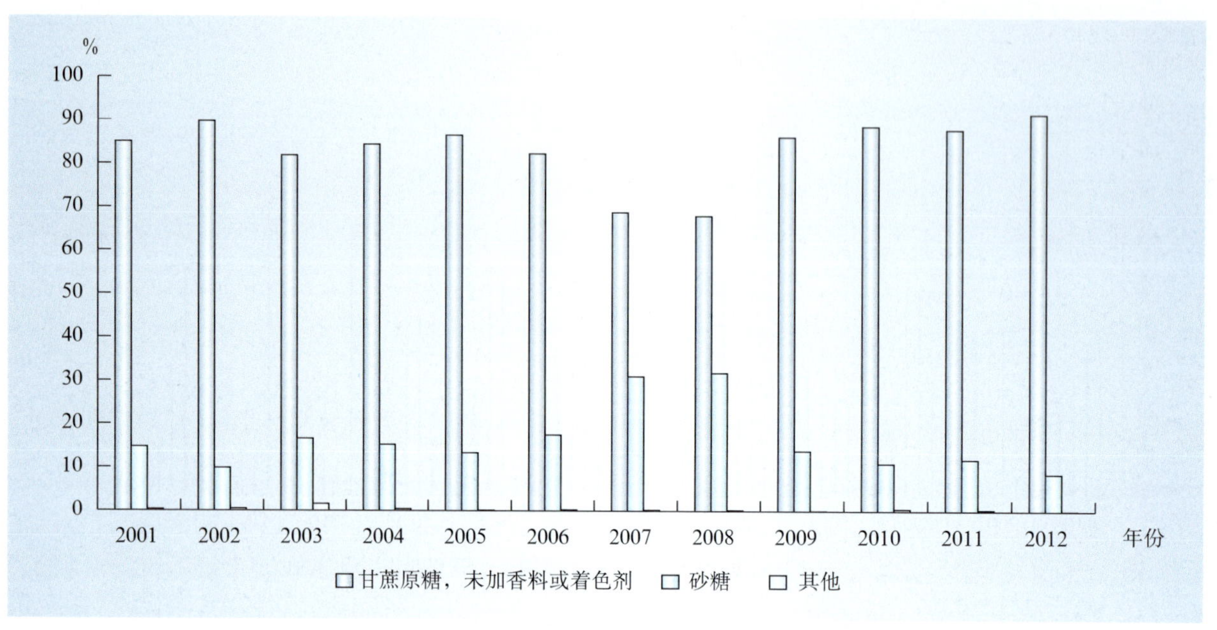

图 56　2001—2012 年中国食糖进口产品结构

之后自巴西、泰国食糖进口快速增长。2010 年，自巴西进口达 108.9 万吨，比 2009 年增加 3.6 倍，占中国进口食糖总量的比重为 61.7%，比 2009 年提高约 40 个百分点，首次超越古巴成为中国第一大进口来源地。2012 年，自巴西进口量进一步增至 199 万吨，占当年食糖进口总量的 68.2%；自泰国食糖进口达 93.7 万吨，占 25%（图 57、图 58）。

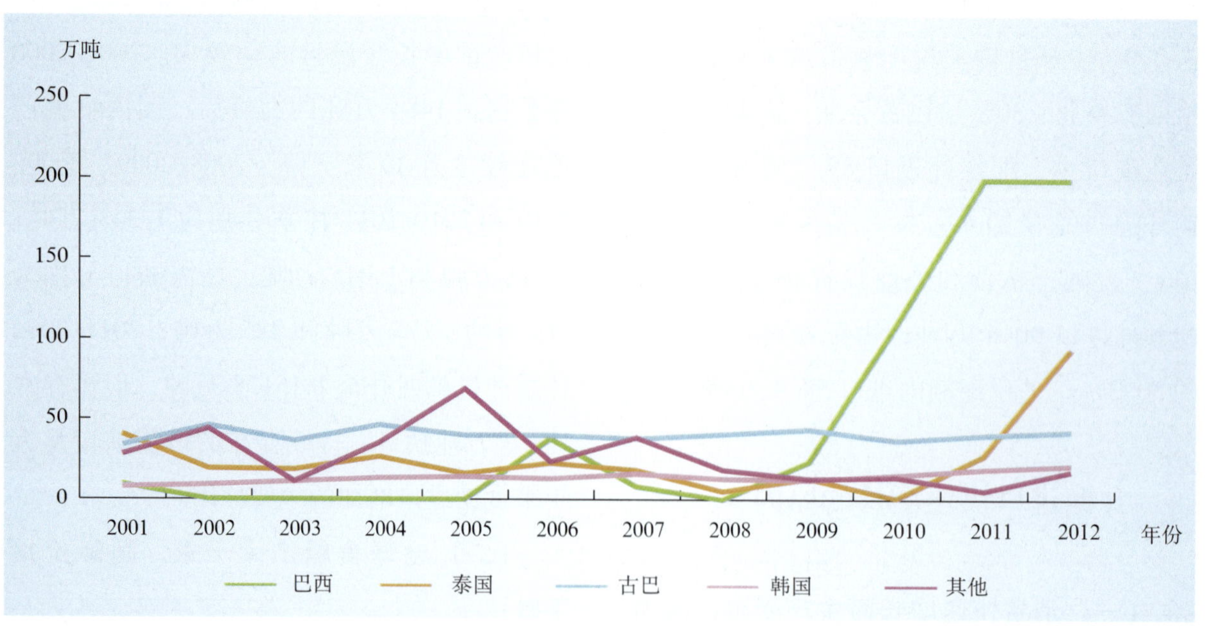

图 57　2001—2012 年中国食糖进口来源地情况

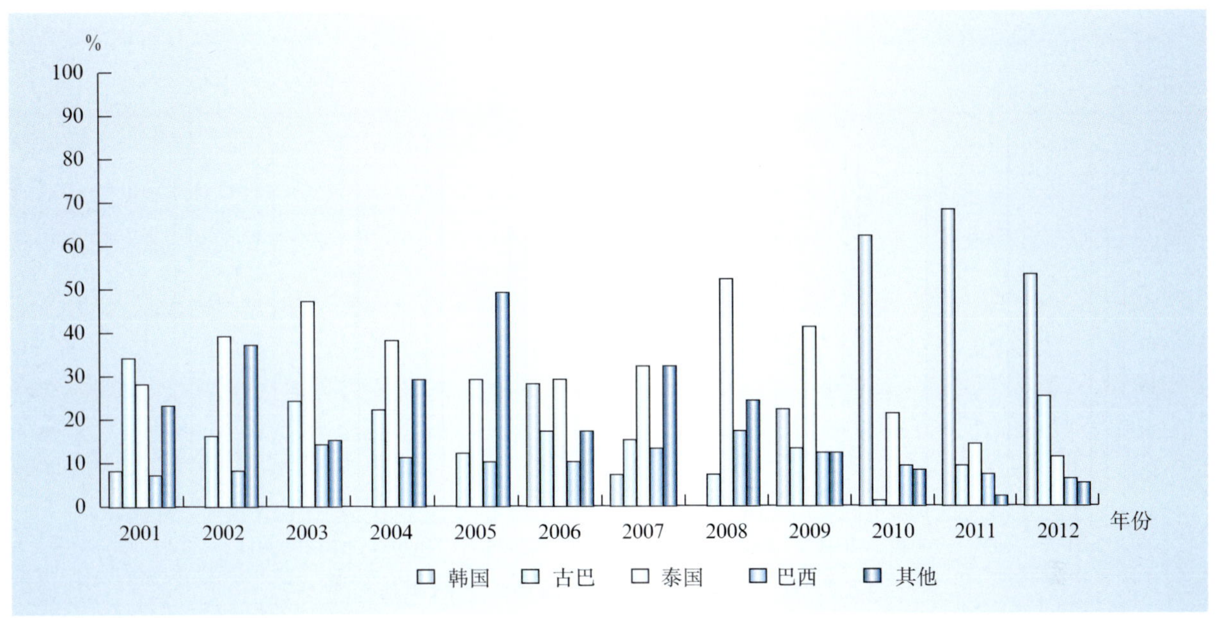

图 58　2001—2012 年中国食糖进口来源地结构

（四）国有企业进口占六成，私营和外商投资企业配额外进口超五成

从进口企业类型来看，2012 年，国有企业进口食糖 225.8 万吨，占中国食糖进口总量的 60.3%；私营企业进口 138.1 万吨，占 36.9%；外商投资企业进口 10.8 万吨，占 2.9%。从食糖关税配额发放来看，70% 给国有企业，30% 给民营企业。因此，国有企业进口中，配额外进口 89.7 万吨，占配额外进口总量的 49.7%，关税配额内进口 136.2 万吨；私营和外商投资企业进口中，配额外进口 90.6 万吨，占配额外进口总量的 50.3%，关税配额内进口 58.4 万吨。

食糖进口快速增长的原因

（一）消费快速增长而生产受限，国内食糖产不足需

入世以来，随着居民生活水平提高和消费结构升级，中国食糖消费快速增长，2002/2003 榨季中国食糖消费量在 1 020 万吨左右，2008/2009 榨季增至 1 360 万吨，之后有所下降，2011/2012 榨季为 1 330.1 万吨。受自然条件、比较收益等因素影响，食糖产量增长缓慢且波动较大。2007/2008 榨季达到 1484 万吨的高峰后，国内食糖产量连续 3 个榨季下降，2008/2009、2009/2010 和 2010/2011 榨季分别为 1 243 万吨、1 073 万吨和 1 045 万吨，产需缺口分别为 117 万吨、277 万吨和 225 万吨，2011/2012 榨季产量虽回升至 1 151.8 万吨，但仍存在 178.3 万吨缺口。持续存在的产需缺口是近年来食糖进口增加的主要原因。

（二）全球食糖产大于求，国际价格下跌

受自然灾害影响，2008—2011 年全球食

糖产量下滑，食糖价格高涨，刺激了后期食糖生产。2010/2011 和 2011/2012 榨季，泰国和印度等国家产量大幅增加，全球食糖分别过剩 133 万吨、648 万吨。国际食糖价格急剧下跌，由 2011 年 1 月 4 日的每磅 31 美分跌至 2012 年 1 月 4 日的 24.4 美分，12 月 31 日跌至 19.5 美分，2013 年 1 月 31 日跌至 18.8 美分。

（三）国内外价差明显扩大，进口利润明显增加

国际糖价下跌通过国际贸易和期货市场传导到国内，国内糖价也呈下跌态势。由于中国制糖生产成本高，且为稳定国内食糖市场价格，中国政府 2011/2012 榨季实行了两批总计 100 万吨的食糖收储政策，并在 2012/2013 榨季继续收储 300 万吨。国家发展与改革委员会数据表明，2012 年 12 月份中国进口加工成品糖平均成本为每吨4 711 元，比广东地区国产糖价每吨低 1 000 元，进口糖价格优势凸显（图 59）。受生产成本、收储政策支撑，国内食糖价格高于国际价格，不仅配额内进口食糖出现了稳定的较长时间的利润机会，配额外进口糖也在 2012 年 5 月和 11 月出现了至少每吨 200 元的净利润机会。

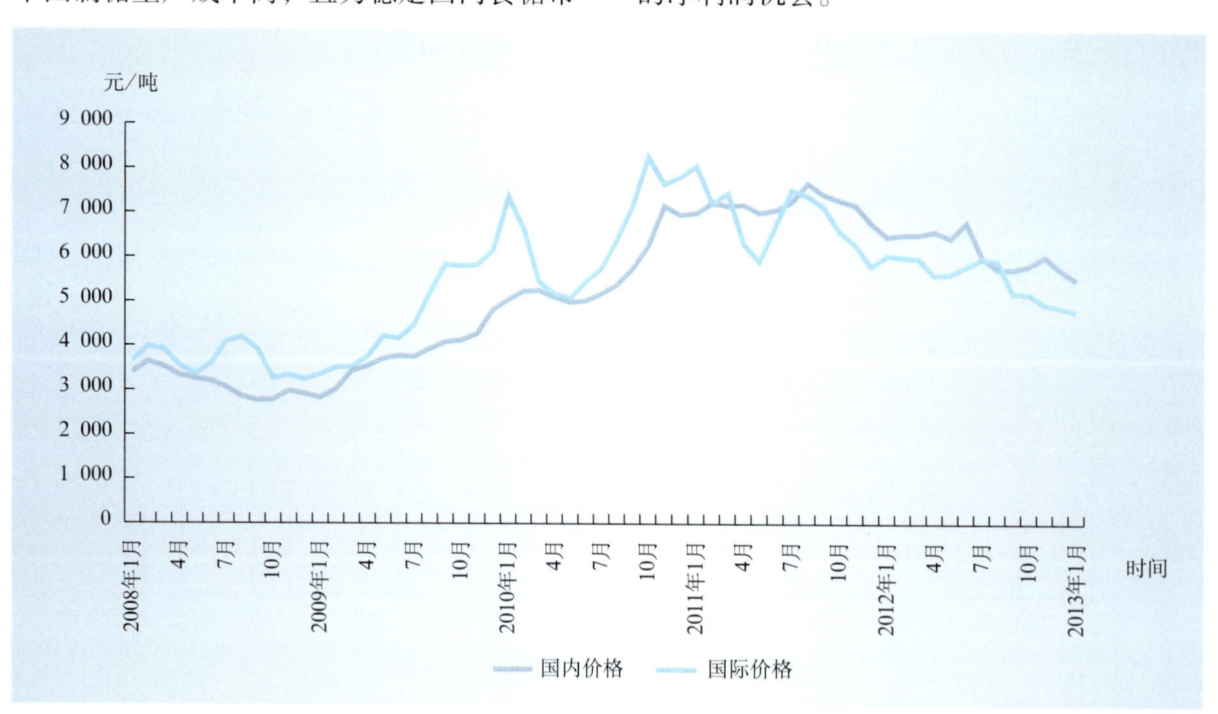

图 59　2008 年以来国内食糖价格与国际食糖价格比较

注：国际价格为泰国食糖到岸税后价。

（四）进口关税很低，难以有效保护国内产业

食糖是世界上贸易保护程度最高的农产品之一，多数国家对食糖进口实施配额管理，配额外关税较高且为非从价税，转化为从价税的税率都在 100% 以上，例如美国、欧盟、日本、印度约束关税分别高达 185%、218%、346%、150%，即使是竞争

力很强的巴西，也有35%的关税。中国加入WTO时承诺配额内关税降为15%，配额外关税降为50%，全部为单一从价税；承诺配额数量为194.5万吨，占所有成员配额总量的50%。由于中国食糖边境保护程度不高，起不到调控进口的作用。

食糖进口的发展趋势

中国食糖消费增长仍将继续快于产量增长，产需缺口将逐年扩大。从消费量来看，中国人均食糖年消费量为10.1千克，不仅低于西方发达国家人均35~40千克的水平，也低于消费习惯相近的中国台湾的23.9千克和中国香港的31千克。未来中国经济发展和居民收入仍将保持较快增长，食糖消费将持续增加。从产量来看，受自然条件、比较效益和技术因素影响，扩大糖料种植面积的潜力有限，单产和总产提高缓慢，产需缺口将逐年扩大。OECD-FAO《农业展望》（2012—2021）预测，2021年中国食糖消费量将增至2000万吨左右，超越欧盟成为全球第二大食糖消费国；而中国产量到2021年约为1 518万吨；产需缺口将由2013年的262万吨增至2021年的469万吨（图60）。

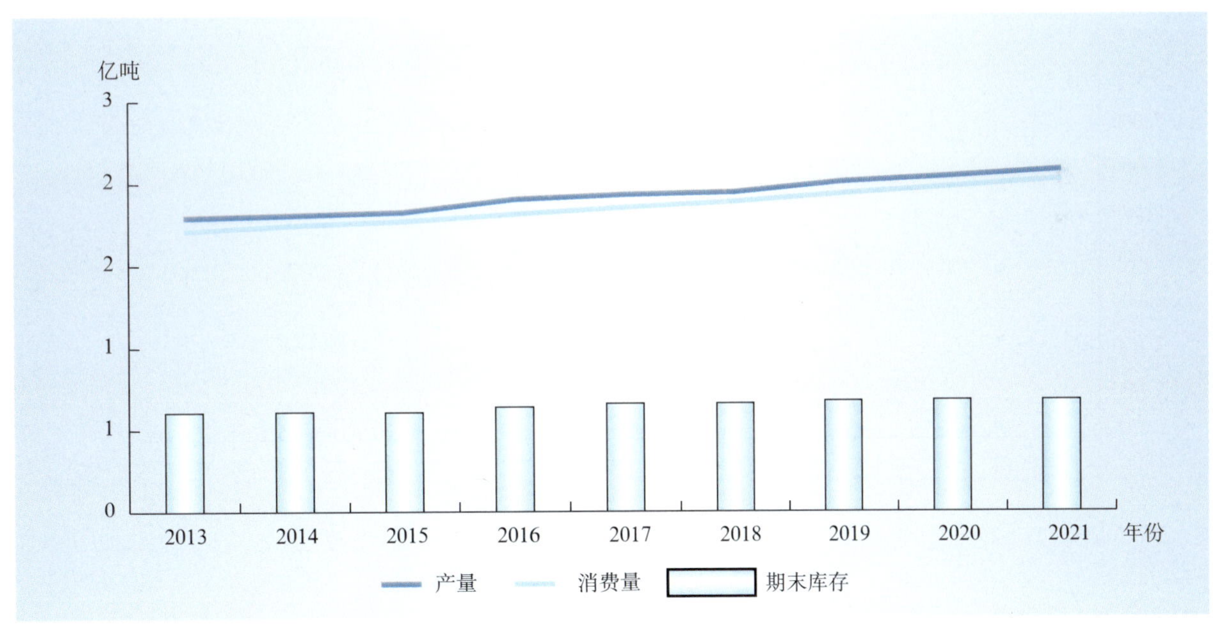

图60　2013—2021年中国食糖产需预测

数据来源：OECD与FAO联合预测。

生产规模太小，与主要出口国基础竞争力差距将继续扩大。农业是高度依赖自然资源和自然条件的产业，生产规模决定了农业基础竞争力。中国糖料主产区地处桂、滇等不发达地区，人多地少矛盾突出，耕地分散、细碎。糖料蔗户均经营规模仅为0.4公

顷，巴西、泰国、澳大利亚户均经营规模分别为40公顷、25公顷和80公顷。在劳动力、土地和农资成本快速增长的推动下，主产区糖料价格与世界其他产糖国价格差距不断拉大。FAO生产者价格数据显示，2003年中国每吨甘蔗生产者价格仅比巴西、泰国高9美元和7.5美元，而2010年这一差距扩大到42.7美元和39.5美元。

随着城镇化战略推进和农村人口转移，中国农业劳动力成本将进一步提高，受资源和自然条件约束，规模化、机械化问题在短期内突破难度很大，中国食糖成本将继续较快增加，国际竞争力将进一步下降。

综合考虑国内外需求、资源等因素，未来中国食糖进口仍将呈增长趋势。短期来看，2013年国际食糖价格将继续低位运行，中国食糖产业将面临更大的压力。2012/2013榨季，由于泰国、印度尼西亚、印度、墨西哥和巴西等主产国产量预期上升，全球食糖产量升至创纪录的1.8亿吨，比上个榨季增长3.2%，而全球食糖消费量仅增长2.1%，国际糖业组织预测全球食糖过剩量为852.6万吨，食糖价格将继续低位运行。相对而言，受生产成本上升、国内临时收储政策等因素影响，国内外价差仍将维持在较高水平上，短期内仍将存在较大的进口压力。

长期来看，由于巴西、泰国等食糖主要出口国生产潜力大、生产成本低，全球食糖产量将继续保持较快增长，食糖市场产大于需的格局将延续。根据OECD-FAO《农业展望》（2012—2021）预测，2012—2021年，全球食糖消费量将由1.7亿吨增至2亿吨，同期全球食糖产量将由1.8亿吨增至2.1亿吨，产大于需导致食糖库存持续上升，到2021年全球食糖库存将达到6 802.4万吨，库存消费比达到33.6%。由于中国食糖存在较大的产需缺口，加上生产成本上升、竞争力下降、关税保护程度低、人民币升值等因素，食糖进口规模将持续扩大，对国内食糖产业的影响将不断加深。

澳大利亚和加拿大小麦局改革

常见的小麦营销体制有自由竞争、合作社经营、垄断经营三种，美国是自由竞争体制的代表，德国是合作社体制的代表，澳大利亚和加拿大的小麦局则为（准）官方垄断体制的代表。20 世纪末期以来，经济自由化成为全球发展趋势，各国的宏观经济环境和政策转向了更大程度的市场经济。澳加两国小麦局作为全球瞩目的小麦营销垄断组织日益受到抨击，最终被取消垄断营销地位，成为市场竞争中的普通一员。对于正在深化粮食流通体制和国有粮食企业改革方面面临艰巨挑战的中国来说，澳加两国小麦局实现转型的实践经验非常值得关注。

背景与授权

第一次世界大战期间，控制粮食这一重要物资成为参战国赢得战争的重要保障手段之一。为此，一些国家成立了垄断性的粮食管理机构。1915 年，加拿大政府通过粮食委员会完全控制了小麦出口；1917 年粮食委员会改组为粮食监管委员会，被赋予对内对外小麦营销垄断权。澳大利亚政府于 1915 年成立了小麦局，由其对小麦出口业务实行垄断经营。

第一次世界大战时的粮食垄断管理对掌控战争资源发挥了重要作用，同时也使农民获得了稳定的高粮价。因而，第一次世界大战后对粮食垄断管理产生了两种不同的主张：农场主担心无序竞争会使价格下降，希望政府保留垄断的粮食管理体制；政府倾向于实行市场经济和取消垄断管理。1919 年，加拿大政府终止了粮食监管委员会，但考虑到农业团体的诉求，成立了加拿大小麦局作为过渡性措施；1920 年，小麦局也被解散。澳大利亚政府于 1921 年解散了小麦局。

小麦营销回到了自由市场经济状态后，澳加两国农民以发展合作社来提高营销能力，冀望用合作社来填补解散小麦局而缺失的功能。第一次世界大战后的全球农业生产

力获得了长足的进步，全球小麦供给上升，价格一直跌落。一些国家以对外倾销来解决本国的小麦过剩问题，美国和欧洲对农民进行补贴，澳大利亚政府颁布的几次价格稳定计划都失败了。在这种情形下，澳加两国农场主要求政府重设小麦局来稳定小麦价格、应对国际竞争。在政府稳定小麦价格的努力失败和小麦合作社的大力游说下，加拿大国会于1935年7月5日通过提案，恢复加拿大小麦局；澳大利亚政府也开始着手成立新小麦局。

随着第二次世界大战的来临，澳大利亚政府于1939年正式成立了新小麦局，作为战时粮食管理机构，隶属农业部。加拿大政府强化了小麦局的权力，授权其在1941年12月至战争结束期间对小麦、燕麦、大麦、亚麻、玉米设置法定最高价格；1943年4月，对小麦局的授权延伸到油菜籽和葵花籽。

第二次世界大战后，全球小麦生产逐步恢复和发展，1956年的产量①比1934/1938年和1948/1952年的5年平均产量分别增加了33.3%和11.8%。小麦增产加剧了澳加两国麦农面临的竞争压力。出于应对全球竞争的考虑，澳加两国不仅都保留了小麦局，并且都通过立法使其变成了常设机构。

架构与运作

澳加两国小麦局在目标、作用和运作方面相似，但在性质、架构、范围、市场影响方面有所差异。

两国小麦局的垄断营销地位都得到了联邦法律授权，但授权辖区范围不同。澳大利亚小麦局被授权对全国小麦进行独家营销，而加拿大小麦局仅被授权对西部大平原地区②诸省的小麦和大麦进行垄断营销。

两国小麦局的机构性质与治理构架有所不同。加拿大小麦局采取董事会（亦称管理委员会）治理模式，董事会由10位农场主委员和5位政府委员组成，主席由政府委员担任。而澳大利亚小麦局在私有化之前是一个政府机构，第一次世界大战时期的小麦局管理层由联邦政府总理和各小麦种植区的州长组成，第二次世界大战时期及其后的小麦局是农业部下属的一个粮食管理机构；直到1989年，澳大利亚仿效加拿大，改成小麦局理事会治理。理事会成员由5名农场主代表、1名联邦政府代表、4名行业专家代表组成，主席由农场主担任。

澳加两国小麦局的运作方式相似，大体上是小麦局与农民签订合同，经营谷仓的基层粮食转运站按照小麦局提供的合同向农民收购小麦。农民在交付小麦时从小麦局获得首期付款，付款水平一般是小麦局预估市场平均价格的75%，并得到政府担保。市场

---

① 未包括苏联的小麦产量。

② 加拿大小麦局的管辖地区只覆盖加拿大西部曼尼托巴、萨斯喀彻温、阿尔伯塔3省和不列颠哥伦比亚省的部分地区（和平河地区）。这些地区的农民所生产的小麦和大麦均交由加拿大小麦局统一收购和销售，而加拿大其他省农民所生产的小麦和大麦则通过合作社或行会组织等机构自行销售。

年度结束后，再按所有售出小麦的实际价格（扣除营销费用后）与农民按交付小麦的等级和数量进行二次结算。首期付款和二次结算的加总金额就是农民交付小麦的全部收入。因此，小麦局的运作方式可以归纳为"垄断经营、统购统销；分期付款、二次结算"。

从二者在地域覆盖范围、治理架构上的区别来看，作为几省垄断者的加拿大小麦局在国内和国际市场中只是一个大销售商而已，以大销售商的身份和条件争取有利的贸易条件；而澳大利亚小麦局不仅是一个大销售商了，更是一个依靠行政身份的垄断营销机构，独占了澳大利亚的小麦内外贸，并享受着政府出口信贷等支持政策。

作用与绩效

澳加两国小麦生产拥有比较优势，但国际市场竞争力则由于欧美的政府补贴而削弱。两国本可以同样采取政府补贴来应对，但他们选择具有更广泛作用的小麦局垄断作为应对方式。

小麦局的垄断营销使其掌控国内小麦市场，使本国麦农摆脱了市场风险，并且还向农民提供资金；垄断营销十分有利于对小麦质量和纯度的全程控制，从而满足不同地区和不同使用目的的小麦需求，助其在国际市场上胜出对手，赢得稳定的客户群。

澳大利亚小麦局对小麦外贸的垄断，阻止了国外小麦对国内的倾销，从而阻止了对国内小麦市场和价格的冲击；对外能聚合销售规模和营销条件（信息、运输、仓储、推广等商业资源的整合和利用能力），帮助其提高包括价格谈判在内的国际竞争力，降低单位销售成本和开辟市场。

小麦局除了直接的商业利益外，在发展与客户的长期良好关系、产品和市场研发、信息收集和市场预测等方面也发挥着重要作用。向客户传递本国产品的各种信息、向本国生产者及其相关部门提供客户的各种信息，为本国农场主和相关部门提供了生产和市场的前瞻性预见，为本国小麦在海外市场上赢得了良好声誉。

支持与反对

对小麦局的垄断营销一直存在着支持（保留垄断）和反对（取消垄断）两派。支持者认为：①小麦局提高了单个农民的市场力量，不仅带来了规模效益，也带来了卖方的市场垄断力，为麦农争取了有利价格。②担心取消小麦局后出现恶性竞争，也担心小麦产业落入大农业企业及其他巨头等的掌控，从而减少农场主收入，重蹈20世纪早期的覆辙。

反对者认为：①小麦局的垄断扼杀了流通环节的活力，影响了本国小麦产品在全球市场的竞争力，公开的市场可吸引更多买家前来竞购小麦；②垄断有违市场经济规则，损害了农民的自主权，美欧等国指责小麦局垄断营销与 WTO 努力追求的方向相悖；

③支持派的担心是多余的，其他农产品没有类似小麦局这样的营销垄断，并没有出现支持派所担心的情况，在加拿大不受小麦局控制的地区也没有出现支持派所担忧的问题。

小麦局控制范围内的多数农场主对于小麦局的存留十分矛盾，一方面，他们赞同反对派的意见，认为自己应有权决定把产品卖给谁；另一方面，他们又认同支持派的观点，害怕失去垄断所带来的好处；此外，他们也担心自己营销耗费时间和精力。

变革与结局

随着时间的推移，小麦局垄断经营的弊端日益暴露出来，而国内和国际经济环境和政策趋势也越来越不利于小麦局，两国最终先后取消了小麦局的垄断营销地位，但路径有所不同。澳大利亚小麦局是主动式市场化改革，加拿大小麦局则是被动式市场化改革。

在澳大利亚，无论是农民还是政府都日益深切地认识到：必须对小麦局进行体制改革，而且越彻底越好。1988 年，澳大利亚行业援助委员会建议政府取消小麦局的出口专营权。当时的霍克政府着手放开原来由国家控制的垄断行业，决定让政府与包括小麦行业在内的商业行业经营脱钩，以减少政府的经济和政治压力。1989 年，霍克政府赢得了市场化取向的“小麦市场法案”，由此主动开启了小麦局的市场化进程。其重大改革举措有 4 项：一是将小麦局由官方机构变为半官方机构，让农场主在管理层中居于支配地位。仿效加拿大小麦局，成立了小麦局理事会。这一安排为小麦局转向农民合作组织提供了组织上的治理准备。二是解除小麦局对国内小麦贸易的独家经营权和其他一些特权，但保留其对小麦出口的独家垄断权。这一举措一方面放开了国内小麦市场竞争，另一方面使小麦局可以经营小麦以外的产品，从而使小麦局真正转为一个市场竞争实体。三是建立农民自筹的小麦产业基金，为小麦局转为农民合作经济组织做出了资金安排。四是实行股份化改造，使小麦局进一步适应市场经济发展需要，也为后来小麦局改变其经营价值观提供了体制基础。

1998 年，澳大利亚小麦局改名为澳大利亚小麦局有限公司（简称小麦局公司），从政府的法定机构转为由农场主拥有并控制的公司。1999 年 7 月 1 日，政府成立了小麦出口局来接管小麦局的小麦出口管理功能，小麦局公司仍然保留小麦出口的独家经营权，其他贸易商可以申请小麦出口，但小麦局公司拥有对其他贸易商小麦出口申请的否决权。与此同时，小麦局公司也加快了综合化、多元化、跨国化的转型步伐，开始涉足粮食仓储和加工领域来延伸粮食产业链；围绕谷物产业开展非粮食的服务业务，成立了澳大利亚小麦局金融公司，为参加联合销售的农场主提供融资服务；与小麦进口国合资兴办粮食加工企业。

2001 年，澳大利亚小麦局有限公司 B 股在澳大利亚证券交易所正式上市，从而成

为一家公众公司。公司上市标志着小麦局已全部完成了私有化过程。此后，小麦局公司积极转型，努力打造成澳大利亚最大的、综合的农业产品和服务商这样一个巨无霸企业来应对跨国粮食巨头。2003 年 8 月，小麦局公司收购了 Landmark 公司，以此增强核心业务实力，并在农业和金融服务方面得以实现业务多元化。2004 年，小麦局公司开始了一体化综合农业业务，整合与发展 Landmark 和小麦局公司的客户群，开设海外代表处。同时，制定了与美国和加拿大等传统竞争对手以及黑海和独联体的新竞争对手的战略计划。2005 年，小麦局公司和其他贸易商绕开联合国制裁体制向伊拉克萨达姆政权支付佣金以换取对伊出口小麦合同的丑闻曝光①，使得小麦局公司形象严重受损。面对国内外压力，澳大利亚政府不得不将原计划 2010 年放开出口垄断权的时间表提前。2006 年 12 月小麦局公司对其他贸易商的小麦出口否决权被取消。2008 年 6 月国会立法结束出口垄断制度。2008 年 7 月，澳大利亚政府宣布放开小麦出口经营权，意味着小麦局失去了 60 多年的独家出口经营权。

至此，澳大利亚的小麦营销完全置于市场竞争状态，小麦局完成了从官方机构到纯粹的私营公司的彻底转变。2008 年 9 月，小麦局公司改变了其价值观，从关注农场主转向了追求经济利益，这造成了后来的公司经营变化。2010 年 8 月，小麦局公司宣布考虑与澳谷物公司（GrainCorp）的合并方案以及被美国嘉维林（Gavilon）公司和加拿大艾格瑞（Agrium）公司竞标并购方案。2010 年 10 月澳大利亚外国投资评估委员会同意艾格瑞公司收购澳大利亚小麦局公司。2010 年 12 月 15 日，艾格瑞公司宣布将澳大利亚小麦局商品管理业务（谷物贸易部）卖给世界最大谷物贸易商嘉吉公司（Cargill），嘉吉公司表示将继续保留使用澳大利亚小麦局这一颇具知名度的名号；2011 年 5 月澳大利亚政府批准该交易。至此，澳大利亚小麦局的核心业务落入国际粮商巨头之手。

与强势的澳大利亚小麦局不同，加拿大小麦局是一个准官方的区域性垄断营销组织，其所受的国内外政治压力相对较小，取消小麦局垄断营销的斗争更多地表现为国会中两派的争斗。尽管以保守党为主的反对派一直要求取消小麦局的垄断地位，但由于以自由党和劳工联盟为主的支持者始终掌控着政府和国会，因此，结束小麦局垄断的反对派主张一直未能成功。

2006 年 1 月保守党赢得大选，组阁政府，采取了任命反对小麦局垄断的人出任小麦局主席等一系列措施，但因为主张保持小

① 联合国 1995 年制定了对伊拉克的“石油换食品”项目，允许伊拉克通过出售石油来换取食品和药品等人道主义物品，出售石油所得必须支付于特定账户，伊拉克政府只有在经过许可后才可使用账户资金购买人道主义物品。澳大利亚小麦局公司和其他贸易商后来被揭发在制裁期间通过绕开制裁体制向萨达姆政权支付佣金，取得一系列对伊出口小麦的合同。2006 年，澳大利亚皇家委员会通过调查证实：1999—2003 年期间，澳大利亚小麦局公司在联合国“石油换食品”项目中通过提高运费向萨达姆政权支付高额回扣，以换取伊拉克的小麦购买合同。

麦局垄断的支持派拥有国会多数席位，保守党废除小麦局垄断的提案一直未能得到国会通过。保守党政府试图绕过国会，寻求法庭辩论的方式来单边废除小麦局。但因为不符合当时的加拿大小麦局法，2008 年 2 月 26 日保守党在法庭辩论中依然失败。

2008 年 7 月，澳大利亚政府宣布提前解除澳大利亚小麦局的小麦独家出口专营权；2008 年 12 月，多哈回合签署修正草案，小麦局将在 5 年后失去国际法意义上的垄断特权。这两个海外消息大大增强了加拿大保守党政府取消加拿大小麦局垄断地位的信心。

2011 年 5 月，加拿大举行国会选举，保守派获得多数席位。2011 年 12 月 15 日，保守派结束小麦局垄断的法案（Bill C－18）获得国会通过，确定从 2012 年小麦收获季的 8 月 1 日开始，西部麦农可在公开市场上自由销售小麦。加拿大小麦局随后提出了上诉。2012 年 6 月 18 日，联邦上诉法院维持结束小麦局垄断的法案。但该法案并没有立即废除小麦局，只是将其作为自愿分销机构，仍由联邦政府支持，直到该机构转为私有。农民仍然可以通过该局出售谷物，但要与其他营销机构平等竞争。2012 年 8 月 1 日，C－18 法案生效，结束了长达 60 多年的加拿大小麦局垄断西部省份小麦销售的地位。此后，小麦局董事会进行了改组，董事会需拟订一项 5 年转换计划，使小麦局彻底民营化。如果董事会提出的计划在 5 年内未能获得农业部同意的话，小麦局将被直接撤销。

澳大利亚和加拿大的小麦局从成立到转型可以概括为：因战时需要而诞生；因借助垄断获得有利价格而受到麦农欢迎；因抗衡欧美补贴而被政府保留；最后因全球经济走向自由化而谢幕。

启示与借鉴

在粮食国际贸易和国内流通方面，澳加小麦局变局给中国粮食贸易乃至粮食市场调控提出了一系列需要思考的问题：如何应对粮食贸易民营化的国际趋势，如何处理好粮食贸易中的民营与国营关系，如何应对跨国粮食巨头以提高中国在保障粮食安全方面的主动能力等。澳加两国小麦局市场化、民营化的实践经验为中国深化粮食流通体制改革特别是国有粮食企业改革提供了有益的启示。

澳大利亚主动选择具有前瞻性和有步骤的市场化改革方式值得中国借鉴，因为这意味着有较充分的时间来主动适应市场化后的环境，逐步推进中国国有粮食企业的转型并将其打造成真正具有国际级实力的巨无霸企业来应对跨国粮食巨头。中国一方面应加快国有企业的改革，另一方面应加速民营企业的成长。

澳加小麦局都是以法律手段为主来推进变革的。一旦确定了改革目标，就通过法律形式予以肯定，并制定有效的改革措施逐步推进。这种做法有助于以公开透明的方式平衡不同集团的利益诉求，减少改革中的不确

定性。

澳大利亚小麦局变革中把农民利益放在第一位，并且为保证农民利益而建立相应机制的做法值得中国借鉴。企业制度的选择是一个重要的问题，澳大利亚小麦局从官方机构到农民合作组织的转型应当说是比较成功的，合作制不仅意味着所有成员利益共享、风险共担，最重要的是形成了保证农民利益的有效利益机制，农民在利益分配和重大决策中居于支配地位。但澳大利亚小麦局后续成为上市公司的变革是值得我们深思的，一旦成为以市场利益最大化为目标的企业后，就可能随着企业价值观的改变而离弃为农民服务的目标。澳大利亚小麦局公司的小麦营销业务最终落入了跨国大粮商手中的结局值得我们注意和反思。这实际上反映出，在开放的市场环境下，企业的经营效率或国际竞争力最终决定其命运，很多理想化的改革从长期看并不能保证实现预期的成效。因而，培育有国际竞争力的企业是中国必须解决的任务。

中国是小麦进口国，近年来粮食进口规模越来越大，澳加小麦局的变局必然影响中国传统的小麦贸易格局和方式以及与小麦局的原有合作关系。因此，需要关注澳加小麦局的改革以及新的国际贸易格局动态，为中国的贸易策略和方式的调整及时提供信息和决策支持。

中国与其他金砖国家农产品贸易

金砖国家①都是世界上重要的农业大国，农业生产各具特色，具有不同的比较优势，农产品贸易是其对外贸易的重要组成部分。随着金砖国家国际地位的提升，中国与金砖国家农产品贸易不断扩大，合作领域不断拓展。

金砖国家经济及农业发展概况

（一）国土面积与人口

2011 年金砖国家国土面积占世界的 29.6%，其中俄罗斯 1 709.8 万千米^2，居世界第一位，中国、巴西、印度、南非分列第三、五、七、二十四位。人口总量占世界的 42.7%，其中中国人口 13.5 亿，占世界总人口的 19.3%，居首位；印度 12.4 亿，占 17.8%，排第二位。金砖国家农村人口所占比重差别较大，印度为 68.7%、中国 49.5%、南非 38%、俄罗斯 26.2%、巴西 15.4%②。

（二）经济发展

从经济地位看，近 10 年来金砖国家经济总量增长迅速，作为世界主要经济体的地位日益突出。2011 年金砖国家 GDP 占世界经济总量的 19.9%，比 2001 年提高了 11.2 个百分点（表 87）。

从增长速度看，2001—2011 年金砖国家整体年均增长率超过 8%，远高于发达国家 2.6% 的平均增长率及 4.1% 的全球平均增长率。其中中国增长率最高，年均保持在 10% 以上，印度超过 7.5%，俄罗斯 6.6%，巴西 3.6%，南非 3%。

从经济结构看，除中国外其他金砖 4

① 金砖国家原指“金砖 4 国”（BRICs），即巴西、俄罗斯、印度和中国。这一说法最早由高盛证券首席经济学家吉姆·奥尼尔在 2001 年 11 月 20 日发表的题为《全球需要更好的经济之砖》（The World Needs Better Economic BRICs）一文中提出。2010 年，南非正式加入，“金砖 4 国”扩展为“金砖 5 国”（BRICS）。

② 数据来源：WTO 数据库。

国的服务业所占比重均在55%以上，巴西和南非达到67%。5国农业增加值占GDP的比值分别为：印度17.2%，中国10%，巴西5.5%，俄罗斯4.3%，南非2.4%。

从国际贸易看，2011年金砖国家货物出口总额占全球出口总额的16.8%。2012年中国是世界上最大的贸易国，俄罗斯和印度也进入了世界前二十名；巴西是前二十名的商品出口国。中国、俄罗斯、巴西为贸易顺差，印度和南非为贸易逆差。金砖国家内部贸易比较活跃，2011年中国对其他金砖国家货物出口占中国出口总额的7.1%；俄罗斯对其他金砖国家出口占其出口总额的8%；南非对其他金砖国家出口占其出口总额的17.3%。2011年中国从其他金砖国家货物进口总额占中国进口总额的8.5%；俄罗斯从其他金砖国家进口额占其进口总额的17.2%；南非从其他金砖国家进口额占其进口总额的16.5%①。

表88 金砖国家GDP及占世界比重

单位：亿美元（现价美元）、%

国家	1991年		2001年		2011年	
	GDP	占世界比重	GDP	占世界比重	GDP	占世界比重
巴西	4 073	1.8	5 536	1.7	24 767	3.5
中国	3 795	1.7	13 248	4.1	73 185	10.5
印度	2 748	1.2	4 924	1.5	18 478	2.6
俄罗斯	5 094	2.2	3 066	1.0	18 578	2.7
南非	1 202	0.5	1 185	0.4	4 082	0.6
金砖合计	16 912	7.3	27 959	8.7	139 090	19.9
世界合计	230 646	—	321 437	—	699 819	—

数据来源：世界银行数据库。

（三）农业发展

金砖国家土地资源禀赋差异较大。2009年印度、中国、南非农业用地分别占其陆地面积的60.5%、56.2%、81.7%，可耕地分别占陆地面积的53.1%、11.7%、11.8%。人均可耕地面积，中国仅为0.08公顷，为全球平均水平的40%；印度0.13公顷，为全球平均水平的65%；南非0.29公顷，巴西0.32公顷，俄罗斯0.86公顷②。

金砖国家农业就业比重差别较大。2011年农业就业人口占总就业人口的比重为：印度52.9%，中国34.8%，巴西15.3%，俄罗斯7.6%，南非4.5%③。

① 数据来源：联合国Comtrade数据库，WTO统计数据库。

② 数据来源：世界银行数据库。

③ 根据BRICS Joint statistical publication 2013中的经济活动人口数据整理。

金砖国家农业增加值占全球农业增加值比重呈增长趋势，由1991年的26.3%提高到2011年的58.9%，提高32.6个百分点。其中中国增长速度最快，1991—2011年增加6.7倍；巴西、印度和南非分别增加2.8倍、3.2倍和0.4倍；俄罗斯仅增长4%①。

（四）农业生产

金砖国家农业资源丰富，农产品多样。中国的谷物、肉类、棉花、水果、蔬菜、花生、油菜籽、茶叶产量居世界第一位。巴西的甘蔗、柑橘、咖啡产量长期保持世界第一位，大豆、牛肉、烟草、玉米、鸡肉等产品在国际市场上具有重要地位，既是生产大国，也是出口强国。印度是世界第一大奶业生产国，稻谷、小麦、花生、棉花、甘蔗、茶叶、水果产量居世界第二位。俄罗斯是世界上重要的小麦、大麦、水产品生产国及出口国。南非的畜牧业较发达，人均肉类占有水平较高。

（五）农产品贸易

过去10年间，金砖国家农产品贸易②规模呈现较大幅度增长。2011年出口1 942.5亿美元，比2001年增加3.4倍；进口1 879.2亿美元，增加5.3倍。

金砖国家在全球农产品贸易中的地位不断提高。农产品贸易总额占世界农产品贸易总额的比重由2001年的6.5%增长到2011年的11.2%，其中出口由8.1%增长到11.7%；进口由5%增长到10.8%。

2001—2011年，中国和俄罗斯农产品贸易均为逆差，规模不断扩大；巴西、印度、南非均为顺差，其中巴西、印度顺差成倍扩大。总体上金砖国家对全球农产品贸易处于顺差，但顺差规模不断降低，2011年相对于2001年，顺差减少了82.6亿美元（表88）。

中国与其他金砖国家农产品贸易特征

（一）总体特征

1. 进出口同增，逆差扩大

2008—2012年，中国与其他金砖4国的农产品贸易呈递增态势，2012年达到285亿美元，比2008年③增加141.8亿美元，年均增长18.8%。其中出口36.5亿美元，年均增长11.4%；进口248.5亿美元，年均增长20.1%。中国一直处于贸易逆差地位并呈扩大趋势。2012年逆差212亿美元，比2008年增加116.2亿美元，年均扩大22%（表89）。

2. 贸易关系日趋紧密，出口份额明显低于进口份额

2008—2012年，中国与其他金砖国家农产品贸易额占中国农产品贸易总额的比重呈上升态势，2012年达16.2%。其中，进口比重一直在20%以上，2012年达22.1%；出口比重较小，稳定在5.6%～5.9%。金

① 数据来源：WTO数据库。

② 数据来源：WTO数据库。由于农产品定义不同，所以本部分中国农产品贸易额自2001年以来一直为逆差。

③ 本节主要考察5年间金砖国家农产品贸易变化情况，也关注金砖国家农产品贸易受2008年金融危机影响。

表88 金砖国家农产品贸易额比较

单位：亿美元（现价美元）、%

国　家	项　目	2001 年	2011 年
巴　西	出口	184.4	864.4
	进口	39.1	135.8
	贸易总额	223.5	1 000.2
	差额（出口－进口）	145.3	728.6
中　国	出口	166.3	646.1
	进口	201.3	1 447.2
	贸易总额	367.6	2 093.3
	差额（出口－进口）	−35.0	−801.1
印度	出口	63.3	343.2
	进口	45.1	225.6
	贸易总额	108.4	568.8
	差额（出口－进口）	18.2	117.6
俄罗斯	出口	74.9	295.4
	进口	92.4	408.1
	贸易总额	167.3	703.5
	差额（出口－进口）	−17.5	−112.7
南　非	出口	32.0	88.7
	进口	14.6	70.5
	贸易总额	46.6	159.2
	差额（出口－进口）	17.4	18.2
金砖国家合计	出口	445.9	1 942.5
	进口	300.1	1 879.3
	贸易总额	746.0	3 821.8
	差额（出口－进口）	145.8	63.2
世界合计	出口额	5 526.7	16 595.2
	进口额	5 954.1	17 452.1
	贸易总额	11 480.8	34 047.3
金砖国家占世界贸易的比重	出口所占比重	8.1	11.7
	进口所占比重	5.0	10.8
	贸易总额所占比重	6.5	11.2

数据来源：WTO 数据库。

砖国家作为中国农产品主要进口来源地的地位不断提高（表90）。

表89 2008—2012年中国与其他金砖国家农产品贸易规模

单位：亿美元、%

年　份	进口额	出口额	农产品贸易额		贸易顺差
			总额	比上年增长	
2008	119.5	23.7	143.2	—	-95.8
2009	109.4	22.0	131.4	-8.2	-87.4
2010	150.4	28.9	179.3	36.5	-121.5
2011	214.9	35.2	250.1	39.5	-179.7
2012	248.5	36.5	285.0	14.0	-212.0

表90 中国与其他金砖国家农产品贸易占中国农产品贸易的比重

单位：%

年　份	中国从其他金砖国家进口农产品占中国农产品进口总额的比重	中国对其他金砖国家出口农产品占中国农产品出口总额的比重	中国与其他金砖国家农产品贸易额占中国农产品贸易总额的比重
2008	20.3	5.9	14.4
2009	20.8	5.6	14.2
2010	20.7	5.9	14.7
2011	22.6	5.8	16.1
2012	22.1	5.8	16.2

3. 进出口产品集中度高，互补性强

从年均贸易额上看，2008—2012年，中国对金砖国家出口前五位农产品依次是水产品、蔬菜、水果、棉麻丝和干豆，占对金砖国家农产品出口总额的71.6%；进口前三位农产品依次是油籽、棉麻丝、水产品，占进口总额的80%以上。出口以劳动密集型为主，进口以土地密集型为主，具有较强的互补性。

（二）中国与巴西

1. 巴西是最大的贸易伙伴

中国与巴西的农产品贸易规模不断扩大，由2008年的90.8亿美元增加到2012年的193.6亿美元，占中国农产品贸易总额的11%，占中国与金砖国家贸易总额的67.9%。

2. 对巴贸易逆差不断扩大

2008—2012年，逆差呈扩大态势，年均增长20.4%。2012年，中国从巴西进口农产品186.6亿美元，占中国农产品进口总额的16.6%，占从金砖国家进口额的75.1%；中国对巴西出口农产品7亿美元，占中国农产品出口总额的1.1%，占对金砖国家出口额

的 19.2%（表 91）。

表 91 中国与巴西农产品贸易规模

单位：亿美元、%

年 份	进口额	出口额	农产品贸易总额			贸易顺差
			金 额	占与金砖国家农产品贸易额比重	占中国农产品贸易总额比重	
2008	88.1	2.7	90.8	63.4	9.1	-85.4
2009	84.5	2.2	86.7	66.0	9.4	-82.3
2010	107.3	5.2	112.5	62.7	9.2	-102.1
2011	156.2	6.5	162.7	65.1	10.5	-149.7
2012	186.6	7.0	193.6	67.9	11.0	-179.6

3. 出口以蔬菜、水产品和干豆为主

蔬菜、水产品和干豆是中国出口到巴西的主要农产品，占向巴西农产品出口总额的70%左右。蔬菜出口一直占有重要地位，但2009 年以来所占份额持续降低，2012 年出口额 1.8 亿美元，占对巴出口总额的25.3%，比 2009 年降低 22.8 个百分点。水产品出口持续增长，2008—2012 年，年均增长 61.5%，自 2011 年起出口额已超过蔬菜。2012 年出口水产品 2.2 亿美元，占对巴出口总额的 31.4%；其中鲜冷冻鱼类占63.4%，加工鱼类占 28.6%。干豆出口波动最大，2012 年出口额 1.2 亿美元，比上年增加近 3 倍，占出口总额的 16.9%。

4. 巴西是中国大豆和食糖的主要进口来源地

中国从巴西进口的农产品高度集中，其中大豆份额最高。从进口总额看，2008—2012 年中国从巴西进口的大豆增长迅速，2012 年达 142.2 亿美元，占从巴西进口农产品的 76.2%，占中国大豆进口总额的40.7%，是中国大豆第二大进口来源地。

巴西是中国食糖进口的第一大来源地。2012 年从巴西进口食糖 11.3 亿美元①，占中国食糖进口总额的 50.4%。

此外，巴西还是中国植物油和棉花的重要进口来源地。进口植物油 11.5 亿美元，比上年增长 90.2%，占中国植物油进口总额的 10%，其中豆油占 98.1%。进口棉花 8.2 亿美元，比上年增长 33.6%，占中国棉花进口总额的 6.8%。

（三）中国与俄罗斯

1. 对俄贸易规模增长缓慢

2012 年贸易总额 35.1 亿美元，比 2008 年增加 7.4 亿美元，年均增长 6.1%，低于

① 2011 年糖料及糖比 2010 年进口额增加 7.6 亿美元，增加 1.5 倍。主要因为 2011 年异常天气造成供给不足，加上游资炒作，导致国内糖料及糖价格暴涨，进口大幅增长。2012 年价格有所控制，比 2011 年进口额减少 1.4 亿美元。

对金砖国家总体贸易增长速度；贸易总额占对金砖国家比重明显下降，2012 年占 12.3%，比 2008 年降低 7 个百分点。

2. 对俄贸易顺差有所扩大

除个别年份，中国在中俄农产品贸易中处于顺差地位，2012 年对俄出口 19.6 亿美元，进口 15.5 亿美元；顺差 4.1 亿美元，比上年增长 51.9%（表 92）。

表 92 中国与俄罗斯农产品贸易规模

单位：亿美元、%

年 份	进口额	出口额	农产品贸易总额			贸易顺差
			金 额	占与金砖国家农产品贸易额比重	占中国农产品贸易总额比重	
2008	13.3	14.4	27.7	19.3	2.8	1.1
2009	12.9	12.0	24.9	18.9	2.7	-0.9
2010	13.9	15.5	29.4	16.4	2.4	1.6
2011	16.9	19.6	36.5	14.6	2.3	2.7
2012	15.5	19.6	35.1	12.3	2.0	4.1

3. 出口以水产品、蔬菜、水果为主

水产品、蔬菜和水果是中国出口到俄罗斯主要的农产品，占对俄罗斯农产品出口总额的 3/4 以上。水产品和水果出口持续增长，2008—2012 年，年均增长率为 12% 和 6.7%。2012 年出口水产品 6 亿美元，占对俄出口总额的 30.4%，其中鱼类加工品占 48%。水果 4.8 亿美元，占对俄出口总额的 24.2%，以鲜冷冻水果和水果汁为主，分别占 59.9% 和 24.1%。蔬菜出口波动较大，2012 年出口额 4.1 亿美元，比上年减少 20%，占对俄出口总额的 20.8%，其中鲜冷冻蔬菜和加工保藏蔬菜分别占 48.7% 和 44.9%。

4. 进口以水产品为主

中国从俄罗斯进口农产品高度集中于水产品。2011 年水产品进口额 16.6 亿美元，占从俄罗斯进口农产品总额的 98.3%；2012 年水产品进口额 14.4 亿美元，比上年减少 2.3 亿美元，占 92.5%。进口的水产品多为鲜冷冻鱼类，占 90%。

（四）中国与印度

1. 贸易规模增长较快

中印贸易额占中国农产品贸易总额的比重不大，2012 年仅为 2.7%。但 2008 年以来贸易额不断增长，2012 年达 47.8 亿美元，年均增长 23.6%。

2. 贸易逆差不断扩大

中国对印度的农产品出口增速低于进口增速。2012 年从印度进口农产品 41.7 亿美元，比 2008 年增加 25.6 亿美元，年均增长 26.9%；出口额 6.1 亿美元，年均增长 8.5%。2004 年中国对印度的农产品贸易由顺差转为逆差后，逆差不断扩大，从 2008

年的11.7亿美元扩大到2012年的35.6亿美元，年均扩大32.1%（表93）。

表93 中国与印度农产品贸易规模

单位：亿美元、%

年 份	进口额	出口额	农产品贸易总额			贸易顺差
			金 额	占与金砖国家农产品贸易额比重	占中国农产品贸易总额比重	
2008	16.1	4.4	20.5	14.3	2.1	-11.7
2009	9.5	5.1	14.6	11.1	1.6	-4.4
2010	25.7	5.4	31.1	17.3	2.6	-20.3
2011	37.6	5.7	43.3	17.3	2.8	-31.9
2012	41.7	6.1	47.8	16.8	2.7	-35.6

3. 出口以棉麻丝、水果、干豆为主

棉麻丝、水果、干豆是中国出口到印度的主要农产品，占对印农产品出口总额的64.9%。2008—2012年，棉麻丝出口一直占对印农产品出口总额的30%以上，2012年出口额2.1亿美元，占对印农产品出口总额的35.2%，其中99.3%是蚕茧及丝。水果出口持续增长，2008—2012年，年均增长43%，2010年超过干豆成为第二大出口产品，2012年出口额达到1亿美元，占出口总额的17.1%。2012年出口干豆7 753万美元，比上年增长63.3%，占出口总额的12.7%。

4. 进口以棉花、植物油为主

中国从印度进口的农产品高度集中于棉麻丝。从进口总额看，2008—2012年，中国从印度进口的棉麻丝持续增长，年均增长34.3%，2012年达到31.6亿美元，占从印度农产品进口总额的75.7%，比上年增长14.8%，其中98%是棉花，从印度进口棉花占中国棉花总进口额的25.8%，是继美国之后的第二大棉花进口来源地。

植物油进口增长较快，2012年，进口额4.1亿美元，比上年增长26.3%，占从印度进口农产品总额的9.8%。此外，印度曾经是中国最大的饼粕进口来源地。2011年自印度进口饼粕2.6亿美元，占中国饼粕进口总额的47.1%；2012年进口0.2亿美元，下降92.9%，占中国进口饼粕总额的6.9%①。

（五）中国与南非

1. 贸易规模持续增长

中国与南非的农产品贸易额占中国农产品贸易总额的比重非常小，2012年仅为0.5%。2008—2012年贸易额增长较快，年均增长19.3%，2012年达到8.5亿美元。中国对南非的农产品贸易自2010年由贸易

① 2011年12月31日，在中国更新的《允许进口饲料和饲料添加剂的国家与地区及产品名单》中，取消了从印度进口菜籽粕、花生粕、棉籽粕、豆粕、芝麻粕和蓖麻粕，导致从印度进口饼粕大幅下降。

顺差转为贸易逆差，2012 年逆差额 0.9 亿美元（表 94）。

表 94 中国与南非农产品贸易规模

单位：亿美元、%

年 份	进口额	出口额	农产品贸易总额			贸易顺差
			金 额	占与金砖国家农产品贸易额比重	占中国农产品贸易总额比重	
2008	2.0	2.2	4.2	2.9	0.4	0.2
2009	2.5	2.7	5.2	4.0	0.6	0.2
2010	3.5	2.8	6.3	3.5	0.5	-0.7
2011	4.2	3.4	7.6	3.0	0.5	-0.6
2012	4.7	3.8	8.5	3.0	0.5	-0.9

2. 出口以干豆、畜产品、水产品、水果、蔬菜为主

干豆、畜产品、水产品、水果和蔬菜是中国出口到南非主要的农产品，占农产品出口总额的 2/3。2012 年出口干豆 0.7 亿美元，占对南非农产品出口总额的 19%。另外 4 类农产品出口份额相差不多，分别为 12.7%、12.1%、11.5% 和 11.5%。2008—2012 年，干豆、蔬菜、水产品出口持续增长，年均增速分别为 12.3%、20.1%、25.6%。

3. 进口以畜产品、水果、水产品为主

中国从南非进口农产品主要集中于畜产品、水果、水产品，2012 年占从南非进口总额的 82%。畜产品和水果进口额增长较快，2008—2012 年，年均增长 23.4% 和 57.2%。2012 年，畜产品进口额达 2.6 亿美元，比上年增长 15.1%，占从南非农产品进口总额的 55.3%；水果进口额 7 750 万美元，比上年增长 62.6%，占 16.6%，主要为鲜冷冻水果。

中国与金砖国家农产品贸易展望

（一）农业全方位合作具备良好环境

金砖国家开展合作 5 年来，政治互信度不断提高，合作领域不断拓宽，经济实力和全球影响力显著提升。截至 2013 年 3 月，已先后在俄罗斯、巴西、中国、印度和南非举行了 5 次领导人会晤，特别是第五次会晤，决定建立金砖国家开发银行，成立工商理事会，还在互换货币、本币结算、互持国债、共建外汇储备库、加强与非洲国家合作等重要方面进行了有益的探讨。2009—2011 年金砖国家农业部长会议就农业合作领域进行了磋商。2011 年农业部长会议审议通过了《金砖国家农业合作 5 年行动计划（2012—2016 年）》，批准了《金砖国家农业合作工作组工作规程》，就农业信息交流、粮食安全保障、农业应对气候变化、农业科技合作与创新以及农产品贸易促进形成初步

合作计划。这些举措将进一步提升中国与金砖国家的农产品贸易，并为中国与金砖国家开展技术合作、进行对外投资等多元化的农业合作模式提供依据。

（二）农产品贸易增长潜力巨大

尽管中国与其他金砖国家在农产品贸易方面有一定的竞争性，但由于资源禀赋不同，其产品结构存在较大差异，而产品的差异性在一定程度上决定了贸易的互补性。如中国拥有良好的农业基础，劳动力资源丰富，但人地矛盾紧张，俄罗斯、巴西和南非土地资源较为丰裕，人地矛盾相对宽松。中国可以充分利用金砖国家农产品互补性强的特点，发展有竞争优势的农产品，深入拓展与其他金砖国家农产品贸易的合作空间。另外，金砖国家普遍人口众多，国内市场消费需求旺盛，并且随着金砖国家经济快速增长以及工业化和城市化进程的加快，农产品需求将日益多样化，市场潜力巨大。随着中国利用国内及金砖国家两个市场、两种资源能力的提升，中国与金砖国家的农产品贸易合作也将进一步增长。

（三）贸易逆差将进一步扩大

中国从金砖国家农产品进口额增长幅度远远高于出口额增长幅度，除俄罗斯外，中国与巴西、印度和南非（2010 年后）的农产品贸易均处于逆差地位。随着中国国内需求的进一步增长以及土地、水资源等要素的限制，特别是伴随中国城镇化进程加快，“关键农时缺人手、现代农业缺人才、农业生产缺人力”的问题更加突出，中国农业“人口红利”逐渐消失，中国提供农业生产能力的可能性较小。中国将日益重视通过贸易途径寻找外部资源，因此，中国与金砖国家农产品净进口地位的状况不仅会长期持续，而且中国贸易逆差将会继续扩大。

（四）农业投资将进一步加大

中国与其他金砖国家的农业合作领域将进一步拓展与深化。在投资方面，中国对外直接投资流量连续 10 年增长，但是中国农业对外投资以及投资存量在中国对外投资和投资存量中所占比重很小，不足 1%。2010 年中国农业对外直接投资目标区域，从流量上看主要分布在俄罗斯、东盟、欧盟、美国，分别占当年在各经济主体中各行业的总流量 31.8%①、3.8%、0.2%、0.1%，对于印度、巴西、南非的农业投资微乎其微。中国是金砖国家中经济规模最大的国家，中国的外汇储备为开展海外投资提供了财力支持。并且金砖国家有农业外资流入需求和相关优惠政策，例如南非期望中国大力投资南非农业基础设施和农产品加工业；巴西鼓励外资进入农业，近年来放宽了对外资获取土地从事农业活动的限制；俄罗斯成为世界贸易组织成员，开放度也将增强。

在农业技术合作方面，截至 2011 年，中国在亚洲、非洲、拉丁美洲等地区建立了 20 多个农业示范中心，派遣 1 100 多名农业专家和技术人员，在帮助其他发展中国家提

① 2011 年中国对俄罗斯的直接投资为 7.1 亿美元，其中对农林牧渔业的投资占 21%。

高农业科技水平方面做出了重要贡献。金砖国家也期望与中国进一步深化农业技术合作。例如，俄罗斯希望能与中国扩大蔬菜种植合作以及有关农产品原材料加工的现代技术合作；中国援建南非农业技术示范中心项目进展顺利，并且南非在玉米栽培技术、畜牧业养殖技术、旱作农业及节水灌溉等农业技术领域与中国具有合作需求；中国与巴西在动植物优良种质资源、生物技术、农业生产技术等领域具有广泛的合作前景；中国与印度在旱作农业生产技术、水土保持等方面具有合作需求。

中国可以借助于日益稳固和发展的金砖合作机制，特别是金砖国家开发银行与农业合作协议框架的建立，利用中国的经验来支持金砖国家乃至非洲等区域的农村基础设施，并通过与金砖国家开展投资、技术、劳动力等农业领域双赢和多赢的合作，为后续的农产品贸易打下基础，带动农业贸易合作。

（五）在国际粮农事务中的话语权将进一步增强

金砖国家都是重要的发展中国家和新兴市场国家，在政治经济外交领域具有很多共同的利益诉求。在过去的农业合作中，中国和其他金砖国家已经建立了较为密切的贸易合作关系。作为金砖国家中最大的经济体，中国应与其他金砖国家加强沟通协调，提高金砖国家在G20、OECD等国际组织中的整体话语权，提高在国际粮农事务中的话语权。另外，中国在与金砖国家的农业合作中应积极寻求主动，例如在金砖国家开发银行运行中，中国应该对分部门分产品的农业投资项目提前进行研究和判断，以便寻求利益切合点。中国要积极推动金砖国家自由贸易区的建设，消除农产品关税壁垒与非关税壁垒，促进金砖国家贸易便利化，进而带动中国与其他金砖国家的农产品贸易。

附录

农产品分类和统计口径说明

本报告根据乌拉圭回合农业协议界定的农产品范围（HS 产品口径），加上水产品。包括谷物、棉麻丝、油籽、植物油、饮品类、蔬菜、水果、畜产品、水产品等 20 大类，各大类产品涉及的 HS 编码如下：

各大类产品涉及的 4 位数 HS 编码

产品类别	产品税号
1. 谷物	1001—1008，1101—1104，1904
小麦产品	1001，1101，1103，1904
稻谷产品	1006，1102，1103
玉米产品	1005，1102— 1104
大麦产品	1003，1104
2. 棉麻丝	0511，1404，5001—5003，5201—5203，5301—5305
棉花	1404，5201—5203
麻类	5301—5305
蚕茧及丝	0511，5001—5003
其他植物纤维	5305
3. 油籽	1201，1202，1204—1208，2008
食用油籽	1201，1202，1204—1208，2008
非食用油籽	1207，1208
4. 植物油	1507—1515
食用植物油	1507—1512，1514，1515
非食用植物油	1513，1515

（续）

产品类别	产品税号
5. 糖料及糖类	1209，1212，1701—1704
食糖	1701
6. 饮品类	0901—0903，1801—1806，2101，2201—2206，2208，2209
茶	0902，0903，2101
醋	2209
咖啡及制品	0901，2101
可可及制品	1801—1806
酒精及酒类	2203—2206，2208
无醇饮料	2201，2202
7. 蔬菜	0701—0712，0714，0904，0910，1209，1212，2001—2005，2008，2009，2103
8. 水果	0801，0803—0814，1203，2006—2009，2106，2204
9. 坚果	0801，0802，0811，1207，1212，2008
10. 花卉	0601—0604
11. 饼粕	2304—2306
12. 干豆（不含大豆）	0713，1106
13. 水产品	0106，0208，0210，0301—0308，0508，0511，1212，1504，1603—1605，2008，2301，2801，3913，7101
14. 畜产品	0101—0106，0201—0210，0401—0410，0502—0507，0510，0511，1501—1503，1505，1506，1601，1602，2301，4101—4103，4301，5101—5103
15. 调味香料	0905—0910
16. 精油	3301
17. 粮食制品	1107—1109，1902—1905
18. 粮食（薯类）	0714，1105
19. 药材	1211
20. 其他农产品	0501，0509，0602，1106，1108，1209—1214，1301，1302，1401—1404，1516—1522，1901，2008，2101—2106，2207，2302，2303，2307—2309，2401—2403，2905，3501—3505，3809，3823，3824，3913

农产品贸易大事记

1 月

1 日，《2012 年关税实施方案》实施。方案规定对小麦等 8 类 47 个税目的商品继续实施关税配额管理；对配额外进口的一定数量棉花继续实施滑准税形式的暂定税率，并适当调整滑准公式。对原产于香港地区且已制定优惠原产地标准的 1 734 个税目商品实施零关税；对原产于澳门地区且已制定优惠原产地标准的 1 259 个税目商品实施零关税。

2 月

6 日起，根据商务部公告 2012 年第 2 号《关于对马铃薯淀粉期中复审立案的公告》，对原产于欧盟的进口马铃薯淀粉所适用的反倾销措施进行期终复审调查，本次调查自 2012 年 2 月 6 日开始，通常应在 2013 年 2 月 6 日前结束。在反倾销期终复审调查期间，对原产于欧盟的进口马铃薯淀粉继续按照商务部 2011 年第 16 号公告公布的征税范围和税率征收反倾销税。

14—16 日，中国—瑞士自贸区第四轮谈判在北京举行。双方就自贸区货物贸易降税模式、服务贸易、原产地规则、卫生与植物卫生措施、技术性贸易壁垒、知识产权、竞争政策、贸易救济、经济技术合作等有关内容交换了意见，并进行了深入讨论。

17 日，海关总署发布 2012 年第 9 号公告，称实施特保措施管理的脂肪含量大于 1% 未浓缩的乳及奶油（税则号列 04012000、04014000、04015000）进口数量已达到 2 059.04 吨，超过当年 1 580 吨的特保措施触发标准。因此，自 2 月 18 日起，对《中华人民共和国政府和新西兰政府自由贸易协定》项下进口的原产于新西兰的上述农产品按最惠国税率征收进口关税。

21 日，国家税务总局发布《关于下发出口退税率文库 20120201A 版的通知》。通知指出，财税〔2011〕137 号文件规定的蔬菜产品，在 2012 年 2 月 29 日（含）前出口且满足退税条件的，应退税；不满足退税条

件的，予以免税。自 2012 年 3 月 1 日起，统一执行出口免税政策，即免征蔬菜流通环节增值税，文件规定的蔬菜出口不再退税。

3 月

10 日，国务院办公厅发布《国务院关于支持农业产业化龙头企业发展的意见》（国发〔2012〕10 号），对提高农业对外开放水平，开拓国际市场做出了部署。

14 日，海关总署发布 2012 年第 11 号公告，实施特殊保障措施管理的黄油和其他从乳中提取的脂和油（税则号列 04051000、04059000）进口数量已达到 11 550.58 吨，超过当年 11 426 吨的特殊保障措施触发标准。因此，自 3 月 15 日起，对《中华人民共和国政府和新西兰政府自由贸易协定》项下进口的原产于新西兰的上述农产品按最惠国税率征收进口关税。

19—21 日，中国—澳大利亚自贸区第十八轮谈判在堪培拉举行。双方代表分为农业、非农产品、服务和综合议题 4 个小组，针对相关议题展开深入谈判。

4 月

23 日，海关总署发布 2012 年第 21 号公告，公布了实施特保措施管理的乳酪（税则号列 04061000、04063000 和 04069000）进口数量已达到 4 535.23 吨，超过当年 4 376吨的特保措施触发水平。因此，自 4 月 24日起，对《中华人民共和国政府和新西兰政府自由贸易协定》项下进口的原产于新西兰的上述农产品按最惠国税率征收进口关税。

25 日，商务部发布 2012 年第 19 号公告，对《实行进口报告管理的大宗农产品目录》进行调整，将橄榄油、玉米酒糟纳入《目录》，自 6 月 1 日起对上述商品实行进口报告管理。进口上述商品的对外贸易经营者，应按照《大宗农产品进口报告和信息发布管理办法》（商务部令 2008 年第 10 号）履行有关进口信息报告义务。

30 日，国务院发布《关于加强进口促进对外贸易平衡发展的指导意见》（国发〔2012〕15 号），提出要进一步优化进口商品结构，稳定和引导大宗商品进口，积极扩大先进技术设备、关键零部件和能源原材料的进口，适度扩大消费品进口。

5 月

2 日，商务部部长陈德铭与韩国外交通商部通商交涉本部部长朴泰镐在北京举行中韩经贸部长会议。双方就中韩经贸关系发展深入交换了意见，并发表了《部长联合声明》，宣布正式启动中韩自由贸易协定谈判。

8—10 日，中国—瑞士自贸区第五轮谈判在北京举行。双方就自贸区货物贸易降税模式、服务贸易、原产地规则、卫生与植物卫生措施、技术性贸易壁垒、知识产权、竞争政策、贸易救济、经济技术合作等有关内容交换了意见，并进行了深入讨论。

9 日，中华人民共和国商务部与哥伦比亚共和国贸易工业旅游部分别代表两国政府签署了《关于开展双边自由贸易协定联合可行性研究的谅解备忘录》，宣布正式启动两国自贸区联合可行性研究。

13日，中国—韩国自贸区首轮谈判在北京举行。双方经过磋商成立了谈判委员会，并就谈判原则、谈判领域及范围、信息交换等问题进行了深入讨论，为今后的实质性谈判奠定了基础。

23日，财政部、海关总署和国家税务总局联合发布《关于种子（苗）种畜（禽）鱼种（苗）和种用野生动植物种源2012年免税进口计划的通知》，对农业部2012年种子（苗）、种畜（禽）、鱼种（苗）免税进口计划、国家林业局2012年种子（苗）及种用野生动植物种源免税进口计划等事项做出了规定。

6月

8日，世界贸易组织发布专家组报告，裁定美国在对中国输美暖水虾、金刚石锯片进行的反倾销调查中使用“归零”方法计算被调查企业倾销幅度的做法不符合世贸组织规则。中国在本案中获得了全面胜诉。根据中美双方的协议，美国应在世贸组织争端解决机构通过专家组报告后的8个月内完成对涉案措施的修改，使其符合WTO规则。

21日，商务部发布2012年第31号公告，称中粮生物化学（安徽）股份有限公司、吉林燃料乙醇有限责任公司、梅河口市阜康酒精有限责任公司和吉林省新天龙酒业有限公司代表国内干玉米酒糟产业提出撤销干玉米酒糟反倾销调查申请，并请求终止干玉米酒糟反倾销调查。根据《中华人民共和国反倾销条例》第二十七条的规定，商务部决定终止对原产于美国的进口干玉米酒糟的反倾销调查。

27日，欧盟委员会作出裁决，终止对中国大豆蛋白的反倾销调查，并且不采取任何反倾销措施。

7月

1日，根据海关总署2012年第27号公告，《2012年7月1日起新增香港享受零关税货物原产地标准表》和《2012年7月1日起新增澳门享受零关税货物原产地标准表》实施。农产品中烟熏三文鱼、肠衣香肠、其他面食和预煮或其他方法制作的谷粒在《2012年7月1日起新增香港享受零关税货物原产地标准表》内，珍粉及淀粉制成的珍粉代用品在《2012年7月1日起新增澳门享受零关税货物原产地标准表》内。

3—5日，中国—韩国自贸区第二轮谈判在韩国济州岛举行。双方就货物贸易、服务贸易、投资等领域进行了深入磋商。

9—13日，《海峡两岸经济合作框架协议》（ECFA）货物贸易第五轮商谈在台北举行。本轮商谈主要就货物贸易降税模式、产品要价、协议文本等问题进行了磋商。

8月

国家质量监督检验检疫总局出入境检验检疫机构在进境农产品检疫过程中共截获有害生物1 778种46 654次，其中检疫性有害生物110种3 530次，一般有害生物1 668种43 124次。针对发现的疫情，检验检疫机构依法作退运、销毁、除害处理等检疫措施，防止疫情传播扩散，并向国外通报，要求采取改进措施。

22—24 日，中国—韩国自贸区第三轮谈判在中国威海举行。双方就货物贸易、服务贸易、投资等领域进行了深入磋商。

9 月

4—6 日，中国—瑞士自贸区第六轮谈判在瑞士达沃斯举行。双方就自贸区货物贸易降税模式、服务贸易、原产地规则、海关合作和贸易便利化、卫生与植物卫生措施、技术性贸易壁垒、法律和机构条款、知识产权、竞争政策、贸易救济、争端解决和经济技术合作等有关内容充分交换了意见，并进行了深入讨论。

24—27 日，《海峡两岸经济合作框架协议》（ECFA）货物贸易第六轮商谈在北京举行。本轮商谈主要就货物贸易降税模式、产品要价、协议文本等问题进行了磋商。

10 月

1 日，美国商务部对原产于中国的蜂蜜做出反倾销快速日落复审终裁，裁定对中国涉案企业继续征收 25.88% ~27.13% 的反倾销税。

9 日，为防止乌克兰非洲猪瘟传入中国，保护中国畜牧业安全，国家质量监督检验检疫总局和农业部联合发布 2012 年第 154 号公告，对禁止直接或间接从乌克兰输入猪、野猪及其产品，停止签发从乌克兰进口猪、野猪及其产品的《进境动植物检疫许可证》等具体事项做出了规定。

27 日，财政部、国家税务总局印发《关于免征部分鲜活肉蛋产品流通环节增值税政策的通知》，自 10 月 1 日起，免征部分鲜活肉蛋产品流通环节增值税，即文件规定的产品出口实行免税。

30 日—11 月 1 日，中国—韩国自贸区第四轮谈判在韩国庆州举行。双方同意成立多个工作组和专家组就货物贸易、服务贸易、投资等领域的谈判模式和谈判纲要进行深入磋商。

11 月

20 日，在柬埔寨金边召开的东亚领导人系列会议期间，中日韩 3 国经贸部长举行会晤，宣布启动中日韩自贸区谈判。

23 日，中国对美国白羽肉鸡产品的反倾销和反补贴措施案（DS427）专家组通知争端解决机构主席，称专家组将于 2013 年 6 月完成工作程序。

21 日，中国商务部发布公告，东盟 10 国与中国、日本、韩国、印度、澳大利亚、新西兰的领导人共同发布了《启动〈区域全面经济伙伴关系协定〉（RCEP）谈判的联合声明》，正式启动这一覆盖 16 个国家的自贸区建设进程。

12 月

3—7 日，中国—瑞士自贸区第七轮谈判在瑞士卢塞恩斯举行。双方就自贸区货物贸易降税模式、服务贸易、原产地规则、海关合作和贸易便利化、卫生与植物卫生措施、技术性贸易壁垒、法律和机构条款、知识产权、竞争政策、贸易救济、争端解决和经济技术合作等有关内容充分交换了意见，并进行了深入讨论。

18—20 日，中国—冰岛自贸区第五轮

谈判在冰岛雷克雅未克举行。双方就货物贸易、服务贸易、法律事务、贸易救济、政府采购、原产地规则、海关合作和贸易便利化、卫生与植物卫生措施、技术性贸易壁垒、知识产权、竞争政策和投资等有关内容充分交换意见，并进行深入讨论。

19日，为防止巴西疯牛病传入，保护中国畜牧业生产安全和人体健康，国家质量监督检验检疫总局和农业部联合发布2012年第210号公告，对禁止直接或间接从巴西输入牛及其相关产品，暂停签发从巴西进口牛相关产品的《进境动植物检疫许可证》等事项做出了具体规定。

26日，农业部印发《全国农产品贸易中长期发展规划（2013—2020）》。该规划在总结分析中国农产品贸易发展情况、发展环境及挑战基础上，提出了未来中国农产品贸易发展的目标任务。

附　表

附表 1　1995—2012 年中国农产品贸易情况

单位：亿美元、%

年　份	贸易额				比上年增长		
	进出口总额	出口额	进口额	贸易差额*	进出口	出　口	进　口
1995	268.9	147.1	121.8	25.2			
1996	251.8	143.4	108.3	35.1	-6.4	-2.5	-11.1
1997	250.8	150.7	100.1	50.7	-0.4	5.1	-7.6
1998	222.8	139.1	83.7	55.4	-11.2	-7.7	-16.4
1999	218.7	136.3	82.4	53.8	-1.8	-2.0	-1.5
2000	269.7	157.0	112.7	44.3	23.3	15.2	36.7
2001	279.4	160.9	118.5	42.4	3.6	2.5	5.2
2002	306.3	181.6	124.7	56.9	9.6	12.9	5.2
2003	403.0	213.3	189.7	23.5	31.5	17.4	52.1
2004	514.4	233.9	280.5	-46.5	27.7	9.7	47.8
2005	563.8	276.0	287.8	-11.8	9.6	18.0	2.6
2006	636.0	314.2	321.7	-7.5	12.8	13.9	11.8
2007	782.0	370.1	411.9	-41.8	23.0	17.8	28.0
2008	993.3	405.3	587.9	-182.6	27.0	9.5	42.7
2009	923.3	396.3	527.0	-130.7	-7.0	-2.2	-10.4
2010	1 219.9	494.2	725.7	-231.5	32.1	24.7	37.7
2011	1 556.6	607.7	948.9	-341.2	27.6	23.0	30.8
2012	1 756.2	631.9	1 124.4	-492.5	12.8	4.0	18.5

* 正数为顺差，负数为逆差。下同。

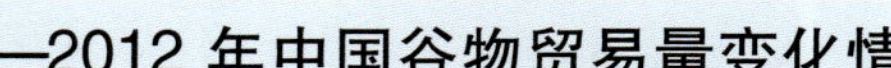

附表2 1995—2012年中国谷物贸易量变化情况

单位：万吨

年份	出口量					进口量				
	谷物	其中				谷物	其中			
		小麦产品	玉米产品	稻谷产品	大麦产品		小麦产品	玉米产品	稻谷产品	大麦产品
1995	64.9	22.5	11.5	5.7	0.2	2 040.4	1 162.7	526.4	164.5	127.5
1996	124.3	56.6	23.8	27.7	0.2	1 084.0	829.9	44.7	77.5	130.9
1997	834.8	45.8	667.1	95.2	0.7	417.0	192.2	0.3	35.9	187.4
1998	889.2	27.5	469.3	375.5	0.9	388.5	154.8	25.2	26.0	151.9
1999	738.2	16.5	433.2	271.5	0.6	340.1	50.5	7.9	19.1	226.9
2000	1 381.7	18.9	1 049.8	296.2	0.1	314.8	91.9	0.3	24.9	197.4
2001	877.1	71.3	600.0	187.0	0.1	344.4	73.9	4.0	29.3	236.8
2002	1 483.8	97.7	1 167.5	199.1	0.1	285.1	63.2	0.8	23.8	190.7
2003	2 201.5	252.6	1 639.1	261.8	0.5	208.7	44.7	0.1	25.9	136.3
2004	479.4	108.8	232.4	90.9	0.4	975.4	725.9	0.2	76.6	170.7
2005	1 017.7	60.5	864.4	68.6	0.4	627.7	354.4	0.4	52.2	217.9
2006	610.2	150.9	310.3	125.3	0.6	360.3	61.3	6.5	73.0	214.8
2007	985.9	307.2	485.2	135.7	11.9	155.7	10.1	3.5	48.8	91.3
2008	186.1	31.0	27.3	97.2	1.5	154.1	4.3	5.0	33.0	107.6
2009	137.0	24.5	12.9	78.5	1.4	315.1	90.4	8.5	35.7	173.9
2010	124.3	27.7	12.7	62.2	1.3	570.9	123.1	157.3	38.8	236.8
2011	121.5	32.8	13.6	51.6	0.6	544.7	125.8	175.4	59.8	177.6
2012	81.3	28.6	5.5	27.9	0.5	1 398.2	370.1	520.7	236.7	252.8

附表3 1995—2012年中国油籽贸易量变化情况

单位：万吨

年份	出口量						进口量					
	油籽	其中					油籽	其中				
		食用油籽	其中					食用油籽	其中			
			花生	大豆	葵花籽	芝麻			大豆	油菜籽	芝麻	棉籽
1995	106.9	102.4	49.0	37.6	1.1	13.0	41.7	41.6	29.8	9.2	0.4	0.0
1996	84.0	80.2	45.6	19.3	1.9	11.9	112.3	112.2	111.4	0.0	0.5	0.0
1997	56.0	53.1	28.2	18.8	1.6	4.1	297.0	296.9	288.6	5.5	1.4	0.0
1998	57.8	55.3	32.2	17.2	0.9	4.5	461.2	461.0	319.7	138.6	1.1	0.0
1999	85.2	82.0	48.0	20.7	2.3	9.7	694.2	694.1	432.0	259.5	0.1	0.0
2000	96.6	92.9	56.0	21.7	3.7	10.3	1 340.5	1 340.4	1 041.9	296.9	0.2	0.0
2001	115.7	108.7	70.8	26.2	3.9	6.9	1 570.8	1 567.6	1 394.0	172.4	0.7	0.0
2002	127.0	122.8	77.0	30.5	2.9	9.8	1 195.6	1 194.6	1 131.7	61.8	0.4	0.0
2003	130.6	126.3	76.2	29.5	7.0	10.4	2 099.8	2 098.7	2 074.4	16.7	6.6	0.0
2004	121.8	117.3	69.0	34.9	7.6	4.2	2 073.2	2 071.6	2 017.8	42.4	9.8	0.0
2005	142.2	136.8	77.5	41.4	11.5	5.1	2 705.8	2 704.2	2 659.1	29.6	15.4	0.0
2006	127.4	122.4	66.1	39.5	11.1	4.6	2 934.8	2 933.1	2 828.4	73.8	26.4	0.0
2007	131.9	126.4	63.8	44.8	11.6	4.7	3 193.3	3 191.2	3 081.8	83.3	19.4	0.0
2008	124.0	119.2	51.4	48.5	13.3	4.6	3 902.4	3 900.4	3 743.4	130.3	21.4	0.1
2009	115.1	109.5	56.6	35.6	12.2	3.8	4 635.3	4 632.3	4 254.6	328.4	31.1	0.0
2010	92.9	87.7	51.6	17.3	14.6	3.5	5 705.2	5 703.5	5 478.6	160.0	39.1	1.6
2011	96.9	91.2	48.8	21.4	17.0	3.5	5 483.5	5 481.3	5 263.4	126.2	38.9	37.7
2012	106.5	100.6	45.1	32.1	18.4	4.0	6 230.0	6 227.6	5 838.1	293.0	39.6	39.4

附表 4 1995—2012 年中国植物油贸易量变化情况

单位：万吨

年份	出口量						进口量					
	植物油	其中					植物油	其中				
		食用植物油	其中					食用植物油	其中			
			豆油	玉米油	花生油	菜籽油			棕榈油	豆油	菜籽油	花生油
1995	55.0	51.7	6.6	0.3	1.1	17.1	373.6	362.7	139.7	148.2	63.1	1.4
1996	50.3	48.2	12.7	0.0	0.6	17.4	276.1	267.4	100.9	129.5	31.6	0.5
1997	86.1	82.4	55.6	0.0	0.9	14.1	285.8	279.9	115.6	122.5	35.1	1.1
1998	33.6	30.6	18.3	0.0	1.0	7.3	218.4	206.7	93.0	82.9	28.5	0.9
1999	12.6	10.0	5.3	0.0	1.3	2.6	223.1	214.0	119.4	80.4	6.9	1.0
2000	13.9	11.2	3.5	0.2	1.5	5.4	202.2	187.1	139.1	30.8	7.5	1.0
2001	15.9	13.4	5.9	0.2	1.4	5.4	201.0	167.8	152.0	7.0	4.9	0.9
2002	12.4	9.8	4.7	0.4	1.1	1.8	344.1	321.2	222.1	87.0	7.8	0.4
2003	8.2	6.0	1.1	1.3	2.5	0.5	574.5	541.9	332.6	188.5	15.2	0.7
2004	8.8	6.6	1.9	2.0	1.4	0.5	708.4	675.7	385.1	251.5	35.3	0.0
2005	24.8	22.8	6.3	10.2	2.0	3.1	662.3	620.3	432.0	169.4	17.8	0.0
2006	41.9	40.0	11.8	11.5	1.3	14.5	731.6	677.4	514.1	154.3	4.4	0.0
2007	18.4	16.8	6.6	5.9	1.0	2.2	898.0	839.8	509.7	282.2	37.5	1.1
2008	26.4	24.9	13.4	8.4	1.1	0.7	874.4	817.2	528.3	258.6	27.0	0.6
2009	12.7	11.6	6.9	1.7	1.0	0.9	1 028.5	950.3	644.2	239.1	46.8	2.1
2010	11.0	9.6	5.9	1.3	0.8	0.4	922.3	826.2	569.6	134.1	98.5	6.8
2011	13.7	12.4	5.1	5.0	0.9	0.3	850.5	779.8	591.3	114.3	55.1	6.1
2012	11.3	10.1	6.5	1.2	0.8	0.7	1 052.6	960.2	634.2	182.6	117.7	6.4

附表 5 1995—2012 年中国棉花和食糖贸易量变化情况

单位：万吨

年份	棉花		食糖	
	出口量	进口量	出口量	进口量
1995	3.0	100.3	48.0	295.4
1996	1.2	75.1	66.5	125.5
1997	0.7	84.9	37.9	78.3
1998	5.2	31.0	43.6	50.8
1999	24.4	16.4	36.7	41.7
2000	29.9	25.1	41.5	67.5
2001	6.1	19.7	19.6	119.9
2002	15.9	24.5	32.6	118.4
2003	11.7	107.5	10.3	77.6
2004	1.2	211.3	8.5	121.5
2005	0.9	274.7	35.8	139.1
2006	1.6	398.1	15.4	137.4
2007	2.5	274.2	11.0	119.4
2008	2.4	226.4	6.2	78.0
2009	1.0	176.0	6.4	106.4
2010	0.7	313.0	9.4	176.6
2011	2.8	356.8	5.9	292.0
2012	2.3	541.6	4.7	374.7

附表 6 1995—2012 年中国蔬菜贸易变化情况

单位：万吨、亿美元

年 份	出 口		进 口	
	出口量	出口额	进口量	进口额
1995	214.2	22.0	2.4	0.3
1996	221.4	21.0	3.8	0.4
1997	221.3	19.9	5.5	0.5
1998	256.1	19.5	6.9	0.6
1999	283.6	19.7	9.2	0.8
2000	321.1	21.1	9.8	1.1
2001	395.0	23.7	10.0	1.1
2002	466.8	26.6	9.9	1.1
2003	552.2	30.9	9.6	1.1
2004	602.8	38.4	11.5	1.4
2005	681.6	45.4	10.7	1.3
2006	734.1	54.8	12.4	1.5
2007	819.1	62.8	10.7	1.7
2008	821.0	65.2	11.4	1.9
2009	803.9	68.8	9.7	1.8
2010	844.6	99.9	15.0	2.8
2011	973.4	117.5	16.7	3.3
2012	931.1	99.7	22.2	4.2

附表7 1995—2012年中国水果贸易变化情况

单位：万吨、亿美元

年份	出口		进口	
	出口量	出口额	进口量	进口额
1995	70.7	5.7	23.5	0.8
1996	79.0	5.7	65.6	2.0
1997	98.1	6.3	77.1	2.3
1998	105.6	5.9	76.3	2.4
1999	118.9	6.7	69.3	2.6
2000	135.9	7.2	97.9	3.7
2001	148.5	8.0	93.0	3.5
2002	199.9	9.9	101.3	3.8
2003	267.0	13.7	109.5	5.0
2004	312.7	16.5	114.5	5.9
2005	365.1	20.4	122.2	6.6
2006	370.6	24.8	137.2	7.7
2007	477.7	37.5	145.5	9.7
2008	484.3	42.3	179.2	12.1
2009	525.6	38.4	244.2	16.5
2010	507.3	43.6	275.4	20.3
2011	479.6	55.2	341.9	31.1
2012	486.5	61.9	342.4	37.6

附表 8 1995—2012 年中国茶叶贸易变化情况

单位：万吨、亿美元

年 份	出 口		进 口	
	出口量	出口额	进口量	进口额
1995	16. 8	2. 8	0. 2	0. 0
1996	17. 1	2. 9	0. 2	0. 0
1997	20. 4	3. 4	0. 1	0. 0
1998	21. 9	3. 8	0. 1	0. 0
1999	20. 2	3. 5	0. 2	0. 0
2000	23. 2	3. 6	0. 3	0. 1
2001	25. 5	3. 5	0. 2	0. 0
2002	25. 6	3. 4	0. 2	0. 0
2003	26. 2	3. 8	0. 3	0. 1
2004	28. 4	4. 5	0. 3	0. 1
2005	29. 1	5. 0	0. 3	0. 1
2006	30. 4	5. 7	0. 4	0. 1
2007	29. 5	6. 4	0. 6	0. 2
2008	30. 4	7. 2	0. 6	0. 3
2009	30. 9	7. 4	0. 5	0. 2
2010	30. 9	8. 3	1. 4	0. 6
2011	33. 0	10. 2	1. 5	0. 7
2012	32. 3	11. 2	2. 0	0. 8

附表 9 1995—2012 年中国畜产品贸易变化情况

单位：亿美元

年 份	出口额						进口额					
	畜产品	其 中					畜产品	其 中				
		家禽产品	生猪产品	牛产品	动物毛	乳制品		乳制品	动物生皮	动物毛	生猪产品	家禽产品
1995	28.2	7.8	6.9	2.1	1.6	0.3	14.8	0.6	3.5	6.8	0.1	1.0
1996	28.6	9.3	6.3	1.8	1.3	0.3	14.1	0.5	3.2	6.1	0.1	1.6
1997	27.4	8.5	6.1	1.6	1.6	0.4	13.8	0.6	3.6	5.2	0.1	1.4
1998	24.6	7.5	5.8	1.5	1.3	0.4	13.3	0.8	3.5	4.2	0.2	1.2
1999	22.5	8.2	4.2	1.0	1.0	0.4	18.5	1.6	3.6	4.6	0.6	4.2
2000	25.9	9.9	4.1	1.0	1.1	0.5	26.5	2.1	5.6	7.8	1.1	4.9
2001	26.7	10.6	4.8	1.1	1.0	0.4	27.9	2.2	7.8	8.1	1.0	4.6
2002	25.7	9.5	5.7	0.8	0.9	0.6	28.8	2.7	7.1	8.2	1.3	4.5
2003	27.1	8.5	6.6	0.9	1.0	0.5	33.5	3.5	9.0	7.8	2.0	4.9
2004	31.9	6.5	9.7	1.3	1.3	0.6	40.3	4.4	12.4	11.1	2.4	1.7
2005	36.0	9.1	9.5	1.8	1.6	0.8	42.3	4.6	13.2	12.5	1.8	3.6
2006	37.2	9.3	9.9	1.8	1.6	0.9	45.6	5.6	14.4	12.9	1.6	4.9
2007	40.5	10.6	9.1	1.9	1.8	2.4	64.7	7.4	16.2	18.1	4.7	9.8
2008	44.1	9.9	9.6	2.0	1.8	3.0	77.3	8.6	18.5	17.3	11.0	11.3
2009	39.1	10.2	9.0	1.7	1.2	0.6	66.0	10.3	14.4	15.1	5.3	10.3
2010	47.4	13.4	10.1	2.2	1.8	0.4	96.6	19.7	20.3	20.2	10.0	10.0
2011	59.9	17.5	11.8	2.6	2.4	0.8	133.9	26.2	27.8	29.3	21.4	9.2
2012	64.4	18.7	12.3	2.4	2.1	0.8	149.1	32.2	30.1	27.2	24.8	10.0

附表 10 1995—2012 年中国水产品贸易变化情况

单位：亿美元、%

年 份	出 口		进 口	
	出口额	比上年增长	进口额	比上年增长
1995	32.9		9.6	
1996	30.3	-7.8	12.1	25.3
1997	31.5	3.8	12.2	0.8
1998	28.3	-10.2	10.3	-15.5
1999	31.3	10.9	13.1	27.2
2000	38.2	22.1	18.5	41.6
2001	41.8	9.2	18.7	1.4
2002	46.8	12.1	22.8	21.4
2003	54.2	15.8	25.0	9.7
2004	69.5	28.3	32.4	29.8
2005	79.2	13.8	41.3	27.6
2006	93.7	18.3	43.1	4.2
2007	97.6	4.3	47.2	9.7
2008	106.8	9.4	54.2	14.7
2009	108.0	1.2	52.6	-2.8
2010	138.4	28.1	65.4	24.3
2011	178.0	28.6	80.2	22.5
2012	190.0	6.8	80.0	-0.2

附表 11 2012 年中国农产品贸易情况

单位：亿美元、%

产　品	出口额	比上年增长	出口额占比重	产　品	进口额	比上年增长	进口额占比重
农产品	631.9	4.0	100.0	农产品	1124.4	18.5	100.0
水产品	190.0	6.8	30.1	油籽	377.0	19.7	33.5
蔬菜	99.7	-14.9	15.8	畜产品	149.1	11.3	13.3
畜产品	64.4	7.4	10.2	棉麻丝	124.9	21.1	11.1
水果	61.9	12.1	9.8	植物油	120.0	17.0	10.7
饮品类	31.2	14.0	4.9	水产品	80.0	-0.2	7.1
粮食制品	18.0	1.0	2.9	粮食（谷物）	47.9	134.3	4.3
油籽	18.0	18.2	2.8	饮品类	40.3	18.6	3.6
糖料及糖	12.7	-1.9	2.0	水果	37.6	20.9	3.3
干豆*	10.2	7.8	1.6	糖料及糖	26.1	19.9	2.3
坚果	10.1	4.2	1.6	粮食（薯类）	18.0	28.0	1.6
药材	8.4	15.0	1.3	粮食制品	9.5	14.7	0.9
饼粕	7.6	202.3	1.2	干豆*	5.8	46.3	0.5
粮食（谷物）	5.5	-32.3	0.9	坚果	4.7	25.3	0.4
棉麻丝	4.5	-8.2	0.7	蔬菜	4.2	28.3	0.4
植物油	2.4	-4.4	0.4	饼粕	2.6	-53.1	0.2
花卉	2.4	10.5	0.4	精油	2.1	28.1	0.2
精油	2.2	-2.1	0.4	花卉	1.4	5.7	0.1
调味香料	1.2	-21.3	0.2	药材	1.3	23.1	0.1
粮食（薯类）	0.2	-7.8	0.0	调味香料	0.1	33.3	0.0
其他农产品	81.3	11.2	12.8	其他农产品	71.8	12.4	6.4

* 不含大豆。

附表 12 2012年中国农产品分地区贸易情况

单位：亿美元、%

地 区	出口额	比上年增长	进口额	比上年增长	贸易额	排序		
						出口额	进口额	贸易额
全国合计	631.9	4.0	1 124.4	18.5	1 756.2			
山 东	159.2	-1.7	192.9	6.4	352.1	1	1	1
广 东	75.6	8.3	192.4	21.2	268.0	2	2	2
江 苏	29.7	5.7	191.7	25.1	221.4	6	3	3
福 建	72.4	10.5	51.9	19.5	124.3	3	9	4
辽 宁	45.1	6.3	61.1	15.8	106.2	5	6	5
浙 江	48.5	3.4	52.7	9.1	101.2	4	7	6
上 海	13.2	4.9	86.4	12.8	99.6	11	4	7
天 津	8.9	-6.0	83.2	36.6	92.1	16	5	8
广 西	11.3	28.0	52.2	55.5	63.5	13	8	9
河 北	17.1	0.1	33.0	6.1	50.1	8	11	10
北 京	5.8	4.7	40.2	19.1	46.0	23	10	11
云 南	21.8	16.9	12.1	16.0	33.9	7	13	12
河 南	11.2	-0.7	15.6	-1.0	26.8	14	12	13
吉 林	14.2	4.1	9.8	57.8	24.0	9	14	14
湖 北	11.8	-18.2	7.6	17.3	19.4	12	16	15
黑龙江	13.9	0.2	4.1	31.5	18.0	10	20	16
安 徽	10.0	12.8	7.7	37.1	17.7	15	15	17
湖 南	7.0	9.9	5.4	32.5	12.4	20	18	18
四 川	8.0	-1.6	4.2	-5.0	12.2	17	19	19
新 疆	7.8	-7.3	3.9	-14.5	11.7	18	21	20
陕 西	7.6	12.3	1.8	6.9	9.4	19	24	21
内蒙古	6.4	10.1	2.5	-0.2	8.9	21	22	22
重 庆	2.4	11.1	5.8	32.9	8.2	27	17	23
江 西	6.4	13.9	1.6	-13.2	8.0	22	25	24
海 南	5.6	3.9	2.4	17.2	8.0	24	23	25
甘 肃	4.5	12.6	0.6	373.5	5.1	25	27	26
贵 州	2.8	26.7	0.4	14.0	3.2	26	28	27
山 西	2.0	9.9	0.7	-60.0	2.7	28	26	28
宁 夏	1.0	-1.1	0.4	1 745.5	1.4	29	29	29
西 藏	0.4	-3.0	0.2	6 192.4	0.6	30	31	30
青 海	0.2	-16.1	0.2	380.8	0.4	31	30	31

附表 13 2012 年中国主要农产品出口额前十位的省（自治区、直辖市）及所占比重

单位：亿美元、%

产品	前十位省（自治区、直辖市）及其出口额										前十位合计		全国出口额
	1	2	3	4	5	6	7	8	9	10	出口额	所占比重	合计
水产品	山东	福建	广东	辽宁	浙江	海南	广西	江苏	江西	湖北	184.3	97.0	190.0
	48.9	45.6	27.5	24.3	19.6	5.2	3.9	3.4	3.3	2.6			
蔬菜	山东	福建	江苏	云南	浙江	湖北	新疆	广东	河南	辽宁	83.9	84.2	99.7
	35.7	13.1	6.9	5.7	5.0	4.2	4.1	3.2	3.1	2.9			
畜产品	山东	广东	浙江	江苏	河南	河北	湖南	辽宁	上海	四川	50.8	78.9	64.4
	12.4	9.0	6.0	5.2	3.8	3.5	3.2	2.8	2.5	2.4			
水果	山东	陕西	福建	云南	浙江	广东	辽宁	河北	新疆	甘肃	50.5	81.6	61.9
	18.2	6.3	5.9	4.6	3.8	3.5	2.5	2.2	1.8	1.7			
粮食制品	广东	山东	江苏	辽宁	福建	上海	浙江	河南	河北	北京	16.4	91.1	18.0
	5.0	4.4	1.8	1.4	1.1	0.6	0.6	0.6	0.5	0.4			
食用油籽	山东	黑龙江	辽宁	吉林	内蒙古	天津	安徽	河南	云南	甘肃	16.5	97.1	17.0
	10.0	1.6	1.1	1.0	0.8	0.8	0.5	0.3	0.2	0.2			
糖料及糖	广东	山东	河北	福建	吉林	江苏	上海	浙江	天津	黑龙江	12.1	95.3	12.7
	4.9	3.2	1.0	0.9	0.6	0.5	0.3	0.3	0.2	0.2			
茶叶	浙江	安徽	福建	湖南	上海	广东	云南	江西	湖北	江苏	10.9	97.3	11.2
	5.3	1.3	1.3	0.8	0.6	0.6	0.4	0.3	0.2	0.1			
干豆	黑龙江	吉林	辽宁	河北	山西	内蒙古	山东	云南	甘肃	陕西	9.6	94.1	10.2
	4.5	1.8	1.0	0.5	0.4	0.3	0.3	0.3	0.3	0.2			
坚果	辽宁	吉林	河北	黑龙江	广东	山东	天津	云南	安徽	新疆	9.2	91.1	10.1
	1.7	1.5	1.2	1.2	1.0	0.9	0.6	0.4	0.4	0.3			

附表14 2012年中国主要农产品进口额前十位的省（自治区、直辖市）及所占比重

单位：亿美元、%

产品	前十位省（自治区、直辖市）及其进口额										前十位合计		全国进口额合计
	1	2	3	4	5	6	7	8	9	10	进口额	所占比重	
食用油籽	山东	江苏	广东	广西	天津	辽宁	福建	浙江	河北	吉林	351.7	93.3	376.9
	79.6	56.8	53.1	44.5	29.0	25.7	25.4	15.6	14.9	7.1			
畜产品	江苏	广东	浙江	天津	上海	山东	辽宁	北京	河北	河南	134.9	90.5	149.1
	25.4	23.6	16.6	16.2	13.2	11.8	9.3	7.3	7.3	4.2			
棉花	山东	江苏	上海	天津	河北	浙江	北京	广东	湖北	新疆	113.0	94.1	120.1
	38.1	32.0	9.4	6.5	6.2	5.1	5.0	4.7	3.1	2.9			
食用植物油	江苏	天津	广东	山东	云南	福建	广西	上海	浙江	北京	106.1	98.1	108.1
	44.1	18.8	16.5	7.7	5.2	4.5	2.9	2.9	2.2	1.3			
水产品	山东	辽宁	广东	上海	福建	北京	浙江	天津	江苏	吉林	76.8	96.0	80.0
	26.3	13.9	10.9	8.2	6.3	3.8	3.3	1.7	1.2	1.2			
谷物	广东	江苏	北京	山东	福建	上海	辽宁	浙江	广西	河北	43.1	90.0	47.9
	19.9	5.3	4.4	2.8	2.4	2.4	1.9	1.8	1.3	0.9			
饮品类	上海	广东	北京	山东	浙江	福建	江苏	天津	辽宁	河北	39.0	96.8	40.3
	17.1	9.6	3.2	1.9	1.7	1.7	1.6	1.2	0.7	0.3			
水果	广东	上海	北京	辽宁	云南	山东	天津	福建	海南	浙江	36.7	97.6	37.6
	19.1	7.1	2.5	2.3	1.3	1.1	1.1	1.1	0.6	0.5			
糖料及糖	山东	广东	天津	江苏	辽宁	北京	上海	广西	福建	云南	25.1	96.2	26.1
	9.2	3.8	3.0	2.6	2.4	1.5	0.7	0.7	0.6	0.6			
薯类	江苏	山东	广东	河南	广西	安徽	云南	河北	上海	浙江	17.6	97.8	18.0
	10.1	4.1	0.9	0.8	0.6	0.4	0.2	0.2	0.2	0.1			

附表 15 2012 年中国农产品主要出口市场和进口来源地

单位：亿美元、%

排序	出口市场				进口来源地			
	国家（地区）	出口额	比上年增长	所占比重	国家（地区）	进口额	比上年增长	所占比重
1	日本	120.2	9.1	19.0	美国	287.7	23.2	25.6
2	美国	72.5	7.2	11.5	巴西	186.6	19.5	16.6
3	中国香港	66.8	13.0	10.6	澳大利亚	74.1	15.0	6.6
4	韩国	41.6	-0.5	6.6	加拿大	53.6	70.4	4.8
5	马来西亚	21.7	2.1	3.4	阿根廷	51.0	-6.1	4.5
6	泰国	20.5	17.5	3.2	印度尼西亚	47.0	13.0	4.2
7	俄罗斯	19.6	-0.2	3.1	马来西亚	44.9	-14.7	4.0
8	越南	19.5	-6.3	3.1	印度	41.7	11.0	3.7
9	德国	19.3	-3.5	3.1	泰国	39.5	32.6	3.5
10	印度尼西亚	18.8	-12.6	3.0	新西兰	38.1	27.6	3.4
11	中国台湾	18.7	23.3	3.0	法国	28.3	11.7	2.5
12	菲律宾	12.0	26.7	1.9	越南	22.2	68.5	2.0
13	荷兰	12.0	-5.5	1.9	俄罗斯	15.5	-8.3	1.4
14	加拿大	10.2	10.1	1.6	乌拉圭	15.4	47.5	1.4
15	英国	9.6	0.4	1.5	智利	13.9	24.2	1.2
16	澳大利亚	9.1	0.0	1.4	秘鲁	12.6	-5.8	1.1
17	西班牙	7.3	-20.3	1.2	荷兰	10.7	27.3	1.0
18	巴西	7.0	8.2	1.1	德国	9.5	61.3	0.8
19	新加坡	6.7	1.0	1.1	丹麦	8.2	24.0	0.7
20	印度	6.1	7.6	1.0	乌兹别克斯坦	7.2	34.3	0.6

附表 16　2012 年 1—12 月份中国农业行业商品贸易环比指数

2011 年 = 100

行业 \ 月份	1	2	3	4	5	6	7	8	9	10	11	12
出口价格环比指数												
农、林、牧、渔业	97.8	97.8	96.9	93.2	95.3	99.1	98.5	96.9	97.7	101.5	101.2	105.9
农业	93.7	91.9	91.3	86.5	89.1	96.4	96.9	94.8	94.4	99.2	97.5	104.8
林业	88.0	90.8	91.2	93.9	97.2	100.0	96.8	94.6	99.0	113.0	119.7	117.0
畜牧业	107.6	103.7	104.0	101.0	98.4	99.1	96.5	100.8	101.1	94.3	95.4	96.3
渔业	106.9	124.0	117.1	113.2	113.8	116.8	106.5	103.2	113.3	113.8	101.3	110.7
农、林、牧、渔服务业	103.4	101.7	103.2	100.6	101.8	99.7	101.1	100.4	99.6	102.0	107.3	107.9
制造业	101.1	104.1	102.1	102.4	100.3	102.4	102.4	103.4	104.0	102.5	106.0	105.6
农副食品加工业	106.8	108.3	103.9	108.4	103.4	108.2	107.1	100.2	100.6	107.5	109.8	107.6
食品制造业	105.8	106.0	102.3	101.3	100.8	103.0	102.4	101.3	101.7	102.0	104.1	103.0
饮料制造业	111.2	108.4	105.3	106.3	112.2	110.2	112.9	112.9	115.2	111.1	103.5	115.1
烟草制品业	89.9	96.4	101.3	108.1	100.7	113.2	99.7	119.0	96.1	89.9	104.7	110.8
进口价格环比指数												
农、林、牧、渔业	90.9	88.2	88.7	87.8	87.5	95.7	95.2	86.3	86.0	86.2	84.2	80.7
农业	90.4	87.3	86.7	84.9	85.5	98.4	99.1	87.0	88.0	87.8	83.7	78.2
林业	85.6	85.8	87.4	89.1	87.1	84.7	81.2	78.3	75.8	76.2	77.6	77.1
畜牧业	104.3	97.7	100.9	105.3	102.1	101.7	100.8	96.8	93.0	97.4	97.4	97.4
渔业	94.4	93.2	104.3	102.5	107.2	121.2	117.5	123.4	121.2	108.2	115.9	141.6
农、林、牧、渔服务业	100.7	96.3	103.4	90.4	89.2	91.4	89.0	90.5	90.8	86.0	96.0	104.4
制造业	102.6	103.6	98.5	101.2	101.7	101.4	100.6	102.3	105.6	104.8	106.7	103.7
农副食品加工业	100.6	100.7	101.9	100.4	101.3	101.5	98.3	97.7	97.6	96.3	93.2	91.9
食品制造业	98.9	101.9	101.6	100.9	101.6	98.1	95.3	95.1	93.9	92.3	92.4	95.9
饮料制造业	105.4	120.2	106.0	95.7	108.7	103.2	96.1	87.8	98.8	100.5	99.1	108.7
烟草制品业	98.7	106.1	102.9	104.3	103.7	107.1	97.4	99.6	93.8	100.5	101.1	103.2
出口数量环比指数												
农、林、牧、渔业	102.4	80.1	98.0	91.5	89.5	84.9	83.6	81.5	88.5	82.6	96.5	101.1
农业	99.9	78.5	100.8	98.8	91.1	88.3	89.6	95.1	98.7	86.1	101.1	102.7
林业	123.6	76.5	119.6	99.0	118.5	92.8	91.9	75.7	101.0	90.0	100.2	93.8
畜牧业	59.6	90.9	101.7	102.8	99.0	99.4	94.7	95.6	106.5	106.6	103.4	148.2
渔业	92.3	82.8	85.4	87.4	102.6	82.8	97.6	76.9	87.1	88.8	130.9	122.7
农、林、牧、渔服务业	117.8	80.1	90.2	73.0	71.7	72.5	57.2	52.2	59.4	65.2	73.5	80.5
制造业	93.6	69.0	102.5	101.0	114.5	111.9	109.8	109.6	114.0	108.9	107.3	119.6
农副食品加工业	104.9	60.2	99.1	97.6	108.9	96.2	95.7	105.9	115.8	101.8	115.3	123.8
食品加工业	100.1	76.4	109.0	101.3	105.5	104.5	101.9	106.7	105.7	100.3	111.0	113.3
饮料制造业	99.0	78.8	105.4	99.0	107.3	106.0	95.7	96.0	98.1	94.0	107.9	114.5
烟草制品业	56.4	48.1	94.1	98.6	130.4	148.4	102.5	108.9	93.1	86.9	123.6	180.8
进口数量环比指数												
农、林、牧、渔业	102.6	114.7	138.8	132.5	143.6	129.0	127.9	122.0	127.9	114.7	127.4	158.4
农业	116.0	125.4	155.1	148.4	160.5	145.0	143.7	130.5	143.1	128.1	137.8	188.8
林业	74.2	90.2	105.0	98.0	103.1	95.4	97.5	107.0	106.3	89.5	111.1	105.1
畜牧业	79.0	97.9	120.8	113.0	130.9	105.9	100.0	108.5	85.7	92.3	105.7	123.7
渔业	147.8	129.6	114.9	100.1	120.3	92.4	99.5	112.4	131.9	135.0	137.0	123.1
农、林、牧、渔服务业	123.0	147.1	157.2	182.3	188.2	155.5	134.8	114.8	115.1	103.1	117.1	116.1
制造业	76.0	94.8	109.7	92.4	105.0	99.0	105.7	108.3	108.9	96.1	103.8	109.1
农副食品加工业	81.8	88.4	103.8	100.6	102.0	99.0	118.2	122.8	137.7	117.7	125.5	137.3
食品制造业	116.8	137.7	137.4	101.7	119.4	106.0	118.3	130.2	110.7	111.3	132.7	134.7
饮料制造业	102.0	85.4	94.4	94.2	103.7	118.9	133.4	156.1	139.3	121.2	130.9	137.4
烟草制品业	5.7	55.4	174.5	236.5	86.4	33.2	23.6	53.5	40.6	97.1	294.6	252.4

数据来源：《中国对外贸易指数》，中国海关杂志社。

附表17 2012年1—12月份中国主要农产品出口价格环比指数

2011年=100

HS编码	农产品 \ 月份	1	2	3	4	5	6	7	8	9	10	11	12
10	谷物	112.1	125.3	113.2	118.0	107.8	112.4	100.2	95.3	102.9	126.2	103.9	118.6
1006	稻米	113.1	127.4	116.5	117.8	110.8	114.9	100.8	93.4	100.4	126.4	103.6	122.5
1101	小麦粉[1]	119.1	123.2	101.9	105.7	104.1	110.2	112.7	102.1	99.2	99.5	101.2	107.1
52	棉花	92.4	92.6	93.4	93.8	93.3	93.0	92.1	90.8	91.2	92.9	93.1	93.4
	食用油籽												
1202	花生	—	—	—	—	—	—	—	—	—	—	—	—
1201	大豆	—	—	—	—	—	—	—	—	—	—	—	—
1206	葵花籽	98.7	98.3	97.3	95.1	98.4	97.0	100.2	98.8	102.8	113.8	111.7	111.8
	食用植物油												
1507	豆油[2]	100.6	100.0	101.4	99.3	98.1	106.8	106.9	107.8	112.0	109.3	106.5	103.7
1508	花生油[3]	109.7	111.2	116.0	121.8	138.3	130.0	129.0	136.1	123.3	131.6	139.2	131.6
1701	食糖[4]	83.0	94.1	107.2	103.3	104.6	108.8	76.7	97.8	95.0	96.2	105.2	108.6
07	蔬菜	95.4	92.2	90.9	86.8	90.2	96.0	98.3	96.8	94.1	98.6	99.2	101.7
0703	葱属蔬菜[5]	69.8	68.1	65.2	63.9	67.1	92.3	104.3	96.9	92.3	100.1	98.4	95.0
0710	冷冻蔬菜	106.2	101.0	112.7	105.9	109.1	116.7	114.9	122.2	117.1	113.6	97.4	109.0
0706	食用根茎[6]	99.8	98.5	97.0	102.6	110.7	115.9	93.8	88.5	99.6	92.7	86.5	84.6
0701	马铃薯	104.1	111.6	102.9	92.6	80.2	81.0	66.3	60.8	70.3	79.8	89.3	100.1
0712	干蔬菜	98.1	96.9	93.6	89.1	90.9	91.0	98.0	99.4	99.2	95.0	99.0	98.3
2002	番茄[7]	102.2	101.8	102.2	98.4	98.2	96.8	97.3	97.5	98.8	101.0	104.5	105.6
2003	蘑菇及块菌[8]	99.9	98.9	95.5	96.8	95.6	101.0	100.2	101.4	100.6	103.7	110.4	111.2
	水果												
0808	苹果、梨	101.1	103.0	108.9	114.6	115.5	121.1	120.2	119.5	115.8	111.6	111.8	108.0
0805	柑橘属水果	105.1	93.7	100.2	102.2	98.5	—	—	—	94.7	111.8	123.2	129.0
0806	葡萄	113.5	95.4	93.5	101.6	115.9	138.4	161.2	149.7	125.4	119.2	119.2	109.1
2008	水果罐头[9]	109.7	109.1	110.5	110.5	113.6	116.5	116.1	115.1	122.2	115.2	116.5	112.9
2009	果汁和蔬菜汁[10]	123.0	114.3	115.6	112.4	109.8	108.6	107.5	105.9	103.9	103.1	103.8	101.8
0902	茶叶	100.5	104.3	104.9	105.5	106.5	110.2	114.0	110.6	114.5	116.9	114.9	117.2
	畜产品												
0207	禽肉及杂碎	107.9	107.7	104.6	103.9	103.4	104.7	103.5	102.4	100.8	100.4	101.3	101.7
0203	猪肉	114.4	110.2	110.3	110.5	109.7	109.1	110.4	110.3	110.9	110.4	110.3	113.2
0202	牛肉	114.8	115.6	115.3	115.4	120.9	119.0	116.5	121.5	122.2	127.5	129.0	140.1
0204	羊肉	117.6	—	108.7	127.2	123.4	123.9	142.4	124.4	137.6	127.2	130.4	133.9
0409	天然蜂蜜	96.5	95.1	94.5	93.5	92.9	92.5	96.6	99.3	100.8	102.0	97.9	96.4
	水产品												
0304	鱼片[11]	—	—	82.4	—	88.2	—	—	74.4	72.6	—	—	91.0
0303	冻鱼	102.0	101.1	104.6	105.2	104.9	102.8	104.0	108.0	111.5	108.0	111.6	111.1
1604	制作或保藏鱼	112.4	120.6	82.4	114.4	117.3	117.5	115.1	114.8	113.6	111.9	110.8	113.4
1605	对虾[12]	—	—	—	—	—	—	—	—	—	—	—	—
	饼粕												
2304	豆粕	110.3	98.4	109.0	102.5	104.3	106.5	104.9	109.9	122.6	124.7	127.5	125.1

注：1指小麦或混合麦的细粉；2指豆油及其分离品，不论是否精制，但未经化学改性；3指花生油及其分离品，不论是否精制，但未经化学改性；4指固体甘蔗糖、甜菜糖及化学纯蔗糖；5指鲜或冷藏洋葱、青葱、大蒜、韭葱及其他葱属蔬菜；6指鲜或冷藏的胡萝卜、萝卜、色拉甜菜根、婆罗门参、块根芹、小萝卜及类似的食用根茎；7指番茄，用醋或醋酸以外的其他方法制作或保藏的；8指蘑菇及块菌，用醋或醋酸以外的其他方法制作或保藏的；9指用其他方法制作或保藏的其他品目未列名水果、坚果及植物的其他食用部分，不论是否加酒、加糖或其他物质；10指未发酵及未加酒精的水果汁（包括酿酒葡萄汁）、蔬菜汁，不论水果加糖或其他甜物质；11指鲜、冷、冻鱼片及其他鱼肉（不论是否绞碎）；12指制作或保藏的甲壳动物、软体动物及其他水生无脊椎动物，其中主要出口产品为对虾。

数据来源：《中国对外贸易指数》，中国海关杂志社。

附表 18 2012 年 1—12 月份中国主要农产品出口数量环比指数

2011 年 = 100

HS 编码	农产品 \ 月份	1	2	3	4	5	6	7	8	9	10	11	12
10	谷物	102.9	37.3	64.4	78.4	71.7	43.6	24.6	28.1	46.0	33.8	50.3	56.7
1006	稻米	126.5	45.9	74.5	80.3	82.7	44.5	22.0	20.6	41.9	30.6	44.7	57.5
1101	小麦粉[1]	48.8	59.2	127.6	111.4	104.2	81.9	78.8	110.2	125.4	119.2	108.6	111.9
52	棉花	91.0	60.5	124.5	105.6	121.9	106.4	91.0	91.8	112.8	106.9	110.1	117.1
	食用油籽												
1202	花生	—	—	—	—	—	—	—	—	—	—	—	—
1201	大豆	—	—	—	—	—	—	—	—	—	—	—	—
1206	葵花籽	207.0	132.4	166.0	121.7	88.7	79.6	65.4	75.3	54.1	50.7	137.3	141.7
	食用植物油												
1507	豆油[2]	212.0	174.2	176.2	117.3	57.1	107.9	89.3	65.1	98.0	94.6	142.7	208.5
1508	花生油[3]	123.1	110.0	76.4	81.2	100.5	115.6	67.6	109.7	100.6	69.7	74.4	106.3
1701	食糖[4]	106.5	68.3	87.2	97.3	170.4	70.4	87.3	55.7	77.4	72.7	65.4	77.5
07	蔬菜	100.7	81.9	92.6	83.5	74.5	75.5	77.6	76.1	83.0	79.9	83.8	92.2
0703	葱属蔬菜[5]	79.1	78.8	95.0	92.9	67.8	75.9	93.0	107.5	95.9	72.0	76.1	81.8
0710	冷冻蔬菜	94.9	70.2	87.2	85.3	80.1	75.5	87.7	83.3	96.5	90.2	123.7	104.1
0706	食用根茎[6]	89.4	99.8	112.9	87.5	68.4	114.5	132.8	91.3	127.9	117.1	115.1	95.2
0701	马铃薯	61.0	40.0	43.8	45.1	43.9	130.4	201.9	125.1	126.5	123.8	102.6	100.7
0712	干蔬菜	108.8	82.8	78.7	61.4	61.3	49.1	43.5	38.5	48.1	51.1	56.1	65.5
2002	番茄[7]	84.8	89.1	111.8	98.3	98.5	123.0	98.1	113.6	81.7	79.9	99.1	86.6
2003	蘑菇及块菌[8]	120.2	98.8	140.8	138.0	133.4	88.5	86.8	84.7	86.4	80.6	88.0	98.9
	水果												
0808	苹果、梨	101.8	95.1	112.7	87.2	83.8	60.2	67.8	68.5	103.3	116.3	129.8	124.5
0805	柑橘属水果	270.1	157.0	142.9	99.4	36.6	—	—	—	39.6	118.8	238.7	317.8
0806	葡萄	25.4	26.9	29.6	26.5	22.2	44.4	202.1	210.0	164.7	223.7	120.4	66.1
2008	水果罐头[9]	120.0	68.9	106.7	99.8	102.2	94.5	89.7	88.8	88.9	89.0	108.3	106.4
2009	果汁和蔬菜汁[10]	121.3	74.2	101.1	92.1	99.4	92.5	91.1	99.7	84.9	78.3	106.5	129.9
0902	茶叶	104.1	63.6	100.0	98.5	114.6	97.6	99.9	103.2	97.4	98.7	93.2	106.2
	畜产品												
0207	禽肉及杂碎	67.4	86.3	86.3	91.8	84.5	94.4	86.6	88.6	99.6	100.6	101.2	125.8
0203	猪肉	65.7	72.5	80.9	67.2	83.4	71.2	72.7	80.7	99.4	95.5	95.4	95.3
0202	牛肉	78.3	47.3	72.3	70.2	63.6	93.1	70.2	53.3	57.5	57.4	26.0	28.6
0204	羊肉	65.1		19.4	35.4	30.1	26.8	27.4	28.2	71.3	138.5	166.2	129.1
0409	天然蜂蜜	118.2	90.6	97.3	91.1	104.8	93.2	84.7	106.0	139.4	121.6	137.6	139.5
	水产品												
0304	鱼片[11]	—	—	106.8	—	108.7	—	—	127.1	132.9	—	—	128.7
0303	冻鱼	103.8	82.0	105.3	93.8	97.6	78.0	89.0	86.6	110.8	104.3	122.9	133.1
1604	制作或保藏鱼	105.5	59.4	106.8	108.3	117.0	99.5	86.4	88.4	99.1	101.6	113.0	115.7
1605	对虾[12]	—	—	—	—	—	—	—	—	—	—	—	—
	饼粕												
2304	豆粕	90.4	95.9	84.2	119.3	292.2	350.7	537.3	458.2	527.4	454.7	297.6	326.7

注：1 指小麦或混合麦的细粉；2 指豆油及其分离品，不论是否精制，但未经化学改性；3 指花生油及其分离品，不论是否精制，但未经化学改性；4 指固体甘蔗糖、甜菜糖及化学纯蔗糖；5 指鲜或冷藏洋葱、青葱、大蒜、韭葱及其他葱属蔬菜；6 指鲜或冷藏的胡萝卜、萝卜、色拉甜菜根、婆罗门参、块根芹、小萝卜及类似的食用根茎；7 指番茄，用醋或醋酸以外的其他方法制作或保藏的；8 指蘑菇及块菌，用醋或醋酸以外的其他方法制作或保藏的；9 指用其他方法制作或保藏的其他品目未列名水果、坚果及植物的其他食用部分，不论是否加酒、加糖或其他物质；10 指未发酵及未加酒精的水果汁（包括酿酒葡萄汁）、蔬菜汁，不论水果加糖或其他甜物质；11 指鲜、冷、冻鱼片及其他鱼肉（不论是否绞碎）；12 指制作或保藏的甲壳动物、软体动物及其他水生无脊椎动物，其中主要出口产品为对虾。

数据来源：《中国对外贸易指数》，中国海关杂志社。

附表 19　2012 年 1—12 月份中国主要农产品进口价格环比指数

2011 年 = 100

HS 编码	农产品 \ 月份	1	2	3	4	5	6	7	8	9	10	11	12
10	谷物	103.0	98.1	90.8	75.7	82.8	88.9	89.7	87.1	102.9	86.2	83.5	87.0
1003	大麦	—	—	—	—	—	—	—	—	—	—	—	—
1005	玉米	101.1	101.0	98.8	86.6	107.3	86.6	101.3	99.8	99.0	93.4	89.1	88.5
1101	小麦粉[1]	83.5	112.1	99.4	101.9	95.4	101.9	84.5	91.0	99.7	93.6	87.5	92.9
1006	稻米	109.2	91.3	78.3	71.0	69.8	71.0	71.2	69.8	69.8	73.6	75.6	85.5
52	棉花	87.7	85.7	85.7	86.8	87.6	88.2	88.0	86.0	91.2	85.6	82.4	78.4
	食用油籽												
1201	大豆	—	—	—	—	—	—	104.4	—	—	—	—	—
1205	油菜籽	91.2	92.5	100.1	102.3	105.8	102.3	109.2	108.4	112.0	115.5	108.9	102.2
	食用植物油												
1511	棕榈油[2]	94.5	93.9	94.2	96.3	99.4	96.3	98.0	95.4	91.9	88.8	83.3	77.8
1507	豆油[3]	108.0	107.6	103.4	102.8	106.2	102.8	107.1	108.0	108.4	110.5	105.6	107.4
1514	菜籽油[4]	106.3	104.3	99.7	102.6	103.8	102.6	109.0	109.2	108.7	107.9	107.2	108.6
1701	食糖[5]	101.1	94.9	99.2	96.1	96.9	96.1	88.3	89.2	89.5	92.2	89.2	90.5
07	蔬菜	100.2	94.9	102.7	89.8	88.7	91.1	88.4	91.1	94.1	85.2	95.4	104.0
1209	蔬菜种子[6]	97.5	111.7	119.5	111.3	139.4	111.3	127.0	137.1	102.2	112.0	114.6	93.6
	水果												
0803	香蕉[7]	—	—	—	—	—	—	—	—	—	—	—	—
0806	葡萄	107.3	106.9	101.2	95.2	89.7	95.2	105.3	126.3	119.3	108.3	111.2	112.9
0804	热带水果[8]	113.4	109.8	103.7	107.0	100.5	107.0	117.9	121.9	128.7	126.2	126.4	122.9
0805	柑橘属水果	106.8	108.8	108.8	107.3	105.6	107.3	107.3	108.2	105.7	105.6	107.7	105.2
0902	茶叶	111.4	100.8	92.4	97.8	97.0	97.8	93.7	100.6	101.3	103.8	103.2	114.0
	畜产品												
4101	生牛马皮[9]	102.2	99.7	97.6	97.7	103.0	97.7	113.1	111.8	111.2	112.6	110.7	108.3
0402	乳及奶油[10]	96.9	98.3	99.3	99.5	97.8	99.5	90.4	83.9	83.4	80.6	80.5	86.6
0404	乳清[11]	114.8	124.5	124.2	118.3	128.7	118.3	118.6	125.1	110.8	113.0	116.2	126.8
5101	羊毛	105.8	96.1	100.1	108.6	102.4	108.6	94.5	85.1	76.8	86.0	89.2	93.5
4102	羊皮[12]	111.1	105.9	99.5	97.7	91.6	97.7	76.5	71.9	70.2	72.7	73.7	76.5
0207	家禽肉及杂碎	103.0	103.2	101.5	96.4	97.4	96.4	91.1	85.7	84.1	83.7	86.2	88.2
0203	猪肉	106.0	108.3	102.1	98.8	99.3	98.8	105.0	105.4	105.9	109.2	105.5	102.7
	水产品												
0303	冻鱼	104.8	110.0	123.0	116.1	116.0	116.1	102.0	100.9	93.8	90.6	82.7	92.3
2301	饲料用鱼粉[13]	89.8	89.4	87.9	88.7	90.6	88.7	92.0	94.4	100.7	108.7	101.4	106.7
	饼粕												
2306	菜籽粕	90.9	92.2	89.2	90.0	96.4	90.0	103.7	117.1	131.2	129.8	124.8	100.2

注：1 指小麦或混合麦的细粉；2 指棕榈油及其分离品，不论是否精制，但未经化学改性；3 指豆油及其分离品，不论是否精制，但未经化学改性；4 指菜籽油或芥子油及其分离品，不论是否精制，但未经化学改性；5 指固体甘蔗糖、甜菜糖及化学纯蔗糖；6 指种植用的种子、果实及孢子，其中主要进口产品为蔬菜种子；7 指鲜或干的香蕉，包括芭蕉；8 指鲜或干的椰枣、无花果、菠萝、鳄梨、番石榴、芒果及山竹果；9 指生牛皮（包括水牛皮）、生马皮（鲜的、盐腌的、干的、石灰浸渍的、浸酸的或以其他方法保藏、但未鞣质、未经羊皮纸化处理或进一步加工的）不论是否去毛或刨层；10 指浓缩、加糖或其他甜物质的乳及奶油；11 指乳清，不论是否浓缩、加糖或其他甜物质；其他品目未列名的含天然乳的产品，不论是否加糖或其他甜物质；12 指绵羊或羔羊生皮（鲜的、盐腌的、干的、石灰浸渍的、浸酸的或以其他方法保藏、但未鞣质、未经羊皮纸化处理或进一步加工的）不论是否去毛或刨层；13 指不适于供人食用的肉、杂碎、鱼、甲壳动物、软体动物或其他水生无脊椎动物的渣粉及团粒、油渣。

数据来源：《中国对外贸易指数》，中国海关杂志社。

附表 20 2012 年 1—12 月份中国主要农产品进口数量环比指数

2011 年 = 100

HS 编码	农产品（月份）	1	2	3	4	5	6	7	8	9	10	11	12
10	谷物	225.6	217.6	356.2	267.9	347.2	255.7	306.9	307.6	46.0	249.4	210.6	147.5
1003	大麦	—	—	—	—	—	—	—	—	—	—	—	—
1005	玉米	515.1	358.5	323.0	11.8	79.3	11.8	491.5	407.8	251.3	303.2	261.4	181.1
1101	小麦粉[1]	180.0	121.3	109.3	76.3	133.0	76.3	152.5	101.6	97.4	139.6	135.2	229.2
1006	稻米	76.7	137.3	283.7	607.0	867.0	607.0	440.5	482.6	472.7	214.9	298.3	416.2
52	棉花	103.0	187.8	193.5	163.1	166.8	152.8	145.6	128.8	112.8	112.7	127.3	182.7
	食用油籽												
1201	大豆	—	—	—	—	—	—	134.1	—	—	—	—	—
1205	油菜籽	261.4	180.8	299.4	274.1	129.5	274.1	202.8	88.9	176.3	226.2	422.3	205.6
	食用植物油												
1511	棕榈油[2]	90.9	77.6	119.3	93.1	75.3	93.1	96.3	92.7	108.5	130.4	133.3	194.5
1507	豆油[3]	134.8	144.4	48.1	81.7	63.5	81.7	212.9	189.9	274.7	238.7	195.5	212.6
1514	菜籽油[4]	221.3	187.7	87.3	150.2	210.4	150.2	278.3	196.6	287.8	261.4	287.3	187.6
1701	食糖[5]	53.9	36.2	104.6	124.2	106.0	124.2	169.9	235.9	227.5	134.8	50.0	100.1
07	蔬菜	122.1	148.9	160.7	182.7	190.0	160.2	140.2	118.5	83.0	107.7	123.3	120.2
1209	蔬菜种子[6]	74.3	184.3	135.1	112.4	111.5	112.4	89.7	101.0	102.0	42.4	49.6	155.4
	水果												
0803	香蕉[7]	—	—	—	—	—	—	—	—	—	—	—	—
0806	葡萄	111.7	106.7	205.0	344.8	260.0	344.8	21.2	24.6	59.3	49.7	70.3	77.3
0804	热带水果[8]	150.2	85.0	104.9	176.0	356.6	176.0	104.4	99.0	49.4	31.2	60.8	96.4
0805	柑橘属水果	62.0	42.1	45.7	68.8	122.9	68.8	132.1	176.9	240.9	80.3	16.4	25.7
0902	茶叶	79.1	90.2	136.6	110.1	138.1	110.1	126.3	96.5	114.3	159.7	118.3	135.8
	畜产品												
4101	生牛马皮[9]	94.1	111.6	121.9	102.2	128.4	102.2	101.0	124.5	115.1	102.6	113.9	117.5
0402	乳及奶油[10]	146.7	185.7	178.9	104.0	119.5	104.0	119.6	149.7	78.7	83.8	119.4	146.0
0404	乳清[11]	103.8	115.0	112.6	101.4	108.3	101.4	113.5	111.6	101.6	112.2	123.7	110.8
5101	羊毛	65.5	93.8	117.9	119.9	123.8	119.9	81.7	85.4	62.6	74.5	104.3	129.1
4102	羊皮[12]	84.2	104.6	115.9	101.3	86.5	101.3	84.1	87.6	93.9	86.7	99.7	119.8
0207	家禽肉及杂碎	54.1	97.7	95.1	87.5	114.2	87.5	118.7	143.9	179.5	127.0	176.7	153.6
0203	猪肉	158.9	113.8	114.1	104.2	122.2	104.2	99.4	112.6	109.5	91.5	105.9	111.1
	水产品												
0303	冻鱼	58.2	80.6	102.8	80.0	77.7	80.0	69.9	77.5	107.7	93.6	102.2	104.5
2301	饲料用鱼粉[13]	53.2	92.6	137.6	125.4	110.2	125.4	104.3	170.2	154.6	47.5	74.8	84.1
	饼粕												
2306	菜籽粕	75.8	16.6	45.1	72.9	50.3	72.9	47.7	86.1	55.9	43.1	31.3	11.7

注：1 指小麦或混合麦的细粉；2 指棕榈油及其分离品，不论是否精制，但未经化学改性；3 指豆油及其分离品，不论是否精制，但未经化学改性；4 指菜籽油或芥子油及其分离品，不论是否精制，但未经化学改性；5 指固体甘蔗糖、甜菜糖及化学纯蔗糖；6 指种植用的种子、果实及孢子，其中主要进口产品为蔬菜种子；7 指鲜或干的香蕉，包括芭蕉；8 指鲜或干的椰枣、无花果、菠萝、鳄梨、番石榴、芒果及山竹果；9 指生牛皮（包括水牛皮）、生马皮（鲜的、盐腌的、干的、石灰浸渍的、浸酸的或以其他方法保藏、但未鞣质、未经羊皮纸化处理或进一步加工的）不论是否去毛或刨层；10 指浓缩、加糖或其他甜物质的乳及奶油；11 指乳清，不论是否浓缩、加糖或其他甜物质；其他品目未列名的含天然乳的产品，不论是否加糖或其他甜物质；12 指绵羊或羔羊生皮（鲜的、盐腌的、干的、石灰浸渍的、浸酸的或以其他方法保藏、但未鞣质、未经羊皮纸化处理或进一步加工的）不论是否去毛或刨层；13 指不适于供人食用的肉、杂碎、鱼、甲壳动物、软体动物或其他水生无脊椎动物的渣粉及团粒、油渣。

数据来源：《中国对外贸易指数》，中国海关杂志社。

附表21 2010—2011年世界主要农产品出口价格指数

单位:%

产品	2005年	2010年	2011年	增长率
食品	100	149.2	178.6	19.7
谷物	100	166.5	231.2	38.9
小麦	100	146.7	207.4	41.4
玉米	100	189.0	296.5	56.9
大米	100	180.9	191.7	6.0
大麦	100	166.6	217.9	30.8
食用油籽和饼粕	100	170.4	209.1	22.7
大豆	100	172.5	217.1	25.9
花生	100	161.1	184.1	14.3
豆油	100	186.6	245.2	31.4
棕榈油	100	233.9	292.8	25.2
葵花油	100	103.6	141.7	36.8
橄榄油	100	57.5	55.6	-3.3
菜籽油	100	140.3	189.6	35.1
大豆粕	100	161.0	224.2	39.3
肉类	100	117.2	134.5	14.8
牛肉	100	128.4	154.3	20.2
羊肉	100	90.5	92.7	2.4
猪肉	100	110.0	131.6	19.6
禽肉	100	116.2	118.2	1.7
水产品	100	135.9	132.8	-2.3
鱼类	100	151.3	145.5	-3.8
虾	100	75.9	83.4	9.9
食糖	100	172.0	210.8	22.6
香蕉	100	152.8	169.2	10.7
柑橘	100	118.1	101.9	-13.7
饮料	100	176.2	205.5	16.6
咖啡	100	165.4	231.0	39.7
可可	100	202.7	192.8	-4.9
茶	100	146.4	160.0	9.3
农业原料	100	125.1	153.5	22.7
棉花	100	187.7	280.2	49.3
羊毛	100	152.9	234.2	53.2

数据来源：国际货币基金组织（www.imf.org）。

附表22 2010—2011年世界农产品贸易区域结构

单位:% 、亿美元

出口区域	年份	进口区域所占比重						
		欧洲	亚洲	北美洲	中南美洲	非洲	独联体	中东
欧　洲	2010	77.7	6.2	4.0	1.0	3.6	3.5	4.0
	2011	77.8	7.0	3.9	1.0	3.8	3.6	2.9
亚　洲	2010	13.9	59.2	11.6	1.7	5.3	2.3	6.0
	2011	13.6	59.3	11.3	1.7	5.7	2.3	6.1
北美洲	2010	9.9	37.5	38.4	6.9	3.6	1.0	2.6
	2011	9.5	38.2	37.8	6.9	3.7	1.1	2.8
中南美洲	2010	26.3	25.8	13.6	16.8	6.1	4.4	6.9
	2011	25.5	26.5	13.5	17.0	7.4	3.8	6.2
非　洲	2010	40.4	16.9	5.4	1.0	20.9	2.6	12.8
	2011	42.1	17.9	5.9	3.5	20.4	2.0	8.2
独联体	2010	25.2	19.5	1.2	0.2	7.4	39.4	7.2
	2011	24.7	21.4	0.9	0.4	7.6	37.4	7.6
中　东	2010	10.6	12.4	2.3	0.5	7.4	4.6	62.2
	2011	9.7	21.7	1.9	0.3	7.0	4.8	54.7
出口区域	年份	进口区域的贸易额						
		欧洲	亚洲	北美洲	中南美洲	非洲	独联体	中东
欧　洲	2010	4485	359	231	55	207	201	231
	2011	5202	466	263	66	253	240	194
亚　洲	2010	407	1 735	340	50	155	68	176
	2011	517	2 262	430	65	219	87	233
北美洲	2010	211	800	818	148	76	22	56
	2011	239	959	948	174	94	27	71
中南美洲	2010	427	419	220	272	99	72	112
	2011	522	543	277	347	152	78	128
非　洲	2010	203	85	27	5	105	13	64
	2011	248	105	35	20	120	12	48
独联体	2010	106	82	5	1	31	166	30
	2011	139	120	5	2	42	210	43
中　东	2010	23	27	5	1	16	10	135
	2011	26	59	5	1	19	13	150

数据来源：WTO国际贸易统计（ITS）2012。

附表23 2011年主要进出口方农产品贸易情况

单位：亿美元、%

排序	出口				进口			
	出口方	出口额	比重	比上年增长	进口方	进口额	比重	比上年增长
1	欧盟（27）	6 258.9	37.7	17.2	欧盟（27）	6 540.0	40.7	17.1
2	美国	1 682.1	10.1	18.0	中国	1 447.2	9.0	33.7
3	巴西	864.6	5.2	26.1	美国	1 371.6	8.5	17.8
4	中国	646.1	3.9	25.2	日本	958.1	6.0	23.7
5	加拿大	601.4	3.6	15.4	俄罗斯[a,b]	408.1	2.5	17.1
6	印度尼西亚	481.4	2.9	33.9	加拿大[a]	364.5	2.3	14.0
7	泰国	476.0	2.9	35.5	韩国	346.8	2.2	30.3
8	阿根廷	452.6	2.7	30.7	墨西哥[a]	292.3	1.8	24.2
9	马来西亚	389.0	2.3	34.8	中国香港	242.3	1.5	17.5
10	印度	343.2	2.1	48.5	印度	225.6	1.4	26.3
11	澳大利亚	340.5	2.1	25.9	沙特阿拉伯[b]	224.7	1.4	27.1
12	俄罗斯	295.4	1.8	38.5	印度尼西亚	224.1	1.4	43.3
13	新西兰	240.7	1.5	23.0	马来西亚	211.4	1.3	31.7
14	墨西哥	229.4	1.4	22.1	土耳其	175.7	1.1	36.5
15	越南	221.5	31.5	1.3	埃及[b]	153.8	29.8	1.0
合计		13 522.9	81.5			13 104.3*	75.1*	—

注：a进口额按离岸价格计算；b包括了秘书处估计数。

＊不含中国香港转口贸易数据。

数据来源：WTO国际贸易统计（ITS）2012。

附表 24 2011 年世界主要农产品出口额前十位的国家（地区）及所占比重

单位：%、亿美元

产品	出口额前十位国家（地区）及所占比重										前十位合计	
	1	2	3	4	5	6	7	8	9	10	出口额	比重
玉米	美国	阿根廷	巴西	法国	乌克兰	匈牙利	印度	南非	罗马尼亚	塞尔维亚		
	40.8	13.3	8.0	7.6	5.8	3.5	3.2	2.5	2.3	1.3	307.1	88.3
小麦	美国	法国	加拿大	澳大利亚	俄罗斯	阿根廷	德国	哈萨克斯坦	乌克兰	巴基斯坦		
	21.7	13.7	11.3	11.0	7.5	5.6	4.4	2.2	2.1	2.0	423.9	81.5
稻谷	泰国	印度	越南	美国	巴基斯坦	意大利	巴西	中国	阿联酋	阿根廷		
	65.1	40.7	36.6	20.9	20.6	6.9	6.1	4.3	3.9	3.6	232.1	90.0
猪及制品	德国	美国	丹麦	荷兰	西班牙	加拿大	比利时	法国	巴西	意大利		
	15.2	13.5	12.2	10.6	9.1	8.2	5.2	3.9	3.3	2.7	348.2	83.9
牛羊及制品	澳大利亚	美国	巴西	新西兰	荷兰	法国	爱尔兰	德国	印度	加拿大		
	12.5	9.9	9.5	7.3	6.8	6.6	5.3	5.3	4.6	3.9	417.3	71.7
禽及制品	巴西	美国	荷兰	德国	泰国	法国	中国	波兰	比利时	中国香港		
	21.8	13.5	10.7	7.2	5.8	5.4	4.7	3.8	3.7	2.6	294.3	79.2
乳制品	德国	新西兰	荷兰	法国	比利时	美国	意大利	丹麦	爱尔兰	澳大利亚		
	13.8	12.5	11.0	10.5	5.2	4.9	3.9	3.5	3.3	2.7	534.9	71.3
动物生皮	美国	澳大利亚	法国	德国	英国	西班牙	荷兰	加拿大	意大利	新西兰		
	29.6	10.2	6.3	5.2	4.8	4.7	4.4	4.1	3.5	3.1	59.0	75.9
食用油籽	美国	巴西	加拿大	阿根廷	巴拉圭	中国	印度	法国	乌克兰	荷兰		
	27.6	23.5	9.2	9.1	3.4	2.5	2.2	2.2	2.0	1.9	586.0	83.6
植物油	印度尼西亚	马来西亚	阿根廷	荷兰	西班牙	加拿大	乌克兰	美国	巴西	意大利		
	23.5	22.3	7.6	5.0	4.1	3.9	3.8	3.1	2.7	2.5	678.5	78.5
棉花	美国	印度	澳大利亚	巴西	巴基斯坦	希腊	马来西亚	土耳其	多哥共和国	布基纳法索		
	41.4	16.8	12.1	7.8	2.2	1.7	1.5	1.3	1.3	1.3	179.3	87.4
水产品	中国	泰国	挪威	美国	智利	印度	加拿大	印度尼西亚	西班牙	荷兰		
	14.4	8.6	6.9	4.3	3.8	3.7	3.5	3.4	3.3	3.3	754.6	55.2
水果	西班牙	美国	中国	荷兰	智利	意大利	巴西	土耳其	墨西哥	比利时		
	9.7	9.5	7.4	7.1	5.9	5.4	4.1	4.1	3.7	3.6	468.1	60.5
食糖	巴西	泰国	印度	法国	墨西哥	德国	危地马拉	哥伦比亚	比利时	菲律宾		
	43.4	10.6	5.6	5.2	3.5	2.4	1.9	1.7	1.4	1.0	263.8	76.7

数据来源：联合国 Comtrade 数据库。

附表 25　2011 年世界主要农产品进口额前十位的国家（地区）及所占比重

单位：%、亿美元

产品	进口额前十位国家（地区）及所占比重										前十位合计	
	1	2	3	4	5	6	7	8	9	10	进口额	比重
玉米	日本	墨西哥	韩国	埃及	西班牙	伊朗	荷兰	印度尼西亚	阿尔及利亚	马来西亚		
	15.3	8.8	7.2	6.3	4.6	3.7	3.3	2.9	2.9	2.9	202.9	57.9
小麦	尼日利亚	埃及	阿尔及利亚	日本	意大利	印度尼西亚	巴西	韩国	土耳其	荷兰		
	7.1	6.6	5.8	5.6	5.4	5.1	4.4	3.4	3.3	3.2	243.7	49.9
稻米	尼日利亚	印度尼西亚	阿联酋	沙特阿拉伯	伊朗	美国	马来西亚	日本	英国	科特迪瓦		
	9.0	8.3	6.7	6.1	5.3	3.7	3.3	3.2	3.1	3.1	95.2	52.0
猪及制品	日本	德国	意大利	俄罗斯	英国	中国	中国香港	波兰	美国	韩国		
	13.4	10.4	7.1	6.4	6.0	5.4	5.1	4.5	3.9	3.8	262.8	66.0
牛羊及制品	美国	意大利	日本	德国	俄罗斯	法国	荷兰	英国	韩国	土耳其		
	10.3	9.2	6.1	5.8	5.5	5.4	4.8	4.5	3.1	2.8	314.1	57.5
禽及制品	日本	英国	德国	荷兰	中国香港	沙特阿拉伯	法国	比利时	墨西哥	中国		
	11.8	9.5	8.9	7.7	6.9	5.9	4.7	3.5	3.3	2.9	208.6	65.1
乳制品	德国	意大利	比利时	荷兰	法国	英国	中国香港	西班牙	俄罗斯	沙特阿拉伯		
	10.2	7.3	5.5	5.5	5.5	5.1	3.7	3.4	2.9	2.6	364.4	51.7
动物生皮	中国	意大利	韩国	土耳其	中国香港	德国	澳大利亚	荷兰	泰国	法国		
	35.8	17.1	6.1	5.2	4.1	3.1	2.7	2.7	2.7	1.8	63.2	81.3
食用油籽	中国	德国	荷兰	日本	墨西哥	比利时	西班牙	土耳其	印度尼西亚	法国		
	41.3	6.4	5.5	5.3	4.2	3.0	2.9	2.0	2.0	1.9	567.5	74.5
植物油	中国	印度	美国	德国	荷兰	意大利	马来西亚	法国	巴基斯坦	比利时		
	12.4	11.2	7.7	5.4	5.1	4.6	4.1	3.0	3.0	2.7	487.4	59.2
棉花	中国	土耳其	印度尼西亚	泰国	韩国	墨西哥	巴基斯坦	马来西亚	巴西	日本		
	43.5	8.5	8.2	5.2	3.9	3.9	3.8	2.2	1.8	1.4	180.3	82.4
水产品	美国	日本	西班牙	中国	法国	意大利	德国	英国	中国香港	韩国		
	15.8	13.5	6.1	5.5	5.2	5.0	4.2	3.5	2.9	2.8	972.3	64.5
水果	美国	德国	荷兰	俄罗斯	英国	法国	加拿大	日本	比利时	中国		
	12.4	10.4	7.4	6.7	6.5	6.3	4.4	3.6	3.3	2.9	509.8	63.9
食糖	美国	中国	俄罗斯	印度尼西亚	尼日利亚	意大利	西班牙	日本	韩国	阿尔及利亚		
	8.7	5.8	5.3	5.2	4.4	3.9	3.5	3.5	3.4	3.3	157.2	47.0

数据来源：联合国 Comtrade 数据库。

图书在版编目（CIP）数据

中国农产品贸易发展报告．2013 / 农业部农产品贸易办公室，农业部农业贸易促进中心编．—北京：中国农业出版社，2013.7
ISBN 978-7-109-18131-1

Ⅰ.①中… Ⅱ.①农… ②农… Ⅲ.①农产品-国际贸易-研究报告-中国-2013 Ⅳ.①F752.652

中国版本图书馆 CIP 数据核字（2013）第 169438 号

中国农业出版社出版
（北京市朝阳区农展馆北路 2 号）
（邮政编码 100125）
责任编辑 赵 刚 孙鸣凤

中国农业出版社印刷厂印刷 新华书店北京发行所发行
2013 年 9 月第 1 版 2013 年 9 月北京第 1 次印刷

开本：889mm×1194mm 1/16 印张：14.25
字数：225 千字
定价：160.00 元